# 四十年

# 杭州房地产

贾生华 ◎ 著

ZHEJIANG UNIVERSITY PRESS

浙江大学出版社

· 杭州 ·

图书在版编目（CIP）数据

杭州房地产四十年 / 贾生华著. -- 杭州 ： 浙江大
学出版社，2024.6
ISBN 978-7-308-24816-7

Ⅰ. ①杭… Ⅱ. ①贾… Ⅲ. ①房地产业－概况－杭州
Ⅳ. ①F299.275.51

中国国家版本馆CIP数据核字(2024)第074150号

# 杭州房地产四十年

贾生华　著

**责任编辑**　顾　翔
**责任校对**　陈　欣
**封面设计**　VIOLET
**出版发行**　浙江大学出版社
　　　　　　（杭州市天目山路148号　　邮政编码　310007）
　　　　　　（网址：http://www.zjupress.com）
**排　　版**　杭州林智广告有限公司
**印　　刷**　杭州钱江彩色印务有限公司
**开　　本**　710mm×1000mm　1/16
**印　　张**　31.5
**字　　数**　563千
**版 印 次**　2024年6月第1版　2024年6月第1次印刷
**书　　号**　ISBN 978-7-308-24816-7
**定　　价**　118.00元

特别鸣谢

杭州滨江房产大力支持《杭州房地产四十年》

相关研究工作和成果出版

2020 年 5 月 6 日，宋卫平与贾生华在杭州九溪玫瑰园酒店交流合影

2020 年 11 月 23 日,"杭州房地产 30 年发展研究"课题研讨会

2020 年 12 月 9 日,课题组拜访王国平并与之进行交流

2021 年 9 月 7 日，王鹤鸣与课题组访谈人员合影

2021 年 9 月 9 日，戚金兴与课题组访谈人员合影

2021 年 9 月 17 日，唐世定与贾生华在浙江省房地产业协会合影

2021 年 9 月 17 日，陈继达接受访谈

2021 年 9 月 27 日，汤海孺接受访谈

2021 年 9 月 29 日，张良华与贾生华交流合影

2021 年 10 月 30 日，张民一与贾生华交流合影

2021 年 12 月 8 日，"杭州房地产 30 年记忆"样稿审读会议

2023 年 3 月 10 日，"杭州房地产 40 年记忆"初稿审阅研讨会

2023 年 5 月 31 日，宋卫平与贾生华等讨论初稿

2023 年 8 月 18 日，戚金兴与贾生华在胡家坪合影

# 前　言

40 年，对杭州这座历史文化名城来说，并不算太长的时间，甚至转瞬即逝。

40 年，对当代杭州人来说，却带来了沧桑巨变，留下了丰富多彩、难以忘怀的记忆。

过去的 40 余年，杭州的房地产，不仅让城市发生了日新月异的变化，而且改变了千千万万家庭的居住生活和财富命运。有关杭州房地产的故事，将会长久流传。

改革开放以来，经过 40 余年的高速发展，杭州这个著名的历史文化名城，从一个传统省会城市，跃升为一个具有广泛影响力的现代化国际大都市。

从时间维度观察几个数据指标的变化，我们不难看出，40 年来杭州这座城市的发展进步是多么巨大和令人惊艳。

从城市建成区面积来看，杭州城区在 1980 年是 53 平方公里，在 2000 年为 177 平方公里，2020 年达到 666 平方公里——比 40 年前的 12 倍还要大。

从城市经济规模来看，杭州市生产总值在 1980 年是 41 亿元，在 2000 年为 1396 亿元，2020 年达到 16106 亿元——几乎是 40 年前的 393 倍。

从人口规模和结构来看，杭州市的人口总数从 1980 年的 516 万人，增加到 2020 年的 1196 万人。1980 年全市非农业人口 129 万人，占总人口的比例为 25%。2020 年全市城镇人口 994 万人，占总人口的比例超过了 83%。

从居民收入水平来看，杭州城镇住户人均可支配收入在 1980 年是 521 元，在 2000 年是 9668 元，在 2020 年是 68666 元——约是 40 年前的 132 倍。

从家庭住房条件来看，1978 年杭州人均居住面积只有 3.9 平方米，2000 年市区居民人均居住面积达到 10.6 平方米，2020 年城镇居民人均住房建筑面积达到

39.3平方米。在住房自有率、居住环境、物业服务、基础设施、公共服务等方面，杭州人的住房条件可谓日新月异，今非昔比。

毫无疑问，值得骄傲和自豪的发展变化，在杭州还有很多很多。

必须承认，所有这一切，都与这个城市的房地产息息相关。

在这个历史时期，房地产体制改革、房地产市场培育、房地产业繁荣、房地产资产增值，杭州房地产描绘了一部浩浩荡荡的历史画卷，波澜壮阔，影响广泛，意义深远。

客观地讲，杭州房地产40年长期繁荣发展的历史奇迹，是中国改革开放伟大事业和辉煌成就的一个典型样本，是在党和政府的引领和主导下，杭州人民走在前列、干在实处、勇立潮头、创新创业、长期奋斗的生动实践。

国家改革开放和经济体制改革的宏观环境、浙江省民营经济活跃和市场经济发达的经济基础，孕育了杭州的房地产市场，激发了杭州的房地产企业，唤醒了杭州人的房地产意识。

杭州市委、市政府始终在积极探索和强力推动杭州房地产业的发展。中东河治理、庆春路改造、钱塘江时代、经营城市理念、土地储备制度、"住在杭州"品牌、生活品质之城、电子商务之都、别样精彩的世界名城……城市发展的一系列重大举措和战略引领，加上与时俱进的房地产政策调控，有为政府在杭州房地产业发展过程中发挥了主导作用。

从杭州最初的"老十八家"房地产企业开始，境外资本投资、民营企业创业、国有企业改制、"外来"开发商进入，一批又一批房地产企业生生不息，前仆后继，逐鹿杭州房地产市场，造就了绿城房产、滨江房产等一批有影响力的杭派开发商品牌公司，也成就了万科、保利等全国性开发商持续发展壮大。开发商之间的互动和竞争，推动了杭州房地产市场供给侧的持续创新和迭代升级。

老杭州人、新杭州人、外地购房团、摇号购房者，形形色色的购房群体。自住的、改善的、投资的、投机的，林林总总的买房目的。潮水般的购房需求，在杭州汹涌澎湃，此起彼伏。千千万万个家庭，在无奈、犹豫、迷茫、困惑、欣喜等复杂情绪中，创造和支撑了杭州房地产市场持续不断的巨大购买力。

从传统媒体，到网络媒体，再到自媒体，媒体人前仆后继，为房地产信息传播和市场引导矢志不渝。规划师、建筑师、设计师、策划师、工程师、估价师、监理师、律师等，各类专业人才都在房地产领域有用武之地，八仙过海，各显其能。施工、建材、园林绿化、装修装饰、家用电器、交易中介、金融服务等，房地产链条上的相关行业如鱼得水，共同参与创造了杭州房地产历史性繁荣的奇迹。

在过去 40 余年杭州城市现代化进程中，房地产承担了基础性支柱产业的角色，支撑了杭州的经济增长、城市建设、民生福祉和社会进步。身处其中的政府、企业、家庭和个人，都与房地产产生了千丝万缕的联系，都是参与者、见证者和贡献者。

本书的写作意图，就是以改革开放为历史背景，以杭州房地产的发展历程为基本线索，选择一些主题和视角，记录其中的一些片段、事件、人物和成果，整理并沉淀一些研究和回顾这段房地产历史的基础性素材。

本书大致按照时间演进阶段安排，分为 8 篇 42 章。

第一篇，"历史名城焕发活力"，记述了改革开放初期杭州在城市规划、旧城改造、住房建设等方面的努力和成效。墙门里，筒子楼；分房子，买房子。本书试图通过典型事例，呈现那个时期杭州老百姓的居住生活图景。

第二篇，"城市改革培育市场"，以 1990 年代杭州房地产制度改革的创新实践为重点，记述了城市国有土地使用权市场化、住房商品化和市场化、房地产开发商应运而生等历史性变化。庆春路改造、蒋村商住区开发、停止住房实物分配，与商品房相关的许多新鲜事物，通过《杭州日报》《钱江晚报》等媒体的房地产版面和房地产广告进行信息传播，渗透到老百姓的日常生活，改变了所有家庭的住房观念和住房模式。

第三篇，"杭州现象影响全国"，主要记述了 2000 年前后房地产的"杭州现象"。杭州现象发生的宏观背景、主要特色、市场表现及其对杭州、浙江乃至全国的影响，是这个历史时期房地产的热点话题。这个阶段不仅完成了杭州房地产市场培育，推动了杭州从西湖时代走向钱塘江时代，也开启了杭州房地产大繁荣、大发展的主旋律。

第四篇，"'住在杭州'品质之城"，把视线拉到 21 世纪最初 10 年的杭州，记述了在杭州市委、市政府"经营城市"的实践探索中，房地产在城区和郊区、企业和家庭、产业和专业等不同层面带来的变化和影响。"住在杭州、游在杭州、学在杭州、创业在杭州"（"四个在杭州"）城市战略，"生活品质之城"城市品牌，影响了那个时期杭州城市发展进步的各个方面。最佳人居环境展览会（以下简称人居展）成为西湖博览会重点展会，成为当年杭州人难忘的城市记忆。

第五篇，"房地产业繁荣发展"，记述了"房地产黄金十年"期间，杭州房地产企业勇立潮头、房地产业欣欣向荣的生动局面。从 2004 年到 2013 年，被称为中国房地产的"黄金十年"，其间市场价格上涨，政策调控不断，行业持续繁荣。在此期间，杭州的民营房地产企业打造品牌，国有房地产企业改制发展，杭派开发商群星灿烂，房地产相关行业协同发展，浙江省房地产业协会举办的年度"房博会"，成为知名度很高、影响力广泛的行业盛会。

第六篇，"房地产市场逐浪前行"，记述了在房地产市场发展过程中，房地产企业审时度势、开拓进取、生死博杀、扣人心弦的艰难历程。特别是从 2008 年"金融海啸"，到 2016 年"去库存"歼灭战，杭州房地产市场大幅波动，绿城房产等杭派开发商艰难调整，外来开发商大举进入杭州，改变了杭州房地产业竞争格局，出现了更加多样化的产品，形成了更加多元化的经营理念和发展模式。

第七篇，"别样精彩世界名城"，记述了在杭州实施城市国际化战略、建设现代化大都市过程中，房地产与城市格局、城市产业、城市功能、城市生活等方面互动发展的精彩片段。2010 年代，杭州地铁建设速度和规模大幅提升，G20 峰会和第十九届亚运会落户杭州，数字经济风生水起，杭州城市能级提升，城市功能改善，房地产财富效应快速释放。在特定政策和市场环境下，学区房和商业大平层成为特定时期房地产市场的热点和焦点。

第八篇，"'房住不炒'的新时代"，主要记述了在房地产过热、宏观调控和风险释放背景下，在特定供求关系和政策调控下，杭州房地产市场的运行特点。从以往的"排队买房"和"摇号售房"，到 2018 年以后的"摇号购房"和"摇号拿地"，在供不应求和政策干预背景下的特殊市场行为，将永远留在杭州房地产的记忆中。从全国来看，"三高模式"流行，房地产"灰犀牛"若隐若现，抑制过热的调控政策不断加码，行业性风险终于暴露。与此同时，杭州房地产也开启了探索新发展模式的新阶段。

尽管以上 8 篇内容总体上以时间演变顺序编排，但各章节的部分具体内容，按照专题、事件、企业、人物等相对集中安排，在时间跨度上存在纵向串联，在内容关系上存在横向交叉。例如，对住房改革、住房保障、企业改制、人居展、房博会、学区房、类住宅、城市规划、地铁建设、家庭住房改善等，内容的叙述都跨越了很大的章节范围。

本书从 2019 年春天开始酝酿策划，2020 年启动研究和整理资料，2021 年组织调研和人物访谈，2022 年形成提纲和起草初稿，2023 年补充材料和完善书稿，前后经过了 5 年时间。

在这个过程中，浙江省房地产业资深人士多次开展大纲和内容研讨，课题组不断进行框架重构和内容重整，可以说，这本书凝聚了很多人的心血和智慧。

在研究和写作过程中，笔者越来越发现，在过去的 40 余年里，杭州房地产犹如气势磅礴的钱江大潮，威武壮观，千姿百态，内涵丰富，韵味悠长；也越来越发现自身的认知水平、驾驭能力和写作技巧十分有限，一本书的容量也十分有限，需要放弃很多内容，对一些重要的人和事，不仅不能全面系统展开，甚至没有涉及。

有鉴于此，本书呈现给读者的，最多只是观察和认识杭州房地产 40 年波澜壮阔历史画卷的一些窗口、一些线索、一些视角和一些素材。

希望这些有限的切入点客观理性，能够连成许多线条，展现杭州房地产 40 年发展演化的立体框架，构成些许有血有肉的画面，呈现给有兴趣的读者，并且流传给未来的人们。

浙江省房地产业的许多资深人士，包括唐世定、张良华、朱云夫、宋卫平、戚金兴、王鹤鸣等，始终高度关注、积极参与并大力支持本书的研究、写作和出版，没有大家的鼓励和鞭策，就不可能有本书的问世。

浙江大学房地产研究中心的老师、研究生和校友们，投入许多时间、精力和热情，参与了课题调研、访谈、资料收集和整理等工作，许多人都以各自的方式，做出了许多贡献。

作为执笔者，笔者从内心深处，向所有关心、支持、参与研究和成书过程的领导、同事、朋友、校友和同学们，表达真诚的感谢。希望本书是送给大家的最好礼物。

毋庸讳言，相对于"杭州房地产 40 年"这样一个宏大的主题，本书只是一孔之见，必然存在许多不足、缺陷甚至谬误，挂一漏万，敬请多多包涵。希望能抛砖引玉，期待批评指正。

房地产是一个复杂的社会经济系统，在杭州房地产 40 年的发展过程中，站在不同的高度，采取不同的视角，有不同的观察和认知；不同的群体，采取不同的行为，有不同的感受和获得。是非曲直，利弊得失，都不过是历史长河中的浪花。

值得庆幸的是，房地产发展留下的建筑物，会在这座城市的现实空间凝固，在历史长河中传承，坚定地走向未来。

贾生华

2023 年 10 月 28 日

# 目　录

# 第一篇
## 历史名城焕发活力

在 1980 年代，乘着改革开放的东风，杭州这座历史文化名城焕发了勃勃生机。

在杭州人的记忆中，"中东河综合治理工程"和"环湖绿地动迁工程"是改变杭州城市面貌的重大项目。朝晖新村、古荡新村、采荷新村、濮家新村、闸弄口新村、德胜新村、翠苑新村等几十个现代意义上的住宅小区拔地而起。许多家庭，就是在这个时期，走出墙门里，告别筒子楼，搬进了带有独立卫生间和厨房的成套住宅。

那时候，实行的是住房实物分配制度，虽然分到房子需要漫长的排队等待时间，但"分到房子"的可能性，还是让人们充满期待。

# 1 古老的城市要焕新

"美丽的西湖，破烂的城市。"

不管这句话是谁说的，杭州的城市面貌，到了 1980 年代初，终于迎来了发生历史巨变的契机。

"东南形胜，三吴都会，钱塘自古繁华。"

时光来到了 1980 年代初，改革开放的春风为杭州这座古老的城市注入了新的活力，城市建设和住房改善进入了新纪元。

对于改革开放之初的杭州形象，有一个常见的说法是，"美丽的西湖，破烂的城市"①。甚至有人说，这是外国政要访问杭州后得到的印象和给出的评价。②

其实，这句话是谁说的，无从考证，也不重要。它能够广泛流传，被各方认可，说明当时杭州的城市建设和人居条件的确十分落后。

在改革开放的春天里，杭州掀起了轰轰烈烈的旧城改造和房屋建设高潮。③

## 1.1　城市面貌很陈旧

1980 年杭州城区面积只有 102 平方公里，其中还包括西湖风景名胜区面积 49 平方公里，真正的城区面积也就 53 平方公里，只占市区面积的 12% 左右。

当时，杭州的城区主要就是吴山以北，由环城东路、环城北路、环城西路合围的区域。

这个城区范围，在 1000 多年前的吴越国时基本形成，在南宋时期就十分繁

---

① 杭州市统计局 等，从"美丽西湖、破烂城市"到"独特韵味、别样精彩"：数说杭州这座城，澎湃号－浙江调查，2019 年 9 月 27 日。https://www.thepaper.cn/newsDetail_forward_4545262。

② 柴燕菲 等，四十年改变一座城 改革开放引领杭州质变，中国新闻网，2018 年 12 月 31 日。https://baijiahao.baidu.com/s?id=1621374582942354262&wfr=spider&for=pc。

③ 杭州市建设委员会，1978 年至 1992 年杭州市的城市建设，杭州党史与地方志。http://hangzhouds.org.cn/partytopics/info.aspx?itemid=4581&lcid=9。

华了。

新中国成立后，杭州一方面保护建设西湖风景名胜区，一方面在老城区以北布置了一些工业区，但城市建设长期滞后，城市面貌变化不大。

火车站，是一个城市的门户。

杭州火车站，始建于 1906 年。1909 年迁建于今址，称"杭州城站"。1942 年重建后，一直使用到 1997 年（见图 1.1）。

当年的红太阳广场，1978 年改名为武林广场。在它的东侧，11 层高的电信大楼是当时杭州第一高楼。

1985 年的时候，在杭州市委宣传部工作的摄影爱好者马立群，联系笕桥机场，进行了杭州城市面貌的第一次航拍，留下了许多珍贵的历史照片。

在图 1.2 这张照片里，位于武林广场的杭州大厦正在施工建设，中河路正在如火如荼地开展综合治理。

位于延安路 320 号的中国银行杭州分行新营业办公大楼，已经完成主体工程，有 14 层高，是西湖边的地标建筑。

再远处，位于平海路浣纱路口刚刚结顶的友好饭店，有 20 层，70 多米高，是当时杭州的第一高楼，在周边的多层和低层建筑中鹤立鸡群。

图 1.1　1980 年代的杭州火车站 [1]

---

[1]　杭州头条，100 多张杭州老照片，很多老底子杭州人都不一定见过！，搜狐网，2017 年 10 月 4 日。https://history.sohu.com/a/196267306_349182。

图 1.2　1985 年的武林广场和周边航拍照片①

　　庆春路从南宋时期开始，就是杭州的一条商业街，分布着蔬菜和瓜果集市。到了民国时期，成为杭州东西向主要街道，分布着各种集市和商店。

　　1980 年代初，庆春路两旁分布着各种类型的商店，庆春路百货商店是杭州最有影响力的商场之一。沿街两侧，还有许多医院、旅馆、饭店以及政府部门。不过，庆春路沿街建筑都是两三层的砖木结构老房子，没有高楼大厦，多层楼房也不多见。

　　特别是庆春路从浣纱路口到建国路口这一段，是杭州最繁华的区域，经常人头攒动，车水马龙。

　　当时的庆春路，宽度只有 8 ～ 10 米，行人、自行车和公交车等混行，十分拥堵。杭州公交公司司机金建雯曾经开着 8 路公交车穿行在庆春路上，她回忆说："在老庆春路上开车，现在想想都很紧张。一眼望过去全是密密麻麻的自行车，公交车可以说被自行车包围着，在自行车堆里爬行。要是对面的公交车也开过来交会，那就更紧张了。当年的庆春路真是杭州最难开的马路了。"②

①　浙江摄影家口述史研究中心，马立群：俯瞰杭州十年间，澎湃新闻，2021 年 10 月 21 日。https://www.thepaper.cn/newsDetail_forward_15003842。
②　黄煜轩，30 年辉煌过去，庆春路还会是"杭州华尔街"吗？，都市快报，2022 年 2 月 10 日。https://pic.hangzhou.com.cn/hzyx/content/content_8166307.html。

2015 年杭州市城市建设档案馆制作了一个五分钟的视频资料，介绍 1980 年代的庆春路街景面貌，留下了那个时代杭州市容市貌宝贵的历史瞬间。[①]

## 1.2 城市规划再出发

改革开放后，国家迎来了春天，杭州这个古老的城市，也开始重新规划发展蓝图。

从 1978 年起，杭州市规划部门开始研究新形势下的城市规划问题，并抽调了一批省里的专家参与工作。

1981 年 11 月，解放后第三轮杭州城市总体规划报省人民政府转报国务院审批，1983 年 5 月 16 日，获国函〔1983〕99 号文正式批复。这是杭州第一份经国务院批复的城市总体规划。该规划确定杭州的城市性质为："省会所在地，国家公布的历史文化名城和全国重点风景旅游城市。"

在杭州市第四次党代会召开 13 年后，1983 年 11 月 2 日到 11 月 8 日，杭州市召开了第五次党代会。这次党代会是改革开放后的第一次党代会，确定的杭州城市建设和发展目标是："把杭州建设成为美丽、清洁、文明、繁荣的社会主义风景旅游城市。"具体目标包括："风景优美，环境整洁；科学发达，文化昌盛；经济繁荣，供应丰富；文明礼貌，社会安定。"

为了实施城市规划，加快城市建设，杭州还先后编制了专项、分区和详细的规划，制定了《杭州市城市规划管理条例》《杭州西湖风景名胜区保护管理条例》《杭州市规划建设管理实施办法》等规章，开展了广泛、深入的宣传活动，充分听取市民和专家对规划的建议，唤起公众对规划实施的支持和监督。[②]

可以说，改革开放之初的第三轮城市规划，重新明确了城市定位，直接推动了旧城改造和西湖风景名胜区整治，在杭州城市建设和发展历史上产生了深远影响。

著名城市规划专家汤海孺长期担任杭州市规划设计研究院（曾用名杭州市城市规划设计研究院）总工程师，曾担任杭州市城乡规划委员会办公室副主任，现在是杭州市规划委员会专家委员会副主任委员、杭州市政府参事，亲历了杭州城市规划重大项目的研究和决策过程。

汤海孺回忆说，1983 年大学毕业后，她被分配到杭州市规划局工作，如今已

---

① 杭州市城市建设档案馆，庆春路介绍，腾讯视频，2015 年 4 月 25 日。https://v.qq.com/x/page/q01613p7oms.html。
② 杭州市规划和自然资源局，杭州市总体规划（1978—2000），杭州市规划和自然资源局网站，2019 年 10 月 24 日。http://ghzy.hangzhou.gov.cn/art/2019/10/24/art_1228962779_39332885.html。

经在杭州市规划部门工作了 40 年。1985 年的时候，为了落实政企分开的要求，隶属于杭州市规划局的杭州市规划设计研究院成立了，杭州市规划设计研究院成立后承担了大量规划方案的编制任务。

这一轮城市规划，是在国家"严格控制大城市规模、合理发展中等城市、积极发展小城市"的方针政策背景下完成的。按照当时的标准，大城市规模不能超过 100 万人。因此，杭州的规划人口规模，被严格限制在 100 万人，用地规模也按此人口进行测算。规划方案上报国务院之后，国务院在批复中还给杭州加了 5 万人口的规模，留出一点机动余地，但杭州的发展总体上逃不出被控制和约束的基调。

到了 1980 年代中期，得益于改革开放，杭州社会经济发展很快，用地需求大大增加，原有的以控制大城市规模为导向的城市总体规划很快就不能适应城市发展要求了。

为此，规划部门就开始研究、探索，对杭州城市总体规划进行修改完善，主要是结合开发区建设、交通设施建设，扩大城市发展空间。这项工作一直持续了 8 年时间。

当时主要规划了两个新的区块，一是下沙，二是滨江。那时下沙是围垦而成的农场，"文革"时曾经是"五七"干校。为了发展工业，利用下沙的围垦土地，杭州市规划了"下沙轻化工业区"。同时考虑跨江拓展，在钱塘江南岸，规划了"江南科学城"，希望为杭州发展科教事业增加空间。

30 年后，这两个区块都已经发展成为杭州产业集聚和创新发展的重要板块，这得益于当年的研究探索和规划实践。

## 1.3 中东河疏通龙脉

对于杭州来说，中河与东河（以下简称中东河）历史上是杭州市中心最重要的两条生命线。自唐朝开挖以来，它们连通了京杭大运河与浙东水系，流过了唐、宋、元、明、清和民国，有 1000 多年的历史，可以说是杭州城市的龙脉。

近代以来，中东河年久失修，且两岸住户不断增加，河床日趋淤积。解放后，杭州市虽曾两度治理，终因财力不济，未能使中东河环境得到根本改善。到了 1980 年代初，中东河水黑味臭，市民望而却步，严重影响了生产生活和杭州城市形象。

1982 年，杭州市启动了规模宏大的中东河综合治理工程（见图 1.3），历时 5 年，用工千万，耗资 2 亿元，拆除旧房 38 万平方米，搬迁 7300 余户，修整了河

图 1.3　1983 年的中河 [①]

道，治理了沿河污水，开辟了中河路，扩大了 16 公顷沿河绿地，美化了市容，改善了居民的居住条件。

　　为了配合中东河改造，做好居民的拆迁安置，杭州市集中建设了朝晖新村和采荷新村等 20 多个小区，总建筑面积超过 50 万平方米。当时，市区范围主要就在几

---

①　城秘采访团，中东河的前世（上）：杭州的两河流域，城市秘密微信公众号，2019 年 11 月 25 日。https://mp.weixin.qq.com/s/Zs7TF1vBthSaKsdARl3mAQ。

条环城路以内。环城北路以北，环城东路以东，环城西路以西，基本就是郊区了。大规模搬迁和拆迁安置房建设，拓展了杭州的城市发展空间。

按照安置政策，因为安置标准是每人的居住面积为 6 平方米，原来住房不足 6 平方米的，也会补足，所以朝晖新村的房子虽然都是成套住宅，但户型面积普遍较小。可相比原来破烂不堪的老旧房子，朝晖新村都是 5 ~ 6 层砖混结构的楼房，按照现代住宅小区配套，大家还是十分希望尽早搬进"洋房"的。

1992 年的时候，由黄亚洲编剧，杭州电视台曾经拍过一部电视剧，叫作《老房子新房子》，一共 16 集，每集 24 分钟，于 1992 年在杭州电视台首播，使用杭州话和普通话两个配音版本。

该电视剧全方位展示了 20 世纪 80 年代杭州的市井生活场景。河埠头、老弄堂、踏儿哥、雌老虎，隔壁邻居就坐在马路边，几家人就隔着一堵墙门生活，一大家子住在一个二层小楼，没有浴室、没有厕所，冬季全家人洗澡都要去公共浴室，每天还要倒马桶。

目前网上仍然可以搜索和观看该剧第一集，网页下面的留言和评论区，更呈现了不少当时杭州百姓生活的鲜活回忆。①

杭州市中东河综合治理总指挥部是市政府成立的专门机构，负责中东河综合治理工程的基础设施建设、旧城改造和拆迁安置工作。这家单位在 1990 年更名为"杭州市城市建设综合开发公司"，后来进一步改制，创立了"大家房产"这个品牌。

在中东河综合治理工程的实施过程中，为了大规模建设安置房，政府组织编制了详细的规划方案，并进行开发建设。杭州现代意义上的住宅小区由此得以形成。这些小区的规划和建设质量在当时是很高的，交通、教育、公园、商业等基本配套也全部到位，搬迁入住的老百姓十分满意。

## 1.4 环西湖重现美景

基于深厚的历史文化底蕴，浙江省和杭州市政府历来十分重视西湖风景名胜区的保护，开展了长期的封山育林、疏浚西湖、修复园林等工作。

"文革"时期，风景旅游遭到批判，景区内的石刻、雕塑和宗教建筑等很多被当作"四旧"来清除，西湖风景名胜区遭到了极大破坏。许多寺庙，如上天竺、中天竺、下天竺，也变成了工厂厂房和仓库。

---

① Siraakyav，【吴语杭州话】老房子新房子（P1 附 CC 字幕），bilibili，2021 年 8 月 29 日。https://www.bilibili.com/video/BV1Jq4y1U7y6。

1971 年，为迎接美国总统尼克松访华，西湖周边开展了一些景点的修复工作，灵隐寺再次打开了大门，但这远远不够。在 1980 年代初，在环湖沿岸的 280 余公顷区域内，有 80 多公顷土地被工厂、部队、机关等单位和居民占用，一些建筑凌乱破旧，与美丽的西湖风景格格不入。

1983 年，杭州市委、市政府决定"拆墙"。浙江省委常委、杭州市委书记厉德馨和杭州市市长钟伯熙在各种场合呼吁：拆旧还绿，还湖于民。1984 年，杭州市政府组建"环湖绿地动迁领导小组"，开始大规模地拆房还绿，建设环湖绿地。

当时，西湖边有许多工厂、企业、部队、机关、疗养院等单位和居民用房。一公园是大华饭店分部和省中医院宿舍。从六公园到少年宫广场一带，是浙江省最高人民法院、中共浙江省委统一战线工作部等机关单位的办公和居住用房。灵隐景区那边有个照相机研究所，有个半导体研究所，上天竺那边是杭州机械工业学校。

这些单位和居民的动迁不仅难度大，工作量也很大。市政府提出了"谁家孩子谁家管"的工作原则，该原则得到了省领导的认可支持，推动了动迁工作的实施。

西湖周边的住家和单位大多有来头，"还湖于民"被看作"在太岁头上动土"。厉德馨在接受中新网采访时曾回忆："我这个人向来是软硬不吃，为此没少得罪人。我自有我的'后台'和底气——这个工程从一开始就大得民心，这是为市民游客、为子孙后代做好事，是民意所向。"

依靠改革初心和魄力，杭州用十余年时间，从景区内迁出（或停产）工业企业 29 家，拆除旧房 58100 平方米，打通环湖绿地并建设公共绿地 23.6 万平方米，初步形成了今天人们熟悉的西湖环湖景点。①

张良华是杭州市建设系统的一名老兵。他在原黑龙江生产建设兵团支边多年后，1979 年返城回到杭州，先在建设银行杭州支行工作，1983 年调到杭州市计划委员会基建科，前后有 15 年在基本建设行业中工作。1994 年张良华调任杭州市城市建设委员会副主任，先后分管城建管理、房地产开发管理和村镇建设管理工作，在城市建设和管理领域工作了 13 年，直到 2014 年退休。

张良华回忆说，在环湖绿地动迁工程中：一方面要做好居民拆迁安置，政府建设了古荡新村、翠苑新村等小区，主要用来安置搬迁的老百姓；另一方面，在搬迁工厂企业和单位的同时，根据城市规划，也做了一些产业布局调整。江干区那边的望江门叫食品工业区，半山地区叫机械工业区，祥符桥是化工工业区，城西这边是

---

① 柴燕菲 等，四十年改变一座城 改革开放引领杭州质变，中国新闻网，2018 年 12 月 31 日。https://news.sina.com.cn/o/2018-12-31/doc-ihqhqcis2015638.shtml。

电子仪表工业区。

可以说，环湖绿地动迁工程不仅系统整治了西湖风景名胜区，而且也推动了杭州城市住宅建设、工业发展和城市格局调整，产生了广泛和深远的影响。

在启动环湖绿地动迁工程 15 年后的 1999 年，杭州西湖申遗工作开始启动。2000 年初，杭州市政府把西湖申遗工作写入政府工作报告。2002 年，杭州市调整西湖风景名胜区管理体制，成立了西湖风景名胜区管委会，对西湖实行统一保护管理，并启动了西湖综合保护工程。2011 年，西湖最终以文化景观的名目，登录世界遗产名录，成为杭州的城市名片。①

## 1.5 "老十八家"担重任

在杭州，有个"老十八家"的民间传说。讲的是当年元兵攻占杭州后，当地老百姓尸横遍野，流离失所。元人到吴山上瞭望，只有城西还剩下 18 支烟囱在冒烟。元兵将领"大发慈悲"，说这 18 家"且留下"。就这样，杭州本土居民得以传宗接代，繁衍生息。

我们这里讲的"老十八家"，是指改革开放初期，杭州从事房屋开发建设和旧城改造工作的 18 家国有房地产企业，包括省属、市属和区属企业。

在改革开放之初，住房都是公有的，投资、建设和管理都由政府部门和国有企事业单位直接负责。当时，在杭州具有专业资质从事住宅开发建设的单位主要有 18 家，包括省属企业 3 家，市属企业 3 家，区属企业 12 家。它们是真实的、重要的历史存在，是 1980 年代杭州旧城改造和各类房屋开发建设的主要实施主体。

这些单位在杭州旧城改造、基础设施建设、住宅开发等方面对城市的贡献，已经凝固在杭州城市的记忆之中。

最早成立的一家单位，是 1976 年成立的杭州市住宅统一建设办公室，简称"杭州市统建办"。其前身，是杭州市体育场路东段综合改造建设指挥部办公室，因为在统一征地、统一筹资、统一规划、统一设计、统一施工、统一管理等方面积累了一定经验，被要求进一步强化职能，代表市政府承担城市改造、土地开发、基础设施建设和房屋建设等方面的工作。

1980 年代初，为了理顺投融资关系和建设管理体制，杭州市在总结统建办管理机制积累的经验基础上，在市城乡建设委员会设置了房地产开发综合管理办公

---

① 西湖风景名胜区，回眸跨世纪的西湖申遗之路，杭州西湖风景名胜区微信公众号，2018 年 12 月 26 日。http://www.hangchow.org/index.php/base/news_show/cid/3578。

室，简称"开发办"，行使政府行政管理职责。

开发办成立后，杭州市统建办的房屋建设、开发、经营管理等职能，就被分离出来，杭州市统建办成立了专业化的开发公司，解决了政企不分的问题。

1981 年，"杭州市统建办"改称"杭州市房屋建设开发公司"，但仍然是市政府下属的局级单位。

1984 年 5 月出台的《杭州市房屋建设开发暂行规定》（杭政〔1984〕131 号）第三条明确规定："城市房屋建设，须依照批准的详细规划，严格遵循基本建设程序，有计划、有步骤地进行。除市房管部门建房和经市政府批准的专项建房，以及私人建房，原则上应委托杭州市房屋建设开发公司统一建设开发，或由市开发公司组织、指导有条件的单位，按本规定成片联合建设开发。"

与其配套出台的《杭州市房屋建设开发实施细则》第十四条规定："本细则是《杭州市房屋建设开发暂行规定》的补充，其解释权属杭州市房屋建设开发公司。"

1982 年 8 月，杭州市中东河综合治理总指挥部成立，负责实施中东河综合治理工程。1990 年该指挥部更名为杭州市城市建设综合开发公司，1999 年注册创立"大家房产"品牌。在"老十八家"中，杭州市城市建设综合开发公司也是市属企业的典型代表。

为了加快旧城改造和住房建设，在杭州的省、市、区三级政府相继成立了住房建设单位，初期叫作"统建办"，很快就都改成房屋建设开发公司了。

例如，上城区统建办成立后不久，就更名为杭州市上城区房屋建设开发公司了。公司的第一个任务，就是在 1984 年启动旧城改造，建设了大学路小区。该项目是市区第一个大规模统一开发建设的旧城改造项目，占地 104 公顷，新建住宅 9 万多平方米，使 2000 户居民住进了成套住宅。此外，项目还同时实施了 3 项重点环境工程：第一是小区公园，第二是郁达夫故居的保护与绿地扩建，第三是将横河公园从 22 亩（1 亩约合 666.67 平方米）扩大为 30 亩。项目完成后，该区域的居住品质和城市面貌发生了巨大变化。

1987 年，广宇成立；1993 年，在上城区房屋建设开发公司的基础上，杭州广宇房地产集团公司成立；2004 年完成改制，成立了广宇集团股份有限公司。2007 年 4 月 27 日，广宇集团股份有限公司在深圳证券交易所挂牌，成为浙江省第一家在中国境内公开募股（IPO）整体上市的房地产企业。

当时，杭州市区设立 6 个区，分别是上城区、下城区、西湖区、江干区、拱墅区和半山区。1984 年《杭州市房屋建设开发暂行规定》出台后，每个区都成立了一家房屋建设开发公司，承担本行政区旧城改造和房屋开发建设的任务。

在 1980 年代，各级政府都有各自的公房管理单位，设在房管部门下面。为了加快住房建设，改革管理体制，杭州市和下属各区的房管部门在 1984 年下半年分别成立了"房屋开发经营公司"，如"杭州市住宅经营公司""杭州市上城区房地产开发经营公司"等，这些公司也承担了一些住房开发和建设任务，成为"老十八家"的成员。

杭州市住宅经营公司的规模比较大，市房管系统的朱孟观、樊文兴、从振和等干部先后担任公司负责人。到 1990 年代末，该公司在杭州独立和参与开发的住宅小区面积超过 100 万平方米，还与境外资本合作，开发了西湖花苑和西子公寓。

不过，与各区的房屋建设开发公司相比，各区的房屋开发经营公司的规模较小，后来在城市建设和房地产市场发展中的持续性和影响力相对不足。

作为省会城市，杭州有大批省级单位，房屋建设工作任务很重。因此，省级层面成立了三家开发公司，即"浙江省浙信房屋开发公司""浙江省浙经房屋开发公司"和"浙江省城乡建设开发公司"，它们分别隶属于浙江省信托公司、浙江省计划经济委员会和浙江省城乡建设厅，也是杭州房地产"老十八家"的成员。

在 1990 年以前，杭州的旧城改造和房屋开发建设任务，主要由上述省、市、区三级政府成立的 18 家单位承担。杭州房地产"老十八家"的说法，就是这样来的。

据统计，1979—1987 年杭州市区开发建设了 809 万平方米的住宅，规模是改革开放以前 30 年建设总和的 3 倍。

更重要的是，这些新建住宅都是成套住宅，也有基本的城市基础设施配套，对杭州的城市面貌和居民居住质量提高做出了巨大贡献。

例如，杭州市房屋建设开发公司负责的东园小区，占地面积 37.4 公顷，拆除旧房 22 万平方米，搬迁居民 5000 多户，拆迁单位 100 家，先后新建各类房屋 37.2 万平方米，成为当时规模最大、配套最全、品质最好的住宅小区。

1990 年杭州市进行行政区划调整，半山区与拱墅区合并，新的拱墅区诞生。传说中的杭州"老十八家"房地产企业，大多数继续参与了从 1990 年代开始的房地产市场化进程（见表 1.1）。

表 1.1　1980 年代杭州"老十八家"房地产企业基本情况

| 隶属关系 | 成立时间 | 名称 | 代表性项目 | 后续发展概况 |
|---|---|---|---|---|
| 省信托公司 | 1980 年 12 月 | 浙江省浙信房屋开发公司 | 武林新村 | 2013 年 10 月，浙江省浙信房地产有限公司更名为浙江省浙能房地产有限公司 |
| 省计划经济委员会 | | 浙江省浙经房屋开发公司 | 宏福山庄 | |
| 省城乡建设厅 | 1987 年 7 月 | 浙江省城乡建设开发公司 | | 1999 年改制为浙江省城乡建设开发有限公司，大股东为同方联合控股集团有限公司 |
| 杭州市 | 1976 年 | 杭州市统建办 | 莫干新村、朝晖新村、翠苑新村、德胜新村、大关苑小区 | 1981 年更名为杭州市房屋建设开发公司，1996 年成立集团公司，2002 年创设"杭房地产"品牌，2005 年改制为国有控股公司 |
| 杭州市 | 1982 年 8 月 | 杭州市中东河综合治理总指挥部 | 古荡新村、采荷新村、朝晖七区、观音塘小区、富春大厦 | 1990 年杭州市中东河综合治理总指挥部更名为"杭州市城市建设综合开发公司"，1999 年创立"大家房产"品牌 |
| 杭州市 | 1984 年 8 月 | 杭州市住宅经营公司 | 和睦新村、林家浜小区（即翠苑二区）、李家塘小区（即翠苑三区） | 1998 年更名为杭州市房地产开发实业总公司，2021 年更名为杭州市房地产控股集团有限公司 |
| 上城区 | 1984 年 8 月 | 杭州市上城区综合开发办公室 | 大学路小区、金隆花园、元华广场、之江花园、湖滨公寓 | 1987 年成立杭州市上城区房屋建设开发公司，1993 年组建杭州广宇房地产集团公司，2000 年改制为杭州广宇房地产集团有限公司，2004 年进一步改制为广宇集团股份有限公司，2007 年在深圳证券交易所上市 |
| 上城区 | | 杭州市上城区房地产开发经营公司 | 定安名都、平海国际、柳浪新苑、定安苑、定安东苑 | 2000 年改制为杭州商宇房地产开发有限公司 |
| 下城区 | 1984 年 8 月 | 杭州市下城区房屋建设开发公司 | 朝晖五区、朝晖六区、朝晖九区、国都公寓、国都朝晖新城 | 2002 年改制为浙江方正房地产开发有限公司 |

| 隶属关系 | 成立时间 | 名称 | 代表性项目 | 后续发展概况 |
|---|---|---|---|---|
| 下城区 | 1988 年 4 月 | 杭州市下城房地产开发经营公司 | 江山弄小区、竹竿巷小区、平安居、东新园 | 2003 年改制为杭州下城房地产开发经营有限公司 |
| 西湖区 | 1984 年 5 月 | 杭州市西湖区房屋建设开发总公司 | 九莲新村、东山弄小区、京都苑小区、莲花新村、西城广场 | 2000 年改制为杭州西湖房地产集团有限公司 |
| 西湖区 | | 杭州市西湖区房屋经营公司 | | |
| 江干区 | 1979 年 | 江干区住宅统建办公室成立。1984 年更名为杭州市江干区房屋建设开发公司 | 凯旋苑、彩霞岭小区、金狮苑、云雀苑、十五奎巷 | 2000 年改制为宋都房地产集团有限公司 |
| 江干区 | | 杭州市江干区房屋经营公司 | 东方大厦 | |
| 拱墅区 | 1984 年 12 月 | 杭州市拱墅区房屋建设开发公司 | 信义坊 | 1999 年改制为浙江广通房地产开发集团公司 |
| 拱墅区 | | 杭州市拱墅区房屋经营公司 | 红石花园 | 2002 年改制为浙江红石房地产开发有限公司 |
| 半山区 | 1984 年 12 月 | 杭州市半山区房屋建设开发公司 | | 1990 年行政区划调整，随半山区并入拱墅区 |
| 半山区 | | 杭州市半山区房屋经营公司 | | 1990 年行政区划调整，随半山区并入拱墅区 |

资料来源：根据唐世定、张良华、王鹤鸣、朱云夫、金鹰、李坤军、任恩伟等人的访谈，以及网上资料整理。

## 2 旧房子，新房子

对 1980 年代在杭州长大的人来说，小时候的居住生活场景，为什么总是充满了邻居家的烟火气?

经过 40 年翻天覆地的变化，2020 年代初的杭州，已经成为互联网新经济引领的现代化大都市，人居环境基本实现了现代化。

在这个沧桑巨变的历史时期，杭州老百姓的获得感，不仅表现在住房条件的不断改善，而且体现在住房资产的不断增加上。住房资产成为家庭财富最重要的载体。

从住房困难，到安居工程，再到宜居天堂，每一个进步的脚印，都在杭州人的记忆里，都让人难以忘怀。

不过，对于 1980 年代居住在杭州的老百姓来说，墙门里的烟火气，筒子楼里的大家庭，新村里的新房子，都是记忆中永不消散的快乐场景。

1994 年 9 月 20 日，《人民日报》第二版刊登文章，报道杭州老百姓喜气洋洋装修新房、搬迁新居的情况。时任杭州市城乡建设委员会主任吴非熊告诉记者，杭州市区人均居住面积从改革开放初期的 3.9 平方米，增加到 1993 年底的 8.0 平方米，杭州市民的居住标准提前达到了小康水平。[①]

### 2.1 墙门里的烟火气

解放后，在杭州老城区，留存下来一些石库门里弄建筑风格的传统民宅。经过长期演变，这些建筑逐步成为老百姓的主要居住场所，日常生活中被称为"墙门里"。

随着人口不断增加，住房建设又严重滞后，一个典型的传统小院里，往往要住

---

① 袁亚平，杭城人家居室美，人民日报，1994 年 9 月 20 日。

进好多人家。

　　位于中河南路望江路口元宝街18号的胡雪岩故居兴建于19世纪70年代，占地面积10.8亩，建筑面积5800多平方米，曾经被称为"江南第一宅"。

　　据胡雪岩故居景点展厅的介绍，1949年以后，这里曾经先后作为学校、文艺团体所在地、工厂和居民住宅使用。在1999年作为建筑文物得到抢救修缮前，里面除了有个小工厂和一所学校，还居住了135户家庭。

　　当时，人们的居住条件很差，但在这些多年失修的陈旧老房子里，很有烟火气，在杭州人的记忆里面，留下了许多美好的生活片段。①

　　直到2020年代，在杭州一些没有全面改造的历史文化保护街区，还保留着墙门里的人居景象（见图2.1）。

图2.1　吴山东侧紫阳街道城隍牌楼巷123号（贾生华摄于2023年5月）

---

① 陈贲，纯正杭州生活，墙门大宅和一座城市的记忆碎影，每日商报，2008年5月8日。http://zzhz.zjol.com.cn/05zzhz/system/2008/05/08/009494180.shtml。

在很长一段时间里，墙门里的房屋低矮潮湿，拥挤不堪。没有卫生间，各家每天早上刷马桶。没有淋浴间，洗澡要用大木盆。

各家人口多，房间小，许多生活场景只好延伸到室外。并不宽敞的院子，作为邻居们的公共空间，利用率特别高，人气很旺，邻里关系密切、互动频繁。

《文汇报》高级记者万润龙先生从小在杭州孩儿巷长大。1984年的时候，他曾经写了一篇文章参加《杭州日报》的国庆征文，题目是"我们的孩儿巷"，该文讲述了院子里的生活故事，还获了奖。

他回忆说，小时候一家七八口人挤在不足30平方米的残破房屋内，左邻右舍的生活都十分清贫，但院子里人情味很浓。邻居们相互照应，解决了不少日常问题。特别是孩子们，上学、吃饭、睡觉基本成群结队地在一起。

位于柳浪闻莺对面、吴山脚下的荷花池头，在1949年后成为公房，由房管站管理，分配给市民住。长期居住在这里直到1989年才搬出来的张勤芳回忆说，那时候荷花池头里都是典型的榫卯结构老房子，我们1号比较大，一共有5个天井，总共住了9户人家，有近50口人。我们住的那个天井，原来是厢房，后来用木板隔出了楼梯和墙壁，3户人家一起住。我们家5口人，就住在20多平方米的空间里。烧饭用的还是煤饼炉，一到饭点，满院子都是烟灰。

荷花池头这类老房子都没有厕所，住户们每天早起第一件事就是刷马桶。很久才洗澡一次，要洗澡就在天井放个大盆子对付着来。那时候也没有什么隐私的概念，用木板隔出的墙壁不隔音，谁家有个动静都听得一清二楚。[1]

在杭州老城区，也有一些著名的历史民居经历了岁月雕刻，沉淀了许多人物和故事。

像从湖滨到浣纱路一带的石库门里弄曾经是民国时期杭州最现代化的住宅建筑，被称为"民国第一贵族居住区"。

一辈子住在承德里一弄26号的宋广谟被邻里们戏称为思鑫坊的活地图。1949年，他的父亲用4800块大洋，从陈鑫公三儿子的手上买下了思鑫坊的这套石库门房子。宋广谟说："那会，武林广场的水田才200大洋一亩，北山路上的房子都没这么贵呢。"[2]

---

[1] 岳雁，从"蜗居"到"广厦"：70年里杭州人均居住面积涨了七倍多，都市快报，2019年6月12日。https://hznews.hangzhou.com.cn/jingji/content/2019-06/12/content_7208590.htm。

[2] 王丽，杭州清代石库门建筑群思鑫坊：污水横流成城中村，钱江晚报，2015年1月8日。http://culture.people.com.cn/n/2015/0108/c172318-26348610.html。

到了 1980 年代，住在里弄的人口越来越多，各家各户为了拓展生活空间，院子里到处是各种违法搭建的平房、水台和厨房间。能利用的空间都被利用起来，几片三合板，屋檐下一搭就是一间房，睡觉、煮饭、看电视都在里头，居住条件也就越来越差了（见图 2.2）。

直到 2016 年，借着杭州举办 G20 峰会的东风，思鑫坊作为城市环境整治重点项目，才从一个破败拥挤、无证餐饮小店聚集之地，作为历史文化街区，完成了全面的保护和升级改造（见图 2.3）。

图 2.2　保护整治前的思鑫坊①

图 2.3　保护改造后的思鑫坊②

---

① 颜君如，思鑫坊：在城市改造提升中涅槃，百年建筑群风华重现，杭州网，2019 年 9 月 18 日。https://z.hangzhou.com.cn/2019/cmlsjz/content/content_7268460.htm。
② 三叶草游学历史，百年一瞬思鑫坊，往日优雅重回还，百家号，2020 年 9 月 7 日。https://baijiahao.baidu.com/s?id=1677165270683368630&wfr=spider&for=pc。

## 2.2 筒子楼里大家庭

在当时，住房建设逐步纳入了计划经济体系，住房由政府投资建设，进入公房管理体制。在住宅建筑设计和建设的形式上，中国学习苏联老大哥，基本采取"兵营式"布局——长长的走廊，两侧布置许多单间，一般没有独立的厨房和卫生间。这被称为"筒子楼"。

在 1980 年代，杭州的国有企事业单位职工能从单位分配到筒子楼里的一间房子，已经是很不错的待遇了。

当年在杭州市某国企工作的王先生曾经在筒子楼居住过 14 年，直到 1997 年才搬出来。回忆起里面的生活情景，他记忆犹新，感慨万千。

根据王先生的回忆，1978 年他插队返城回到杭州，被安排在一家工厂上班，单位没有住房，他只好挤在父母家里。

1983 年的时候，单位有了一栋集体宿舍，他和爱人分到一套 15 平方米的住房。在当时，单位有 300 多人。这栋楼一共 5 层，每层 16 个房间，一共 80 个房间。能分到这套房子是很不容易的，搬进来住，居住条件比住在父母家改善不少，王先生是十分自豪和幸福的。

筒子楼里都是单间，每层设有公共的男女卫生间，卫生间外面有洗漱间，大家都在这里洗衣服、洗菜。虽然单位有食堂，但各家都喜欢在门口放个煤炉，自己做饭。

最初的几年，楼里面住的都是单位同事。下班回家后，各家都开始做饭，整个楼道弥漫着各家做饭的香味，烟火气很浓。小孩子都在楼下玩耍，各家房间随便串门，谁家做了好吃的，都会分享给邻居家的孩子吃。邻居们就像生活在一个大家庭，十分开心。

筒子楼的居住生活，最困难的问题是厕所和洗漱间使用不便。那个时代没有物业管理，单位安排每周打扫两次卫生，厕所和下水道经常发生堵塞，污水横流，臭气熏天。因为卫生条件差，老鼠、蟑螂、苍蝇、蚊子也都是这里的原住民。

随着入住家庭的小孩相继出生，十几家人共用的卫生间和洗漱间越来越难以满足日常需要。在早晚使用高峰期，排队和等待是经常的事情。有人闹肚子，楼上楼下到处找厕所，拉在裤子上也不稀奇。小孩着急上厕所，实在没办法，就地解决也常见，卫生状况实在让人难以忍受。

王先生为了解决上厕所和洗漱困难，先是采取早起策略，希望错峰解决问题。

后来，办公楼的条件改善了，他索性早点起来，吃饭后提前去办公楼，在办公楼解决问题。

随着人口增加，筒子楼里面越来越拥挤。各家为了拓展自己的生活空间，千方百计搭建和挤占公共空间。楼道和窗户外面、楼梯口和院子里，都成为厨具摆放、物件存放、自行车停放的必争之地，住户之间的矛盾时有发生。

有一年春节期间，一群孩子在楼道玩鞭炮，引燃了楼梯上堆放的杂物，差点引起火灾。多亏邻居们紧急行动，锅碗瓢盆一起泼水，才避免了大的损失。

1985 年夏天，王先生的儿子出生了，房间里除了 1.5 米宽的双人床，再也摆不下一张床了。他就让爱人和儿子睡在床上，自己打地铺睡觉，一家三口就这样住了10 年。

在儿子小的时候，王先生和爱人每天都要操心的一件事情就是晾晒衣服。杭州多阴雨天，筒子楼里的每家人都会从窗户伸出晾衣竿，只要不下雨就晾晒东西。那个年代，没有尿不湿，也没有洗衣机，小孩的尿布和衣服是需要手洗的。因为经济不宽裕，可供换洗的东西不多，洗了就需要尽快晾干再用。十分无奈的是，王先生住在二楼，好不容易快要晾干的衣物，经常被楼上衣物滴下来的水打湿。

那个时候，没有住宅小区的概念，也谈不上综合配套。筒子楼只要通路、通电、通水就可以居住了。每天早上 6 点到 9 点，菜市场在单位大门口的空地上准时开张，菜农和菜贩过来摆摊，附近居民前来买菜，各类农副产品和生活用品基本上在这里买卖。

在日常生活中，对于经济条件好一点的家庭，自行车是基本交通工具。去远一点的地方，就乘坐公交车。当年的公交车也少，一般等车就要半个小时。

有一年春节前，王先生带着儿子去公共浴室洗澡，排队等了一个多小时才轮到。浴室里面十分拥挤，好不容易挤到水龙头前，却停水了。回家后，第二天两个人都感冒了。

1997 年春天，王先生终于从单位分到了小区里成套的新房，搬离了筒子楼。

王先生回忆说，在筒子楼居住的最后几年里，原来的住户相继搬走了，租客越来越多，搬进搬出十分频繁。邻居之间也由同事、熟人变成了陌生人，邻里关系日渐疏远。烟火气也随着城市发展和生活方式变化与筒子楼渐行渐远。

位于文一路莫干山路交叉口东南角的文一大院里有 1950 年代建设的 5 栋筒子楼，它们后来是浙江工业大学等单位的宿舍（见图 2.4）。2009 年拱墅区将文一大院纳入危旧房改善和庭院改善工程，对年久失修、配套设施缺损、环境脏乱差等问

图 2.4　文一路 21 号文一大院里的筒子楼
（杭州网记者李忠摄于 2008 年 11 月初）

题，进行了全面解决。通过拼接改建，每户家庭都有了独立的卫生间和厨房，装上了管道煤气，做到了一户一表。改造后的筒子楼，变成了成套住房，居住条件大为改善。①

位于文二路莫干山路交叉口西南角的建工新村也有几幢典型的筒子楼（见图 2.5），居住条件已经十分落后，在被认定为"危房"的几年后，2019 年终于进入了西湖区的危旧房改造项目名单，得到了整体拆除和重新规划建设。②

①　刘伟，筒子楼：城市的集体记忆，浙江在线，2008 年 11 月 7 日。https://news.sohu.com/20081210/n261135844.shtml。
②　许晖，要拆了！杭州市中心，6 万～7 万元／米² 的老破小！推倒重建！赌拆迁的投资客哭了……，快房网，2019 年 12 月 6 日。https://www.sohu.com/a/358811552_349147。

图 2.5 杭州建工新村的筒子楼①

## 2.3 住房困难使人愁

在计划经济时期，我国实行的是"住房公有，福利分房"体制。② 杭州与其他城市一样，住房困难问题十分突出。

1978 年 3 月 6 日，国务院在北京召开了城市工作会议，制定了《关于加强城市建设工作的意见》，决定加速住宅建设。同年 9 月，国家基本建设委员会召开了全国城市住宅建设会议，在新中国的历史上这还是第一次就城市住宅建设问题召开专题会议，这反映出党和政府对住房问题的高度重视。③

---

① 锋尚文化旅游，杭州市中心 50 年代破旧筒子楼，没有独立厕所厨房，单价 5 万余元一平方米，百家号，2020 年 5 月 14 日。https://baijiahao.baidu.com/s?id=1666680240489440557。
② 陈杰，新中国 70 年城镇住房制度的变迁与展望，国家治理周刊，2019 年 6 月 3 日。https://mp.weixin.qq.com/s/2NMSWD_0pkyU6e77eq7YFg。
③ 瞿晓琳，改革开放初期城市住房紧张问题及其初步缓解，国史网，2016 年 10 月 12 日。http://hprc.cssn.cn/gsyj/shs/shshs/201610/t20161012_4141461.html。

1978 年 11 月 27 日，《人民日报》发表社论，标题是"把城市建设提到重要日程上来"。因为城市建设欠账多，职工住宅和市政公用设施存在相当大的缺口。

当时的杭州，和其他城市一样，城市面貌陈旧，老百姓住房困难，人均居住面积只有 3.9 平方米，住宅成套率很低，水、电、厨房独用的仅占 30%，建设任务十分艰巨。

唐世定先生，长期在杭州市原下城区人民政府、浙江省建设厅、浙江省房地产业协会等单位担任领导职务，是浙江省房地产业的老领导。

1980 年，曾经在教育系统工作的唐世定被选举为下城区副区长。1984 年，唐世定当选为下城区区长，连任了三届。在下城区行政岗位十余年的工作，使唐世定经历了 1980 年代杭州城市改造和解决住房困难的峥嵘岁月。

他回忆说，当时住房问题比较突出。有的家庭，八九平方米的房子，三代人住里面，每天要打地铺睡觉。

有一次，他听说一家国营企业住房问题解决得比较好，就去走访。在这家企业的职工集体宿舍，他注意到有一间房中间，用帘子隔了起来。一问才知道，原来，这间房已经被隔成了两对小青年的结婚用房。

好的国营企业的员工尚且如此，一般老百姓的居住质量就更谈不上了。那时天一下雨，区政府干部就急忙跑去看低洼积水地段，看哪些人家进了水，家具、灶具有没有被淹没。哪些房子有危险，得赶紧组织力量抢修，尽力做到房子不倒。天一放晴，又要组织人员现场查看浸了水的居民家里房子的泥墙有没有倒掉，有没有压着人。

此情此景，做过安吉路小学校长的唐世定十分感慨，不由得想起郑板桥的诗句："衙斋卧听萧萧竹，疑是民间疾苦声。些小吾曹州县吏，一枝一叶总关情。"他想，200 多年前的县吏尚能关心百姓疾苦，我们作为人民公仆，怎能看着百姓因家园"水漫金山"而受难呢！

因此，改善人民群众的住房条件成为政府面临的十分迫切的工作任务。唐世定回忆说，原下城区政府经过调研，选择长庆街道十五家园地区进行改造提升，并将其作为区政府的实事工程。因为这个地方地势低洼，受涝面积最大，住房条件实在太差，群众呼声很高。

下城区的住房情况，代表了当时杭州的基本住房状况。解决住房困难问题，成为上上下下的共同愿望。杭州由此拉开了大规模旧城改造和住房建设的序幕。

## 2.4 住宅建设立新规

在改革开放的春风里，全国层面的城市建设受到了重视，"重生产，轻生活"的倾向得到了纠正，城市改造和住房改善成为各级政府的重要工作。

为了实施杭州市城市总体规划，加快城市建设和改造的步伐，杭州市政府在1984年5月发布的《杭州市房屋建设开发暂行规定》明确了新时期城市开发和房屋建设的新体制和新机制。

文件的第二条规定："凡在城市规划区范围内建造住宅和公建房屋的在杭各单位（不论隶属关系）均按本规定办理，实行'统一领导，统筹规划，综合开发，成片建设'。"可见，当时除了加快城市建设和改造，还要解决"散、乱、差"等突出问题。

张良华回忆说，1970年代后期，杭州的住房条件很差，政府没有能力投资建设更多的住宅。为了鼓励和调动各单位建设住房的积极性，政府允许有土地和资金的单位自行建设住宅，并将住宅分配给本单位职工使用，这类房子被称为"自建房"。

自建房政策虽然增加了住房建设和改造提升的积极性，但存在散、乱、差的问题。为了加强统筹协调和规划管理，加快住房开发建设，在市区两个层面，由政府组建了专门负责房屋建设开发的单位，即杭州市统建办。

《杭州市房屋建设开发暂行规定》第四条规定："住宅建设开发按旧城和新区建房面积五五开的比例安排用地，实行'统一规划，统一设计，统一开发，统一结算，统一分配，统一分担拆迁安置任务'（即"六统一"）。建造用以出售的住宅，亦按这一原则安排用地，并进行综合平衡。"

当时的一个任务是"以新带旧"，综合平衡房屋建设和基础设施建设、公共配套等方面的工作。

《杭州市房屋建设开发暂行规定》第八条规定："由单位成片建设开发住宅和公建房屋，须经市城乡建设委员会批准，与市开发公司签订协议书，承担一定的旧城改造补贴费用和材料。个别单位利用零星土地，经规划部门批准自建住宅或公共建筑，亦须按规定交纳旧城改造补贴费和材料。"

可见，当时的政府也是心有余而力不足，能够用于旧城改造和基础设施建设的资金和资源严重短缺。"六统一"的一个重要作用，就是动员各种资源，筹集城市建设和住房开发的资金和物资。

现在的人们无法想象，在计划经济体制下，当时国家处于短缺经济状态，各种资源都严重不足，这对城市建设和住宅开发形成了刚性约束。

这可以从当时文件规定的住宅建设开发成本和结算价格中看出一些端倪。

杭州市政府在发布《杭州市房屋建设开发暂行规定》的同时，还出台了《杭州市房屋建设开发实施细则》，对土地征用、基础设施建设和配套、旧城改造、结算方式和价格等都做了具体规定。

按照当时的经济管理体制，所有房屋（住宅和公建）建设都必须采取成片改造和开发的方式，纳入计划管理。

住宅开发建设成本，不仅包括征地和配套费用（每亩20万元）、旧城改造补贴费用（每平方米80元）以及有关税费，还需要向政府上交钢材、木材、生铁、水泥、玻璃等一些建材实物，因为当时这些物资都是按计划供应的。

上述细则第十一条规定，有关单位委托市开发公司建设开发住宅、公建房屋，或开发公建房屋基区，需上交的建筑材料定额如下。

（1）旧城住宅建设开发，暂定每平方米（建筑面积，下同）应交木材0.095立方米，钢材66公斤，水泥617公斤，生铁11公斤，3毫米玻璃0.7平方米。

（2）新区住宅建设开发，暂定每平方米应交木材0.051立方米，钢材39公斤，水泥346公斤，生铁11公斤，3毫米玻璃0.35平方米。

（3）旧城、新区办公楼、营业楼和其他大中型公建房屋的基地开发，每万元应交付木材4立方米，钢材2.2吨，水泥15吨，生铁1吨。

（4）旧城、新区公建房屋如一并委托建造，工程所需材料按实耗数量另加。

可见，在那个年代，建设住房的资金来源、用地指标、基础设施配套甚至建筑材料供应，都是被严格纳入计划经济体制的。

在各种投入严重短缺的情况下，这必然意味着住宅开发建设成本高企。

根据细则第十条，"住宅建设开发，暂定每平方米（建筑面积，下同）基价：旧城为510元，新区为310元"。这可以被看作当时住宅开发建设平均的综合成本水平。对于不同城区和不同类型的住宅，允许在基价基础上，有一定幅度的调整。

当时的住宅基本是定向分配的。如果出现余缺情况，杭州市房屋建设开发公司可以向有需要的单位出售。"余房销售"的政策空间，为调剂余缺和平衡开发成本提供了可能性。

细则第九条规定："各单位购房，须凭有关部门批准的购房计划，向市开发公司登记预购或现购，并按规定的价格和材料定额交付资金、材料。"

对于出售价格，第十条在规定"基价"的同时，规定"出售住宅，亦依照上述基价，但需相应搭配层次；或按不同层次，价格略有差别"。

当时国家外汇紧缺，为了创汇，杭州市房屋建设开发公司建设的部分小区还专门拿出少量住宅，向归国华人华侨销售，并收取侨汇券。这可能是杭州最早直接向个人出售的"商品住宅"。

如果对旧城和新区住宅基价做一个简单平均，就可以知道当时杭州市区的住宅价格大致为每平方米 410 元。

这个价格到底有多贵，或者有多便宜，我们不能用绝对值来判断。表 2-1 整理了不同年份的几组数据作为参照。

表 2.1　不同年代杭州市区住宅价格相对水平

| 年份 | 市区住宅均价 / （元·米$^{-2}$） | 市区非私营单位平均工资 / 元 | 市区城镇人均可支配收入 / 元 | 住宅均价 / 平均工资 | 住宅均价 / 可支配收入 |
|---|---|---|---|---|---|
| 2020 年 | 28548 | 128308 | 68666 | 0.22 | 0.42 |
| 2015 年 | 15736 | 77061 | 48316 | 0.20 | 0.33 |
| 2010 年 | 16543 | 49938 | 30035 | 0.33 | 0.55 |
| 2005 年 | 6016 | 32166 | 16601 | 0.19 | 0.36 |
| 2000 年 | 3782 | 15454 | 9668 | 0.24 | 0.39 |
| 1995 年 | 2400 | 7636 | 6301 | 0.31 | 0.38 |
| 1985 年 | 410 | 1316 | 1026 | 0.31 | 0.40 |

资料来源：工资和收入数据根据杭州统计年鉴数据整理，2000 年以后的住宅均价根据相关年份杭州统计年鉴中的市区商品住宅销售金额和销售面积计算。

在人们的印象中，杭州的房价上涨是一个长期存在的问题。我们从统计数据测算来看，相对于当年的平均工资水平和可支配收入水平，杭州房价的相对水平是比较稳定的。

甚至可以说，从平均工资水平观察，在 1985 年的时候，老百姓如果要买房的话，经济负担和支出压力比现在还要大一些。

而且，那个年代建房和购房都还是单位行为，在供给不足和计划经济体制下，不是你想买房就可以买得到的。

## 2.5　新村里的新房子

改革开放之初，杭州新建的住宅小区，沿用 1950 年代的叫法，基本叫作

"××新村"。新村里的住宅，都按照成套住宅设计建造，为多层砖混结构，还有一定的公共配套和绿化环境。虽然每套使用面积都不大，基本在30～60平方米，但各自设置了独立的厨房和卫生间。

与当时老百姓普遍居住的墙门里和筒子楼这样的旧房子相比，新村里的住宅绝对是"新房子"，住在新村里的人人居品质有了一个很大的飞跃。

朝晖新村，始建于1978年，是改革开放之初杭州最早开始建设的一个新村。当时，朝晖一带还是郊区，一过中北桥，就是农田和工地。当时也没有房地产公司，不少房子是各单位自己建造的，如棉纺织厂、仪表公司、节能中心、设计院、学校等都建设了自己的住宅。

孙大伯一家是1980年搬进朝晖一区的，属于最早搬入的居民之一。在他印象中，搬入朝晖一区前，他们一家7口挤在一个小房间，夏天天热没有吊扇，只好拆了床打地铺。那时候住的地方一层住10户，以他家为例，人均居住面积只有3.3平方米。

1980年孙大伯的儿子搬入了由杭州第一棉纺织厂建造分配的，位于朝晖一区的39幢2单元1楼。三室一厅加上一厨一卫，外加朝南的一个庭院，总面积共有73.58平方米，1986年孙大伯本人也搬过去住了。

1993年，杭州市房改政策落地，作为房改房，孙大伯以总价1万元的价格买下了这套房子，按当时他家5个人住的标准，人均居住面积达到了14.7平方米，是之前的4.5倍。[1]

1982年和1984年，杭州市政府先后启动了"中东河综合治理工程"和"环湖绿地动迁工程"，需要拆迁安置大批居民，杭州市统建办在集中建设大规模安置住宅小区方面发挥了重要作用。除了朝晖新村，还建设了古荡新村、采荷新村、机神新村、闸弄口新村等一批住宅小区。

到1980年代末，杭州市区综合开发和配套建设的住宅小区越来越多，许多"新村"也改名叫"小区"了。

以朝晖为例，朝晖新村先后建设了9个住宅小区，有近700栋楼房，大约居住了10万人口，成为杭州市最大的住宅小区。[2]从1996年起，下城区地名办进行

---

① 乐居买房，从筒子楼到商品房，改革开放后杭州市人均居住面积大飞跃，凤凰新闻，2019年10月1日。https://ishare.ifeng.com/c/s/7qPliyFULfP。

② 张平，到底是朝（cháo）晖还是朝（zhāo）晖？，都市快报，2012年8月12日。https://hznews.hangzhou.com.cn/chengshi/content/2012-08/12/content_4331722_2.htm。

了两次门牌标志统一工作，正式将其命名为朝晖一区、朝晖二区等，一直到朝晖九区。

如今的朝晖新村，尽管40多年前造的"新房子"已经显得老旧，但其区位仍是杭州市最中心的黄金地带。

历史地看，在杭州人心目中，朝晖已经不是一个"新村"或者"小区"的概念了。它代表了那个时代杭州城市扩大的坐标和方位，开启了杭州普通家庭入住成套住宅的新纪元。

# 3 分房子，买房子

"分房子"什么滋味？"买房子"什么感受？听听那个年代过来人的故事。

住房是家庭基本生活资料。早在 1260 多年前，杜甫就写下了"安得广厦千万间，大庇天下寒士俱欢颜"的著名诗句，表达了普遍和永恒的人居理想。

然而，现实中的住房始终是稀缺的。对于家庭而言，在什么水平上实现住房消费，如何改善居住条件，具有鲜明的时代特征。

在改革开放的前 20 年，为了取得稳定长久的居住权利，分房和买房是两种可能的选择。住房制度改革的进程，在很大程度上决定了人们选择的余地和空间。

分房和买房的事情，在当时直接影响了许多家庭，为他们带来或欢乐或痛苦的感受；再到后来，甚至改变了不同家庭的财富运势。

程先生，典型的"1980 年代的新一辈"。1983 年他大学毕业到杭州工作，参与了住房制度改革的全过程，分房子、买房子的经历和体验，就是家庭生活变迁的主旋律。

程先生的故事，可以作为那一代人的典型案例，唤起许多杭州人在那个年代特有的住房记忆。

## 3.1 租房结婚生小孩

程先生 1983 年大学毕业后，被分配到杭州一所高校工作，单位安排当年报到的四个年轻人，一起住在一间集体宿舍里。

伙伴们来自五湖四海，工作、生活内容没什么差异，工资和生活水平基本相同。下班后一起打球，吃饭都在学校食堂。在当时的条件下，宿舍里的单身生活倒也快乐。

1987年春天，程先生谈了女朋友，想要结婚了，但还是没有分到自己独立使用的房子。有一天，在学院路的一个公交车站等车时，他看到一个温州村的住房销售广告，说每平方米 580 元。王先生动了心思，但想到自己每月不到 100 元的工资收入，也只好打消了买房的念头。

眼看婚期要到了，程先生和家里商量，决定先租套房子。王先生找了好久，终于在附近村子里租了一个单间，作为婚房。

这套农居房是新建的，房东一家人住在二楼，一楼有三个单间出租，租客们共用厨房和卫生间。院子里有个水槽，大家错开时间轮流用水。

1989 年 3 月，程先生的女儿出生了，但就分房一事，程先生仍然处于排队过程中。程先生需要把母亲接来杭州一起住，帮助带小孩，现在住的农居房就不够了。

为了租一套住得下的房子，程先生跑了很多新村，都没找到合适的房子。后来，还是通过朋友介绍，在位于文一路的翠苑新村四区，程先生找到了一个顶层的小套间。一居室，有独立的厕所和厨房，面积大概 40 平方米，程先生赶紧租下，4 口人搬了进来。

对于 1980 年代的大学毕业生来说，程先生的情况具有普遍性，体现了那个年代住房生产、分配和消费的基本状况。

从 1950 年代开始，我国逐步建立了以生产资料公有制、国民经济有计划按比例发展和按劳分配为主要特征的社会主义计划经济体制。

在随后 30 年的经济建设过程中，住房被列入基本建设投资计划，由政府投资，国有单位开发建设。住宅建成后，按照计划将住宅分配给有关单位，再由单位分配给自己的职工居住，由此形成了"国家建设，单位分配，家庭使用"的福利性住房实物分配制度。

在人口快速增加和住宅建设滞后两种力量的共同作用下，我国城市住房短缺状况日益严重。2018 年 12 月 12 日，新华社在《中国住房："蜗居"到"适居"华丽转身》一文中提到："1978 年，中国城镇居民人均居住面积仅有 3.6 平方米，缺房户达 869 万个，占城市总户数的 47.5%。"

因此，改革开放初期，国家就开始探索如何加快住房建设，解决住房困难问题。

1980 年 4 月 2 日，邓小平发表了关于建筑业地位和住房问题的谈话，他指出："关于住宅问题，要考虑城市建设住宅、分配房屋的一系列政策。城镇居民个人可以购买房屋，也可以自己盖。不但新房子可以出售，老房子也可以出售。可以一次付款，也可以分期付款，10年、15年付清。住宅出售后，房租恐怕要调整。要联系房价调整房租，使人们考虑到买房合算。因此要研究逐步提高房租。房租太低，人们就不买房子了。繁华的市区和郊区的房子，交通方便地区和不方便地区的房子，城区和郊区的房子租金应该有所不同。将来房租提高了，对低工资的职工要给予补贴。这些政策要联系起来考虑。建房还可以鼓励公私合营或民建公助，也可以私人自己想办法。"

可以说，邓小平的这个谈话，指明了随后20年中国住房制度改革的基本方向和内容设想。

然而，1980年代的住房制度改革基本是在试点和探索阶段，住宅投资建设和分配使用的体制没有大的变化。

杭州的住房困难问题也很突出。杭州市区人口从1949年初的62.48万人增加到1978年的104.53万人，而在此期间市区住房只新建（包括翻建）了271.21万平方米（年均建房9.34万平方米）。1978年市区人均居住面积仅4.07平方米，其中公房与单位自管房人均居住面积不足3.5平方米。[①]

在1980年代，杭州加快了住房建设步伐。为了多渠道筹集住房建设资源，一些大的单位可以按计划单独立项，建设自己单位独立的住宅小区。例如，浙江大学家属区叫作是新村，杭钢生活区叫作杭钢北苑和杭钢南苑，此外还有杭锅新村、杭氧宿舍，等等。

其他住宅基本是由政府统一建设后，分配或者出售给相关单位。例如，位于文三路莫干山路口西边的武林门新村，就是1980年代初期政府投资建设的住宅项目，由10幢居民楼组成，共有470余户居住。建成后，这10幢楼被分配给了10个单位。各单位为了便于管理，又在居民楼之间修了围墙，每个单位的出口还建设了辅房，作为传达室。

在后来的岁月里，随着城市发展和人民生活水平提高，武林门新村的居住环境越来越差，甚至消防车、救护车都没法进入。直到2019年7月，通过小区改造提升，武林门新村才解决了问题。[②]

---

① 杭州市建设委员会，1978年至1992年杭州市的城市建设，杭州党史与地方志。http://www.hangzhouds.org.cn/partytopics/info.aspx?itemid=4581&lcid=9。
② 乐居网杭州，小区改造打通武林新村的"生命通道"，百家号，2019年7月4日。https://baijiahao.baidu.com/s?id=1638082915044175876&wfr=spider&for=pc。

更重要的是，当时虽然开始重视住宅投资和建设，但住房仍然十分稀缺。对单位来说，能拿到这些楼房资源是很困难的，即使拿到了楼房资源，也不可能太多。对职工而言，单位需要按照职称、职务、工龄、家庭人口等多种条件计算积分，职工需要长时间排队轮候，年轻人很难轮到。

## 3.2 等到单位一间房

程先生是个勤奋好学的人。从 1986 年秋天开始，他就开始在本校在职攻读应用经济学专业的硕士研究生，并于 1989 年夏天获得了硕士学位。

拿到硕士研究生学位后，程先生分房排队的积分提高了一些，终于在 1990 年春天拿到了单位分给自己独立使用的一间 16 平方米的房子。这间房子，位于学校为青年教师盖的宿舍楼里，属于筒子楼类型，一个楼层只有一间公用水房和卫生间，各家做饭都在门口的过道里。

因为程先生家有四口人，没法搬进去。程先生只好把分到的房子租给了刚结婚的同事，自己继续租住在外面小区里。

这个时期，程先生与大多数人一样，还是把希望寄托在单位分房上，经常关注住房制度改革进展，希望早日住进单位分给自己的房子。

在 1980 年代，我国在住房制度改革方面进行了一些探索，总的目标是希望通过住房体制和政策，改变单纯依靠国家投资、建设和维护城市公房的状况，调动各方面的积极性，扩大住房建设资金来源，加快住房建设步伐。

从 1981 年开始，国家在一些城市开展公房出售试点，出售价格基本按照建造成本，每平方米只要 120 ~ 150 元，购房者还可以分期付款。但是，在其他各方面的条件和机制还没有转变的情况下，老百姓并不积极购买公房，还是在等待单位分房。

为了调动购房积极性，1982 年"三三制"的补贴出售新建住房方案施行，即购房金额由政府、企业和个人各承担 1/3，在郑州、常州、四平、沙市试点。试点发现，在大量旧公房租金依然较低的情况下，租买比价不合理，个人还是缺乏买房动力。同时，这样做的后果是，国家住房建设资金更加难以收回，不符合改革目的。

1986 年 1 月，国务院召开了城镇住房制度改革问题座谈会，并成立了住房制度改革领导小组和领导小组办公室，全面负责住房制度改革工作。

会后，以提高公房租金为核心内容，住房制度改革领导小组选择烟台、唐山、蚌埠三个城市进行试点，基本思路是"提租补贴、租售结合、以租促售、配套改革"。当时，试点城市的公房月租金只要每平方米7～8分钱，而每平方米成本租金超过1元。

经过两年的试点和探索，住房制度改革领导小组在1988年2月召开了第一次全国住房制度改革工作会议，并印发了中国第一个关于房改的法规性文件——《国务院住房制度改革领导小组关于在全国城镇分期分批推行住房制度改革的实施方案》，即国发〔1988〕11号文件，进一步明确了"提租补贴"相结合的房改思路。

该文件规定，当时公房"租金标准应按住房的折旧费、维修费、管理费、投资利息和房产税五项因素计算，每平方米使用面积月租金全国测算平均约一元五角六分。目前，要定在一元以上，可以一步到位，也可以分步达到，但第一年起点不宜太低"。

后来的实践表明，在当时居民收入有限的情况下，期望通过普遍大幅提高租金，实现住宅建设和维护成本的回收和良性循环难度很大，是不切实际的。为了推进住房制度改革，一些城市政府甚至出现低价出售公房的"甩包袱"倾向。

1991年6月，《国务院关于继续积极稳妥地进行城镇住房制度改革的通知》发布，此即国发〔1991〕30号文件，文件要求：将现有公房租金有计划、有步骤地提高到成本租金；在规定住房面积内，职工购买公房实行标准价；实行新房新制度，对新竣工的公房，实行新房新租、先卖后租。

同年11月，《国务院办公厅转发国务院住房制度改革领导小组关于全面推进城镇住房制度改革意见的通知》（国办发〔1991〕73号）发布，确定房改的总目标是：从改革公房低租金制度入手，从公房的实物福利分配逐步转变为货币工资分配，由住户通过买房或租房取得住房的所有权或使用权，使住房作为商品进入市场，实现住房资金投入、产出的良性循环。

1993年，杭州的商品房市场也开始活跃，海南等地的房地产热潮触动了许多人购房的神经。

程先生也不例外。因为还没有分到单位的成套住宅，没有资格购买房改房，他只好把目光投向了商品房。

到了1994年初，杭州房价也上了一个大台阶。程先生看了几个市区成熟地段的项目，价格普遍在每平方米4000～5000元。想想自己每月500多元的收入，程先生感到实在是无法承受这样的房价。

在城西的蒋村商住区，也出现了几个商品房项目，最低售价在每平方米2000元。看看项目周边道路泥泞，也没有什么配套条件，程先生还是打消了下单的念头。

## 3.3 买下单位房改房

分房资格不够，排队等待遥遥无期。买房资金不足，商品住宅到不了手。思前想后，程先生打起了调换工作的主意。

1994 年春节后，程先生借调到一家省属事业单位工作。他勤奋努力，成绩显著，深得领导欣赏。他也了解到，这个单位收入和待遇明显比学校更好，而且领导们在考虑，积极利用有关房改支持政策，改善职工住房条件。

一年后，在领导帮助下，程先生完成了工作调动，离开了工作十多年的高校教师岗位，成为一名经济改革和政策研究人员，并且其职称被评定为副研究员。

到了 1996 年，单位为了解决年轻骨干的住房问题，在腾空周转的公房里面，单独划出 10 套房子，作为"人才专用房"，将其优先分配给有研究生学位和副高级职称的年轻人。程先生符合申请条件，分得一套 58 平方米、两室一厅一卫的房子。

在大学毕业、参加工作 13 年后，程先生终于分到了房子，告别了租住生活。简单粉刷整理一下，程先生十分开心地搬进了自己的房子。孩子读书就在附近的小学里，十分方便。

1998 年，政府大力推动公房出售，出台了很多减免和优惠政策。程先生花了 3 万元，按照公房出售政策，买下了这套房改房。随后，在 2000 年顺利拿到了房屋所有权证，成为有房一族。

在 1990 年代，程先生的故事并非个案。对于大多数城市家庭来说，住房改善还是靠分房。对于在政府部门和国有企事业单位工作的人来说，家庭购买的第一套房子，就是房改房。

1992 年 10 月党的十四大召开，明确提出了中国经济体制改革的目标是建立社会主义市场经济体制，这标志着全党在经济体制改革目标上已形成共识，住房制度改革也更加明确了市场化发展方向。

1994 年 7 月，在总结以往试点经验的基础上，国务院下发了《国务院关于深化城镇住房制度改革的决定》，即国发〔1994〕43 号文件，确定房改的根本目标是：建立与社会主义市场经济体制相适应的新的城镇住房制度，实现住房商品化、社会化；加快住房建设，改善居住条件，满足城镇居民不断增长的住房需求。

该文件确定的房改基本内容，可以被概括为"三改四建"，该文件基本确立了在社会主义市场经济体制下，住房制度改革的框架和内容。

"三改"，即改变计划经济体制下的福利性体制，将住房建设投资由国家、单位统包的体制，改为国家、单位、个人三者合理负担的体制；将国家、单位建房、分房和维修、管理住房的体制，改为社会化、专业化运行体制；将住房实物分配方式，改为以按劳分配的货币工资分配为主的方式。

"四建"，即建立与社会主义市场经济体制相适应的新住房制度，包括建立以中低收入家庭为对象、具有社会保障性质的经济适用住房供应体系和以高收入家庭为对象的商品房供应体系；建立住房公积金制度；发展住房金融、保险，建立政策性、商业性并存的住房信贷体系；建立规范化的房产交易市场和房屋维修、管理市场。

不过，在治理海南房地产泡沫和整顿金融秩序的两年里（1994—1995 年），房地产投资和房地产市场迅速收缩，房改进展也受到很大影响。

1996 年，我国宏观经济实现"软着陆"后，投资和消费不足成为新的主要矛盾。经过一系列调查研究，建设部向国务院提交了《关于加快住宅建设，加速培育房地产市场，推动国民经济持续快速健康发展的请示》，提出可以把住房消费作为新的消费热点，把住宅建设作为新的经济增长点。这个报告得到了国务院副总理朱镕基的认可。[1]

到了 1997 年，国际上发生了"亚洲金融危机"，出口受到很大冲击，国家提出了"扩大内需"的应对策略，进一步加快了住房制度改革的步伐。

1998 年 7 月 3 日，《国务院关于进一步深化城镇住房制度改革加快住房建设的通知》，即国发〔1998〕23 号文件发布，要求"加快住房建设，促使住宅业成为新的经济增长点，不断满足城镇居民日益增长的住房需求"，并且明确"1998 年下半年开始停止住房实物分配"。

正是在这个时期，各大城市加快了公房出售的步伐，房改房成为家庭购房的主要来源。

杭州的住房制度改革，基本与全国房改进程同步。1993 年 4 月 1 日，《杭州市市区住房制度改革实施方案》开始实行，杭州市着力推进公房出售，调动个人购房积极性。

1999 年 11 月，杭州市根据《国务院关于进一步深化城镇住房制度改革加快住房建设的通知》的精神，出台了《杭州市市区进一步深化住房制度改革的若干意见》（杭政〔1999〕20 号），宣布停止住房实物分配。对停止住房实物分配以前已租住的

---

① 侯捷，发展住宅建设，积极培育新的消费热点和新的经济增长点，北京房地产，1997 第 2 期，第 4—5 页。

公房，则继续向职工出售。同时，住房货币补贴的一系列政策随之出台，公房出售、住房补贴、住房公积金等政策逐步调整完善，房改得到系统性快速推进。

停止住房实物分配政策出台后，1999 年杭州市共出售公房 6.92 万套，比 1998 年增长了 3 倍，市区公房出售率达到了 82.3%。2000 年市区又出售公房 3.98 万套，市区公房出售率达到了 92.57%。

在 2000 年，按照杭州市出售公房的价格标准，砖混结构成套公房出售的成本价为建筑面积每平方米 885 元。按成本价出售公房时，扣除工龄折扣、现住房折扣、成新折扣及各项调节因素后，最低限价为建筑面积每平方米 220 元。如果一次性付款，还可以享受 10% 的优惠。

当时，市场销售的商品住宅价格多数都已经超过了每平方米 3500 元，房改房的吸引力可想而知（见表 3.1）。

表 3.1　1990—2002 年杭州市区商品房销售面积和销售均价

| 年份 | 商品房销售面积 / 万平方米 | 商品房销售均价 / （元·米$^{-2}$） |
|---|---|---|
| 1990 年 | 17.42 | 798 |
| 1991 年 | 17.85 | 681 |
| 1992 年 | 18.81 | 1213 |
| 1993 年 | 21.74 | 1455 |
| 1994 年 | 29.83 | 2843 |
| 1995 年 | 76.59 | 2395 |
| 1996 年 | 66.90 | 2777 |
| 1997 年 | 122.70 | 2973 |
| 1998 年 | 133.80 | 3211 |
| 1999 年 | 180.84 | 3640 |
| 2000 年 | 193.65 | 3795 |
| 2001 年 | 173.71 | 4012 |
| 2002 年 | 236.09 | 4719 |

资料来源：根据 1990—2003 年杭州统计年鉴数据整理。

## 3.4　改善置换商品房

2000 年春天，程先生遇到一位在国有银行工作的校友，该校友邀请他去银行担任部门副职。经过一段时间的了解和考虑，程先生第二次调动工作来到了银行。促使他下定决心的关键因素，就是银行的收入和待遇比事业单位高出很多。

2001年，随着职业发展和收入提高，程先生有了改善住房的需求。当时，程先生孩子读书的小学准备搬迁，程先生就在新校址周边寻找合适的商品房项目，希望新房子能够方便小孩读书。

经过比较，程先生选择了采荷街道的凯旋苑，项目是由江干区房屋建设开发公司建设的，规划设计都不错。程先生选择了一套132平方米的跃层户型，新房附带赠送顶层阁楼，总价58万元。

程先生和爱人分别向父母借了些钱，加上自己多年积蓄，程先生凑齐了首付款。考虑到房改房已经可以上市了，程先生计划，等新房入住时，及时把房改房卖掉，偿还借款，剩下的按揭贷款还款，压力就可以承受了。

2002年新房交付了，程先生花了5万元，用半年时间完成了精装修。

在搬家前，程先生通过中介把房改房卖掉，还清了买房和装修的借款。搬家那天，双方父母和亲朋好友都来参观，程先生在酒店里摆了三桌酒席，以示庆贺。

在当时，拥有这样一套仔细装修的商品住宅，是令人羡慕和值得骄傲的。新家的一楼是宽阔的客厅、餐厅、厨房和厕所；二楼是三间卧室，也有一个厕所；顶层阁楼被装修成一个开放式书房，人们还能走出阁楼到露台，看楼下的花园和鱼池。

入住后程先生深切感受到家庭的居住生活品质上了一个大台阶。物业管理保持了小区的整洁安全。平时父母可以在阳台养花种菜。孩子放学回家，小区里小朋友很多，经常一起给鱼池中的金鱼喂食，捕捉绿化带的青虫、瓢虫，追逐玩耍十分开心。

像程先生这样，向亲戚朋友多方借钱解决了首付款，再加上按揭贷款，依靠房改房上市，置换购买更高品质的商品房，在世纪之交的杭州，是许多家庭的共同选择。

正是在1999年6月，为了规范已购公房和经济适用住房的上市交易行为，盘活存量住房，满足居民改善居住条件的需要，促进房地产市场发展，根据建设部《已购公有住房和经济适用住房上市出售管理暂行办法》及有关规定，杭州市住房制度改革办公室发布了《杭州市市区房改房上市交易管理试行办法》（杭房〔1991〕6号），为房改房上市交易提供了依据，也盘活了许多家庭的购房资金。

为了鼓励房改房上市和置换商品房，《杭州市市区房改房上市交易管理试行办法》规定，在出售已购公房合同签订后，如果在一年内重新购买商品房，原来缴纳的相关税费，予以全额退还。

房改房上市工作启动后，仅半年时间杭州市就办理审批了 1258 件。2000 年，杭州市开展了住房分配货币化配套办法的制定和完善工作，相继制定出台了《杭州市市区行政、事业单位住房分配货币化试行办法》（杭政〔2000〕13 号）和《杭州市市区职工享受实物分房面积核定细则》等配套办法，办理准入审批房改房上市交易 2135 件。[①]

大规模公房出售和上市交易，对杭州的商品房市场产生了十分关键的推动作用。对于那些已经分到房子的家庭而言，继续分配到更大房子的机会没有了，买下房改房，进而购买商品房，就成为最合理的选择。那些还没有享受住房实物分配待遇的家庭也断绝了排队分房的念想，只能直面市场，通过购买商品房解决住房问题了。

根据杭州市住房制度改革领导小组办公室资料，杭州市个人购房比重在 1999 年是 73%，2000 年是 88%，2001 年是 99%。可见，停止住房实物分配后，个人购房需求很快就被充分激活了。

程先生是幸运的。虽然等待分房的过程十分漫长，但他最终还是享受了住房实物分配的待遇。

更为重要的是，在等待分房的日子里，为了寻求改善住房状况的可能性，程先生经历了租房的艰辛，也经历了好几次买房的冲动。这个过程使他切实感受到，杭州商品房价格上涨的速度十分可观。因此，从买下房改房，到置换商品房，他一刻也没有犹豫和观望。

后来，在 2005 年和 2015 年，程先生又两次购买商品房，不仅住房条件越来越好，而且搭上了杭州房价持续上涨的"顺风车"，实现了家庭财富的积累和不断增值。

---

① 彭森主编，中国经济体制改革年鉴 2000—2001，中国财政经济出版社，2001 年 12 月，第 346-347 页。

# 第二篇
## 城市改革培育市场

城市土地制度改革，培育了土地市场。

城镇住房制度改革，培育了商品住宅市场。

在 1990 年代，中国房地产市场横空出世，为推动中国工业化和城市化做出了历史性贡献。

在杭州人的记忆里，那时候的杭州市区，到处都是旧城改造的工地，商品房小区基本在市区外围，报纸、路牌、电视和电台的房地产广告，让人们建立了商品房的基本概念。

不管你有没有准备好，1998 年停止住房实物分配，大家一起进入了住房商品化的年代。

# 4 风生水起的开发商

1990 年代初，开发商应运而生。它们的使命，就是开发土地、建设房屋、改变城市。

杭州的商品房市场，是在 1990 年代逐步发展起来的。

"春江水暖鸭先知。" 1992 年邓小平南方谈话后，城市土地制度改革加快推进，城市建设和开发管理体制转向商品化、市场化方向，杭州的房地产企业如雨后春笋般蓬勃发展，不同类型的房地产企业相继设立，就像钱塘江大潮，前仆后继，一浪高过一浪。

随之而来的，是 "开发商" 这个概念在杭州流行起来，进入了城市的每个角落，影响了城市的每个家庭。

## 4.1 土地出让启大幕

长期以来，土地问题和土地制度，一直是中国革命和建设的核心问题。

解放后，我国逐步建立了与社会主义计划经济体制相适应的土地公有制度，城市土地归国家所有，农村土地归集体所有。

在城市土地国有的基础上，使用土地的单位，依据经过审批的用地指标，通过行政划拨，取得国有土地使用权。因为都是公有制单位，相当于是自己使用自己的土地，所以也不需要支付地租和地价。

这样，就形成了 "国家所有，行政划拨，单位无偿无期限使用" 的城市土地制度。

到了 1980 年代，在改革开放过程中出现了合资企业、外资企业和民营企业等，这些非公有制企业使用国有土地，就出现了如何 "有偿使用" 的问题。

作为改革开放的试验田，中央给了政策，深圳特区需要通过体制改革和对外开放，形成自我造血功能。

当时，一河之隔的香港高楼林立，经济繁荣。深圳人想到了自己脚下的土地，大概是可以拿出来大规模吸引港资的有效资源。

但是，我国实行土地公有制。1982年《中华人民共和国宪法》（后文称《宪法》）第十条规定："任何组织或者个人不得侵占、买卖、出租或者以其他形式非法转让土地。"

为了突破这个难题，深圳市政研室开展专题研究，终于在《列宁选集》"住宅问题"一节中，找到列宁引用恩格斯的一段话："⋯⋯住宅、工厂等，至少是在过渡时期未必会毫无代价地交给个人，或协作社使用。同样，消灭土地私有制并不要求消灭地租，而是要求把地租，虽然是用改变过的形式，转交给社会。"

以此为理论依据，深圳市想出了国有土地使用权有偿使用，通过出租、出让、转让等改革政策，吸引港资的改革思路，并开始实践探索。

1987年11月，国务院批准确定在深圳、上海、天津、广州、厦门、福州建立土地使用改革试点。1987年12月1日，深圳市首次公开拍卖一块8588平方米地块50年的使用权，44家在深圳有法人资格的企业展开激烈角逐，一家房地产公司最终以525万元竞得。深圳由此开启了国有土地使用权招标拍卖的先河。

1988年4月，全国人大对《宪法》进行了修订，在删除土地不得出租规定的同时，增加了"土地使用权可以依照法律的规定转让"的规定。

按照修订后的《宪法》，1986年颁布的《中华人民共和国土地管理法》（以下称《土地管理法》）也得到了相应修订。依据这些法律规定，1990年5月国务院发布了《中华人民共和国城镇国有土地使用权出让和转让暂行条例》，规定"国家按照所有权与使用权分离的原则，实行城镇国有土地使用权出让、转让制度"，国有土地使用权出让由市、县人民政府负责，根据用途和年限，可以采用协议、招标和拍卖三种方式出让。

条例第三条规定，"中华人民共和国境内外的公司、企业、其他组织和个人，除法律另有规定者外，均可依照本条例的规定取得土地使用权，进行土地开发、利用、经营"。

条例第四条规定，"依照本条例的规定取得土地使用权的土地使用者，其使用权在使用年限内可以转让、出租、抵押或者用于其他经济活动，合法权益受国家法律保护"。

这样，国有土地使用权从无偿到有偿，从无期限到有期限，从无市场流动到有市场流动，与土地相关的开发建设和经营活动终于可以合法进入市场经济体系，由此催生了房地产市场发展的热潮。[①]

杭州市的国有土地使用权出让，起步于1989年。从1992年开始，为了加快旧城改造和引进境外资本，土地出让活动明显增加（见图4.1）。

根据文献记载，1992年杭州市区土地出让金总额达到13.74亿元，还有向境外企业出让土地的出让金1.64亿美元，加起来相当于"七五"时期杭州城市基础设施建设投资总额的2倍。[②]

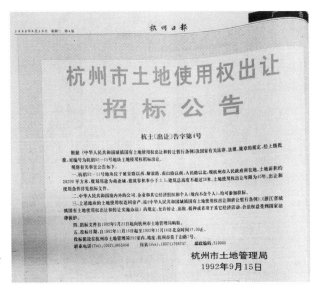

图4.1 《杭州日报》刊登的杭州市土地使用权出让招标公告

## 4.2 开发条例开闸门

在城市土地制度改革的同时，城市建设和房屋开发的体制改革也在紧锣密鼓地推进。

1989年杭州市制定了《杭州市城市建设综合开发管理条例》，强调城市建设和房屋开发坚持"统一规划、合理布局、因地制宜、综合开发、配套建设"的总体要求。

1989年12月29日，该条例经杭州市人大审议通过。1990年5月12日，经浙江省人大常委会审议批准并公布实施。1984年5月公布的《杭州市房屋建设开发暂

---

① 王先进，城镇土地使用制度改革回顾，今日国土，2008年第6期，第10-16页。
② 张柳煦，赖忠运，杭州市土地出让及资金使用管理情况调查，浙江经济，1994年第3期，第15-17页。

行规定》和《杭州市房屋建设开发实施细则》同时废止。

该条例的发布，是为了适应形势变化，更好地实施城市总体规划，积极推行城市建设综合开发，加快建设进度，发挥和提高投资的经济效益、社会效益和环境效益。

该条例第四章对"开发公司管理"做出了规定，明确了设立的条件、资质审批、工商登记和业务发展要求。

与1984年的《杭州市房屋建设开发暂行规定》相比，该条例最大的变化是，明确了开发公司是具有独立资格的法人，是实行独立核算、自负盈亏的企业，也允许外地开发公司进入杭州，拆除了属地政府机构独自垄断开发建设的门槛。

该条例规定，开发公司凭资质证书和营业执照，方可从事与其资质级别相适应的综合开发。同时，规定外地开发公司进入杭州从事综合开发，须经市城市建设行政主管部门批准。

杭州市出台的这个条例，体现了城市建设和房屋开发思路、体制和模式的重要变革，相当于放弃政府垄断，打开了市场化发展的大门。

1992年邓小平南方谈话后，改革开放加快了步伐。房地产方面，土地有偿出让从试点转向推广，商品房市场逐步启动，但各方面体制机制还不健全，各地都处于"摸着石头过河"的状态。

改革原来计划经济时代的城市建设和房屋开发模式，建立新的体制机制，变得越来越迫切了。

唐世定回忆说，他在1992年调任浙江省城乡建设厅担任副厅长后，第一个重要的工作任务，就是参加《浙江省房地产开发管理条例》的调研和起草。

为了引导和规范房地产市场有序健康发展，由省人大分管法制工作的领导带队，房地产业的相关部门参加，浙江省在组织立法调研基础上，起草了这个条例。它是全国第一部涉及房地产项目开发管理的地方性法规。1993年9月该条例出台后，引起了广泛关注，浙江省还在全国性会议上做了经验介绍。

该条例第一条明确指出，"为加强房地产开发管理，使房地产开发适应社会主义市场经济发展的要求，充分发挥其社会效益、经济效益和环境效益，促进房地产业的健康发展，根据国家有关法律、法规，结合本省实际，制定本条例"。这说明该条例出台的背景是市场经济，目的是加强管理和健康发展。

该条例第三条规定，"本条例所称的房地产开发，系指按本条例规定设立的房地产企业，根据社会经济发展和城市建设的要求，依法取得国有土地使用权从事房屋及土地开发建设，并将开发建设的房屋、构筑物及其他设施依法出售、出租等活动"。可见，该条例所定义的"房地产开发"，已经不再是过去计划经济时代的城市建设和房屋开发活动，而是在国有土地使用权出让转让基础上的商品房开发和经营活动。

从整体来看，该条例对房地产开发规划管理、房地产企业的设立程序和资质管理、国有土地使用权取得方式、商品房项目开发管理、商品房预售管理、境外资本和中外合资房地产企业的设立和管理等问题，都做出了明确规定，基本构建了面向市场的房地产开发管理的体制机制，实现了房地产开发"有法可依"。

1994 年 7 月 5 日，第八届全国人民代表大会常务委员会第八次会议通过了《中华人民共和国城市房地产管理法》，自 1995 年 1 月 1 日起施行，为开展房地产开发、交易、经营和管理提供了法律依据。

在此基础上，国家层面的房地产开发条例，是在 1998 年 7 月 20 日颁布的《城市房地产开发经营管理条例》（中华人民共和国国务院令第 248 号）。

在这方面，杭州的探索和浙江的经验，走在全国前列。

## 4.3　境外资本注活水

国有土地使用权出让转让和房地产开发管理的法规初步建立后，市场化的商品房开发经营还需要有能够面向市场的经营主体，就是大家平时所说的"开发商"。

在当时，一家开发企业，除了有市场意识的专业人员，最缺的是商品房市场的运营经验和资金，这些在国内几乎是一片空白。

因此，与那个时代各行各业同步，"引进境外资本"也是杭州房地产市场起步阶段的重头戏。

为了解决资金困难，加快城市基础设施建设和旧城改造，杭州市政府提出要进一步解放思想，拓宽思路，充分利用土地资源，大力推进土地有偿使用，制定优惠政策，吸引外商投资城市基础设施建设，鼓励涉外房地产开发。[①]

杭州市城乡建设委员会副主任丁德恩联系国务院会议精神和杭州实践体会，在《城市开发》1993 年第一期发表了《关于发展涉外房地产业的思考》一文，对如何做到"放有度、管有法、活有序"，提出了对策建议。

王鹤鸣是杭州房地产业的元老人物。他在北大荒兵团当了许多年知青，1979

---

① 陈天开，正确处理杭州城市建设中主要矛盾的若干认识，浙江经济，1993 年第 4 期，第 24-25 页。

年回到杭州，先后在几家工业企业工作，1984年被提拔为上城区计划委员会主任，1989年调任上城区房屋建设开发公司，担任党委书记兼总经理，踏入了房地产业。

王鹤鸣回忆说，从1992年开始，出现了一批境外房企建设的别墅和高级公寓，拉开了杭州房地产商品化的序幕。

1992年，广宇即与境外企业合作，在滨江区拿下一块土地，开发了之江花园。之江花园成为跨江开发的第一个别墅项目。

位于清泰街的金隆花园是1992年广宇与港资合作，打造的杭州第一个高层住宅。项目安置的拆迁户也住上了高层楼房，显得格外时尚和现代。

西湖边的元华广场，是广宇引进外资做的。这个地方，当时是杭州市政府大院所在地。政府拿出来42亩土地，希望引进外资开发。广宇牵头，一下引进了3600万美元。那时候，浙江省不具备3600万美元这么大金额项目的审批权限。最后元华广场被分为3个项目分别申报，才通过审批。

当时的土地是招标出让，但是有实力拿这个地块的企业很少。最后，印度尼西亚林氏集团与杭州市上城区房屋建设开发公司合作，以3632.16万美元报价，拿到了这个地块。后来，广宇操盘，开发了元华广场，项目包括商业设施、住宅和办公楼，成为解放路口湖滨一带的地标建筑。这个项目在东南亚引起了轰动。

把位于黄金地段的市委、市政府所在地拿出来出让，体现了杭州市推动改革开放的决心和力度。

在浙江省委书记李泽民、杭州市委书记李金明和市长王永明的积极推动下，1992年9月2日杭州市政府召开新闻发布会，宣布了地块出让的决定，邀请境内外投资者前来投标。把市委、市政府大院的土地使用权公开出让，当时在杭州引起广泛讨论。杭州发挥了土地制度改革和城市建设新模式的引领作用。[1]

讲起这段杭州房地产起步阶段的历史，王鹤鸣依然兴致勃勃，记忆犹新。

杭州之江旅游度假区的梦湖山庄项目，是杭州最早的外销商品房项目之一。该项目由马来西亚万康集团持有45%的股权（投资1.05亿美元），中国香港昌穆有限公司占股30%，杭州金马集团持有25%股权，三方成立合资公司联合开发了该项目。项目占地47公顷，首批建设110栋别墅和320套度假公寓，于1992年11月开工。

当时的梦湖山庄，定位高端，以美元计价，主要进行外销。别墅建筑面积

---

① 骆东华，市府大院出让记，杭州日报，1992年12月26日。

250～430平方米，每平方米平均售价为1200美元。公寓三房一厅起价8万美元，一房一厅起价4.5万美元。[①]

为了营销造势，梦湖山庄开杭州报纸刊登整版商品房广告之先河。当时的广告语"山景，湖景尽收眼底，配600平方米花园，内有鱼池，种植多种果树"，让杭州人大开眼界。

但是，这个价格在当时实属天价，市场需求并没有想象中的那么旺盛。

始建于1993年的中山花园，由珠海国际信托投资公司、珠海南方四通（集团）股份有限公司、香港南裕丰企业有限公司三家联合开发，是当时杭州市中心的大型高层建筑项目（见图4.2）。

图4.2　建设中的中山花园[②]

1993年的时候，中山花园的目标客户是海外华人和一些先富起来的商人。1996年，中山花园建成时，成为杭州商品住宅的地标建筑。陈燮中是当年第一批入住中

---

① 本刊记者，马在杭州投资1亿美元联合开发房地产，东南亚南亚信息，1995年第2期。
② 浙江摄影家口述史研究中心，马立群：俯瞰杭州十年间，澎湃新闻，2021年10月21日。https://www.thepaper.cn/newsDetail_forward_15003842。

山花园的业主，也是小区第一届业委会主任。他说，当年作为外商投资开发建设的"外销房"，中山花园是可以用美元来买的。1996年交付时，当年的房价是每平方米7000元，精装房，妥妥的豪宅没错了。[1] 在同一个时期，位于文一西路蒋村商住区的湖畔花园和南都花园销售价格是每平方米2000元左右。

中山花园交付入住后，一些缺点逐步暴露出来。例如，塔楼建筑结构不利于户内通风采光；下面几层的商业和住宅层大多用于办公，出租房多，损害了居住环境；停车位置严重不足；物业管理困难；等等。因此，中山花园逐步沦落为杭州楼市"没落的贵族"。

在城西的蒋村商住区，也有一些港资入驻。例如，香樟公寓项目就是港资企业拿地开发的，规划设计吸收了海外优秀住宅小区经验，与金都新城、德加公寓、丹桂公寓等竞争互动，引领了当时城西商品住宅的潮流。

不过在当时的杭州，这些商品房项目多数定位偏高，市场接受度和消化能力不够，一些项目甚至长期陷入困境。不过，这些项目的开发建设，作为杭州商品房市场的探路者，还是留下了生动的一页。

## 4.4　国企占先机

在计划经济时期，经济活动的主体都是国营企业，在城市建设和房屋开发领域更是如此。

1990年代初，土地市场和房地产市场启动后，拥有房地产项目开发资质，还是很难的事情，没有资质是没有开发权的。政府对资质控制比较严，这主要是因为市场规则还不完善，特别是土地出让还不够规范透明。

杭州市和浙江省的房地产开发管理条例先后出台后，国有企业"近水楼台先得月"，成为第一批新成立的开发商。

唐世定回忆说："1992年我到省城乡建设厅后，发现新成立开发企业的问题比较突出。省级在杭单位以及所属企业，有资金实力，但没有资质，没有开发权。我当时觉得，应该从实际出发，适当放宽对资质的要求。它们有钱，有积极性，又是为了城市建设，可以改善老百姓的住房条件，有什么不好呢？"

为了稳妥起步，负责资质管理的省城乡建设厅就决定，先允许有意愿的省级政府部门、厅局级单位和企业申请设立房地产开发企业。

---

[1]　王丽，杭州最早的高层豪宅，困扰多年的老大难问题破冰，钱江晚报，2017年12月13日。

这个政策，相当于打开了行业发展新的口子。浙江省商业、轻工、外贸、纺织等厅局先后成立了房地产公司，省属大型国企，如杭钢也成立了自己的房地产公司。

例如，浙江省商业厅在1992年3月决定成立一家开发公司，6月下旬浙江省商业开发公司就挂牌开张了，注册资本5000万元。在当时，这是一大笔资金，浙江省商业厅由此开启了重大改革的实践探索。

公司第一任总经理由商业厅财务处处长张德谭担任，副总经理由商业厅基建储运处副处长张民一担任。挂牌成立公司的仪式和新闻发布会在新侨饭店举行，省政府副秘书长参加，与会的还有26个厅局领导，各大新闻单位也做了重点报道。

张民一回忆说，浙江省商业开发公司成立不久，就出资500万元，在下面成立了浙江商达房地产开发公司（以下简称商达房产）。公司成立不久，就赶上了杭州集中推出5个旧改地块进行公开招标，这次一共吸引了48家房地产企业参与竞争。商达房产几乎白手起家，在这次招标中取得了位于河坊街的92-04地块，开发了自己的第一个项目——清河坊小区。①

商达房产逐步发展成为名城房产。在后来的近20年时间里，名城房产在杭州和长三角的房地产市场上，留下了浓墨重彩的一笔。

类似的例子，是中大房产，中大房产也是杭州最早的省属房地产开发企业之一。

为了写作本书，2021年9月9日我们采访了已经退休的陈继达先生。他长期担任物产中大集团股份有限公司董事长，并兼任中大房产董事长。

过往的30年，陈继达亲历了中大房产从"乘风破浪"，战略性进入房地产领域，到"急流勇退"，整体退出房地产业务的全过程。

陈继达说，物产中大集团股份有限公司的前身是浙江省服装进出口公司。借着改革的东风，物产中大集团股份有限公司在1992年10月27日注册成立了中大房产。

公司成立后，首先在杭州开发，建设的中大广场、中大凤栖花园、中大文锦苑、中大吴庄等项目，是世纪之交杭州黄金地段经典房地产项目的代表作品。

从2001年开始，中大房产提出一个"长江战略"，沿长江重点城市布局项目，足迹遍布上海、无锡、南昌、武汉、成都等区域。在每个城市，中大房产都做了一

---

① 乐绍，徐非，名城九章：浙江名城房地产集团18年成长史，浙江工商大学出版社，2011年4月。

些精品项目，赢得市场与社会各界的肯定。

2017 年 8 月 2 日，经浙江省工商行政管理局核准，中大房地产集团有限公司正式更名为中大金石集团有限公司，公司主营业务向资产经营、代建服务、养老服务、物业服务和金融服务转变。中大房产告别了房地产开发业务。

在 1990 年代，杭州的开发商还是以国企居多。因此，当时的浙江省房地产业协会，分设了两个专业委员会：一个是"综合开发专业委员会"，以市、区老牌开发企业为主；另一个是"省直开发专业委员会"，以新成立的省属开发企业为主。

值得一提的是，后来发展壮大，成为杭派开发商重要代表的滨江房产，前身也是 1992 年成立的一家国营企业。

滨江房产董事长戚金兴回忆说，1987 年他从江干区乡镇企业局"下河"，到杭州市江干区第四建筑工程公司担任副经理。在当时，公职人员辞职去民营企业叫作"下海"，自己是从公职人员到江干区四季青乡办的集体企业工作，所以只能算是"下河"。

1992 年省属单位可以成立一家开发企业的消息出来后，杭州市也积极行动，明确每个区可以再成立一家房地产开发企业。

江干区政府把筹办任务交给了戚金兴。当时四季青乡不同意他离开，还坚持让他担任江第四建筑工程公司的经理。但是，区领导看中了戚金兴，想了个办法，决定对这家新成立的房地产开发企业采取"区办乡管"，就是将它当作区属企业交给四季青乡管理。

这个独特的体制创新，解决了乡里的后顾之忧，四季青乡同意了。1992 年 8 月 1 日，杭州滨江房屋建设开发公司挂牌成立，戚金兴担任经理，开始了他的房地产职业生涯。

## 4.5  民营企业忙创业

在 1990 年代，民营房地产企业还处于创业阶段。经历了风风雨雨，接受了生死考验，一批企业逐步发展壮大，崭露头角。

改革开放的前 10 年，主战场在农村，核心内容是实行家庭联产承包责任制，通过农村土地制度改革，10 亿中国人民吃饱穿暖，实现温饱目标。

随后，中国向何处去，一度成为新的问题。多亏改革开放的总设计师邓小平，他高瞻远瞩，通过 1992 年的南方谈话，把改革开放的主战场转移到城市，核心内容是"国有土地使用权出让转让制度"，盘活了城市土地资产，以史无前例的速度和规模，推动了中国的工业化和城市化，实现了"小康"目标。

南方谈话发生在 1992 年春节期间，2 月底中央下发二号文件让全党学习，3 月 26 日《深圳特区报》头版头条刊发了长篇通讯，标题是"东方风来满眼春"，向全社会公开披露了南方谈话的过程和内容，就此掀起了城市改革开放的热潮。

1992 年邓小平南方谈话之后，全国有上百万名官员到深圳参观学习。这一年，深圳市政府接待办最多曾同时迎来 60 批考察团。据统计，1992 年，辞官下海的公务员有 12 万人，停薪留职投身商海的超过 1000 万人。数年后，中国工商界的"92 派"崛起，成为一个时代特色鲜明的企业家群体。①

民营企业的主心骨是企业家。在改革开放的春风里，一大批体制内有创业精神的人，勇敢地放弃"铁饭碗"，下海从商，成为市场经济的中流砥柱。

中国著名的民营房地产企业家，基本来自这一批下海的创业者。他们中的大多数人，都参与了 1990 年代最初几年海南房地产泡沫快速膨胀和破灭的"疯狂游戏"，然后返回到各大城市，开始了真正的创业，从事房地产开发。

在浙江民营房地产企业家群体里面，有一批大佬，他们都是 1977 年恢复高考后，前几届毕业的大学生。在杭州房地产业的记忆里，最著名的就是杭州大学历史系招收的第一批大学生，如宋卫平、周庆治、寿柏年、许广跃、路虹等。

杭州青鸟广告有限公司（以下简称青鸟广告）创始人、房地产文化营销的实践者徐剑艺回忆说："绿城房产，是把房子当作艺术品来做。我们跟他们合作了 10 年，也学习了 10 年。"在徐剑艺看来，杭州大学历史系这批学习历史的青年才俊创造了杭州房地产的历史。

当时毕业生全部实现分配，他们都去了政府机关和高校工作，并从 1980 年代后期开始，相继下海，到海南、深圳、珠海等地，经历了市场经济大潮的洗礼。

1992 年 8 月，周庆治从广东回到杭州。1993 年 4 月，他和许广跃一起，注册成立了浙江华电房地产开发公司（以下简称华电房产），他们开发的第一个项目叫南都花园。随后，开发的项目大多以"南都"命名，产生了品牌效应。于是，1998 年 10 月经浙江省工商行政管理局核准，公司变更为浙江南都房产集团有限公司（以下简称南都房产），成为当年杭州房地产市场的明星企业。

1993 年初，宋卫平也从珠海回到杭州，先后参与了湖畔花园、中山花园等项目的筹划和开发，并在 1993 年加入了路虹创办的杭州钱塘房地产物业开发公司（以

---

① 张冶棠，1992 年：比"姓资姓社"更重要的，是"三个有利于"，中国经济导报，2018 年 10 月 11 日。

下简称为钱塘房产），公司开发的第一个项目叫作丹桂花园。

1995 年 1 月，宋卫平独自注册成立了绿城房产，启动资金只有 15 万元，创始员工只有 13 个。在创业初期，绿城房产与钱塘房产合作，开发了丹桂花园、金桂花园、银桂花园等杭州桂花园系列项目（见图 4.3）。

1998 年 4 月，寿柏年从华能集团浙江分公司离职，加盟绿城房产，成了宋卫平的黄金搭档。

从此，杭州、浙江和中国的房地产市场，有了宋卫平的绿城故事。

受到邓小平南方谈话的感召，浙江小百花越剧团的著名演员夏赛丽也在 1992 年下海创业，1994 年成立浙江美达房地产公司，进入房地产领域。后来她与绿城房产合作，在杭州开发了丽园、慧园、兰园等标志性楼盘。作为"浙商女杰"翘楚，夏赛丽还积极投资新能源和科技产业，创建浙江省第一家民营美术馆——赛丽美术馆，在许多领域都展现了出众才华。

1993 年初，26 岁的吴忠泉放弃了在余杭县审计局的工作，毅然下海，与沈勇民一起创立了浙江金昌房地产开发有限公司（金都房产的前身），在蒋村商住区拿了 50 亩土地。他们开发的第一个项目叫作金都花园。

1995 年，蒋村商住区启动开发建设，原本有机会出任开发区经理的吴王楼毅然离开了余杭县建设局，下海创业。1996 年，金成房产成立，第一个项目是金成花园。

图 4.3　1994 年 12 月刊登在杭州日报的杭州桂花园广告

吴王楼 1983 年毕业于杭州大学城市规划专业，并在建设系统工作多年。金成花园创新规划设计，推出了跃层户型，广告语是"金成跃层，更上一层"。

其时，金成花园开盘的价格是每平方米 1830 元，这体现了城西一带商品房价格的整体水平。

文献资料记载，1996 年杭州市的房地产开发企业省属的有 50 多家，市属的有 80 多家，涉外的近 30 家，余杭和萧山有 30 多家，合资和私营的十多家。[①]

当时杭州的民营房地产企业还处于初创阶段，经济实力不强，行业地位不高，主要在城市外围开发项目。

然而，正是这种艰苦的环境和激烈的竞争，才孕育和造就了一批优秀企业的创新创业能力。

---

① 刘力军，杭州市房地产开发的前景探讨，杭州科技，1996 年第 4 期，第 11 页。

# 5 旧城改造探索新路

1990 年代的杭州，为什么要进行轰轰烈烈的"大拆大建"？

探索旧城改造的新模式和新机制，以房养路，经营城市，杭州走在全国前列。


1990 年代，杭州加大了旧城改造的力度，先后实施了大规模的"五路一场"和"三点两线"旧城改造工程，拓宽城市道路，提升基础设施，完善城市功能，拆旧建新，城市面貌发生了翻天覆地的变化。

根据《浙江通志》第七十三卷"房地产志"记载的数据，从 1991 年到 2000 年这 10 年间，杭州城市房屋拆迁规模累计达到 980 万平方米，年均 98 万平方米。涉及的动迁户数达到 14 万户，年均 1.4 万户。

与此同时，住宅开发建设的规模也十分可观。根据杭州统计年鉴数据，从 1991 年到 2000 年这 10 年间，杭州市区住宅竣工面积累计有 1691 万平方米。而上一个 10 年，即 1981 年到 1990 年，杭州市区住宅竣工面积累计是 778 万平方米。

这个规模有多大呢？我们找一个参照指标。统计数据显示，1990 年市区人口 134 万人，其中非农业人口 110 万人，人均居住面积 14.5 平方米。那么，推算市区城镇住房总面积大约为 1600 万平方米。

比较几个指标得到的基本印象是，1990 年的存量住房，到 2000 年大约拆除了 60%。1990 年代的 10 年时间，累计开发建设竣工的住宅面积，比 1990 年时的存量住宅规模还要大一些。

## 5.1 庆春路改造出新招

杭州城市陈旧破烂，历届政府都想要改造，也做了不少努力，但一直是小打小闹，关键是缺钱。

经过 1980 年代的实践探索,杭州市逐步探索和完善了对旧城区进行大规模城市综合开发的思路。

1990 年代初,杭州市尝试通过市场化机制盘活土地资源价值,推动大规模旧城改造步伐。在这一过程中,庆春路成为试点。

庆春路,在 1949 年之前就是杭州的商业街,但几十年变化不大,已经不能适应城市发展需要(见图 5.1)。

一些记录过往的网络影像资源让我们现在还能够穿越几十年,回望当时的庆春路街景。[1]

1991 年 10 月,杭州市政府决定对庆春路进行全线改造。1992 年 5 月 1 日,杭州庆春路综合改造建设工程启动,李志雄常务副市长担任总指挥,各相关区的区长

图 5.1 改造前的庆春路[2]

① today 视界,1992 年,浙江杭州庆春路街景,bilibili,2021 年 10 月 1 日。https://www.bilibili.com/video/BV1hQ4y1Q7br/?spm_id_from=333.999.0.0。

② 西子女性,难得一见!86 张杭州老照片,回不去的杭州记忆……,西子女性微信公众号,2018 年 2 月 19 日。https://mp.weixin.qq.com/s?__biz=MzI0NDAwMjM5Mw==&mid=2655628648&idx=2&sn=d877795b1fc9db4163f7fc30d28f3d9be&chksm=f2d9765ec5aeff4844f4158d96530d169b2a312919487d1156b97d2c37f6acf9a8b9742b665c&scene=27&poc_token=HF6KqGWjNWosVEDLVoT2Ro0nEC8dUc1VeuCJxxII。

共同担任"分指挥"。

这在当时来说是个大工程（见图 5.2）。改造的长度约 3 公里，要把街道从 10 米左右拓宽到 40 多米；电力等架空线路全部被埋入地下；对排水等地下管线进行更新建设；在街道两边重新开发建设新楼；还要建设居民小区，拆迁安置 6000 多户居民。

根据项目规划，总投资达 6 亿元。拆除旧建筑约 26 万平方米，新建 30 幢商业大楼，总建筑面积 50 余万平方米。改造 6 幢大楼，约 10 万平方米。建设动迁配套工程近 40 万平方米，建设近 7000 套住宅，包括用于安置的景芳住宅小区。

这么大的工程，钱从哪里来呢？

杭州市探索了"以路带房、以房养路、路房结合、综合开发"的模式。就是组织开发商，引进境外资本参与，利用道路拓宽和房屋拆迁改造的机会，开发街道两侧的土地，建设商业楼宇，实现房屋拆迁居民异地安置。这样，既解决了旧城改造的资金问题，也实现了城市功能的整体提升。

引进境外资本参与旧城改造，在当时是全新的做法，具有探索性，需要解放思想。

时任杭州市委书记李金明回忆说，在一次会议上他介绍了这个思路并分析其作用，有几位老同志表示不理解，甚至坚决反对。其中一位说："李书记，我是党员，我听到这些话都感到脸红。你也是党员，你还是杭州市委书记，你脸红不脸红？"

李金明和大家讲，利用境外资本帮助我们搞旧城改造是件好事。过去想办的事，现在可以办成了。把原来破破烂烂的城市变得漂漂亮亮，这怎么会脸红呢？他还拿出邓小平讲的"三个有利于"和"不争论"作为挡箭牌，才稳定了大家的情绪。[1]

1992 年 4 月 30 日，《杭州日报》刊登了杭州市庆春路道路两侧国有土地使用权有偿划拨和有偿出让招标公告。其中，有偿划拨的有 7 宗土地，招标对象是在境内凡具有法人资格的企事业单位或其他组织。个体经济组织或个人不得参与投标。有偿出让的有 3 宗土地，招标对象是："中华人民共和国境内外的公司、企业、其他组织和个人（境内不含个人）。"

庆春路两侧的 10 宗土地，一次性有偿划拨和有偿出让的消息，在国内外引起了很大反响，吸引了 33 家境内外投标者。从招标结果来看，有偿划拨土地的中标

---

[1] 李金明，抓住解放思想这个"牛鼻子"，柴燕菲主编，浙江改革开放 40 年：口述历史，浙江科学技术出版社，2018 年 11 月。

图 5.2　改造中的庆春路①

者，都是金融机构和省市国营企业，包括工商银行杭州分行、浙江省木材公司、杭州市粮食公司、杭州市电力局等；有偿出让土地的中标者，背后都有境外资本参与，包括澳门南光国际贸易有限公司、澳门 L&N 集团等。

唐世定当时担任下城区区长，是庆春路综合改造建设工程的"分指挥"。他回忆说，当时区里的任务十分艰巨。为了推动动迁工作，下城区政府以身作则，带头把挨着庆春路规划线上的区政府大门先拆了，往后退到规划位置。附近的商家、居民看到区政府带头了，拆迁工作进展就顺利多了。

两年后，庆春路综合改造建设工程顺利完成（见图 5.3）。作为杭州市城市建设的重大工程，新闻单位的记者跟踪拍摄了拆迁改造过程的一些瞬间，留下了宝贵的历史资料。②

1994 年 4 月 28 日，《杭州日报》头版头条刊登了长篇报道——《辉煌的起点：写在庆春路改建工程全线通车之际》，该文记录了工程实施的过程中许多可歌可泣的人物和故事。③

改造后的庆春路高楼林立，聚集了大批银行和其他金融机构，成为当时杭州最现代化的街道。杭州市委还组织了一次"我看杭城新变化"的现场考察活动，原来持怀疑和反对意见的人，也在事实面前改变了想法。

国家层面也十分赞赏杭州的做法。张良华回忆说，当时国家计划委员会在全国

①　浙江在线，杭州记忆 | 你还记得庆春路原来的样子吗，浙江在线，2019 年 10 月 12 日。http://hangzhou.zjol.com.cn/jrsd/bwzg/201910/t20191012_11172737.shtml。

②　today 视界，1994 年的杭州纪录片，老街拆迁前的影像，新路改造后的模样，bilibili，2021 年 7 月 17 日。https://www.bilibili.com/video/BV1xy4y1T7Ci/?spm_id_from=333.999.0.0。

③　曹洁军，马伟国，辉煌的起点：写在庆春路改建工程全线通车之际，杭州日报，1994 年 4 月 28 日。

图 5.3　改造完成后的庆春路①

会议上表扬了杭州庆春路的综合改造模式，国家没有投资一分钱，就完成了大规模旧城改造项目。

到了 2005 年，当时全长 3.4 公里的庆春路上，集聚了 50 多家银行、证券、保险类金融机构，其中包括许多外资机构，庆春路因此被称为"杭州的华尔街"。

庆春路综合改造建设工程的成功实践走出了一条符合实际的旧城改造和综合开发新路子，实际上就是对"以地生财，经营城市"的初步探索。② 后来经过发展完善，成为我国政府主导、大规模、快速城市化的基本模式和主导机制。

## 5.2　"五路一场"与"三点两线"

庆春路综合改造建设工程成功实施后，这个模式和经验迅速被复制和推广。市里改造一条路成功了，区里也仿效，如上城区搞了延安南路，拱墅区搞了湖墅南路，下城区搞了凤起路，江干区搞了复兴路。"一区一路"，推动了整个杭州的城市建设。

后来，这个时期杭州的大规模旧城拆迁改造工作，被称为"五路一场"改造工程，"五路一场"包括庆春路、凤起路、湖墅路、延安路、复兴路和城站广场。

杭州火车站，在 20 世纪的时候，一直是杭州的门户。在使用 50 多年后，已经

---

① 浙江在线，杭州记忆 | 你还记得庆春路原来的样子吗，浙江在线，2019 年 10 月 12 日。http://hangzhou.zjol.com.cn/jrsd/bwzg/201910/t20191012_11172737.shtml。

② Thurman 在昆明，杭州城市故事短片（32 庆春路的故事），网易公开课。https://open.163.com/newview/movie/free?pid=PFJGHOETC&mid=EFJH16S2N。

显得陈旧，不能适应城市发展的需要了。

城站广场面积狭小，江城路横穿广场，车流人流混杂。旅客进站出站，都挤在一楼。每到春运期间，出入口黑压压都是人，狭小的候车室和站厅根本不够用。售票处也只有十几个窗口，总是排着长队。而且，城站广场"黑车"非法营运、机动车乱停乱放、"黄牛"兜客等现象始终存在，严重影响出行体验和城市形象。

从1997年开始，经过两年多建设，城站火车站亮相。候车室扩建了，高架广场的设计，也解决了之前车流混杂的问题。旅客从高架通道进站，地下通道出站。车流可以从地面横穿，空间被充分利用。

当时，杭州火车站重建体现了程泰宁院士的设计理念。程院士充分考虑人流动线，把车站"做薄"，尽量压缩从候车到上车、从下车到出站的距离和时间。论功能设计，城站火车站在全国处于领先地位，吸引了不少城市参观学习。

但是，城站广场的改造就复杂多了。随着交通出行方式和节奏的快速变化，城站广场的商业商务功能没有能够发挥出来，土地开发和商业项目运营出现困难，还出现一些项目烂尾的问题。

当然，旧城改造还得不断推进。从1990年代后期开始，杭州进一步实施了"三点两线"旧城改造工程。"三点"是指三个区域，包括拱宸桥地区、吴山地区和复兴地区。"两线"，一个是中河高架路沿线，一个是东河绿化带沿线。

"三点两线"，都是杭州典型的旧城区域，改造工作持续了十几年。

"三点"里面的拱宸桥地区是杭州城北传统工业区，著名的大河造船厂、浙江麻纺织厂、杭州第一棉纺织厂等都集聚在这里。周边居民多数在附近工厂上班，居住条件很差，城市公共服务体系薄弱。[1]

1997年杭州启动了拱宸桥地区旧城改造工作，15年后的2012年，随着最后一批拆迁户回迁安置结束，终于完成了整个工程。

拱宸桥地区分为桥东区块和桥西区块，总面积约2.5平方公里，拆迁总量涉及近万户家庭和400多家单位。在改造过程中，杭州先后新建安置房100多万平方米，建成学校、公园等公建配套30万平方米，新建和拓宽道路17公里，1万多户家庭的住房条件大幅改善。

通过旧城改造，拱宸桥地区从脏乱差的棚户区华丽变身，目前已经成为城北的城市副中心和历史文化街区，成为历史与现代交相辉映的城市名片，发生了翻天覆

---

[1] today视界，浙江记忆：1998年的杭州拱宸桥地区，从前的街景生活纪录短片，bilibili，2020年4月9日。https://www.bilibili.com/video/BV1p5411t7XR/?spm_id_from=333.788。

地的变化。

"两线"里的东河绿化带沿线位于杭州城市中心地带。在 1980 年代进行综合治理的基础上，1998 年杭州又启动了新一轮东河沿线的旧城改造工作。

该工程持续了 5 年时间，拆迁 450 多家单位和 1.2 万户居民，沿河两岸建设了 70 米宽的绿化带，增加绿化面积十多万平方米，把东河变成了市中心最长的一条绿色走廊，为后来进一步景观打造和提升奠定了基础。

## 5.3  拆迁天下第一难

旧城改造过程中，一个基础性的工作就是城市原有房屋拆迁，即因旧城改造、调整用地布局、治理环境等城市建设需要，经政府有关部门批准，由拆迁人依法拆除建设用地范围内的原有房屋及其附属物，并对被拆迁人实施补偿和安置。

房屋拆迁涉及的利益关系十分复杂，被拆迁家庭和单位的情况千差万别，工作任务重，时间紧，加上各种"暴力拆迁"和"钉子户"的故事被反复传播，房屋拆迁被称为"天下第一难事"。

在 1980 年代，旧城改造是城市建设的重心所在。为了做好旧城改造，杭州从 1982 年开始就成立了杭州市房屋普查办公室，还在房产管理部门下设立了地政处，负责征地和拆迁相关工作。随后，杭州市房地产管理局在 1989 年成立了专门的征地拆迁办公室。

当时，具体项目层面的拆迁工作，都是由建设单位负责的。

以上城区房屋建设开发公司为例，从大学路小区开始，其先后完成了观音塘小区、金钱巷小区、华藏寺巷小区等一系列旧城改造项目。由于上城区以老城区为主，动迁成为一大难题。王鹤鸣回忆说，当时公司设有拆迁办，专门负责拆迁工作。作为公司经理，他最怕碰到钉子户。"我至今都记得，一位大姐带着席子和马桶，在我办公室一待就是半个月。"[1]

为了加快旧城改造，加强城市房屋拆迁管理，保护拆迁当事人的合法权益，根据国务院和浙江省相关法规，1991 年 5 月 24 日杭州市人大通过《杭州市城市房屋拆迁管理条例》，该条例于同年 7 月获得浙江省人大批准实施。

在城市规划区内国有土地上实施房屋拆迁，并需要对被拆迁人补偿、安置的，依照该条例执行。

---

[1]  金萍，王鹤鸣：杭州人居，从最早的"老十八家"房企说起，杭州日报，2018 年 8 月 22 日。

这一条例的内容十分具体，对拆迁人、被拆迁人、拆迁对象、拆迁管理和工作流程做了明确规定。对补偿标准、安置标准、过渡安排甚至搬家补贴等，也规定得十分明确。

该条例第八条规定，当地人民政府可以组织统一拆迁，也可以由拆迁人自行拆迁或者委托拆迁。实行综合开发的地区，应实施统一拆迁。

由于拆迁工作的政策性强，难度大，要求高，社会需求广泛，专业性"拆迁公司"应运而生。由于《杭州市城市房屋拆迁管理条例》规定，拆迁人委托拆迁的，被委托人应当是取得房屋拆迁资格证书的单位。因此，早期的专业性拆迁公司，一般依托政府房管部门等设立。

例如，1993年成立的杭州市房屋拆迁公司就是市房地产管理局下属单位，专门从事委托拆迁业务。公司成立后在两年时间里，承接了8个项目，包括杭州百货大楼、解放路百货大楼等重点工程，共拆迁房屋5万多平方米，搬迁单位和居民2400多户，经济效益也十分显著。

名城房产董事长张民一回忆说，1993年3月他所在的商达房产通过投标得到了"河坊街92-04旧城改造项目"，项目涉及1000多户居民和50多家单位的拆迁。那个时候，政府只出政策不出钱，拆迁工作需要取得土地的公司自己负责。

为了节约成本，他们没有委托专业公司，而是动员全体员工自己干。当时的房屋产权产籍资料并不完善，多数家庭都住在单位分配的房子里，违法搭建更是十分普遍，情况十分复杂。因此，摸清情况，调查评估，成了一项艰苦的工作。

与拆迁户的沟通谈判，直至签订拆迁安置协议，更是令人头疼的任务。

对于被拆迁人来说，他们总是希望得到合理的补偿和安置，也有许多实际困难需要解决，一些人还会提出一些"过分要求"。

时任商达房产动迁办常务副主任的方林娟回忆说，每天晚上，我们两三个人一组，估计拆迁户下班回家吃完饭了，就敲门入户沟通谈判。给脸色看，不让入户，那是经常发生的事情。有时会被骂出来，有时碰到对方脾气上来，被打的情况也出现过。

为了防范风险和意外，公司规定，入户谈判时，要与拆迁户人员保持一米以上距离。

当然，改善住房状况和改变旧城面貌，对这个总目标和总诉求大家是一致认同的。不管多难，大规模拆迁安置工作是1990年代杭州城市发展和住房建设的主旋律。

## 5.4 安居人间路漫漫

在旧城改造过程中，一方面是拆迁旧房子，另一方面是建设新房子。

在 1990 年代，伴随着旧城改造大规模展开，杭州建设了一大批新的住宅小区。

在 1992 年实施庆春路综合改造建设工程时，就配套建设了景芳小区，大约安置了庆春路沿线 5000 多户拆迁户。[①]

在 1990 年代初期，绿化率超过 35% 的景芳小区努力为自己冠上了"一流住宅区"的头衔。小区每个组团大都是"二点三条"式布局，即 2 幢点式和 3 幢条式，楼层以 6 层为主。

对于挤在老房子的拆迁户来说，这里是成套住宅。每户都有独立厨房与卫生间，居住起来方便太多了。厨房面积超过了 3 平方米，内设壁柜、集中排烟道，预留煤气管道。卫生间有 2.5 平方米左右，内设抽水马桶、洗脸盆，并预留了放洗衣机的位置。在当时，这些配置的确超出了多数人的认知和期望。

为了推进复兴路改造工程，1993 年成立的杭州外滩发展有限公司（1998 年改制后，更名为杭州复兴建设集团有限公司），承担起了拆迁和建设任务。

复兴路改造工程总面积 4.45 平方公里。东起姚江路，西至钱江一桥，南起滨江防洪大堤，北至浙赣铁路沿线。这一地区依山傍水，距杭州美丽的西湖 2.8 公里，地理位置十分优越。

当年担任杭州市上城区复兴地区开发总指挥部常务副总指挥的边志军从 1996 年开始参与复兴路改造工程。他回忆说，复兴路这个地方是杭州有名的棚户区，一到下雨天就到处积水，旁边都是仓库和砂石码头，环境很糟糕。

开始改造时，复兴地区原住居民 1 万户，拥有 100 万平方米旧房，是杭州最破旧的地方。当时的南北主干道复兴路只有 9 米宽，是杭州城南主要入城道路，双向两车道，交通流量很大，主要是有大量卡车往来。晴天尘土飞扬，雨天泥泞积水。道路两边，房屋十分破旧，临时搭建众多。总之，复兴地区是典型的旧城区域。[②]

复兴路改造工程规模很大，建设各类房屋 282 万平方米，其中住宅 168 万平方米，公建 114 万平方米。这里面，回迁安置用房和配套公建达到 78 万平方米。

经过全面实施旧城改造，复兴地区先后建成了复兴等 7 条城市交通道路，极

---

① 王青，还记得"景芳速度"吗？杭州：住宅更新与城市共生长，浙江新闻，2018 年 8 月 3 日。https://zj.zjol.com.cn/news/1000455.html。

② 芥末八爪鱼，中国很多城市都有复兴路，这是 90 年代杭州的复兴路，珍贵的视频，知乎，2020 年 4 月 4 日。https://www.zhihu.com/zvideo/1229729911701024768。

大改善了城市面貌和基础设施。在钱塘江北岸的一桥到四桥及其周边，相继开发建设了南星公寓、复兴南苑、复兴北苑、美政花苑、紫花苑、十亩田家园等 10 个住宅小区，为改善百姓居住条件做出了贡献。

安居乐业，是老百姓的基本生活需要，也随着时代进步不断发展。

为了加快解决城市住房困难问题，1995 年初，《国务院办公厅关于转发国务院住房制度改革领导小组国家安居工程实施方案的通知》（国办发〔1995〕6 号）发布，杭州也成立了杭州市居住区发展中心，简称安居中心，启动了安居工程项目。

成立之初，安居中心属企业化管理的事业单位，其时隶属于杭州市城乡建设委员会。2003 年改革管理体制，划归杭州市城投公司。2004 年进一步改制为国有独资公司，更名为杭州市居住区发展中心有限公司，简称安居集团。

从 1995 年开始，以"安居房产，造福百姓"为宗旨，安居中心先后开发建设了大关南八苑、大关南九苑、六塘公寓、三塘苑、古荡嘉绿苑、近江家园、万家花园、都市水乡、都市阳光嘉苑等一系列项目，这些小区基本是拆迁安置房和经济适用住房，建设交付规模约 300 万平方米，解决了近 2 万户居民的住房需要，为解决中、低收入家庭的住房困难做出了贡献，也在配合杭州市重点项目建设方面发挥了重要作用。

总体而言，通过大规模旧城改造和拆迁安置，到了 21 世纪初，杭州人民的住房条件有了显著改善。2000 年杭州市区城镇居民人均居住面积达到 19.84 平方米，比改革开放初期有了较大提升。新建住宅都是成套住宅，小区环境和配套水平也得到了大幅提高。

在停止住房实物分配后，杭州市积极开辟投资渠道，扩大资金来源，加大经济适用住房建设的力度。

浙江省高级经济师协会会长、雪峰集团董事长童四鹤回忆说，1993 年他成立了义乌市雪峰房地产开发公司，从事房地产开发业务。2000 年杭州市进行大规模经济适用住房建设，并吸引民营企业参与。当时，他很想走出义乌，开阔视野，拓展业务。恰好杭州市下城区实施"居者有其屋"工程，计划 5 年新建百万平方米经济适用住房。首先启动的是东新园项目。雪峰房地产开发公司参与开发建设的东新园雪峰苑有 870 多套房子，在 2004 年 12 月交付使用。

经过十多年的快速发展，尽管杭州的居住条件不断改善，但是随着人口增加和居住需要提高，老百姓的安居之路依然艰辛和漫长。

从拆迁安置方面来看，《中国房地产报》记者在 2004 年报道说，"目前杭州市在外过渡 2 年以上的拆迁户共有 1.46 万户，其中 3 年以上的有 7868 户，5 年以上的有 470 户。在 2 年以上的拆迁户中，由于政府行为而不能按时回迁的居民达 5013 户，这部分居民居住困难，生活不便"①。为此，政府需要加大土地供应力度，加快建设拆迁安置房。

时任杭州市委书记王国平把住房困难列入老百姓的"七难"问题，提出从 2005 年起，"每年新开工经济适用住房 150 万平方米，拆迁安置房 100 万平方米。力争通过 3 年努力，实现两个'房等人'目标：住房困难户能随时申购经济适用住房，拆迁户能随时拿到拆迁安置房"②。

---

① 翁醉，三年内还清历史欠账，杭州规划拆迁安置用地，中国房地产报，2004 年 8 月 25 日。
② 王国平，破解七个难题 构建和谐杭州，经济日报，2005 年 4 月 23 日。

## 6 火热的蒋村商住区

城西的蒋村商住区，为什么被称为杭派开发商的发源地？

在杭州房地产界，蒋村商住区拥有一段神奇的历史，有许多传奇故事，将会永远留在人们的记忆里。

其实，蒋村商住区这个名字，也就用了两年时间。

1990年代初，杭州郊区的余杭县有个蒋村乡，骆家庄和五联村是蒋村乡下辖的两个村，面积约4.2平方公里。

就在这两个村的地盘上，从1993年下半年成立余杭三墩经济区（以下简称三墩经济区），到1996年划归西湖区后更名为蒋村商住区，再到1998年底设立西湖区文新街道，加上随后几年的开发，在十多年的时间里，先后有50余家开发商开发建设了近300万平方米住宅，使蒋村商住区成为当时杭州商品住宅最集聚的地方。

更重要的是，这块土地孕育了杭派开发商的性格和气质。在这块土地上，杭州商品住宅市场完成了启动仪式。

### 6.1 杭州城西"画了一个圈"

在1980年代，相对由几条环城路和吴山合围而成的杭州历史城区，西湖区的大部分地方属于郊区（从1969年到1977年，"西湖区"曾经改称"郊区"），余杭县则分布在杭州市区外围东北西三个方向，是杭州远郊的乡下。

1990年代初，余杭县的蒋村乡一带，完全是阡陌纵横、水网相通的乡村景象，到处都是柿树林和芦苇塘，被杭州人简单、笼统地称为"城西"。

1992年5月，浙江在全省范围内推行"乡镇撤扩并"改革。当时，余杭县的50多个乡镇被合并成了20多个。蒋村乡和双桥乡一起，被并入了三墩镇。但为了方便工作，三墩镇下面，又设立了蒋村办事处。

1993 年下半年，在国家全面加快改革开放的背景下，当时的余杭县决定创新体制，在三墩镇蒋村办事处紧邻杭州市区的地方，以骆家庄和五联村为界，"画了一个圈"，圈住了 4.2 平方公里的土地，成立了三墩经济区。

1994 年 11 月，三墩镇蒋村办事处调整管理体制，被划归由三墩经济区管委会代管，改称三墩经济区蒋村办事处。这个管委会的主任由余杭市里的一个领导兼任，行政级别大过三墩镇书记，这意味着蒋村乡基本摆脱了三墩镇的领导。更为重要的是，管委会拥有一级财政权，划归管委会之后，蒋村办事处有了半级财政权，增强了经济发展能力。①

其实，三墩经济区，就是在改革开放的背景下，余杭融入杭州市区的一个接口。对于余杭而言，无论是干部还是群众，与市区的历史渊源深厚，市区的吸引力一直存在。对于杭州而言，城市发展长期受制于市区面积狭小，扩大市区的主要希望就在余杭。

因此，杭州市区率先向城西拓展，具有客观必然性，是一种双赢的选择。

当然，后来十多年的时间里，这里成了杭州民营开发商的发祥地，孕育了杭州的商品住宅市场。

杭州市规划设计院的李钧工程师回忆说，1993 年的时候，就做过一个三墩经济区的控制性详细规划。到了 1994 年，杭州市规划局出面，又组织开展了该区片的城市规划工作。但是，在规划制订和实施过程中，发现许多土地都已经完成出让，土地出让走在了城市规划的前面。②

《杭州日报》记载，1992 年余杭县政府召开新闻发布会，宣布第一批 2074 亩土地开始投标有偿出让。其中，有 3 块土地位于蒋村乡的骆家庄和五联村，面积为1908 亩，每平方米底价分别为 27 美元、25 美元和 30 美元。③

按照当时官方汇率折算，每平方米 25 美元，大约相当于每亩 9.2 万元；每平方米 30 美元，大约是每亩 11 万元。

杭州城西著名的湖畔花园是马云带领"十八罗汉"创业的地方。这个项目的土地，就是当时在海南做投资的戴志康，在 1993 年花了 3000 万元，从周庆治手中购

---

① 李永生，罗兰，"多难"的蒋村：数易其名 屡更其地，住在杭州网，2008 年 8 月 15 日。http://zzhz.zjol.com.cn/system/2008/08/15/009841382.shtml。
② 沈珏，城西之痛，楼市，2004 年第 12 期，第 8—9 页。
③ 吴坚奋，余杭首批土地投标有偿出让，杭州日报，1992 年 6 月 10 日。

买的。湖畔花园占地 260 余亩，由此推算，当时的地价大概是每亩 11.5 万元。

其实，借助杭州市区商品房市场的吸引力，大规模出让土地，开发房地产，正是余杭设立三墩经济区直接的经济驱动力。

随着土地大规模出让，一夜之间，这里就变成了一个大工地。古老的柿子树，肥美高产的鱼塘，郁郁葱葱的芦苇荡，典型的江南水乡湿地风光，也就永远只存在于老人们的记忆中了。

值得庆幸的是，2003 年 8 月杭州市启动了西溪湿地综合保护工程，对剩余的十多平方公里湿地进行综合保护，并在 2005 年建成中国第一个国家湿地公园。这个湿地公园，相当于在城市扩张的版图上，又画了一个圈，留下了一片蒋村乡传统的自然风光。

## 6.2　商品房市场的试验田

作为杭州商品房市场的发源地和试验田，蒋村商住区名副其实。

中国的改革开放，本身就是一个"摸着石头过河"的探索过程。在 1980 年代，主要是以农村为主战场，解决吃饭穿衣问题。在 1990 年代，主战场转移到了城市，要实现十几亿人的小康生活，必须解决城市化问题。

在当时的情况下，推进城市化最大的困难，在于城市建设的资金十分缺乏。在引进境外资本的过程中，政府掌握的土地这个基础性资源，逐步被赋予资金杠杆的功能。这大概就是推进城市土地制度改革，实行土地使用权出让转让，发展商品房市场的基本逻辑。

邓小平南方谈话后，这个思路和方向逐步明确了。但是如何操作，大家都一片迷茫，需要在实践中摸索。

从这个角度来看，当时的杭州和余杭政府领导是有改革开放的担当和勇气的。蒋村商住区便成了杭州推进城市化，发展商品房市场的试验田。

一切都是新的，没有多少明确细致的操作规范，还要突破各种条条框框。因此，问题很多，失误难免。

最大的问题，是出让土地容易，建设基础设施配套不易。

当年在杭州市规划设计研究院工作的汤海孺回忆说，文一西路、文二西路、文三西路是余杭用来对接杭州市区的主要道路。当时只是简单地按照公路标准来修建这三条路，以"路通"为目标，道路下面没有埋设任何城市管网，排水、排污等市政配套基本没有做，学校、医院等公共服务配套严重缺项和不足。

1995 年的时候，杭州市规划设计研究院受命完成蒋村商住区规划完善的相关测算工作，他们调研了很多开发公司，把已经出让的每块土地、每个项目都汇总起来，看看到底有多少建设量，以后可能会有多少人口入住，这么多人需要有多少个学校和医院，需要建设多大的污水处理厂，等等。

做了这个规划测算以后，发现在蒋村商住区范围内，大致需要在完善基础设施、公共服务设施上再投入 4 亿元。

1996 年，行政区划调整了，这里就变成杭州市区了，配套全部由市区来完善。那几条道路，后来重新翻修，才补上了地下管网系统。

因此，当年在蒋村商住区开发的人、买房的人、销售的人，都对那片农田和鱼塘里的工地记忆犹新。晴天，是漫天飞扬的尘土；雨天，是泥泞不堪的道路，这里甚至看不到商品房的影子，更不要说商业配套设施了（见图 6.1）。

可以说，当时在蒋村商住区买地和购房的人都承受了巨大的压力，都是商品房市场的先行者和弄潮儿。

因为是试验田，蒋村商住区也留下了不少遗憾和问题。甚至到 30 年后，这些问题还需要继续面对和解决。

例如，2021 年 6 月 24 日，在答复区人大代表提出的《关于尽快解决征地拆迁历史遗留问题的建议》时，杭州市规划和自然资源局西湖分局提到，为了更好地支持发展村级集体经济，考虑到骆家庄股份经济合作社暂无 10% 留用地项目

图 6.1　刚刚结顶的南都花园和天湖公寓，此时南侧的文一西路还没有开通（照片由蒋村街道提供）

的实际情况，在 2020 年西湖区政府组织编制的《西湖区 10% 留用地布点规划修编（2020 年增补）》中，为骆家庄股份经济合作社新增布点规划 15 亩（文新单元 XH0701–B2–16 地块 6.3 亩，双浦单元 C2/C6–C01 地块 8.7 亩）留用地指标。

可见，当时对两个村进行土地征用，可能是比较"简单粗暴"的。

因为是试验田，蒋村商住区亦获得了不少政策红利。

在 1998 年 8 月，杭州市出台了最早的购房入户政策。对于 1996 年 4 月 30 日行政区划调整前，已经在蒋村商住区购房的家庭，可以申报杭州市区常住户口。对于划归杭州西湖区后，直到 1998 年 6 月 30 日以前，在蒋村商住区买房的外地购房者，可以申报杭州市蓝本户口。[①]

由此，许多外地人通过在蒋村商住区买房，取得了在当时含金量相当高的杭州户口。

对杭州房地产市场和房地产业而言，更为重要的是，这块试验田培育了独具特色的杭派开发商队伍。

汤海孺分析说，在当时的杭州主城区范围内，基本是存量建设用地，开发建设任务主要由市属和区属的国有开发公司来承担。而在城西这个区域，当时的余杭县搞了个 4 平方公里的蒋村商住区，大规模出让土地，鼓励开发企业拿地，为绿城房产、南都房产、金都房产等民营开发企业提供了机遇。

可以说，杭州真正的商品房市场，就是从蒋村商住区发育成长起来的。

在老百姓心目中，当时那边还十分偏远，城市基础设施、公共服务配套不全，购房者有许多疑虑，居民开始不愿意买那边的房子。

距离偏远，配套不足，加上 1993 年 6 月国家收紧房地产信贷政策，杭州房地产市场也陷入低迷。在各种不利的局面下，开发商如何吸引购房者下单呢？

特定的经营环境逼迫开发商在小区规划设计方面下功夫，做好产品和服务，用产品和服务打动购房者。开发商之间也相互竞争，你加个会所，我加个游泳池，新品迭出。

因此，在杭州房地产发展历史上，蒋村商住区这个试验田，锻炼了开发商，培养了购房者。

住宅小区的景观设计、建筑造型、户型设计、住宅科技、小区会所、小区商业配套等方面的突破和创新，都是蒋村商住区的项目率先进行探索的。

---

① 丁晓红，蒋村商住区近万住户成为杭州人，杭州日报（下午版），1998 年 8 月 4 日。

在 1996 年 12 月的时候，担任浙江裕田房地产开发公司总经理的王大庆给员工上课，主要就讲湖畔花园二期如何全面创新和提升品质。他从规划设计、公共空间、交通组织、户型功能等 12 个方面，分析了公司精益求精、追求品质的成效。他认为，湖畔花园二期，已经与桂花园系列住宅一起，成为杭州的"极品住宅"。

蒋村商住区里的优秀项目开发经验不断积累，并被逐步推广开来，推动了杭州城市居住品质的提升。

## 6.3　从南都花园到德加公寓

在蒋村商住区的民营开发商里面，南都房产是起步最早的一家。

南都房产的创始人周庆治 1982 年毕业于杭州大学历史系，毕业后长期在浙江省委机关工作，曾经担任省领导秘书和浙江省珠海办事处处长，具有十分广泛的政府资源。

1991 年周庆治下海，1992 年回到杭州，1993 年与同班同学许广跃一起创立了华电房产，并在蒋村商住区拿下大片土地。可见，后来的南都房产与蒋村商住区是一起诞生的。

南都花园是华电房产开发的第一个住宅小区。因为项目十分成功，后来华电房产就改名为南都房产。

在周庆治的身边，很快聚拢了一批文化人。他们虽然不是房地产开发的专业人士，但都具有深厚的人文底蕴，甚至他们打造的房地产项目也充满了浪漫的诗情画意。文化底蕴，产品创新，营销创意，社会传播，就成了南都房产的鲜明特色。

南都花园作为第一个项目，能够被市场认可，在于它的户型设计十分到位。从60 多平方米的紧凑两房到 80 多平方米的经典三房两厅，再到 90 多平方米厨卫都带窗全明的四房设计，都十分受欢迎。再加上，公摊面积非常小，得房率高，南都花园成了当时多层住宅的样板。

南都花园开盘不久，就遇到了房地产调控，市场陷入低迷，产品销售陷入了困难。

为了应对低迷的楼市，南都房产通过追加投入，提高了产品吸引力。比如，增加投资 350 万元，率先铺砌当时比较时尚的外墙马赛克，使南都花园成为"素雅马赛克小区"；增加投资 50 万元，顶层铺设反光橡胶，使南都花园成为杭城首家"顶层无渗漏小区"。

在产品上"做加法，不降价"，后来逐渐成为杭州房地产业的传统，被用于应对抗宏观调控和市场调整。

南都物业董事长韩芳1993年入职华电房产，是创始员工之一。她回忆说："那时公司刚刚起步，只有十来个人，销售部、办公室都在一起。"

当时业内有一个说法，"南都的营销，绿城的建筑"。南都房产营销方面的特色，是在德加公寓开发过程中逐步显露出来的。南都房产在营销方面的许多创新和引领做法，得到了业内广泛的认可和应用。

韩芳回忆说，德加公寓的楼书，从建筑、景观、物业、配套、效果呈现各个维度，非常完善地向业主介绍了产品，让期房时代业主对未来的房子有了客观的了解。"楼书设计以红色为基调，在我们首创的产品发布会一亮相，就令客户感到非常惊艳，被称为'红宝书'。当时邀请了一些著名的文化人士到现场参与互动，发布会一结束，很多客户都围着主创团队和专家签名，收藏楼书。因此德加公寓很有点房地产明星的感觉。"

后面20年的楼书，基本上没有脱离这本1998年推出的德加公寓"红宝书"的框架，区别在于效果图更精致，表现方式更电子、更互联。

德加公寓还是第一个推出楼盘沙盘展示，第一个推出现场售楼部，第一个推出效果图的项目。南都房产第一次大手笔在《杭州日报》和《钱江晚报》同时做了整版跨版广告，"火红的建筑"一时点燃了浙江。

每个路过德加公寓的人都会被它外立面暗红色的砖所吸引，这个红砖不但富有质感，其独特的色调甚至被赋予了"德加红"的专称。

德加公寓的设计师，浙江南方建筑设计有限公司董事长、总建筑师方志达回忆起来，创作这个项目的日子是他"最富有创作激情的日子"。他说："杭州这个城市都在讲典雅、清雅、淡雅，而杭州的天空是灰蒙蒙的，杭州的建筑也是灰蒙蒙的。那个时候我想，怎样让我们的房子在这么多的楼盘里面能够跳出来，我们就用了很红的红色。"[1]

当时，对用这个红色有比较大的争议。很多人提出疑问，这个颜色让房子看上去血红血红的，很多人不喜欢。经过反复讨论，大家取得了共识：我们就是做差异化，就是要把房子卖给喜欢红色的人。

事实证明，喜欢红色的人很多，红色的第一乐章奏响了，市场反响热烈，在杭州房地产市场上一度形成了"德加现象"。

---

[1] 方志达，还原居住：杭州南都·德加公寓创作感受，时代建筑，2001年第2期，第38—41页。

2000 年 4 月，德加公寓通过"建设部城市住宅建设优秀试点小区"专家验评，这是杭州第一个获得此殊荣的小区。2001 年 6 月，建设部正式发文，德加公寓荣获"国家城市住宅建设优秀试点小区"称号，并获得规划设计、建筑设计、工程质量、科技进步和开发管理全部五项金奖。

## 6.4　从金都花园，到城市花园

在成功开发金都花园的基础上，金都房产逐步发展壮大，成为民营开发商的一个优秀代表，在杭州房地产市场纵横驰骋了 20 多年。

金都房产注重品质，倡导绿色和科技住宅，在 2004 年提出了"专业构筑品质生活"的经营理念，践行"科技引领人居未来"的发展理念，在行业内产生了广泛影响。

金都房产的企业精神，正是在蒋村商住区的特定环境下培育起来的。

那时的杭州，老百姓主要居住在市区。市区里面虽然交通便利，配套齐全，但所有的房子基本一个模样，户型简单，谈不上小区配套和绿化景观。

此外，还有一个已经摆脱贫困、发家致富的民营经济群体，他们没有分到房子的希望，存在购房需求。

吴忠泉了解了当时人们改善居住的需要，在金都花园的规划设计中，实施了"四大舒适工程"。

一是"运动 + 健康工程"，在普通小区里建设游泳池、网球场等运动场所；二是"好邻居工程"，以物业管理为载体，营造好的邻里关系；三是"清心绿色工程"，在小区规划时就为绿化留足空间，绿化率高达 36%；四是"安全舒适工程"，在物业管理中强调了保安的作用，为业主营造安全舒适的环境。

"四大舒适工程"营造了一种全新的"住宅小区"概念体系，让购房者眼前一亮，心情激动。许多习惯了单位分房、在市区有房子的家庭，也忍不住为远在城西的金都花园买单。

金都花园的成功，激发和强化了吴忠泉做高品质住宅小区的决心。

1996 年，金都房产开发了金都新城项目，采取"三高两低"开发策略，即"高标准小区配套、高质量工程、高绿化率、低楼层、低容积率"，倡导绿色房地产理念。小区内建有标准网球场、游泳池、活动室、幼儿园、图书馆，物业楼专设客房部，工程质量的优良率达到 85%，荣获当时蒋村商住区在建 180 万平方米建筑中第一个工程质量"西湖杯"。

前两个项目成功后，吴忠泉信心满满，意气风发。1998年金都房产顺势推出了新金都城市花园。

时值世纪之交，新金都城市花园打出了"2000年生活，2000年住宅"的口号，应用建设部推广的"四新技术"（新技术、新材料、新设备、新工艺），系统性提升小区功能和品质，赢得了市场认可。[①]

时任金都房产常务副总经理的黄连友回忆说，在1998年，新金都城市花园还处在开发建设阶段，就被列入浙江省城市住宅建设试点小区。

2000年春天，德加公寓申报建设部城市住宅建设试点小区，专家组来杭州考察评审。浙江省房地产业协会唐世定会长向吴忠泉建议说，你们是省级试点，德加公寓是国家级试点，你们也可以提升一步，申报国家级试点。

于是，金都房产就把北京来的国家级专家请来，请他们考察新金都城市花园。专家组看了后，对小区品质大加赞扬。随后金都房产准备材料，申报国家级试点，很快就被通过了。

成为国家级试点后，建设部的专家领导来得多了，还有许多同行前来参观，这进一步促进了金都房产关注绿色建筑、人居环境、住宅科技等方面的发展。此后，金都房产积极参与建设部的技术推广活动，形成了一定的行业知名度和影响力。

2001年，杭州市获得了联合国人居署颁发的"联合国人居奖"。在颁奖活动中，联合国助理秘书长兼人居署执行主任安娜女士来到杭州，与参加"伊斯坦布尔+5"特别会议的200多位专家学者，一同考察了新金都城市花园，对这个"杭州市文明小区"给予高度评价。

## 6.5 从丹桂花园，到桂花城

在蒋村商住区开发楼盘最多，持续时间最长，影响力最大的，是宋卫平和他的绿城房产。

1995年1月，宋卫平自己成立了绿城房产。绿城房产与钱塘房产合作，连续开发了蒋村商住区的"桂花园"系列楼盘。丹桂、月桂、金桂、银桂、兰桂、紫桂、桂花城，以优秀的综合品质，打响了绿城房产的名声。

绿城房产的logo，由一弯新月和一朵桂花组合而成，象征追求和创造美好生活的理想，承载着"真诚、善意、精致、完美"的企业核心价值观。

---

① 吴忠泉，新金都城市花园全程营销十阶段，浙江房地产，2001年第4期，第8页。

桂花是杭州的市花，清雅高洁，香气四溢，历来是美好事物的象征。每到金秋时节，杭州的大街小巷，到处丹桂飘香。看到月亮，人们会联想到"平湖秋月""三潭印月"等杭州美景。

一弯新月，加上一朵桂花，白居易"山寺月中寻桂子"的杭州景象便会浮现眼前。因此，绿城房产与杭州的人文历史和自然景色，完全融合在一起。

桂花是杭州的市花，桂花树在杭州也具有很好的生态适宜性。将其栽植于园区之中，业主可享绿之荫，可观树之形，可赏花之香，同时它也给人宁静、安详的感受。而绿城房产致力于为业主创造安定、美好的园区生活，这与桂花的气质非常吻合。

宋卫平是一个理想主义者，他希望将品质落实到产品营造过程的各个方面。在绿城房产，他对项目开发和交付后的物业管理，都提出了十分苛刻严厉的标准和要求，后来这一做法被行业定义为"产品主义"。

绿城房产的处女作，是丹桂花园和丹桂公寓，前者是别墅，后者是多层公寓。

丹桂公寓作为绿城房产开发的第一个普通住宅小区，被定位为"舒适型住宅"，占地 80 余亩，容积率 0.9，绿化率 46%，建筑面积约 5 万平方米，拥有多层公寓 20 幢，共 378 套住宅。小区配备了差不多 200 个车库，还有游泳池、网球场等健身设施和会馆中心，打造了一种"舒适桂花园，一生好居停"的生活方式。

在 30 年后的今天再看看丹桂公寓，虽然有些年代的沧桑，但仍然是一个处处透露着典雅气息的住宅小区。与蒋村商住区同时期开发的其他小区相比，丹桂公寓在品位方面还是高出一筹。

"桂花园"系列的集大成者，是 1998 年开发的桂花城。这个项目凝聚了绿城人的智慧和心血，成为绿城房产的代表作，是那个时代中国多层住宅小区的巅峰之作。

作为一种"现象级"的房地产项目成功案例，桂花城被不断复制，甚至大量模仿，其名称和外貌，在大江南北流行了十多年（见图 6.2）。

何兼先生，大象建筑设计有限公司的合伙创始人，当时是绿城东方建筑设计有限公司的建筑师，他担任了桂花城的总规划师和总建筑师。他在接受采访时讲到，当年桂花城的规划设计理念，是要求站在城市、小区和住户不同方面，以不同尺度和视角，按照"可居、可观、可游、可赏"这 8 个字，进行思考和创造性工作。

从居住体验出发，绿城房产提炼了"院落围合"的概念。按照江南人居传统，一旦院子形成，居住氛围就会有所依托，"家园"的感受让人可以安静地享受生活。

图 6.2　杭州桂花城①

　　从视觉效果考虑，绿城房产营造了清新典雅的建筑立面，和谐宜人的园区环境，无论春夏秋冬，桂花城都是一道美丽的风景，并且历久弥新。

　　有专家学者研究认为，桂花城的内核，蕴涵了典型的江南小镇的诗意生活理想。一个典型的江南小镇，在整体的布置上，通常采用围合的办法布局，以抵御外来可能的危险，给人安全的感受。小镇的中心一般是湖，作为饮用水或者防御火灾的水源。沿湖的区域有一些大树和空地，成了邻里交流空间。江南小镇的建筑风格内敛而含蓄，建筑之间各有不同但又十分融洽，讲究与周边环境的和谐。桂花城的种种要素，是和这些传统江南小镇的典型特征十分吻合的。

　　看来，20 世纪末，在桂花城营造时期，宋卫平的小镇梦想就开始酝酿了。

　　实现梦想总是需要付出超过常人的努力和代价的。围绕桂花城的规划设计方案，重大的修改完善有十余次，为此增加的投入超过 5000 万元。1999 年项目全部售罄以后，宋卫平又追加 1000 万元，请来著名的美国贝尔高林景观顾问公司，为园区做景观提升规划。因为反复打磨，桂花城的工期，在蒋村商住区是最长的。

　　桂花城的外立面也为人们所称道，四坡顶、八角窗，以及典雅隽永的建筑立面，直到现在也不过时，兑现了绿城房产"创造城市的美丽"的承诺。

　　桂花城的市场热销和行业赞誉，强化和激励了宋卫平对完美产品的追求。

　　2001 年，桂花城相继交付入住，宋卫平没有自满，而是在公司内部，组织开展了"桂花城批判"。

---

① 绿城官方，绿城印象 | 拜访桂花城，百家号，2020 年 11 月 2 日。https://baijiahao.baidu.com/s?id=16822243 27433171706&wfr=spider&for=pc。

这个活动，就是组织绿城房产在规划、建筑、工程、物业等各环节的所有人员，去挑桂花城的毛病，找出的问题有 100 项之多。绿城房产对每一个问题都进行了分析和研究，问题是怎样的，问题是如何产生的，问题可以改进吗，然后在公司开会交流讨论，以提高认识和产品开发能力。

2002 年初，《桂花城批判》编印成册，宋卫平以"批判的慧眼"为题，亲自作序。他写道，拥有一双能够发现缺陷的慧眼，是产品进步的重要保障之一。当绿城房产的房产品在市场上声名鹊起之时，《桂花城批判》的成册，标志着绿城房产在追求精致完美的道路上没有停步。

这是宋卫平代表绿城房产的宣言，是杭派开发商破土而出的宣言，是蒋村商住区这个商品房试验田里，生长出的行业发展进步硕果（见表 6.1）。

表 6.1　蒋村商住区代表性楼盘价格信息

（单位：元 / 米 $^2$）

| 代表性楼盘 | 开盘销售时间 | 价格 | 2022 年 3 月二手房挂牌均价 |
|---|---|---|---|
| 南都花园 | 1993 年 6 月 | 1998 | 61000 |
| 金都花园 | 1994 年 12 月 | 1800 | 43000 |
| 丹桂公寓 | 1995 年 12 月 | 1900 | 51000 |
| 德加公寓 | 1998 年 6 月 | 2800 | 55000 |
| 新金都城市花园 | 1998 年 6 月 | 2780 | 60000 |
| 桂花城 | 1998 年 12 月 | 2680（起价） | 77000 |

资料来源：2022 年 3 月各楼盘的价格信息，根据安居客网站二手房挂牌资料整理。现在的二手房价格应该还包含了周边配套情况，特别是学区的影响。

# 7 房地产的专业启蒙

告别家属院和筒子楼后，"好房子"到底是什么样子？

从 1990 年代开始，随着城市土地制度改革，国有土地使用权可以出让、转让，商品房市场应运而生。

当时，房地产市场的所有参与者，包括政府部门、房地产企业、新闻媒体和普通老百姓，大家对于什么是房地产，如何发展商品房市场，如何规范发展和经营管理，都没有多少概念。

此前的 40 年下来，人们已经习惯了计划经济和住房实物分配。对大家来说，能够有个带独立卫生间和厨房的"单元房"，就实现了居住梦想。关于房地产市场和房地产业的知识，可以说是一片空白，一切都是从零开始。

在这个背景下，一场范围广大、影响深远的房地产专业性启蒙教育，从各个层面快速启动，顺势展开。

## 7.1 第一批住宅小区建设试点

从 1980 年代开始，我国城市开始了大规模住宅开发建设，起初主要是增加住房数量，质量问题还未被提上议事日程。工程质量普遍不高，采取"千楼一面"的兵营式排列方式，间距不足，采光不佳，绿化简单，生活配套缺乏，这些问题十分普遍。

为了系统探索提高城市住宅小区整体质量的方法，1986 年城乡建设环境保护部决定，由科技司负责，由中国建筑技术发展研究中心提供技术支撑，在济南、天津和无锡选择三个小区，联合开展应用性的科学研究和技术实验。到 1989 年三个项目建成后，全新的理念、技术、功能和面貌，让全国同行耳目一新，引发强烈反响。

在总结经验的基础上，当时的城乡建设环境保护部决定分期、分批在全国开展城市住宅小区建设试点工作，希望借此引领全国住宅小区建设水平的全面提高。

这项工作前后持续了 10 年时间，遍布全国的数百个新建住宅小区参与其中，极大地推动了中国住宅建设综合质量的提高，被誉为中国住宅发展史上一个重要的里程碑。[①]

从 1994 年开始，建设部为了扩大试点覆盖范围，发挥地方参与的积极性，鼓励各省、自治区、直辖市开展省级试点工作。

当时担任浙江省城乡建设厅副厅长，分管这项工作的唐世定先生回忆说，浙江省最先被列为国家级试点的是湖州的凤凰新村小区和宁波的联丰小区。杭州因为住房短缺状况严重，一房难求，起初一段时间里，开发企业对成为试点小区不够积极。

1994 年 10 月，省城乡建设厅在湖州召开了工作会议，组织各地市分管领导和主要开发商，共 100 多人参会。会议期间，与会人员学习了全国城市住宅小区建设试点工作会议精神，邀请建设部分管领导介绍国内外住宅小区发展情况，研讨开展试点工作的重要性。

作为会议的重要内容，与会人员参观了湖州的凤凰新村小区和马军巷小区。会后，再乘几辆大巴车，前往安徽合肥琥珀山庄、江苏常州红梅新村参观，学习国家城市住宅建设优秀试点小区经验，这对大家触动很大。

1996 年 5 月，省建设厅和省房地产业协会主办，在武林广场浙江展览馆搞了住宅与居住环境建设成就展览会，推广优秀住宅小区建设的成就和经验。这个展览会，后来就发展成了浙江省房博会，连续举办了 22 届，成为杭州房地产业盛会，其规模之大，组织之完备，影响之深远，现在看来，仍然是杭州房地产市场发展中一道亮丽的风景线。

建设部的积极推动和试点建设的显著成绩，促使杭州市有关领导对在杭州开展试点工作提出了要求，开发商也意识到品质和品牌的重要性，特别是在蒋村商住区开发的几家民营开发商，积极性更高，希望借助试点探索，提高小区开发水平。

1998 年 10 月，德加公寓被建设部列为全国城市住宅小区建设试点，成为当时杭州市唯一的国家级试点小区。

20 多年后，位于文二路丰潭路交叉口西南侧的德加公寓，在路人的眼里依然显得醒目和端庄。

---

① 戴谦，时国珍，推广试点经验，提高整体居住质量：建设部城市住宅小区建设试点第四次工作会议综述，城乡建设，1996 年第 5 期，第 12—13 页。

同年，桂花城、新金都城市花园等几个项目被列入浙江省城市住宅小区建设试点。

1999 年 6 月，新金都城市花园交付使用，并通过了浙江省建设厅和杭州市城市建设委员会组织的综合验评，被授予"浙江省城市住宅小区建设试点金奖"。

2000 年 4 月，德加公寓和新金都城市花园两个项目，通过建设部验收，荣获"建设部城市住宅建设优秀试点小区"称号（见图 7.1）。

桂花城，因为开发规模大，交付时间拉得比较长，就没有进行验收和评奖。

从 1999 年开始，建设部启动了"国家康居示范工程"，把推进住宅产业化作为进一步全面提高住宅项目综合质量的切入点，全国的住宅小区建设进入了新的发展阶段。至此，城市住宅小区建设试点工作完成了它的使命，退出了历史舞台。

杭州的城市住宅小区建设试点工作虽然起步较晚，试点小区数量不多，但质量很高，效果显著，对提高住宅开发建设水平发挥了引领作用。

图 7.1　1999 年德加公寓被列为建设部新中国成立 50 年成就的标志

## 7.2　第一本房地产刊物

为了适应城市建设和房地产业发展新形势，浙江省在 1989 年 5 月成立了房地产业协会。同年 10 月，由浙江省城乡建设厅和浙江省房地产业协会主办的《浙江房地产》杂志问世，成为浙江省第一份专业的房地产刊物（见图 7.2）。

创刊号的发刊词写道，省城乡建设厅、省房地产业协会创办《浙江房地产》的目的，是为各级领导和职工，特别是为房地产战线上的干部职工认识和发展浙江房地产业提供有益的帮助。

1989 年创刊后，前两年是季刊，每年出 4 期。从 1992 年开始，改为双月刊。其间，还根据需要刊发了一些增刊和专刊。到 2018 年底，《浙江房地产》一共刊发了 180 期。

虽然是内刊（正式公开出版发行的房地产刊物很少），但是《浙江房地产》这本双月刊十分专业，坚持办刊 30 年。在浙江房地产发展历史上，特别是在房地产业和市场发育的初级阶段，发挥了专业引领作用。①

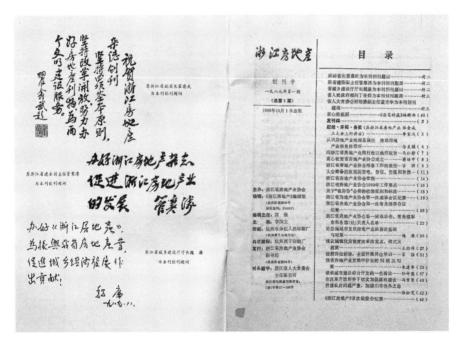

图 7.2　《浙江房地产》创刊号封一和目录（对浙江省房地产业协会资料室保存的原件进行拍摄所得）

---

① 黄连友，坚持就是胜利：写在《浙江房地产》创刊 100 期之际，浙江房地产，2005 年第 4 期，第 8 页。

刊物坚持"围绕发展、服务大局"宗旨，坚持"贴近实际、贴近行业、贴近企业"的风格，解读政策，传播资讯，推广技术，交流经验，引导市场，倡导诚信，受到业界广大从业人员和社会的广泛关注。

潘战资先生是一位资深期刊编辑，退休前曾担任浙江教育报刊总社副社长、副总编。2002 年退休后，他发挥专业特长，受聘负责《浙江房地产》的编辑工作，刊物的规范化程度得到进一步提升。他还主动对接刊物的读者和作者，深入企业调查研究，了解政策发展变化和市场动态，严格把关稿件质量，进一步提高了刊物的综合质量。[1]

在浙江省房地产业协会，会员单位十分认可刊物的水平和影响力，不仅把它作为了解政策、市场、行业、技术和管理等方面动态的信息渠道，而且许多企业老总乐意为刊物撰文投稿。

《浙江房地产》还被许多图书馆和资料室订阅，并进入了维普等期刊数据库，先后被评为中国房地产最具地方性影响力期刊、中国房地产综合最佳金质期刊、中国房地产最具影响力期刊、中国房地产业服务典范期刊。

从 2018 年开始，为适应互联网新媒体发展形势，浙江省房地产业协会决定不再刊印纸质版的《浙江房地产》，而是集中精力办好其官方网站浙房网，以其作为浙江省房地产业协会政企沟通服务的新平台。同时，还推出了自己的公众号。

## 7.3 第一个研究生课程班

我国的研究生教育是在 1978 年恢复招生的，但在 1980 年代招生规模小，专业设置不多，远远满足不了社会需要。

房地产专业人才基本是在土木工程、土地规划、建筑设计等相关专业培养，数量十分稀少。

1988 年毕业于浙江大学土木工程系结构工程专业，取得硕士学位的朱云夫，是最早进入房地产企业工作的研究生。他回忆说，1985 年自己考上研究生时，全系招收硕士研究生不到 20 人。1988 年毕业时，大多数人都被分配到高校和科研机构工作，少数去了建筑施工企业，只有他一个人去了房地产企业，就是当时杭州最大的房地产企业——杭州市房屋建设开发公司。

中国房地产业协会会长冯俊先生 1982 年本科毕业于浙江大学土木工程专业，

---

① 潘战资，提升引导水平增强宣传效果努力提高《浙江房地产》杂志编刊工作质量，浙江房地产，2010 年第 4 期，第 45–47 页。

被分配到城乡建设环境保护部工作，参与了中国房地产市场从无到有的发展过程。他回忆说，朱云夫是全国第一位到房地产企业就业的硕士研究生。

到了 1990 年代，在加快住房制度改革、培育房地产市场和发展房地产业的过程中，相关人才，特别是研究生层次的专业人才，是十分稀缺的。

这个时期，高等院校也在积极对接社会需求，一方面调整专业，一方面开展多种形式的在职人员培训项目。

1995 年 5 月，浙江大学工商管理学院的贾生华博士刚从德国进修土地评估专业回国不久，就专程来到省政府大院的浙江省城乡建设厅，拜访城乡建设厅副厅长、分管房地产业的唐世定先生，了解政府主管部门的相关教学科研需要。

唐世定立即把科教处的处长叫过来一起讨论。大家认为，房地产体制改革和政策变化很快，市场刚刚启动，就出现许多问题和波动，相关人才严重短缺，专业知识匮乏，迫切需要加快培训，加强科研，解决政府和企业面临的实际困难。

讨论的具体成果，就是希望浙江大学发挥高校人才和专业优势，对房地产业从业人员进行在职培训。这个设想，很快就得到了浙江大学工商管理学院和研究生院的响应和支持。

1995 年 9 月，浙江大学工商管理学院开设了第一个研究生课程班就是浙江省建设系统组织的城建班，共有 38 名学员参加。

按照培养计划，学员在职读书，在两年时间里，利用周末时间，来浙江大学玉泉校区上课，学习 15 门研究生课程，每人学费 9000 元。全部课程考试合格后，由浙江大学颁发结业证书。

这个办班计划推出后，浙江省城乡建设厅发出报名通知，学员主要来自浙江省房地产相关部门和企业。

在当时的学员中，担任政府部门领导干部的有，杭州市分管城建的副秘书长卢步东、杭州市城乡建设委员会城建处处长丁狄刚、杭州市房地产管理局拆迁办副主任张建、宁波市城乡建设委员会副主任郭华魏、绍兴市建设局局长宋长法、台州市建设局城建处处长鲍宗仁、乐清市副市长吴建华、绍兴县建设局局长蔡刚等。

来自企业的经营管理人员，包括浙江省建工集团的毛尧等三人、杭州市建工集团的唐森兴、乐清市建设银行的陈飞跃、浙江城建建筑设计院的周丽萌、杭州中宙建工的褚跃明，等等。

这个班级的同学，后来许多都成为浙江省房地产领域的重要领导者和参与者。

例如，卢步东长期在杭州城市建设管理领域工作，参与了西湖综合保护工程、西溪湿地综合保护工程、运河综合保护工程等重大工程。郭华魏先后在宁波市城乡建设委员会、宁波市镇海区担任领导职务，后来调任浙江省政府工作。丁狄刚长期在杭州市城乡建设委员会工作，曾经担任市城乡建设委员会主任。从 2017 年 6 月开始，担任杭州市政府秘书长。从 2021 年 9 月开始，担任杭州市副市长。

卢步东回忆说，自己在研究生课程班读书前，曾经长期在下城区房屋建设开发公司、下城区房地产管理局、下城区计划委员会、下城区政府等单位从事房地产相关工作，积累了丰富的实践经验；通过这个研究生课程班的学习，系统掌握了房地产经济管理相关理论和方法，理论联系实际，收获很大。

担任班长的毛毳和陈飞跃把班级活动组织得生动活泼。同学们虽然来自不同单位和岗位，但在班级里热烈讨论，自由交流，都成了好朋友。结业多年后，每年的同学交流活动还十分热闹。

这个班的学员，来自外省的只有一位，就是时任江西省进出口公司业务二部经理的王敏。他是 1988 年浙江大学机械系本科毕业生，听说有这样一个研究生课程班，就直接找研究生院报名了。后来，他继续读了浙江大学的工商管理硕士和企业管理博士。他是江西省著名企业家，是晶能光电股份有限公司的联合创始人，同时担任 CEO。他与江风益教授等一起，获得 2015 年度国家技术发明奖一等奖。

在当时的历史条件下，研究生课程班这种模式，对于在职人员进修学习，提高业务水平和能力，缓解人才短缺问题，发挥了很大作用。

到了 1997 年，国务院学位委员会办公室专门发了《关于委托省级学位与研究生教育主管部门对举办研究生课程进行登记备案的通知》（学位办〔1997〕2 号），对这种研究生教育模式进行肯定和规范：将办班名称统一定为"研究生课程进修班"；课程成绩合格者，由办班单位颁发"研究生课程进修班结业证书"。

在那段时间，浙江大学举办了一系列研究生课程班，参加的学员都是政府各部门和产业界的佼佼者。他们实践经验丰富，求知欲望强烈，学习十分努力。其中，一些学员后来事业发展十分成功，许多人成了著名企业家。还有一些人一直在政府部门工作，逐步走上了高级领导干部的岗位。

为了加快培养与国际接轨的房地产专业人才，从 2002 年开始，浙江大学与香港理工大学合作，在杭州开设了"国际房地产硕士"（IRE）项目，每年招收一个班（约 50 人），采取在职学习、集中授课方式，培养房地产专业人才。这个研究生项目一直坚持了 20 多年，韩芳、徐小卫、许峰、章惠芳、戴和平等许多毕业生都是在杭州房地产业界十分有影响的企业家和专业人士。

## 7.4　第一个房地产专刊

1992年邓小平南方谈话后，全面掀起了新一轮改革开放热潮，报纸作为当时新闻舆论主阵地，也开始了新的探索。

当时，作为地方性报纸的《杭州日报》为了及时报道一些国外的、国内其他城市的经济新闻和发展动态，专门成立了经济专刊部。1987年复旦大学毕业，获得哲学和文学双学士学位的黄连友，负责搞了一个名叫"经济万象"的版面。

这个版面，是《杭州日报》第一个可以报道全国、全球经济类题材的专刊。各类经济新闻都可以发表，并且篇幅可以很长，重要的报道往往是整版推出的。比如，浦东新区的开发、厦门经济特区建设，以及东阳横店集团的发展，都得到了整版的报道。

"经济万象"十分成功，很受读者欢迎。随后黄连友担任了城镇建设专刊的责任编辑，专门报道杭州的城市建设，逐步把视线转向房地产方向。

1996年，《杭州日报》房地产专刊从城镇建设专刊中单独分出来，这应该是全国地市级党报中设立的第一个房地产专刊。

那个时候，正好是海南房地产泡沫破灭后的调控和整顿时期，对住宅建设可以报道，而关于房地产业的内容会比较敏感。所以，专门开设一个房地产专刊还是有政策风险的，需要领导下决心。

黄连友回忆说，他给编委会提建议，说房地产的社会关注度很高，老百姓的房地产专业知识缺乏，媒体需要向老百姓普及一些基础知识。如果开设这个专刊，应该可以增加报纸的发行量。

当时《杭州日报》已经开始自主发行，每个编辑记者都有发行任务，领导们对增加发行量这个理由十分重视，很快就同意了。

那个时候，杭州的房地产是一个全新的行业，可以说没有专家。房地产作为改革开放的新生事物，大学也好，政府也好，企业也好，都缺乏专业人才。所有房地产公司从业人员，包括那些下海创业的企业家，都是半路出家的。就杭州而言，很多开发商老板都是文科背景，最著名的几位，就是杭州大学历史系毕业的。

当时黄连友心中的目标，就是要通过房地产专刊的内容，让读者（包括当时的政府领导和房地产业从业人员）学习和了解房地产知识。

当然，他自己也不例外，也是半路出家。为了这个专刊，他努力自学，经常去图书馆、去阅览室里看专业杂志、报纸。那个时候作者不容易找，他不断拜访各个专业领域的专家、学者、从业人员，和他们交朋友，请他们写稿子，许多人都成了好朋友，甚至是忘年交，比如陈洁行、王宁等。

陈洁行先生，是个地道的杭州人。从杭州解放初期开始，他就参与了杭州城市规划设计工作，在杭州城市规划和建设领域工作了一辈子，是杭州著名的城建和文史专家。

黄连友负责房地产专刊时，陈洁行刚退休不久，担任杭州市城市科学研究会秘书长，致力于研究和保护杭州的老建筑、老房子。黄连友从他这里，学习了不少城市规划和文化传承方面的知识，经常邀请他写通俗易懂的文章，这给专刊注入了文化底蕴和城市特色。

2021年底，在陈洁行先生去世两周年之际，杭州出版社出版了《湖山依旧：陈洁行纪念文集》，潘云鹤题写书名，仇保兴作序。长期以来，陈洁行对杭州历史文化名城建设做出许多重要贡献，被称为"一生守护人间天堂的老人"。

王宁先生，是一位教授级高级规划师，长期在杭州市规划设计研究院工作。关于城市规划方面的专业问题，黄连友邀请王宁写稿子，使得专业性很强的城市规划问题，通过报纸得以广泛传播和普及。

《杭州日报》的城镇建设专刊和房地产专刊，顺应和回应读者关切，受到读者的广泛好评和欢迎。

同时，房地产专刊也把当时分散在不同领域的相关专业人才聚集起来了。这些人来自政府部门、新闻媒体、开发企业、城市规划院、建筑设计院、高等院校和广告策划公司等不同单位，房地产专刊在他们之间建立了交流互动、探讨问题、共同提高的平台和纽带。

可以说，《杭州日报》的房地产专刊，在杭州房地产发育阶段，宣传和普及房地产相关知识，促进了行业进步，也培养了一批人才。

1998年，黄连友挡不住宋卫平的邀请，下海去绿城房产担任企划部经理，开媒体人去房地产公司的先河。

接替黄连友担任房地产专刊责任编辑的，是1984年毕业于杭州大学历史系的朱立东。他乘势而上，深化与政府、企业、高校和规划设计院等专业机构的联系，进一步扩大了房地产专刊的影响力。很快，朱立东被提拔，先后担任了《杭州日报》下午版和《每日商报》的副总编。

在1999年8月11日美达房产刊登在《杭州日报》的京惠花园项目广告下面，有《杭州日报》广告房产部自己的广告，"卖房刊杭报，买房看杭报"，展现了《杭州日报》服务开发商和服务购房者的综合功能定位（见图 7.3）。

2003 年，朱立东接受戚金兴的邀请，下海到滨江房产担任副总经理。从 2018 年开始，朱立东参与筹划滨江物业（滨江服务，港股代码 03316）在香港地区上市的，并担任董事会主席和总裁，成为"杭报系"下海媒体人中的佼佼者。

在后来的发展过程中，《杭州日报》房地产专刊甚至成了杭州房地产人才的"蓄水池"。记者和编辑做了一段时间后，熟悉和掌握了一定的房地产知识，就会被开发商挖走担任高管；或者干脆自己创业，在房地产产业链条中开拓自己的事业。

2002 年后长期担任房产报道部主任的张钢婴回忆说，《杭州日报》的房地产专刊，功能定位于促进城市发展、行业进步和市场稳定，抓住政策变化和老百姓关心的热点、难点问题，组织专家研讨，开展多方交流对话，形成共识，推动发展进步，得到了政府和读者的认可。

《杭州日报》也因为这个专刊及其后续发展，确立了在杭州房地产领域的主流媒体地位，培养了一批又一批房地产业的精英人才。

《杭州日报》顺应房地产市场黄金十年的发展趋势，在相当长一段时间，房地产广告收入都是《杭州日报》最重要的广告收入来源，《杭州日报》实现了社会效益和经济效益双丰收。

图 7.3　1999 年 8 月 11 日《杭州日报》的房地产广告

## 7.5　第一代房地产广告

广告这个东西，是在改革开放过程中，跟随外商和港澳台商的引进，从境外传入中国的新事物。

房地产广告，伴随商品房市场发育，逐步进入了人们的视野，并随着传媒模式发展变化，快速迭代。

2011年11月1日，《人民日报》第十六版，整版刊发了一则公益广告，题目叫作：雷人的"楼盘文化"。该公益广告细数各种虚假宣传和夸大不实的房地产广告，对不负责任的楼盘文化现状进行调侃和批驳，并提醒读者："创意共欣赏，疑义相与析。劝君多思量，自解楼中局！"

的确，房地产广告在发展过程中出现了许多偏差，现在从报纸看房地产广告的人也越来越少了。这有多种原因，其中最重要的，是公众对房地产的基本概念、品质标准和价值尺度，已经建立起来了。

这里我们想要纳入记忆的，是1990年代的房地产广告，我们可以笼统地称之为"第一代房地产广告"。

在很大程度上，杭州的第一代房地产广告担当了对公众进行房地产市场启蒙教育的角色，对培育商品房市场和促进行业进步发挥了重要作用。

前几年有一句网络流行语，"贫穷限制了我的想象力"。

在1980年代的杭州，许多人都挤在筒子楼和墙门里，一家几口人住在十几平方米的房间里，除了放床和简单的家具，再也没有多余的空间。

在这样的居住条件下，怎样的房子才是好房子，面积和户型有哪些可能性，老百姓真的没什么想象力。

至于房间以外的部分，什么建筑立面、小区绿化、交通组织、物业管理，什么居住环境、商业配套、小区品位、文脉传承，那更是超出了多数人的认知范围。

这些全新的人居概念，最先就是通过房地产广告，广泛地传达给社会公众的。

1990年代初，由境外企业主导的房地产项目在杭州率先启动，它们的房地产广告，开阔了杭州老百姓的眼界。

在市中心，作为高级涉外商住楼的中山花园，其3幢蓝白相间的大楼，当时就是杭州市中心的标志性建筑景观。30层左右的高层住宅，以美元计算的销售价格，让杭州人民刮目相看。

在郊区，梦湖山庄、圆梦园、之江花园、紫云山庄、宏福山庄等涉外别墅项目先后启动，在人们心目中建立了别墅的概念。

梦湖山庄，以一句"梦里寻它千百度，湖光山色见我家"的广告词，在《杭州日报》以整版广告的形式推出，开辟了杭州房地产广告营销的先河。

当然，最初一批涉外房地产项目，因为市场定位脱离了杭州的购房需要，远离中心，价格太高，层数也高，当时甚至连"高层带电梯"也成为购房者的抗拒因素，所以这些项目大都不太成功。

不过，当时正在城西蒋村商住区拼搏的一批民营房地产企业，看出了广告和推销的一些门道。为了把自己楼盘的信息传递给潜在的购房者，许多开发商打印一页广告传单介绍楼盘和户型等信息，将广告传单简单地派发到市区居民的信报箱里。

这些广告传单，基本被居民当作废纸处理了。但其中反复强调的户型、建筑设计、小区布局和区域规划信息等，潜移默化地影响了人们对住宅的认知。

随后，南都房产、金都房产和绿城房产不约而同地在报纸上为它们的楼盘推出了广告。一大批以房地产广告为主业的公司应运而生，甚至在中山花园的楼上，形成了一个规模可观的广告公司产业集群。

广告策划和推出的过程，也是交流互动、不断进步的过程。开发商的理念，加上规划师、建筑师、策划师的专业创意和设计，通过广告的凝练和提升，被呈现和传递给购房者。

对于初始阶段的杭州房地产市场和房地产业，户型、立面、建筑风格、绿化和景观、生活配套等元素，不断被发掘和强化，快速推动了行业进步。

这种进步和变化，甚至可以通过杭州住宅小区的名称反映出来。

杭州市区为满足旧城改造和拆迁安置需求而建设的住宅项目，在1980年代都用"某某新村"命名，如朝晖新村、古荡新村、采荷新村、闸弄口新村等。到了1990年代，基本叫"某某小区"，如南星小区、青春小区、潮鸣小区、复兴小区、和平小区、新华小区、三塘小区等。

而在城西开发的商品住宅项目，都开始用"某某花园"命名，如南都花园，湖畔花园、金都花园、亚洲城花园、金成花园等。

1998年12月30日，《杭州日报》第八版刊登了绿城房产桂花城的整版广告："绿城无处不飞花，桂香庭院是君家（见图7.4）。"

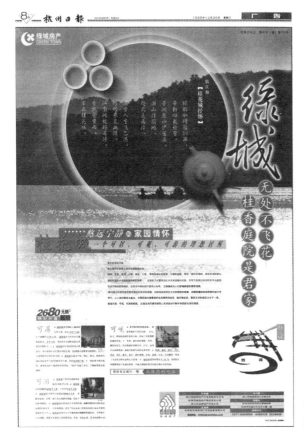

图 7.4 绿城房产桂花城在《杭州日报》
的整版广告(杭州图书馆电子报纸截图)

这个家是什么样子呢? "桂花城:一个可居、可观、可游的理想居所。"文案里面,用一首《临江仙·桂花城抒怀》表达出悠远宁静的家园情怀。这样美好的居所,什么价格呢? 精彩开盘,每平方米 2680 元起。

桂花城的这个广告,突出"房子就是家"的情怀。同样,"新金都,没有陌生人的家园","南都德加,您的生活您的家",都在挖掘住宅的生活内涵,描绘美好的家庭生活意境,深化和扩展了人们对住宅的认知内容。

## 8  停止住房实物分配

1998 年停止住房实物分配后，还有哪些"课后作业"？ 这些"课后作业"完成得怎么样呢？

1998 年 7 月，《关于国务院进一步深化城镇住房制度改革加快住房建设的通知》文件发布。通知明确，深化城镇住房制度改革的目标是：停止住房实物分配，逐步实行住房分配货币化；建立和完善以经济适用住房为主的多层次城镇住房供应体系；发展住房金融，培育和规范住房交易市场。

"停止住房实物分配"，成为我国住房制度改革的标志性转折点，大大加快了住房市场化进程。

在这份文件中，接在"停止住房实物分配"这句话后面的，是"实行住房分配货币化"，"建立和完善以经济适用住房为主的多层次城镇住房供应体系"。

这些工作，可以说是停止住房实物分配的"课后作业"，涉及千家万户的切身利益。

1999 年 11 月，为贯彻执行《国务院关于进一步深化城镇住房制度改革加快住房建设的通知》精神，落实《浙江省政府办公厅转发省住房改革委员会关于进一步深化我省城镇住房制度改革实施方案的通知》（浙政办〔1998〕5 号）文件，杭州市出台了《杭州市市区进一步深化住房制度改革的若干意见》。

由此，杭州停止住房实物分配，实行住房分配货币化的相关政策。

以 1999 年 1 月 1 日为分界点，不同的工作单位、不同的职业类型、不同的住房状况，都需要根据有关政策标准，"结旧账，算新账"。人们以不同的姿态，告别住房实物分配，进入住房市场。

## 8.1 此前的，住房货币补贴结算

2000 年 10 月和 11 月，杭州市住房制度改革领导小组出台了《杭州市市区职工享受实物分房面积核定细则》《杭州市市区行政、事业单位住房分配货币化试行办法》等配套文件，为住房分配货币化提供了政策标准。

以上配套文件规定："行政、事业单位的住房分配货币化方案由市人民政府统一制订和实施。各企业单位应根据经济能力和职工收入水平等实际情况，制订本单位住房分配货币化的具体方案，经职工代表大会讨论通过，报主管部门同意和市住房制度改革领导小组办公室批准后组织实施。"

因此，系统性规范化推进住房分配货币化工作的，首先是行政、事业单位。以 1999 年 1 月 1 日为界，对此前在册的职工和离退休人员要"算历史账"，这被称为"住房货币补贴结算"。

对那些已享受住房实物分配，且面积达到或超过补贴标准的职工，就不存在住房补贴问题了。

对那些已享受住房实物分配，但享受面积低于规定补贴标准的职工，以及那些 1998 年 12 月 31 日及其以前参加工作的无房职工，由单位发放一次性住房补贴。对那些 1994 年 12 月 31 日及其以前参加工作的无房和住房面积低于规定补贴标准的职工，由单位再给予一次性工龄住房补贴。

用于测算住房补贴的经济适用住房价格为（按建筑面积计算）每平方米 3000 元。

职工住房补贴建筑面积标准为：一般干部、职工 70 平方米；科级干部（中级职称）80 平方米；处级干部（副教授级高级职称）90 平方米；厅局级干部（教授级高级职称）120 平方米。

住房补贴比例为财政、单位补贴比例为 80%，职工个人负担比例为 20%。

对 1998 年 12 月 31 日及其以前参加工作的无房职工，发放一次性住房补贴的总额为：用于住房补贴的经济适用住房价格的一半和职工可享受的住房补贴建筑面积标准及住房补贴比例的乘积。

计算公式为：职工一次性住房补贴额 = 经济适用住房价格 ÷2× 该职工住房补贴建筑面积标准 × 住房补贴比例。

例如，杨先生 1995 年参加工作，没有享受过住房实物分配，获得中级职称，那么他的一次性住房补贴金额是：$3000 \div 2 \times 80 \times 0.8 = 96000$ 元。

对已享受住房实物分配，但享受面积低于规定补贴标准的职工发放一次性住房补贴的总额为：用于住房补贴的经济适用住房价格的一半和职工可享受的住房补贴建筑面积标准与已享受住房实物分配建筑面积的差及住房补贴比例的乘积。

计算公式为：职工一次性住房补贴额＝经济适用住房价格÷2×（该职工住房补贴建筑面积标准－已享受住房实物分配建筑面积）×住房补贴比例。

例如，吴女士1987年参加工作，属于处级干部，已经享受过60平方米的住房实物分配，那么她的一次性住房补贴金额是：3000÷2×（90－60）×0.8＝36000元。

对于1994年12月31日前参加工作者，职工工龄住房补贴额等于本市实际发放住房补贴当年出售公房成本价的0.6%与该职工可享受的住房补贴建筑面积和已享受住房实物分配建筑面积的差，以及1994年12月31日及其以前该职工工龄的乘积。

计算公式为：职工工龄住房补贴额＝当年出售公房成本价×0.6%×（该职工住房补贴建筑面积标准－已享受住房实物分配建筑面积）×1994年12月31日及其以前该职工工龄。

例如，前面提到的吴女士，按照2000年房改成本价885元测算，她的工龄住房补贴额为：885×0.6%×（90－60）×7＝1115.1元。

这样，吴女士的两项住房补贴加起来，一共是37115.1元。

在测算住房补贴的基础上，对离退休职工，其住房补贴一次性给予提现。对在职职工，则建立职工个人住房补贴专户，将住房补贴资金存入其本人的住房补贴专户，对住房补贴资金参照住房公积金管理，住房补贴资金将作为其后续购房的一个资金来源。

从实际情况来看，政府部门、事业单位和发展顺利的国有企业有政策规定的资金来源，陆续按照政策兑现了住房货币补贴结算。但是，发展困难和进行改制的国有企业，因为资金来源没得到有效保障，出现了很多困难。

例如，有的企业关停并转了，人也下岗了，住房补贴就没有着落了。有些企业经营困难，有些单位没有落实资金来源，这都影响了住房货币补贴结算兑现到位。

长期担任杭州市住房制度改革领导小组办公室主任的章晖，就有一个感到心酸的记忆。曾经有一位退休老人，因为原来工作单位没有了，每年都来上访，要求兑现住房补贴。每次他都说："我都算好了，你们看看有没有错。错的话，帮我改过来。没错的话，就兑现给我。"

但是，这类问题如何处理，一直没有明确政策依据和资金保障。在2010年，直到年底，章晖也没有看到这个老人来办公室，一打听，说是已经去世了。

## 8.2　此后的，住房货币分配兑现

在住房货币补贴结算的基础上，从 1999 年 1 月 1 日开始，所有职工都应该按照新的住房制度，实行住房分配货币化。

《杭州市市区行政、事业单位住房分配货币化试行办法》规定，住房货币分配兑现的方式，主要包括职工工资中的住房公积金补贴和住房消费含量。

凡在 1999 年 1 月 1 日及其以后参加工作的无房职工，按本人月工资的 25%（不包括住房公积金制度规定的缴存比例）在职工全部工作年限内，按月发放住房公积金补贴。计算公式为：每月住房公积金补贴 = 职工月工资（按缴交住房公积金的计算口径）× 25%。

住房公积金补贴直接并入工资，体现工资中的住房消费含量。

住房公积金补贴相关政策兑现的情况，是很不平衡的。机关事业单位和发展较好的国有企业，逐步实现了全覆盖。但是，在经济效益不好的公有制企业和中小民营企业，住房货币分配兑现的推进难度比较大。

后来，随着国有企业改革、民营经济发展和工资分配体制的市场化，住房公积金补贴问题就逐步淡化了。在许多人的工资单上可以显示的住房货币分配兑现内容，主要体现在住房公积金缴存方面。

住房公积金制度是借鉴新加坡经验，从 1992 年开始，逐步作为城镇住房制度改革的一个重要内容，加以探索和推广的。

1997 年 10 月，浙江省颁布实施了《浙江省住房公积金条例》，在全省推行住房公积金制度。

1999 年 4 月，国务院颁布施行了《住房公积金管理条例》。该条例规定：住房公积金，"是指国家机关、国有企业、城镇集体企业、外商投资企业、城镇私营企业及其他城镇企业、事业单位及其在职职工缴存的长期住房储金"。住房公积金归职工个人所有，由政府专户管理，按照政策规定支取，用于个人住房消费相关开支。

该条例规定："职工和单位住房公积金的缴存比例均不得低于职工上一年度月平均工资的百分之五；有条件的城市，可以适当提高缴存比例……对缴存住房公积金确有困难的单位，经本单位职工代表大会或者工会讨论通过，并经住房公积金管理中心审核，报住房委员会批准后，可以降低缴存比例或者缓缴。"

实践中，住房公积金的缴存，在不同地区、不同单位的发展情况有很大差异。

停止住房实物分配后，杭州大力宣传《住房公积金管理条例》，开展住房公积金行政执法检查，加大了住房公积金归集力度。1999 年市区共归集住房公积金 4.65 亿元，2000 年市区归集住房公积金达 5.9 亿元。

同时，杭州大力发展住房公积金个人抵押贷款。1999 年市区发放额为 3861 万元；2000 年市区向 2739 户发放住房公积金个人抵押贷款，发放金额达到 3.53 亿元。[①]

可见，住房公积金制度也是住房货币分配兑现的一个重要组成部分。加上公积金贷款的政策性住房金融功能，共同增强了职工住房消费能力。

住房公积金制度实施过程中，逐步出现了两极分化的问题。在有些单位还没有为员工缴存住房公积金的同时，也有些单位住房公积金占个人工资收入的比重偏大，甚至存在利用住房公积金规避企业所得税和个人所得税的情况，有的单位内部也存在较大个体差异，这不利于住房公积金制度的健康有序发展。

住房公积金的缴存覆盖面，以行政、事业单位和大型国有企业为主。如果用实缴人数占就业人数的比例计算覆盖率，2020 年杭州市排在全国大城市中的第四位，但也只有 44%。

住房公积金没有覆盖的，主要是各类非公有制单位职工，特别是在民营中小企业就业的外来务工人员。

## 8.3  最低收入家庭，廉租住房保障

按照《国务院关于进一步深化城镇住房制度改革加快住房建设的通知》文件精神，建设部在 1999 年 4 月出台了《城镇廉租住房管理办法》（建设部令第 70 号），该文件明确规定："城镇廉租住房是指政府和单位在住房领域实施社会保障职能，向具有城镇常住居民户口的最低收入家庭提供的、租金相对低廉的普通住房。"廉租住房的房源筹集、租金标准、保障对象、配租管理等，由市、县人民政府根据当地情况制定具体政策。

2001 年 10 月，《杭州市人民政府办公厅转发杭州市住房制度改革领导小组关于杭州市市区廉租住房管理试行办法的通知》（杭政办发〔2001〕219 号）发布，该文件明确规定："廉租住房是指政府在住房领域为实施社会保障职能，对符合市区

---

① 彭森主编，中国经济体制改革年鉴 2000—2001，中国财政经济出版社，2001 年 12 月，第 346–347 页。

城镇居民职工最低生活保障标准且住房困难的家庭，提供租金补助或以低廉租金配租的普通住房。"

根据这个文件，我们可以知道杭州市区申请廉租住房的条件有三个：

第一，家庭成员具有本市市区城镇常住居民户口且实际居住，并至少有一人取得本市市区城镇常住居民户口3年以上（含）；

第二，家庭人均住房使用面积在6平方米及以下（含私房和承租公房）；

第三，已领取由市总工会（市"送温暖工程"基金会）统一印制并审核发放的杭州市职工家庭特困证或已领取由市各级民政部门审核发放的杭州市最低生活保障社会救济金领取证的特困家庭。

可见，廉租住房是政府为经济和住房双重困难的家庭提供的、纯粹的社会保障性住房。

廉租住房的租金标准由政府按照维修费和管理费两项因素计算确定。市场租金标准和廉租住房租金标准，由当时的市房产管理局、市住房制度改革领导小组办公室、市物价局会同有关部门定期核定公布。

廉租住房的配租方式有两种：一是租金补贴配租，补贴标准等于市场租金标准与廉租住房租金标准的差额；二是实物配租，以廉租住房租金标准向申请家庭出租一处符合廉租住房租金标准的普通住房。

当时，杭州廉租住房的配租标准为人均住房使用面积8平方米，租金补贴配租的标准为人均20元/（米$^2$·月），实物配租的租金征收标准为0.6元/（米$^2$·月）。

在起步阶段，由于准入门槛控制严格，廉租住房的配租规模很小。根据杭州市房产管理局的统计，截至2003年3月底，市区共进行了5次配租，共配租符合条件的廉租户117户，其中实物配租26户，租金补贴配租91户。[1]

随后，杭州市逐步加大了廉租住房保障工作力度。2008年1月10日，杭州市召开了住房保障工作会议。此次会议的一大亮点是特邀了20户低收入住房困难家庭的代表参加，并由蔡奇市长向他们送交廉租住房的钥匙。会上还宣布，2007年底申请到廉租住房的1211户困难家庭，春节前就可以搬进新居了。

随着居民收入和居住水平的提高，杭州不断扩大廉租住房保障范围，逐步将家庭人均月收入低于低保标准1.2倍以下家庭纳入廉租住房保障范围，后来又将范围逐步扩大到家庭人均月收入低于低保标准1.4倍、1.7倍、2倍、2.5倍的家庭。廉

---

[1] 杭州市房产管理局，完善住房供应体系 推进住房社会保障：杭州市区经济适用住房、廉租住房政策简介，浙江房地产，2003年第4期，第12-14页。

租住房的人均住房使用面积标准，也从最初的 8 平方米，逐步扩大到 15 平方米。

据统计，从 2001 年到 2018 年，杭州市区已累计新增廉租住房保障家庭 1.26 万余户，基本实现了对政策范围内的保障对象"应保尽保"。

## 8.4 中低收入家庭，经济适用住房供应

1991 年 6 月，《国务院关于继续积极稳妥地进行城镇住房制度改革的通知》提出，"大力发展经济实用的商品住房，优先解决无房户和住房困难户的住房问题"。

1994 年 7 月，《国务院关于深化城镇住房制度改革的决定》提出实施国家安居工程，我国由此开始了以安居工程为主要形式的经济适用住房的建设。

1994 年 12 月，由建设部、国务院住房制度改革领导小组、财政部联合发布的《城镇经济适用住房建设管理办法》（建房〔1994〕761 号）提出："经济适用住房是以中低收入家庭住房困难户为供应对象，并按国家住宅建设标准（不含别墅、高级公寓、外销住宅）建设的普通住宅。"

1995 年，杭州市政府按照国家要求，启动了安居工程，建设了最初的一批经济适用住房，这些经济适用住房分布在都市水乡、嘉绿苑、东新园、大关南和三塘小区等地方，规模在全国各城市算是比较大的。

国家规定，经济适用住房的价格按建设成本确定，包括征地拆迁费、勘察设计及前期工程费、建安费、小区内基础设施配套建设费、贷款利息、税金和一定的建设管理费。

杭州的经济适用住房，以成本为基础，加上 3% 以内的微利来定价，为每平方米 2300 ~ 2800 元。

但是，在开始阶段，老百姓对购买经济适用住房并不积极。房子不好卖，建设单位甚至天天到农贸市场去推广。

不好卖的原因，主要是住房商品化的观念还没有建立起来，经济条件好的家庭，许多人还在等待单位分房子。

同时，与同样地段的商品房相比，经济适用住房的价格也就便宜 10% 左右，性价比方面的优势并不突出。

例如，嘉绿苑当时的价格为每平方米 2800 元，西边远一点的桂花城，也是差不多的价格。有个老杭州，当年买了嘉绿苑，后来一直在问自己，为什么没有去买桂花城。因为到了 2020 年，再看看二手房价格，嘉绿苑不到 6 万元每平方米，桂花城约 7.5 万元每平方米，桂花城的价格高出将近 30%。

所以，杭州最初的经济适用住房建成后，还是依照原先的住户体系进行分配，单位获得指标后，购买并将它们分配给职工居住。

1998 年 7 月，《国务院关于进一步深化城镇住房制度改革加快住房建设的通知》在"停止住房实物分配"后，要"建立和完善以经济适用住房为主的住房供应体系"，以此取代国家投资建设和单位分配住房的体制。

1999 年，杭州把安居工程项目与经济适用住房项目并轨，启动的经济适用住房建设规模多达 130 万平方米，计划两年后经济适用住房上市量占到住宅供应量的一半以上。

从 2000 年开始，杭州的房地产市场日益活跃，老百姓购房积极性提高，商品房价格也显著上涨。但是，经济适用住房的价格继续按照成本核算和补贴标准控制，变化不大，性价比随之大幅提高。

例如，在 2003 年销售的新建商品住宅中，星洲花园均价为每平方米 5400 元，山水人家均价为每平方米 5800 元。但是，位置更好的嘉绿苑价格还在每平方米 3000 元以内。

根据杭州市房产管理局资料，截至 2003 年 3 月底，杭州市住房制度改革领导小组办公室已发放经济适用住房准购证 44743 户，通过 8 轮公开摇号销售，解决了 4758 户的购房需求，但尚有 40000 户左右待购。而且，准购证办理的数量仍呈上升趋势，预计总需求量将在一定时期内持续增长，供求矛盾十分突出。

2003 年 8 月，《国务院关于促进房地产市场持续健康发展的通知》（国发〔2003〕18 号）发布，要求各地要根据城镇住房制度改革进程、居民住房状况和收入水平的变化，完善住房供应政策，调整住房供应结构，逐步实现多数家庭购买或承租普通商品住房。

在这个背景下，经济适用住房的定位发生了重大调整，其保障性住房特点得到增强，销售对象大幅压减，从原来面向多数家庭，变为面向中低收入住房困难家庭。

2004 年 5 月，建设部、国家发展和改革委员会、国土资源部、中国人民银行四部委出台了《经济适用住房管理办法》（建住房〔2004〕77 号），规定"经济适用住房，是指政府提供政策优惠，限定建设标准、供应对象和销售价格，具有保障性质的政策性商品住房"。

2004 年 9 月 1 日，《杭州市人民政府关于贯彻国家四部委〈经济适用住房管理办法〉的实施意见》（杭政〔2004〕9 号）出台，明确"购买经济适用住房实行申请、审批和公示制度"。

在准入标准方面，取消原来按不同职务、职称，确定申请人准入标准的规定。申请人须有杭州户籍，家庭人均收入低于市区人均可支配收入，无房或现住房建筑面积低于人均12平方米和建筑面积小于48平方米。

按照新的申请资格标准，许多原来计划购买经济适用住房的家庭，就没有资格了，这引来了很大的意见。特别是不再进行住房实物分配后，住房补贴没有到位，失去购买经济适用住房资格的人，上访比较多，甚至到政府门前请愿。

因此，2004年前，杭州的经济适用住房供应仍然延续了政府住房分配的许多特点。2004年9月之后，经济适用住房逐渐强化了住房保障功能，不再以职称、等级为享受标准，更多地从收入和现有住房面积考虑，准入门槛大幅提高，建筑面积明显缩小。[1]

尽管提高了准入门槛，但由于和商品房差价越来越大，经济适用住房一直供不应求，长期采取个人申请、资格审查、排队等待、公开摇号选房、最终确定购买者这样一个流程。

为了用好有限的房源，将其给到真正有住房困难的家庭，防止各种寻租行为，申请的准入条件越来越细，审核和管理难度越来越大，各方面对经济适用住房的质疑和负面评价也随之增加了。

比如说，家庭收入审查，就很难准确。过去计划经济时期，工资收入还比较准确，让单位开证明就可以。随着市场经济发展，收入已经多元化了，有些人甚至没有正式工资收入，但家庭经济并不困难，可能出现"开着宝马车买经济适用住房"的情况。

经过几年的理论研究和实践探索，2007年8月7日《国务院关于解决城市低收入家庭住房困难的若干意见》（国发〔2007〕24号）出台，要求扩大廉租住房保障制度范围，实行货币补贴和实物配租等方式相结合，主要通过发放租赁补贴，增强低收入家庭在市场上承租住房的能力。经济适用住房的保障对象也从"中低收入人群"，收缩到"城市低收入住房困难家庭"，套型建筑面积控制在60平方米左右。

然而，廉租住房和经济适用住房重点向低收入家庭倾斜后，随即又出现了所谓"夹心层"问题，就是买不起商品房，又不是住房保障对象的人越来越多。因此，2009年全国人大审议政府工作报告的过程中，做了一处较明显修改，即将"努力实

---

[1] 张帆，杭州市经济适用房供给体系及其运作绩效评价研究，浙江工业大学硕士学位论文，2008年11月。

现居者有其屋的目标"改为"努力实现住有所居的目标",提出大力发展公共租赁住房,由国家提供政策支持,限定建设标准和租金水平,面向符合规定条件的城镇中等偏下收入住房困难家庭、新进就业无房职工和在城镇稳定就业的外来务工人员出租。

此后,在大力发展公共租赁住房的背景下,杭州的经济适用住房建设规模逐步缩减。2013年开工面积为30万平方米,2014年是20万平方米,2015年为10万平方米。

从2014年开始,房地产市场进入调整和低迷时期,商品房库存逐步积累,房地产调控政策逐步转向,并启动了"去库存"攻坚战。

2016年2月,《杭州市人民政府办公厅关于进一步促进房地产市场健康稳定发展的通知》(杭政办函〔2016〕27号)发布。作为"去库存"的重要手段,文件宣布"市本级全面实施公租房货币补贴制度,暂停新选址建设经济适用住房、公共租赁房,暂停经济适用住房保障申请受理"。

2018年4月12日,随着位于三墩西的经济适用住房项目德萃公寓完成交付,最后一批647户家庭拿到新房钥匙,杭州经济适用住房退出了历史舞台。

章晖认为,《国务院关于进一步深化城镇住房制度改革加快住房建设的通知》所设计的、以经济适用住房为主的住房供应体系,体现的是以政府主导住宅投资、建设、交换和消费等经济循环体系为基础的基本思路。

后来,随着城市化快速发展、加入WTO和社会主义市场经济体制的确立,房地产市场日益繁荣,政府主导的经济适用住房供应体系自然就失去了存在的基础,城市政府发展经济适用住房的难度越来越大。

在住房制度实际转轨的过程中,当时的城市家庭享受房改政策的情况差异很大,大概分为四种类型:第一类,有房改房,也拿到了住房货币补贴;第二类,没有房改房,但是拿到了住房货币补贴;第三类,有房改房,但是没有拿到住房货币补贴;第四类,没有房改房,也没有拿到住房货币补贴。

前面两种类型,基本上都是行政、事业单位的职工,而后面两种类型基本上都是企业职工。出现差异的基本原因,是各个单位落实住房政策的经济能力和经济机制存在很大差异,并且具体情况很快发生了翻天覆地的变化。

参与我国住房制度改革方案研究和制订的包宗华先生认为,《国务院关于进一步深化城镇住房制度改革加快住房建设的通知》包含了两个重要的但存在矛盾的目标:一是推进住房商品化,大力发展房地产市场;二是推行现代住房制度,建立住房分类供应制度，形成以经济适用住房为主体、满足大多数中低收入家庭住房需要的供应体系。

但是，从2003年开始，住房商品化和市场化占了主导地位，带动了国民经济高速增长。同时，经济适用住房在住房供应体系中的比重不断下降，也带来了许多难以克服的不利后果。[1]

尽管存在各种不尽如人意的问题，但1998年停止住房实物分配，无疑是中国改革开放历史上最重要的改革政策之一。住房制度改革是构建社会主义市场经济体制的重要环节，随之而来的商品房市场繁荣，推动了城市化进程，加快了城市建设步伐，改善了居住水平和人居环境。

---

[1] 包宗华，中国房改35年回眸，中国房地产（综合版），2015年10期，第22-37页。

第三篇
杭州现象影响全国

在 21 世纪初期,浙江省,尤其是杭州市房地产市场供需两旺、量增价升、欣欣向荣、全国领先,引发广泛关注,被称为房地产的"浙江现象"和"杭州现象"。

"经营城市"理念被广泛讨论和传播,土地储备制度在全国推广和应用。

房地产金融风险如何?房地产业对城市化和社会经济发展的作用怎么样?地位如何?

就城市化与房地产如何良性互动,杭州的实践探索给出了自己的答案。

## 9  惹眼的杭州现象

21 世纪初，房地产市场的杭州现象，曾经引发了一场惊动中央的争议和讨论。

在世纪之交的一段时间，浙江尤其是杭州房地产市场购销两旺，人气很足，持续快速发展，这被业内人士和新闻媒体称为"浙江现象"[①] 和"杭州现象"[②]。

百度一下房地产的"浙江现象"和"杭州现象"，发现有 10 万余篇相关资料，媒体报道分析不计其数。按照当时的认识：有的认为市场过热，存在泡沫化风险；有的认为繁荣发展，符合市场经济规律。

20 年以后，回望这段历史，结合后来全国房地产市场发展的实际情况，发现这些现象，正是世纪之交浙江人从浙江实际出发，"干在实处，走在前列"的生动体现。

### 9.1  土地拍卖地价高

从 1999 年起，杭州市政府率先实行严格的土地招标拍卖制度，禁止一切协议出让行为。并且规定，对于历史上遗留下来的未签合同的协议转让项目，也要重新评估，补足地价，堵住土地收益流失的漏洞。

新增加出让的经营性建设用地，全部由土地储备中心统一收购，进行拆迁整理和基础设施配套建设后，再对熟地进行公开招投标或挂牌拍卖。

然而，在房地产企业众多、开发投资大幅增加的背景下，经营性用地"一个龙头放水"和"招拍挂"（招标、拍卖、挂牌）公开出让，凸显了土地市场供不应求的问题，土地成交价格大幅上涨。

---

① 沈键芬 等，房地产市场的"浙江现象"，浙江经济，2001 年第 4 期，第 28-29 页。
② 李国文，浅析房地产市场的"杭州现象"，中国房地产，2001 年第 3 期，第 16-17 页。

1999 年 10 月 18 日，杭州吴山地区四宜路地块拍卖 29655 平方米的国有土地使用权，中大房产以总价 3.116 亿元拍得，折算每亩地价约 700 万元，每平方米楼面价为 10515 元，引起媒体轰动和业内热议，四宜路地块由此被称为杭州的"天价地块"。

当时刚刚上任中大房产董事长的陈继达回忆说，这个地块，是杭州第一次采用公开招标方式出让土地，采取"当场揭标、当场开标、当场评标、当场中标"的招标方式，每亩出让底价是 500 万元。

中大房产资金实力比较强，当时很想扩大房地产业务，就下决心拿地。陈继达亲自来到土地招标现场，按照每亩 701 万元报价，一举拿到了土地。

陈继达说，这是杭州房地产市场"面粉价格"超过"面包价格"的第一个楼盘。当时，项目周边的柳浪阁项目，新房价格只有每平方米 6500 元左右。按照这个价格测算，项目可能会面临比较大的亏损压力。

2000 年 10 月 20 日，中国杭州西湖博览会在中断 71 年后再揭帷幕，杭州这个城市再次被置于全球媒体的聚光灯下。

同日，作为西湖博览会项目，首届人居展在浙江世贸中心开幕，省委常委、市委书记王国平宣布展览会开幕，建设部、浙江省、杭州市各级领导参加。历时 4 天的首届人居展，参观人数超过 14 万人，成交商品房 1900 余套，金额超过 10 亿元。

联合国人居署的安娜女士也到场参观，"住在杭州"品牌得到广泛传播。

2000 年 11 月 8 日，借着西湖博览会和人居展的东风，杭州市在浙江世贸中心举行公开拍卖会，出让两块土地，现场有 500 多人参加，拍卖师是号称全国第一拍卖师的陈少湘。

这次拍卖的一号标的物是下城区的东河地块，拍卖底价为 8000 万元。结果，广宇以总价 1.9 亿元拿下。二号标的物是丽水路附近的 20 号地块，属于城北传统工业区改造的浙麻地块，共 136.8 亩，出让底价 1.6 亿元。不到 1 分钟时间，该地块就被名城房产以 3.02 亿元抢到手中。

两块土地的溢价率分别达到 1.4 倍和 0.89 倍，土地拍卖如此火爆，远远超出了人们的预期，其高价位被媒体形容为"宇宙价"。

东河地块的楼面价达到 5229 元每平方米，创造了西湖周边以外区域住宅楼面价最高纪录。当时，东河一带最高的商品住宅价格，每平方米也就 6000 元左右。对于拍卖结果，很多开发商连连摇头，认为拿地公司已经"疯狂"，这两个项目肯定要亏损。

哪里知道，更疯狂的还在后面。

2001年6月初，北京大地科技实业总公司这个陌生的名称，出现在杭州土地市场，标书出价比第二标高出1.8亿元，以5.1亿元总价取得凤起路都锦生地块开发权。该地块一共28亩土地，折算下来每亩1800多万元，创造了当时杭州商业用地楼面价9228元/米$^2$的"神话"。

比起参与土地竞争的十几家杭州本土开发企业，这家公司的出价简直难以想象。浙江阳光房地产投资顾问有限公司总经理余先锋分析说，2001年的时候，望湖宾馆旁边的楼盘西湖铭楼正在销售，与都锦生地块仅一街之隔，它靠西湖更近，销售价格才6000～7000元/米$^2$。

出价高就能拿地。高价拿下都锦生地块，给杭州土地市场带来深刻影响，出现了跨行业、跨地区参与竞争的新现象，更重要的是冲击了杭州房地产企业原有的拿地观念和思维模式。

当然，后来这块土地在8年时间里4次易手，地块上的锦绣天地商务中心项目并不成功，后来开发商甚至走到了破产拍卖的地步。其中的原因很复杂，主要是商业项目业态规划和运营模式不成熟，走马灯一样频繁更换的主要股东也使得经营管理缺乏长期性，难以为继。

## 9.2　供需两旺市场热

改革开放过程中，浙江市场经济在全国率先活跃发展，老百姓收入水平快速提高，老百姓逐步愿意，也有能力在改善住房方面增加开支，增强了自身的商品房购买力。随着杭州城市建设和旧城改造成效显现，"住在杭州"品牌得到广泛认可，房地产市场日益活跃。[①]

在21世纪初，杭州的商品房供给主要局限在市区，开发建设规模有限。但杭州的房地产需求，则不仅来自杭州，而且来自全省。

从1996年开始，金都房产在蒋村商住区连续开发了金都花园、金都新城和新金都城市花园，成为当时杭州民营开发商的重要代表。

在自有资金十分有限的情况下，快速销售和回笼资金是开发商的生命线。1997年5月，为了加快销售，浙江金昌房地产开发有限公司总经理吴忠泉找到做广告业务的刘更，请他做金都花园的营销和广告策划。

---

① 　朱云夫，方兴未艾的产业：杭城房地产业发展回顾，杭州日报，1999年12月31日。

他们分析发现，浙江温州等地生意人多，这些人在杭州购房意向明确，态度积极。他们就带着楼书和广告，去温州调研和推销，果然取得了喜人的效果。从此，两个人成为长期业务合作伙伴。

在 1990 年代后期，公房出售比例快速提高，老百姓的住房财产权利意识增强。特别是停止住房实物分配后，政策鼓励个人出售已购公房，支持购买商品房，大大加快了商品住宅市场的发展。

从 1998 年到 2001 年，在杭州的商品住宅销售中，个人购房比例从 60.4% 上升到 94.5%，"住房找市场"已经成为老百姓的基本观念。

2002 年 5 月 17 日至 5 月 20 日，在浙江省第九届房博会期间，4 天时间就销售商品房 2240 套。现房卖光了，期房也卖光了。经济适用住房申请排队，还要电脑摇号。二手房市场也十分火爆。

面对火热的市场，有人乐观，有人存疑，《城市开发》记者就此进行了深入调查和分析，发现从不同的角度分析会有不同的认知，但老百姓十分积极的购房行为，是基本的推动力量。[1]

在商品房市场繁荣发展背景下，高价拿地的开发企业也如鱼得水，并没有发生人们担心的亏损风险。

陈继达回忆说，中大房产拿到四宜路地块后，开发经营压力巨大。这个地块位于吴山脚下，西湖旁边，历史文化内涵深厚。刚开工，就在该项目土地上发现南宋杨皇后宅遗址——这被列为 2001 年度全国十大考古发现之一，项目实际开发用地又因此减少了 5 亩。

中大房产按照顶级住宅对其进行定位，聘请了国际顶尖规划设计团队担任咨询顾问，园林设计体现江南园林特点，外墙装饰全部采用花岗岩石材。多层（五层）公寓配备的电梯、空调设备和所有门窗均采用来自德国、日本的国际顶级品牌。同时，项目建设了两层地下车库，真正实现人车分流，地面又依地块高低自然落差设置"龙"形循环水系。以上种种使该项目在数十年后仍然毫不落伍，处处显现出经典作品的光芒。

项目案名，当时也经过反复斟酌。西湖周边有过著名的"湖上四庄"，即刘庄、郭庄、汪庄和蒋庄，它们原本都是尊贵非凡的私家花园。考虑该项目处于被称为杭州城隍山的吴山脚下，中大房产就顺势称之为"中大吴庄"，该名称既真实反映项

---

[1] 城市开发记者，浙江房地产市场透视，城市开发，2002 年第 9 期，第 47—50 页。

目位置，又可以充分兼顾地脉文脉的延续。

2000年中大吴庄首次亮相销售，以每平方米2500美元的均价，成为杭州市的极品住宅，创下了4天展示预订金额高达1亿元的纪录。交付以后，中大吴庄一直都是杭州二手房市场豪宅标杆。在2009年时，公寓成交价在6万～7万元/米²，排屋成交价在8万～10万元/米²，中大吴庄占据了当时杭州市场上二手房价格的制高点。

广宇在2000年西湖博览会期间拿到的东河地块上开发了河滨公寓，项目定位高端市场，住宅设计以大户型为主。广宇通过仔细分析项目的地点、地形和地势，尽可能更多更好地进行商业部分的规划和设计。最终，住宅部分8000元/米²的均价得到市场的接受，项目整体也实现了盈利。

名城房产在浙麻地块上精心打造了城北标杆性高品质住宅小区名城左岸花园。当年，"人生是河，幸福是岸"的广告词，随着6000辆出租车，在杭州大街小巷到处流传，让左岸花园销售火爆。

整体来看，在房改政策鼓励和强大需求推动下，杭州房地产市场供需两旺，在许多方面的确走在全国前列。

根据2000年、2005年和2010年这3个年份的房地产统计数据，比较杭州、上海、深圳3个城市可以看出，在这10年中，杭州房地产投资、商品房销售面积和销售均价的增幅，比上海和深圳还要高（见表9.1）。

表9.1 21世纪前10年杭州、上海、深圳房地产发展指标比较

| 城市 | 指标 | 2000年 | 2005年 | 2010年 | 2010年/2000年 |
|------|------|--------|--------|--------|---------------|
| 杭州市 | 房地产投资额 | 102亿元 | 411亿元 | 956亿元 | 9.37 |
| | 商品房销售面积 | 318万平方米 | 704万平方米 | 988万平方米 | 3.11 |
| | 商品房销售均价 | 2940元/米² | 5619元/米² | 14132元/米² | 4.81 |
| 上海市 | 房地产投资额 | 566亿元 | 1247亿元 | 1981亿元 | 3.50 |
| | 商品房销售面积 | 1558万平方米 | 3159万平方米 | 2061万平方米 | 1.32 |
| | 商品房销售均价 | 3565元/米² | 6842元/米² | 14464元/米² | 4.06 |
| 深圳市 | 房地产投资额 | 261亿元 | 424亿元 | 458亿元 | 1.75 |
| | 商品房销售面积 | 611万平方米 | 993万平方米 | 466万平方米 | 0.76 |
| | 商品房销售均价 | 5718元/米² | 7582元/米² | 20850元/米² | 3.65 |

资料来源：根据国家统计局网站和各城市统计年鉴整理。

其实，杭州现象也好，浙江现象也罢，都是当时浙江市场经济快速发展的一个侧面而已。我们可以认为，房地产市场繁荣，正是浙江经济市场化改革和发展的重要成果和表现形式。

## 9.3 泡沫风险起争论

从 2000 年开始，因为房地产市场持续活跃，地价和房价显著上涨，房地产的杭州现象、浙江现象被广泛传播，也引发了许多关于是否存在房地产泡沫风险的争论和担心。

从省级层面统计数据来看，2000—2010 年浙江省商品房价格涨幅达到全国平均涨幅的两倍，这在长三角地区是最高的（见表 9.2）。

表 9.2　21 世纪前 10 年全国和长三角地区商品房价格及其变化

（单位：元 / 米²）

| 地区 | 2000 年 | 2010 年 | 2010 年 / 2010 年 |
|---|---|---|---|
| 全国 | 2112 | 5032 | 2.38 |
| 上海 | 3565 | 14464 | 4.06 |
| 浙江 | 1947 | 9258 | 4.76 |
| 江苏 | 1643 | 5841 | 3.56 |
| 安徽 | 1173 | 4205 | 3.58 |

资料来源：根据国家统计局网站和各省市统计年鉴整理。

就杭州市区范围的统计数据来看，商品房销售规模和销售均价持续大幅上涨（见表 9.3）。

2000 年与 1990 年相比，销售均价提高了 3.76 倍。因市区范围大幅变化，销售面积和金额不能直接比较。

2010 年与 2000 年相比，在统计范围相同的基础上，销售均价提高了 3.24 倍，销售面积增加了 2.92 倍，销售金额增加了 15.63 倍。

表 9.3　1990—2010 年杭州市区商品房销售情况

| 年份 | 商品房销售金额 / 亿元 | 商品房销售面积 / 万平方米 | 商品房销售均价 / （元·米⁻²） |
|---|---|---|---|
| 1990 年 | 1.39 | 17.42 | 798 |
| 1995 年 | 18.34 | 76.59 | 2395 |
| 2000 年 | 73.49 | 193.65 | 3795 |

| 年份 | 商品房销售金额 / 亿元 | 商品房销售面积 / 万平方米 | 商品房销售均价 / ( 元·米 $^{-2}$ ) |
|---|---|---|---|
| 2005 年 | 345.29 | 558.26 | 6185 |
| 2010 年 | 1222.02 | 758.93 | 16102 |

资料来源：根据杭州市相关年份统计年鉴数据整理。市区统计范围随行政区划调整而变化。

浙江是否存在房地产泡沫问题，杭州会不会出现房地产泡沫破灭风险，一时间专家学者众说纷纭，中央多个部委密集来到杭州，调研房地产市场。

2002 年上半年，国家统计局城市社会经济调查总队到浙江开展专题调研，就房地产市场是否过热，房地产市场经济是否出现了泡沫成分，导致现状的主要成因是什么等问题，进行系统调查和全面评估，得出的结论是：浙江省房地产市场具有典型性，房地产市场升温过快，存在市场炒作问题，存在一些泡沫成分，但并不可怕，且符合市场经济规律。

针对浙江现象带来的一些风险隐患，调查总队认为各级政府和主管部门应予以足够的重视，并提出了完善土地一级市场调控、加强商品房开发和销售管理、整顿市场秩序、合理化媒体宣传和引导购房行为等对策建议。[1]

如何看待和解读房地产业的杭州现象、浙江现象，浙江也必须做出自己的回答。

2002 年，浙江省房地产业协会组织浙江大学房地产研究中心，开展了"浙江房地产业成长模式与演进趋势研究"。课题从经济发展和消费需求、城市化推进、房地产体制改革和政策体系、浙江民营企业活跃等方面，分析了浙江房地产市场供需两旺的原因。

在多种因素中，最重要的一个，就是浙江经济水平的快速提高。全省生产总值在 1978 年只有 124 亿元，2001 年达到 6700 亿元，23 年里年均增长 18.9%。2001年浙江省城镇人均可支配收入 10465 元，在全国仅次于上海和北京，排在第三位。农民人均纯收入 4582 元，比全国平均水平高出 2216 元。

根据经济发展和住房市场需求预测，课题组认为，未来三五年浙江房地产将继续保持快速发展态势，并提出了规范发展和防范风险的对策建议。[2]

2001—2003 年，浙江省城市社会经济调查队的沈建芬根据统计调查资料，发表了多篇文章，分析了浙江房地产市场活跃繁荣的原因，认为房地产与区域经济发展情况是匹配的。她认为，浙江商品房市场需求仍将继续增长，而商品房供给约束

① 刘建伟等，透析房地产市场"浙江现象"，中国经济信息，2002 年第 20 期，第 34–35 页。
② 唐世定，浙江房地产业成长模式和发展趋势，浙江经济，2003 年第 8 期，第 6–9 页。

客观存在，房价还会维持上涨态势，品牌和品质住宅将越来越受欢迎。①

因为住房建设长期滞后，2000 年杭州城镇人均居住面积只有 10.6 平方米，住房成套率不高，物业管理几乎没有，居住环境和公共服务配套水平也较差，许多家庭存在现实的住房消费需求。

同时，房价不断上涨，已经买房的人获利颇丰，也产生了示范效应。但是，主观上投资和炒房的毕竟是少数。多数老百姓购房热情高涨，主要还是担心房价继续上涨，以后更加买不起房子了。

关于泡沫经济，尽管人们有不同的分析角度和认识方法，但其最基本的特征，是价格脱离使用功能和价值，在不断上涨过程中形成"自我强化机制"，吸引投资者源源不断投入资金，推动价格继续上涨。

一旦没有资金继续进入，价格停止上涨，就会出现泡沫破灭，价格持续大幅下跌，形成巨大投资损失。严重的大范围泡沫破灭，可以造成金融风险。

在 2000 年前后的一段时间，杭州的地价和房价的确持续大幅上涨，但其主要推动力量，是经济快速发展和城市化水平提升带来的住房需求大规模释放，具有坚实的基本面支撑，还构不成房地产泡沫问题和金融风险。

站在 20 年后的今天，你会发现，从那时以来，有关房地产价格和泡沫问题的争论一直都没有停歇，抑制房价过快上涨一直是房地产调控政策的优先目标，但问题并没有得到解决。

在房地产市场繁荣的过程中，房地产对城市发展的贡献，对千千万万家庭的美好生活和财富积累，也发挥了无可替代的作用。

不妨看看 3 个数据的变化。从 2000 年到 2020 年，杭州市区人口从 179 万人增加到 1071 万人，增加了 4.98 倍；杭州市生产总值从 1383 亿元增加到 16106 亿元，增加了 10.65 倍；桂花城的房价每平方米从 3580 元增加到 60000 元，增加了 15.76 倍。

感慨之余，在 20 年前，如果人们没有拘泥于短期和局部的观点分析问题和做出决策，如果能够从城市化发展和城市格局变化角度长期思考，考虑 10 年后的杭州是什么样子，预见 20 年后的杭州会如何，肯定会坚定买房信心，搭上城市快速发展、居住水平提高和房地产财富积累的顺风车。

---

① 沈建芬，房地产市场"浙江现象"解析，中国房地信息，2003 年第 4 期，第 22—23 页。

## 9.4　城市发展是关键

房地产的杭州现象，不过是世纪之交中国房地产市场发展状态和认知水平的一个缩影。

整体来看，1980年代是城镇住房制度改革的探索期，1990年代是城镇住房制度改革的推进期。以1998年停止住房实物分配为标志，商品房市场进入快速发育阶段。

到了2003年上半年，全国的舆论和政策层面，对于房地产信贷风险的关注度不断提升。2003年6月，《中国人民银行关于进一步加强房地产信贷业务管理的通知》（银发〔2003〕121号）发布，从各个方面规范和收紧房地产信贷政策，防范金融风险。

当然，好不容易培育起来新的经济增长点和消费热点，也不能随便放弃和损害。房地产在促进经济增长、推动城市化进程、改善城市功能、满足老百姓居住需要等方面的积极贡献，还是得到了广泛认可。

2003年8月12日，《国务院关于促进房地产市场持续健康发展的通知》出台，明确房地产是国民经济的支柱产业，要求坚持住房市场化的基本方向，促进房地产市场持续健康发展。

从此，尽管经过好几个政策周期的起伏变化，但"持续健康发展"，成为中央房地产政策的基本原则和根本目标，一直延续至今。

当时，担任浙江省房地产业协会会长的唐世定先生，在为《浙江大学房地产研究中心学术文库（第二集）》作序时，用"房地产'浙江现象'的内在动因"为题，再论浙江现象，做出了"改革推动，需求拉动，政府带动，企业主动，行业助动"的系统性解释，算是一个阶段性的总结。

客观来看，房地产市场的繁荣发展，与我国城市化发展密切相关，二者相互促进，相得益彰。

改革开放初期，中国的基本任务是解决温饱问题，经济体制改革的重心在农村。农村土地制度改革在全国展开，家庭联产承包责任制不负众望，充分调动了农民的生产积极性，农产品连年丰收。

到了1990年代初，在解决吃饭穿衣问题后，中国向何处去，曾经一度成为新的问题。多亏改革开放的总设计师邓小平，他在1992年的南方谈话中，讲了一个"春天的故事"。

现在看来，南方谈话的历史贡献，就是重新校准了中国这艘大船的航向，明确了国家的新发展阶段和主要任务，这就是改革开放，加快了国家的工业化和城市化进程。

为了加快工业化，国家鼓励引进境外资本，沿海地区大力发展"三来一补"。在 2001 年加入 WTO 后，中国制造业势不可挡，逐步成为全球制造业基地，成为经济全球化的重要推动力量。

为了加快城市化，国家启动了城市土地制度改革，探索发展土地市场和房地产市场。一方面通过凸显国有土地资源价值，快速筹集城市建设资金；另一方面引导资金、产业和人口向城市流动，形成集聚效应，全面提升城市功能。

这就是中国特色城市化模式的基本特点。实践证明，这种政府主导的城市化模式，威力巨大。根据历年人口普查数据，中国的城镇人口比例，1990 年只有26.44%，2000 年为 36.22%，2010 年为 49.68%，2020 年达到 63.89%。城镇人口规模，1990 年接近 3 亿人，2000 年是 4.58 亿人，2010 年是 6.66 亿人，2020 年超过 9 亿人。

城市化的这个速度、这个规模，的确是人类历史的奇迹。海外的专家学者也难以相信，依据已有的理论、模型和方法，根本无法解释中国城市化的实践。

浙江现象、杭州现象，正是中国城市化进程中，房地产与城市互动发展的一个典型案例。

2020 年 12 月 9 日上午，浙江大学房地产研究中心课题组专程去杭州天元大厦杭州棋院，拜访了中共浙江省委原常委、杭州市委原书记、杭州城市学研究理事会理事长王国平先生，请他谈谈对当年房地产杭州现象的看法。

王国平认为，房地产业在中国城市化过程中是重要的支柱产业。中国城市化发展带来的需求量巨大，房地产业为城市化发展提供了半数以上的资金，还带动了几十个行业取得巨大发展。

不要把房地产简单等同于个别的房地产企业、房地产项目、房地产楼盘、房地产价格，进行简单化分析和妖魔化否定。对于出现的问题要深入研究，寻找系统性完善方案。

例如，"土地财政"这个词现在很流行，许多人把地价、房价上涨简单归罪于城市政府"招拍挂"出让土地，获取土地收益。

其实，经营城市是政府的重要职责。土地出让金的本质是级差地租。在社会主义制度下，发展市场经济也存在地租和级差地租，这是亟待研究的重大理论和现实问题。

在国有土地上，城市政府要进行大规模基础设施投资建设，涉及交通、排水、电力、电信、医院、学校、防灾救灾、风景园林、历史文化等，完成"七通一平"以后，将生地变为熟地，再将熟地出让给开发商建设商品房。

大规模投资下去，就形成了级差地租，提升了土地价值。政府出让土地收回资金，既是国有土地使用权的经济实现，又不会出现政府过度负债的情况，能够实现城市发展与房地产业良性互动。

王国平举例说，钱江新城开发和运河综合保护工程，是21世纪初期杭州城市建设的战略任务，实践中都是依靠土地级差地租收益，实现投入产出平衡，这成为一种多赢的发展模式。

看来，世纪之交的杭州现象背后，是一种符合发展阶段需要的创新模式，政府做地、企业建房、百姓买房、金融支持、城市发展，相得益彰。

## 10 神奇的"天堂对话"

老百姓贷款买房，是如何被中国老太太与美国老太太的"天堂对话"激发起来的？

在我国城镇住房制度改革过程中，个人购房贷款从无到有，迅猛发展，为商品房市场注入源头活水，对家庭购房发挥了巨大支撑作用，并成为政府调控房地产市场的重要工具。

然而，在 1990 年代启动商品房市场的过程中，个人住房贷款在很长时间内都举步维艰，发展缓慢。

除了银行的住房信贷政策存在供给制约，老百姓不愿意"借钱买房"的传统观念十分普遍，需求不强烈，需求没激活，是很重要的原因。

到了 1998 年，一个中国老太太与美国老太太的"天堂对话"的故事突然流传开来，对改变中国老百姓的购房观念和行为，产生了广泛和深刻的影响，逐步激活了个人住房按揭贷款市场，成为 21 世纪中国城镇住房市场发展的重要推动力量。

### 10.1 建设银行探新路

我国的个人住房贷款业务，作为城镇住房制度改革的一个重要内容，是在实践探索过程中逐步建立起来的。

在历史上，中国建设银行长期承担国家基本建设预算执行和资金管理的职能，对投资项目和工程建设业务比较熟悉。因此，在 1990 年代初，建设银行率先开始探索房地产信贷业务。

据了解，建设银行杭州市中山支行是杭州最早开展个人住房贷款业务的单位。曾经长期在建设银行工作的浙江大学房地产研究中心高级研究员陈飞跃带着几位研究生开展走访，中山支行当年参加过该项业务的人员讲述了当时的情况。

根据他们的回忆，大约在1993年，建设银行杭州市中山支行在原有存单贷款业务的基础上，采用了一种变通的方法，就是通过存单加杠杆的"存一贷二"模式，发放个人住房贷款。

不过，当时银行还不是直接与购房者建立联系，而是面向开发企业开展业务。第一个贷款的企业是海南崇达公司，贷款小区是位于古墩路的紫金小区，贷款期限为3～5年。这可能是杭州个人住房贷款业务的雏形和最早尝试。

现在看看当时真的"非常难做"。首先是政策依据不足，没有现成的制度和操作管理办法。对一向制度严明、流程规范的国有银行来说，在没有上级的操作规程指引的情况下，如果不是当时改革开放的整体环境十分宽松，鼓励各种改革试点，中山支行要开展这项业务是难以想象的。

一切都是新的，完全依靠"摸着石头过河"。在最初接触这个业务时，中山支行没有人知道"按揭"这个词的含义。于是，中山支行马上请人讲课学习，员工通过参加培训才建立了基本概念。

业务的性质、业务的描述、办理的流程、合同条款等资料，都是中山支行自己起草的。

后来，中国人民银行在1995年7月颁布了《商业银行自营住房贷款管理暂行规定》，即银发〔1995〕220号文件，这是我国关于银行商业性住房贷款的第一份规范文件，为商业银行开展住房开发贷款和个人住房贷款提供了基本依据。

为了控制风险，文件对发放个人住房贷款设置了三个严格条件：一是要求提供双重保证即抵押（质押）担保与保证担保；二是最高期限为10年；三是要求借款人先有存款，存款金额不少于房价款的30%，存款期限必须在半年以上。

从这几个条件里面，依稀可以看到建设银行杭州市中山支行"存一贷二"和借款人与开发商承担"双重责任"做法的影子。

在各地实践探索的基础上，中国人民银行不断修订和完善个人住房贷款的相关规则，在1997年4月颁布了《个人住房担保贷款管理试行办法》（银发〔1997〕1号）。

为鼓励个人住房贷款，试行办法在利率政策上有所优惠，按同期固定资产贷款利率减档执行。具体来说，对于期限为5年的，执行3年期固定资产贷款利率；期限为5年以上至10年的，执行5年固定资产贷款利率；期限为10年以上的，在5年期固定资产贷款利率基础上适当上浮，但上浮幅度最高不超过5%。

1998年4月，《中国人民银行关于加大住房信贷投入支持住房建设与消费的通知》（银发〔1998〕169号）出台，该通知明确提出，"为促进城镇住房制度改革，把住宅业培育为新的经济增长点，中国人民银行决定进一步加大住房信贷投入，支持住房建设和消费"。

随后，1998年5月9日，中国人民银行出台了《个人住房贷款管理办法》（银发〔1998〕190号），把个人住房贷款明确界定为一种消费贷款。

中国人民银行有关负责人以答记者问的方式，对管理办法进行了解读和说明。

与1997年4月的试行办法相比，管理办法主要有以下五个方面的变化。

第一，扩大了用贷款购买住房的范围。试行办法规定，个人住房贷款只能被用于购买用公积金建造的自用普通住房；而管理办法规定，个人住房贷款可被用于购买所有自用普通住房。

第二，扩大了贷款的实施城市范围。试行办法规定，个人住房贷款业务只在安居工程试点城市实施；而管理办法则取消了这一限制，即所有城镇均可开展个人住房贷款业务。

第三，扩大了办理个人住房贷款的金融机构范围。试行办法由于规定个人住房贷款只能被用于安居工程试点城市居民购买用公积金建造的自用普通住房，因而实际上只有工、建、农三家银行可以办理个人住房贷款业务；管理办法取消了上述限制条款后，实际上所有银行均可办理个人住房贷款业务。

第四，利率更优惠。管理办法规定商业银行自营性个人住房贷款利率按照法定贷款利率减档执行，即期限5～10年的个人住房贷款执行3～5年一般贷款利率，期限3～5年的执行1～3年一般贷款利率。

第五，加快了处理程序。由原来规定的三个月办理时间，缩短为三个星期。

显然，在实践探索和完善基础上，中国人民银行全面放开了银行的个人住房贷款业务，并采取积极鼓励和全面支持政策。

## 10.2 "天堂对话"引活水

从实践探索到完善规则，个人住房贷款的制度建设用了五年时间。

银行可以发展这项业务后，这项业务发展的规模和速度，取决于老百姓申请贷款购房的积极性。

从1998年开始，有一则中国老太太与美国老太太的"天堂对话"流传开来，启蒙和推动了中国家庭住房金融行为的发展。

故事很简单。一个中国老太太和一个美国老太太在天堂相遇，中国老太太自豪地说："我攒了 30 年的钱，晚年终于全款买房，给子女留下一套大房子。"美国老太太自豪地说："我结婚时就贷款买房了，住了一辈子大房子，晚年还清了全部贷款，房子留给子女。"

故事包含的意思很明显：中国人的消费观念十分传统，不愿意贷款买房；而美国人喜欢超前消费，贷款买房，提前享受。相比之下，贷款买房的理念更为先进，贷款买房属于现代市场经济下的房地产金融行为。

据说，这个故事是由时任建设部城镇住宅研究所所长顾云昌先生最先讲出来的。[①] 顾云昌是中国住房制度改革方面的专家，参与了 1998 年《国务院关于进一步深化城镇住房制度改革加快住房建设的通知》这份历史性文件的起草工作。

从 1980 年代初开始，顾云昌就参与研究住房制度改革问题，考察和学习了许多住房制度和住房市场的国际经验，包括美国的、德国的、新加坡的。1994 年《国务院关于深化城镇住房制度改革的决定》虽然已经出台，但住房市场发育还是遇到了许多问题和困难。

其中一个困难，就是个人住房金融发展缓慢。除了银行对房地产贷款心有余悸，老百姓对贷款买房也心存疑虑。一方面是借钱消费不符合传统习惯，另一方面是认为还本付息增加了购房总支出。

例如，最早开展个人住房贷款业务的建设银行，在 1996 年底的时候，个人住房贷款余额仅占全部贷款余额的 0.8%，占房地产贷款余额的 5% 左右。

当时的房价水平与老百姓的收入和支付能力相比，还是很高的。1996 年全国住宅平均销售价格是 1605 元 / 米$^2$，城镇居民人均实际年收入是 4844 元。按照三口之家，购买 60 平方米住宅测算，房价收入比为 6.6 倍。当年，北京住宅均价是每平方米 3870 元，上海是 2968 元，广东省是 2728 元，这些地方的房价收入比更高。[②]

1998 年为了应对亚洲金融危机，国务院逐步明确，要把住宅作为新的消费热点和新的经济增长点，并出台了相关文件，加快住房制度改革，停止住房实物分配，鼓励发展个人住房贷款业务。

顾云昌回忆说，在此背景下，为了引导和鼓励大家接受贷款买房的模式，他就在一些会议和论坛讲了这个"天堂对话"的故事，希望引导人们改变"攒钱买房"的

---

① 曹冉京，中国老太太与美国老太太买房故事"真相来了！，和讯，2019 年 9 月 23 日。https://house.hexun.com/2019-09-23/198643413.html。

② 何凌兰，个人住房贷款发展中存在的难点与对策，中国房地产金融，1999 年第 2 期，第 30-32 页。

传统观念，产生"贷款买房"需求。

顾云昌认为，从国际经验来看，住房市场的发展，一定要借助住房金融的力量，这对国家、对企业、对个人都是有好处的。

20多年来中国住房金融的发展历程表明，这个故事的确厉害，影响并改变了中国家庭长期以来注重储蓄、排斥借钱的心理特点和行为倾向。

中国人民银行统计，四大国有银行的个人住房贷款余额，在1997年底只有305亿元，1998年底为514亿元，1999年底达到1260亿元，中国住房金融形成了快速启动之势。

杭州的情况也是一样是。在1998年12月底，杭州市银行业各项房地产贷款余额为45.88亿元，比年初新增27.36亿元。其中自营性房地产开发贷款27.69亿元，比年初新增17.77亿元；自营性个人住房贷款余额7.88亿元，比年初新增6.11亿元。可见，个人住房贷款大规模发展，基本是从1998年开始的。

可以说，两个老太太的"天堂对话"，开辟了中国城镇家庭贷款买房的新思路、新理念和新风尚。

1999年，中国人民银行进一步加大个人住房贷款支持力度，先后将首付比例从30%降低到20%，将最长贷款期限从20年延长到30年，将按法定利率减档执行的个人住房贷款利率进一步下调10%。

在多重因素的共同推动下，从2000年开始，我国个人住房贷款进入了快速增长阶段。

以建设银行杭州市分行为例，个人住房贷款余额在2000年底是32.32亿元，到2010年是343.91亿元，2020年底是897.67亿元，20年来规模扩大了26.77倍，个人住房贷款业务成为该行重要的优质业务板块。

全国整体情况也是这样，随着商品房市场的快速发展和房价显著上涨，居民逐步接受了贷款买房的观念，银行也逐步认识到，个人住房贷款稳定性好，违约率低，是一种优质贷款业务。有效需求和优质供给的碰撞，催生了个人住房贷款业务的高速发展。

从表10.1中的数据资料可以看出，21世纪以来中国家庭住房贷款从无到有，规模增长惊人。2020年与2002年相比，住户存款余额增长了9.66倍，个人住房贷款余额却增长了40.49倍。看来，中国老太太的子孙们，普遍接受了"天堂对话"故事所传递的贷款买房理念。

个人住房贷款成为商品房市场需求的重要支柱。2020年与2002年相比，社会消费品零售额增长了 7.32 倍，新建商品住宅销售额却增长了 29.92 倍。在小康和富裕的过程中，家庭支出重心向住房消费和投资转移的力度很大。

表 10.1　2002—2020 年全国个人住房贷款规模变化情况

| 项目 | 2002 年 | 2005 年 | 2010 年 | 2015 年 | 2020 年 | 2020 年 / 2002 年 |
|---|---|---|---|---|---|---|
| 个人住房贷款余额 | 0.83 万亿元 | 1.84 万亿元 | 6.21 万亿元 | 13.10 万亿元 | 34.44 万亿元 | 41.49 |
| 住户存款余额 | 8.69 万亿元 | 14.11 万亿元 | 30.33 万亿元 | 54.61 万亿元 | 92.60 万亿元 | 10.66 |
| 新建商品住宅销售额 | 0.50 万亿元 | 1.46 万亿元 | 4.41 万亿元 | 7.28 万亿元 | 15.46 万亿元 | 30.92 |
| 社会消费品零售额 | 4.71 万亿元 | 6.65 万亿元 | 15.21 万亿元 | 28.66 万亿元 | 39.20 万亿元 | 8.32 |

资料来源：个人住房贷款余额取自中国人民银行中国货币政策执行报告，其他数据取自中国统计年鉴。存款统计口径：2015 年以前为"城乡居民储蓄存款"，2015 年以后为"住户存款"。

住房制度改革和商品房市场发展，极大地提高了中国城镇家庭的居住条件和居住质量，成为全面小康的重要内容。

任泽平团队研究测算，1978—2020 年中国城镇住宅存量从不到 14 亿平方米增加到了 313.2 亿平方米，城镇人均住房建筑面积从 8.1 平方米增加到了 34.7 平方米，城镇住房套数从约 3100 万套增加到 3.63 亿套，套户比从 0.8 增至 1.09。[①]

就杭州而言，1999 年人均居住面积只有 10.1 平方米，居住条件还十分落后。到 2020 年，全市城镇居民人均住房建筑面积达到 39.3 平方米，住宅功能、居住服务和居住环境基本实现了现代化。

## 10.3　汹涌澎湃治理忙

许多事情，都具有复杂的多重影响。随着时间的推移，快速增加的房地产信贷规模，也引起了各界对房地产金融风险的担忧。

1993 年海南房地产泡沫风险的前车之鉴，让中国人民银行在 2003 年、2005 年

---

[①]　任泽平团队，中国住房存量报告：2021，网易号，2021 年 6 月 23 日。https://www.163.com/dy/article/GD4UJ6IN0519NINF.html。

和 2007 年都曾经阶段性收紧个人住房贷款政策，如提高首付比例、提高贷款利率、限制高档住宅贷款等，试图抑制房地产金融风险的积累。

2003 年 6 月 5 日，《中国人民银行关于进一步加强房地产信贷业务管理的通知》发布，目的是收紧房地产信贷政策，防范金融风险，促进房地产金融健康发展。

除了严格规范和约束房地产开发贷款，在个人住房贷款方面，文件要求商业银行重点支持符合中低收入家庭购买能力的住宅项目，对大户型、大面积、高档商品房、别墅等项目应适当限制。

文件规定，对购买第一套自住住房的，个人住房贷款仍执行现行的优惠住房贷款利率和首付款比例不低于 20% 的规定，而对购买高档商品房、别墅或第二套以上（含第二套）商品房的借款人，商业银行可以适当提高个人住房贷款首付款比例，并按照中国人民银行公布的同期同档次贷款利率执行，不再执行优惠住房贷款利率规定。

2005 年 3 月，《中国人民银行调整商业银行住房信贷政策和下调金融机构超额准备金率》（银发〔2005〕61 号）发布，将贷款利率的上限打开，并重申下限利率为基准利率的 0.9 倍。同时，对地产价格上涨过快的城市或地区，个人住房贷款首付款比例可由两成提高到三成。

2006 年 6 月，《中国人民银行关于调整住房信贷政策有关事宜的通知》（银发〔2006〕184 号）发布，该通知规定：从 2006 年 6 月 1 日起，个人住房按揭贷款首付款比例不得低于三成；但是，对购买自住住房且套型建筑面积在 90 平方米以下的仍执行首付款比例两成的规定。

2007 年 9 月，《中国人民银行 中国银行业监督管理委员会关于加强商业性房地产信贷管理的通知》（银发〔2007〕359 号）发布，该通知规定：对购买首套自住房且套型建筑面积在 90 平方米以下的，贷款首付款比例不得低于 20%；对购买首套自住房且套型建筑面积在 90 平方米以上的，贷款首付款比例不得低于 30%；对已利用贷款购买住房，又申请购买第二套（含）以上住房的，贷款首付款比例不得低于 40%，贷款利率不得低于中国人民银行公布的同期同档次基准利率的 1.1 倍。

由此开始，我国个人住房贷款政策进入了"有保有压、差别化对待"的发展阶段，松紧交替，成为房地产调控的主要工具和手段之一。

首付比例、贷款利率是最基本的住房金融调控工具。在对首套购房、第二套购房、第二套以上购房进行差别对待的限贷政策情况下，"认房又认贷"、"认贷不认房"还是"认房不认贷"，也经常体现出个人住房信贷政策的松紧程度，可以说住房金融调控政策细化到了极致。

但是，在快速城市化和房价上涨的总体背景下，1990年代培育起来的房地产金融市场，就像一匹脱缰的野马，一直向前狂奔了20多年。

在2000年，全国商品住宅销售面积是1.66亿平方米，销售金额是3229亿元，全国新增个人住房贷款约2150亿元，余额为3400亿元。

到了2020年，全国商品住宅销售面积是15.49亿平方米，销售金额是15.47万亿元，全国新增个人住房贷款约4.37万亿元，余额为34.44万亿元。

由此计算，2000—2020年，全国商品住宅年销售面积增加了8.33倍，年销售金额增加了46.91倍，个人住房贷款年新增额增加了19.33倍，积累下来的个人住房贷款余额增加超过100倍。

杭州作为房地产市场启动较早的一个城市，房地产价格整体上保持了持续上涨态势，老百姓购房积极性较高，个人住房贷款发挥了极其重要的推动作用。

从统计数据来看（见表10.2），主要由个人购房贷款构成的住户中长期贷款指标，出现了加速增长态势。

2010—2015年，住户存款余额增加了52.18%，住户贷款余额增加了81.64%，住户中长期贷款余额增加了72.99%。

在2015—2020年，住户存款余额增加了89.08%，住户贷款余额增加了248.72%，住户中长期贷款余额增加了222.67%。

特别需要注意的是，从2017年开始，统计的住户贷款余额超过了住户存款余额，住户中长期贷款余额也已经接近住户存款余额。这就说明，在个人购房贷款不断积累基础上，杭州家庭的整体杠杆率已经很高了。

表10.2　杭州市金融机构人民币住户存款和住户贷款余额变化情况

（单位：亿元）

| 项目 | 2005年 | 2010年 | 2015年 | 2016年 | 2017年 | 2018年 | 2019年 | 2020年 |
|------|--------|--------|--------|--------|--------|--------|--------|--------|
| 住户存款余额 | 2104 | 4933 | 7507 | 8313 | 8503 | 9981 | 11702 | 14194 |
| 住户贷款余额 | | 3225 | 5858 | 7800 | 9653 | 13945 | 16516 | 20428 |
| 住户中长期贷款余额 | 712 | 2303 | 3984 | 5801 | 7302 | 8607 | 10591 | 12855 |

资料来源和数据说明：2005年数据引自《2006年杭州统计年鉴》，住户存款余额数据采用了"城乡储蓄存款"指标数值，住户中长期贷款余额数据采用了"个人消费贷款"指标数值。2010年数据引自《2011年杭州统计年鉴》，住户存款余额数据采用了"城乡储蓄存款"指标数值，住户中长期贷款余额数据采用了"中长期贷款"中的"个人贷款"指标数值，住户贷款余额数据由中长期贷款中的"个人贷款"与短期贷款中的"个人贷款及透支"相加得到。2015年以后各年数据引自《2021年杭州统计年鉴》。

看来，对20多年前那个神奇的"天堂对话"，随着时代变迁，在新形势下又需要重新审视一番。在完成房地产金融启蒙教育后，还需要开展风险教育，防止过度加杠杆给家庭、企业、银行甚至宏观经济带来金融风险。

## 11　土地储备制度走向全国

城市政府统一"招拍挂"公开出让土地的"杭州模式",为什么成为全国推广的模板?

在中国改革开放进程中,土地作为财富之母,其巨大的生养和承载功能被发挥得淋漓尽致。

1990 年 5 月,《中华人民共和国城镇国有土地使用权出让和转让暂行条例》发布,明确规定国有土地使用权可以采用协议、招标和拍卖三种方式出让。从无偿到有偿,从无期限到有期限,从无流动到有流动,中国城市土地制度改革,开启了房地产市场新篇章。

实践中,城市国有土地使用权具体如何出让?今天我们都知道,房地产开发用地,是由城市政府供应,采取的是"招拍挂"方式公开出让,土地价格也越来越高,土地出让是城市政府的重要收入来源。

但是,在开始阶段,大家需要"摸着石头过河"。20 多年前,杭州探索建立土地储备制度,土地出让制度的改革试点和实践创新成效显著,成为全国推广的范本。

### 11.1　探索经营城市之路

1990 年 5 月 19 日,国务院发布了《中华人民共和国城镇国有土地使用权出让和转让暂行条例》,条例第十三条规定,国有土地使用权出让可以采取协议、招标、拍卖三种方式,具体程序和步骤由省、自治区和直辖市人民政府规定。

1992 年 3 月 12 日,《浙江省城镇国有土地使用权出让和转让实施办法》(浙江省人民政府令第 19 号)出台实施。1994 年 1 月 6 日,《杭州市国有土地使用权出让实施办法》(杭州市人民政府令第 64 号)发布实施,取代了此前从 1989 年 2 月

1 日开始实施的《杭州市国有土地使用权出让和转让暂行办法》。

浙江省和杭州市的土地出让实施办法，都规定了协议、招标、拍卖三种方式的具体程序和步骤，提供了选择不同出让方式的可能性。

1990 年代的土地出让市场，处于探索发展的初级阶段。虽然法律规定了协议、招标、拍卖三种出让方式，但 1995 年的调查研究表明，当时 85% 以上的出让采取了协议出让方式。而且，从全国范围的出让价格来看，协议出让价格大约为每亩 4 万元，招标地价一般比协议地价高 3 ~ 5 倍，拍卖地价一般比协议地价高 4 ~ 10 倍。[①]

可见，土地出让制度的实施，虽然实现了国有土地使用权从"无偿无期限划拨使用"，到"有偿出让有期限使用"的重大转变，但在大量协议出让方式下，存在交易过程不公开、不透明的问题，寻租行为普遍，腐败时有发生，低价出让导致国有资产流失。

在此背景下，如何完善和规范土地出让制度，提高土地市场的定价效率，增加土地收益，就成为社会各方面关注的热点问题。上海、杭州、南通、青岛、武汉等城市，开展了对土地储备制度的实践探索。

1997 年 8 月，杭州市成立了土地储备中心。1999 年 3 月，杭州市出台了《杭州市土地储备实施办法》（杭州市人民政府令第 270 号），建立了土地储备体系和机制，在城市土地制度改革方面走在全国前列。

杭州市政府成立土地储备中心，主要是为了盘活城市存量土地，充分彰显国有土地资产价值，帮助国有企业改制和搬迁、改造、提升，加快城市开发和建设。这个思路和做法，后来被称为"经营城市"。[②]

1997 年 4 月 15 日，《中共中央、国务院关于进一步加强土地管理切实保护耕地的通知》（中发〔1997〕11 号）出台，明确了"十分珍惜和合理利用每寸土地，切实保护耕地"的基本国策。为此，该文件要求"自本通知下发之日起，冻结非农业建设项目占用耕地 1 年，确实需要占用耕地的，报国务院审批"。这样，城市政府只能把土地开发的重点转向盘活存量土地。

当时的杭州市区面积小，城市建设滞后，产业能力薄弱，加快城市建设和发展是市委、市政府面临的头等大事。

从《中共中央、国务院关于进一步加强土地管理切实保护耕地的通知》里，杭州市找到了出路。该文件第五条提出，要加强对国有土地资产的管理，并且明确，

---

① 许坚，论我国当前土地市场的价格管理，中国房地产，1995 年第 11 期，第 36-39 页。
② 崔新明，以经营城市的理念推进杭州城市建设和发展，商业经济与管理，2002 年第 12 期，第 29-32 页。

"今后，原有建设用地的土地收益全部留给地方，专款用于城市基础设施建设和土地开发"。

时任杭州市土地储备中心常务副主任的毛镇林撰文指出，政府想要盘活城市土地资产时，发现存量土地主要由原用地单位控制，希望盘活土地的单位自行与开发商协商后，基本采取协议的方式出让土地，信息不够透明，程序不够规范，地价也参差不齐，甚至存在"暗箱操作"，滋生腐败问题。

可见，如果要以盘活存量土地资产为切入点，落实经营城市理念，政府必须介入和主导土地出让环节，实现政府土地出让收益最大化。因此，从1997年开始，杭州积极开展了土地储备制度和体系建设，尝试以招标、拍卖方式公开出让土地，逐步显化了土地资产价值，增加了政府土地收益。①

## 11.2 借鉴土地银行经验

当时，城市土地制度改革和创新是个全新的话题，涉及的利益关系十分复杂，法律法规也不健全。土地储备中心成立后，如何开展工作，如何建立体系和机制，如何进行理论解释和提升，大家心里都没有谱。

当时，杭州市土地管理局研究决定，邀请浙江大学的专家学者一起开展课题研究，集思广益，寻找理论依据，借鉴国内外实践经验，提出并不断完善土地储备制度的操作性方案。

经过一段时间的沟通和准备，1999年初，课题组成立了。杭州市土地管理局局长朱寅传亲自担任课题组组长，副局长兼土地储备中心主任孙玉珍、土地储备中心常务副主任毛镇林担任副组长。同时，邀请浙江大学管理学院副院长、浙江大学房地产研究中心主任贾生华教授担任理论部分负责人，浙江大学房地产研究中心副主任欧阳安蛟副教授担任应用部分负责人。课题组成员包括杭州市土地管理局建设用地管理处处长王勇、市政府城建城管处副处长冯晔春、市房地产交易所副所长夏积亮，以及浙江大学房地产研究中心沈兵明老师和王克强博士后、崔新明、张宏斌、田传浩、周刚华等一批博士研究生也参加了课题研究工作。

回忆起这个课题的研究过程，许多课题组成员至今记忆犹新，可以说这个课题是土地制度改革过程中，学术理论研究与改革实践探索有机结合的一个成功案例。

课题组对海外土地制度和土地市场进行了系统研究，发现荷兰、瑞典、美国

---

① 毛镇林 等，以制度创新推动城市发展：杭州土地收购储备制度述评，浙江经济，2001年第2期，第30-31页。

等国家，为完善农村和城市土地市场，曾经有过"土地银行"制度和做法，这对杭州建立土地储备制度有借鉴意义，课程组借此设计了杭州土地储备体系的基本架构。[1]

1999年3月，在课题研究基础上，土地储备中心起草的《杭州市土地储备实施办法》（杭州市人民政府令第137号）经市政府常务会议审议通过，发布实施，为土地储备中心的业务发展提供了政策依据。

该办法明确，"土地储备"是指土地储备机构依据该办法的规定，将需盘活的土地收回、收购予以储存，并通过前期开发利用和受政府委托预出让等形式，盘活存量土地资产，有效配置土地资源的行为。

杭州市土地储备中心受市政府委托，在杭州市土地收购储备管理委员会的指导和监管下，代表政府实施土地收购、储备和出让的前期准备工作，是实施土地储备工作的行为主体。

按照当时情况，该办法罗列了应该进入储备库的10类情形，其中最重要的一类是：因单位搬迁、解散、撤销、破产、产业结构调整或者其他调整出的原划拨使用的国有土地。

收购储备这一类土地，就是盘活存量土地资源，可以一石三鸟，解决当时市政府面临的三个困难问题。一是可以通过收购储备土地，支持经营困难的国有企业改制和搬迁；二是可以增强政府管控土地出让市场的能力，防止通过协议方式低价出让土地；三是可以调整优化市区土地利用结构，提高土地利用效率，完善城市功能。

2000年初，课题组出访德国、荷兰等欧洲国家，考察了这些国家建设用地市场运行和管理的经验和做法。

德国土地整理的规范流程、运作机制和利益平衡方法，给课题组留下了深刻印象。在课题研究和考察的基础上，浙江大学于2000年10月邀请德国波恩大学魏斯教授来杭州访问讲学，交流探讨，魏斯教授对杭州土地储备制度提出了许多有益的建议。

从1999年4月开始，杭州市区出让土地全部采取"招拍挂"方式，原来已经有协议的也要重新走公开出让流程。到2000年底，一共有29宗土地通过重新"招拍挂"出让，取得土地出让收入23.4亿元，比原来协议出让的金额高出8.4亿元，增

---

[1] 崔新明 等，土地银行运行机制初探，中外房地产导报，2000年第3期，第20—22页。

加了 56%。土地储备制度在显化土地资产价值方面的效果一目了然。

2000 年 11 月，杭州市被国土资源部确定为"全国国有土地资本运营试点城市"之一，杭州的探索得到了中央部委的肯定。

## 11.3 形成杭州模式成果

实践探索，加上理论研究和经验借鉴，土地储备制度的"杭州模式"很快浮出水面。

杭州模式的特色在于，建立了以"政府主导"为特色的土地储备机制，并有一套操作方案和流程规则。

在这个模式下，杭州逐步在市区范围内，对房地产开发用地全部进行收储，使其进入"储备库"。然后，部门联动，规划部门提供土地利用规划指标，房管部门颁发拆迁许可证，计划部门给予土地开发立项。据此，在合法合规基础上，土地储备中心对地块进行拆迁和整理，并完成"三通一平"等基础设施配套工程，把"生地"变成"熟地"。最后，由土地管理部门按照出让计划，将土地有序推向市场，公开进行"招拍挂"出让。

可见，杭州土地储备制度由收购储备、开发整理、出让供应三个环节组成。在实践运作中，土地储备中心很快发现，收购和储备土地、开发整理土地，这些工作都需要较大规模的资金投入。随着收储和开发规模扩大，资金不足成为首要的制约因素。

为此，杭州市土地储备中心探索了"储备土地使用权预出让"机制。就是根据具体收购储备地块的情况，在收购储备和开发治理阶段，就约定未来出让对象，并向其收取土地开发补偿费用等成本投入，目的主要是筹集土地储备资金，扩大业务发展规模。

在土地收储和开发整理过程中，2003 年 4 月，杭州市城市土地发展有限公司成立，作为"做地主体"，具体操盘土地一级市场开发和经营管理，成为土地储备制度的重要组成部分。

后来，各城市逐步发展起来的各类"指挥部"和土地开发平台公司，进一步提升了政府经营城市土地的能力。

依靠土地储备制度这个抓手，政府掌握了城市建设用地的"统一收购权"和"垄断供应权"，带来多方面的积极成效，如规范土地出让行为，促进土地资产价值显化，协助国有企业改革，加快城市基础设施建设，更好实施城市规划，提高土地利用效率和保护耕地，等等。[①]

杭州通过土地收购储备，盘活土地资产，助力国企改制、搬迁改造、提升发展，实现"退二进三"，成效显著。先后有浙江麻纺织厂、杭州缝纫机厂、杭州热水瓶厂、杭州第一棉纺厂、杭州重型机械厂、杭州汽车发动机厂、杭州制氧机集团等，完成了"腾笼换鸟"。部分黄金地段的地块成为"地王"，出让价格创造了新高。

原来的浙江大学湖滨校区、中国计量学院、杭州电子科技大学、浙江理工大学、浙江工商大学等高校的 19 宗土地，面积 1100 多亩，经过收储和开发整理，公开出让后，土地价值得到实现，大部分土地收益返还高校，有力支持了高校发展。

杭州对土地储备制度的研究和探索成果，通过课题研究得到不断深化。1999—2000 年，在杭州土地储备制度相关课题研究的成果中，有十多篇论文发表在国内期刊，观点被广泛讨论和引用。

2001 年 11 月，在课题研究成果基础上，朱寅传和贾生华编著的《城市土地储备制度：理论、实践、政策》一书由浙江大学出版社出版，成为国内第一部理论联系实践、有应用价值的著作。

11 月 30 日至 12 月 2 日，由浙江大学房地产研究中心主办，杭州市土地储备中心协办的"城市土地储备制度：理论、实践、政策研讨会"在杭州召开，来自 18 个省、区、市的土地管理局局长、土地储备中心主任、金融系统的代表，以及来自清华大学、北京大学、南京大学等 6 所高校房地产研究机构的土地专家，共 170 余人汇聚一堂，共同探讨土地储备相关理论和政策问题，促进了研究成果的推广应用（见图 11.1）。

图 11.1　2001 年 11 月"城市土地储备制度：理论、实践、政策研讨会"在杭州灵峰山庄召开（浙江大学房地产研究中心提供）

---

① 张宏斌 等，城市土地储备制度的功能定位及其实现机制，城市规划，2000 年第 8 期，第 17–20 页。

## 11.4 组织"市长研讨"推广

在 1990 年代，多数城市土地供应仍然采取划拨与出让"双轨制"运行方式，并且即使出让土地，也是协议出让占主导地位。杭州公开组织土地拍卖出让活动，引发了广泛关注。

1999 年 1 月 18 日，浙江世贸中心 5 楼会议厅座无虚席，杭州市在这里公开举行首次土地拍卖会。杭州市土地管理局局长朱寅传亲自主持两个地块的拍卖，市领导张明光、陈继松及省、市各有关部门负责人等，在现场全程观看了拍卖活动。[①]

一号地块位于原下城区体育场路 68 号，占地面积约 6897 平方米，可建设总面积 1.6 万平方米，建设高度控制在 40 米内，起拍价 3636 万元。该地块有 6 家开发商参与竞拍，经过 10 轮竞价，被当时的杭州市政房产综合开发公司以 4100 万元收入囊中，折合楼面价约 2563 元 / 米$^2$。[②]

二号地块位于西湖区莫干山路 493 号，面积为 14386 平方米，总建筑面积 32648 平方米，起拍价 6238 万元。经过 9 家开发商的 11 轮叫价，该地块最后被浙江兴财房地产发展有限公司以 6750 万元获得，折合楼面价约 2068 元 / 米$^2$。

杭州土地储备制度的实践经验和理论探索，得到了中央部委的肯定。1999 年 6 月，当时的国土资源部以内部通报的形式，转发了《杭州市土地储备实施办法》，向全国推广杭州土地储备的经验。

1999 年 11 月初，国土资源部在杭州举办了第三期全国国土资源管理市长研讨班。中央和国务院有关单位领导参加了会议，来自全国 60 个城市的分管市领导和土管部门负责人参加了研讨班。

当时，杭州市代市长仇保兴也参加了研讨班，在会上专题介绍了杭州土地储备制度的做法和成效，并和国土资源部副部长李元一起，与参会代表在杭州进行了实地考察，引起了与会部委领导和市长们的热烈反响。

就在市长们来杭州前的半个月，1999 年 10 月 18 日，按照"当场揭标、当场开标、当场评标、当场中标"的模式，杭州举行了吴山地区四宜路地块的招标出让，每平方米楼面价达 10515 元，这在当时几乎是"天价"。

这个案例，给来自全国各城市的市长们"现身说法"，展示了在公开市场机制下，国有土地资产价值的无穷魅力，杭州土地储备制度随之成为全国各城市学习的

---

① 曹洁军，土地使用制度的一项重大改革：我市首次拍卖国有土地使用权，杭州日报，1999 年 1 月 19 日。
② 方臻子，今天，杭州土拍整 20 年，浙江日报，2019 年 1 月 18 日。

范本。2000 年，全国县级以上政府新增土地储备机构 134 家，累计达到 183 家。

土地储备制度的实践表明，通过土地招标、拍卖，有利于实现国有土地资产价值，为政府筹集更多资金用于城市建设。只有把城市建设好，把投资环境、居住环境、创业环境搞好，才会吸引更多的外来投资，吸引更多的外来人才，反过来促进房地产业繁荣发展，形成良性循环，从而取得经营城市效益的最大化。①

2001 年 4 月 30 日，《国务院关于加强国有土地资产管理的通知》(国发〔2001〕15 号）明确要求，大力推行国有土地使用权招标、拍卖，"有条件的地方政府要对建设用地试行收购储备制度。市、县人民政府可划出部分土地收益用于收购土地，金融机构要依法提供信贷支持"。

2002 年 1 月 4 日，中央电视台当时最火爆的《焦点访谈》节目，以"统一收购，有效调控"为题，报道了杭州土地储备制度的实施效果。节目充分肯定了杭州经验的示范和推广意义，全国有 1002 个县级地区，已经建立了这种土地收购储备制度。

2002 年 5 月 9 日，《招标拍卖挂牌出让国有土地使用权规定》(国土资源部令第 11 号）发布，要求工业、商业、旅游、娱乐和商品住宅等经营性用地以及同一宗地有两个以上意向用地者的，应当以招标、拍卖或者挂牌方式出让。沿用多年的土地协议出让方式，被严格限制。

该规定出台后，全国开展了声势浩大的"治理整顿督察土地市场秩序"工作。当时，光是与杭州市老城区接壤的余杭区，就有 4000 多亩经营性用地的出让方式不够规范，政府在整改过程中解除了出让协议，退还了开发商 5 亿多元土地款，还承担了几千万元的利息和其他前期费用。

国家层面的积极倡导和大力推行，使得土地储备机构如雨后春笋般快速增加。到 2003 年底，全国已成立 1600 多家，土地储备机构成为城市政府主导土地市场的中坚力量。

2004 年 3 月 18 日，《国土资源部、监察部关于继续开展经营性土地使用权招标拍卖挂牌出让情况执法监察工作的通知》(国土资发〔2004〕71 号）发布，要求即日起，所有经营性的土地，一律都要公开竞价出让。后来，这个文件被称为土地出让方式调整的"831 大限"。

从此，公开招标、公开拍卖、公开挂牌的土地出让方式，成为全国通行的规范。

---

① 仇保兴，土地招标拍卖：经营城市的必然选择，中国土地，2001 年第 1 期，第 11-13 页。

2007 年，在总结各地经验的基础上，国土资源部、财政部和中国人民银行联合发布了《土地储备管理办法》（国土资发〔2007〕277 号），在国家部委层面确立了土地储备的基本模式和运行机制，标志着我国土地储备制度进入了成熟发展阶段。

# 12 房地产专业服务应运而生

在房地产业市场化发展过程中，策划师、规划师、建筑师、工程师、估价师、律师等专业技术人才，有了用武之地。

在城市化进程中，土地作为基础性资源的承载功能不断得到强化，地上建筑物及其空间功能越来越复杂，城市基础设施和公共服务体系日益完善，房地产成为社会财富的重要载体。

在这个过程中，各种类型的创造性"劳动"不断投入、沉淀、积累和集聚，推动了房地产价值持续提升，维护了房地产市场顺畅和规范运行。这个过程，充分体现了"劳动是财富之父"的经典论述。

不断深化的专业化分工协作关系，成为房地产业不可或缺的重要组成部分。

从1990年代开始，随着房地产市场在我国重新开始发展，规划、设计、策划、营销、评估、法律、中介等，各类房地产专业服务应运而生，迎来了各自蓬勃发展的新时期。

## 12.1 设计师创意无限

从1990年代开始，随着商品房市场发育，杭州住宅小区的规划设计逐步从纯技术规范性工作，转向在满足技术规范的基础上，不断创新，使产品升级换代，在各方面更好地满足市场需求。

在市场驱动下，规划设计单位的创造性劳动有了用武之地，规划人、建筑师迎来了大显身手的职业春天。

杭州大规模市场化的商品房开发建设，最初集中在蒋村商住区，绿城房产、南都房产、金都房产等早期的民营房地产开发企业，都是从这里起步的。

当时的蒋村商住区，还是杭州市区外围的郊区。在本地老百姓心目中，那边十分偏远，城市基础设施、公共服务配套不全，老百姓对购买商品房疑虑较多，购买意愿不强。

严峻的经营环境，逼迫开发商要在小区规划和住宅产品设计方面下很大功夫，并且相互竞争，由此吸引市区甚至外地的购房者下单。

在激烈竞争的过程中，蒋村商住区的住宅小区在景观设计、建筑造型、户型设计、住宅科技、小区会所、小区商业配套等方面，率先探索，不断完善，全面突破了传统住宅小区的理念和格局，带动了杭州住宅小区品质的全面提升。

德加公寓，是当时蒋村商住区的一道亮丽风景。它的成功，就在于其在规划设计中融入了细致入微的人文关怀。从开发商到设计师，在开发过程中都十分重视产品的使用功能和文化内涵，能够站在业主和住户的角度，理解生活情景，精心设计每一个细节。

浙江南方建筑设计有限公司董事长兼总建筑师方志达，在回顾设计德加公寓时的感受时感慨道："我被开发商强烈的完美主义倾向所表现出的固执搞得疲惫不堪，任何一个细枝末节他们都要反复思考，却又总是被他们的敬业和执着所感动。后来还一直怀念那段时间的创作氛围及其激发出来的灵感和激情。"[1]

居住建筑设计的灵感或激情，来自开发商、设计师对生活的理解。当时杭州老百姓的居住条件十分艰苦，住宅小区的规划设计和开发建设，首先要符合购房者改善住房的需要。德加公寓的业主定位是有文化品位和生活追求的高收入家庭，开发商就与设计师一起，研究这些家庭的生活方式，设想其居住生活情景，创作建筑意象。

例如，在小区的入口处，设计了开放式廊柱、环形主干道、中轴线上的框景、跨越流水的小桥、儿童戏水池、下沉的中心喷泉广场、单元入口处的小径，意在营造家的归属感，并提供一个过渡空间，提示人的社会角色将暂时转换成家庭角色，家的感觉油然而生。

在这个令人耳目一新的小区里，杭州人第一次体验到什么是美好的居住环境，什么是个性化和人性化的自由居住空间。方志达说："我们做了一梯一户的概念，高度差半层，前后差了3米左右，因为这样的话，私密性非常好。当时这也在市场上引起了比较大的反响。"

半圆形的阳台、视野开阔的八角窗，见惯了火柴盒楼房的杭州人对此更是闻所

---

[1] 方志达，还原居住：杭州南都·德加公寓创作感受，时代建筑，2001年第2期，第38—41页。

未闻。方志达写道："我们在德加公寓的设计上面提出了一个半私密性阳台的创意，一半在里面，一半在外面。就是我需要私密性好的时候，穿得比较随便的时候，我就在里面的躺椅上坐坐；我需要观景的时候，我就走到半圆形的外面，去看外面的景观。"

德加公寓小区内部，沿用了传统的"院落"概念。几幢建筑围合的组团，冠以具有象征意义的名称——"金木水石竹"。木苑的景观以木为主题，竹苑以竹为主题，中心水苑则有一个喷泉广场。在环形主干道与每个院落的交叉口，设有与内容相符的雕塑。院落的设计，除了增加识别性，更为满足人们相互交流的需求进行了充分考虑。家的概念，也将从单元空间延伸到住宅外面的社区环境。如果沿着主干道漫步，看见错落有致的建筑、明快的色彩、简洁流畅的线条，可谓步移景异。

与南都房产同一个时期，绿城房产也通过在蒋村商住区打造"桂花园"系列住宅小区，创立了绿城房产品牌。

在这个过程中，建筑师的根本任务，是和宋卫平一起，在项目层面落实"创造城市的美丽"的愿景。

2000年10月，宋卫平在杭州新住宅论坛上发言，他自信地认为，杭州的住宅开发处于中国一流水平。再过一两轮的产品开发周期，有望与发达国家比较好的城市房产品水平接轨。

这样的自信，源自绿城房产一系列房地产项目创作和营造的经验积累和体会，以及这些产品在市场竞争中受到的欢迎和赞誉。

从丹桂花园到九溪玫瑰园和桂花城，从项目开发理念和对居住产品的深入研究到规划设计阶段的建筑表现和营造实现，宋卫平既是老板，又是规划设计的主创人员。

绿城房产的那些知名的设计师，如王宇虹、朱秋龙、黄宇年、蒋愈、陆浩、何兼等，都经历了千锤百炼。在规划设计阶段，为了追求完美，对设计方案和图纸，他们不仅几易其稿，修改上百次，也是家常便饭。

在一次次推倒重来的再创作过程中，这些设计师得到了磨炼和提升，逐步成长为国内建筑设计界的大师级人物。

宋卫平认为，房产品是个躯壳，文明是它的灵魂，艺术是它的容貌。文明和艺术是房产品的价值所在。因此，房产品是文明和艺术的载体、结晶和创造。

到了世纪之交的时候，随着杭州扩大市区并迈向钱塘江时代，在开发商关于项目层面规划设计的创新创意精彩纷呈的同时，政府对优质城市规划和建筑设计的诉求之强烈，可以称作"如饥似渴"。

例如，在世纪之交的时候，为了推动城市发展重心从西湖时代迈向钱塘江时代，市政府专门聘请了哈佛大学设计学院的规划师，编制了钱塘江两岸的城市设计和景观规划。

在规划的制订和研讨过程中，杭州市不仅学习了先进的城市规划理念和知识，而且逐步统一了有关部门和干部的思想，进一步确立了杭州以钱塘江为中心的新发展格局。

钱江新城规划设计，全部采取国际公开招标，几乎云集了当时国内外最著名的规划设计机构，全球许多大师级规划师、建筑师都参与其中。

这样的环境和氛围，为国内外的规划师、建筑师、设计师们提供了前所未有的展示自己才能的机会。许多建筑大师的设计意向，在连续不断的招标和评审过程中，被吸收和采纳。

现在钱塘江两岸的许多标志性建筑，如"日月同辉""天圆地方""莲花碗"等，都是国际一流规划设计机构的作品，并融合了多轮方案创作和研讨论证过程的许多精彩创意和合理建议。

## 12.2　策划人点子无价

房地产业，是一个资金密集型的准金融产业，行业发展周期与房地产金融密切相关。

房地产市场，是一个政策密集型市场，企业经营成败和项目投资效益，需要"看天吃饭"。

房地产投资和经营，是一项智慧密集型工作。除了设计师的创意创新，从公司的经营战略，到项目的整体定位，再到市场营销，房地产企业需要有高超的经营管理艺术，综合判断决策，如此才能在政策环境和市场环境中游刃有余。

在房地产市场培育和发展的初级阶段，开发商的能力短板比较多，为策划人提供了发挥作用的舞台。

1993 年 6 月 23 日，以副总理身份兼任中国人民银行行长的朱镕基雷霆出击，打出重拳，全面控制银行资金进入房地产业，抑制海南房地产泡沫蔓延。

一夜之间，海南房地产泡沫应声破灭，上万家地产商陆续破产倒闭，烂尾楼在很长一段时间成为海南岛的一道"另类风景"，全国房地产市场很快陷入低潮。

在这场风暴面前，位于广东省顺德碧江之畔、桂山之侧的一个别墅项目，名字叫作碧桂园，也成了一处烂尾楼工地。

杨国强，后来人们都知道他是碧桂园老板，但在当时只是拿不到开发商工程款的建筑施工队老板。正是在这一轮市场洗牌过程中，他成功上位，成为项目老板。

拿着大片土地和卖不出去的烂尾楼，杨国强找来了王志纲。当时，王志纲正好从新华社下海，开始自主创业。

两个人见面讨论后一拍即合，杨国强邀请王志纲为项目总策划。王志纲提出以创办名校为切入点，对碧桂园进行整体策划和包装，通过轰动羊城的"可怕的顺德人"系列广告，打出一张漂亮的"教育房产牌"。

曾经的烂尾楼盘，很快变成了"成功人士的家园"，得到了市场的高度认可。杨国强进一步归纳提炼经营理念，提出了"建大众买得起的好房子，给业主一个五星级的家"的口号，碧桂园模式得到快速复制。

碧桂园项目的成功，成就了杨国强，成就了王志纲，也带火了房地产策划人。

在杭州房地产市场，1993 年调控的影响没有在海南和广东那么大。但是，市场的倒逼显示出了"点子的价值"，房地产策划工作的重要性深入人心。

良渚文化村，就是杭州一个优秀的房地产策划案例。

从 2000 年开始，总规划面积约 10000 亩的良渚文化村，持续开发了 20 多年。先后完成总建筑面积约 350 万平方米，其中住宅面积占 70%，其余是公建和旅游服务配套建筑。良渚文化村成为中国小镇开发建设和运营的一个经典案例。

"一张蓝图干到底"是良渚文化村的重要经验，充分的前期研究和策划，对指导开发和建设、创造和实现房地产综合价值发挥了重要作用。

当时南都房产从余杭区政府手上拿到这个项目，这个项目成为杭州第一个真正意义上的郊区大盘。这样大的规模，也是那个时代的产物，后来就不可能有这么大的地块出让了。

拿到土地后，南都房产并不是马上做设计搞开发，而是相信"磨刀不误砍柴工"。南都房产先行组织人马，去研究项目定位，研究要做什么才能不辜负这片古老和神奇的土地。

在研究过程中，课题组回顾和梳理了"田园城市"等城镇规划理念，详细分析了场地自然特征，挖掘文化资源，并将大家反复研讨和思考的成果，写成了一本书，名叫《走进中国良渚文化村》，提出要搞一个 3 万人左右，居住、旅游、创业有机结合的风情小镇，传承良渚文化。

良渚文化村的项目创意和策划，充分体现了深厚的人文情怀和对良渚这片圣地的尊重，并在后来的开发建设过程中证明了策划者颇具远见卓识。

20年后的2019年12月18日，万科杭州董事长王海光在2019万科杭州超级案例对撞会期间回忆说，郁亮曾翻过那本南都房产编写的《走进中国良渚文化村》开发导则。他评价说："在前期就把良渚的历史文化背景研究了一遍，这在开发商中极为少见。"在国内，很难找到一张20年前规划与20年后建成基本保持一致的蓝图。而良渚文化村做到了"一张蓝图干到底"，初期的总体规划长期有效，值得20年后的今天研究与探索。

房地产策划，是一项综合性的创意创新工作，一些有思想和追求的文化人最有可能成为策划人。

被称为"杭派策划人"的黄连友，就是其中的佼佼者。

2003年6月，黄连友自己创业，创办了一家房地产策划机构——资生顾问。他的目标是，依托在《杭州日报》城镇建设和房地产专刊12年记者经历积累的专业知识，加上在绿城房产、金都房产5年企业管理经历积累的实践经验，完全站在开发商角度，为开发商提供全程顾问服务。

黄连友回忆说，他的公司成立后，"生意"很好。作为一个文化人，他并不稀罕总经理这一称谓，就给了自己"总顾问师"的头衔，突出文化创意能力。那时，很多开发商都慕名而来，并且明确要求由他亲自负责该项目的顾问服务，他因而很有成就感。

在项目定位方面，黄连友喜欢做高端项目，总是做最好的。他说，只要是让他做定位，他就先找标杆。只要目标是做"第一"，空间就会被放大，就有很多东西好做。

黄连友认为，房地产项目的市场价值，很大程度上是由住户人群决定的。当时参观过广州的几个高端小区，以前没怎么听说过，但一进去发觉都是高净值人群住的，那种氛围完全不一样。法国的16街区也是一样，从建筑外表不一定看得出来，但因为是高净值人群居住区，管理特别好，在全世界都出名。所以，是业主和住户决定房地产价值，而不是相反。

定位高端了，就必须找顶级大师设计，找其他众多行业顶尖的合作方参与。世界上从来不缺乏认识好东西的眼光，也不用担心客户买不起房，只要是好东西，一定会有客户认可。定价可以高，价格贵了，营销的灵活性也就强了。如果你定位在普通水准，市场竞争太激烈了，如果大家都在做这种产品，就没有多少运作空间，搞不好还要亏损。

在为金都华府提供策划和顾问服务阶段，黄连友提出取消售楼部，给它更多功能，以突出宣传和展示居住、服务功能。根据金都房产大力推进科技人居的特点，黄连友做了一个人居科技馆，用它代替售楼部，效果相当好，引来很多参观学习者，对推动行业进步也产生了积极效应。

武汉的金都汉宫，也是黄连友策划的案例。当时他提出，要做全中国长江沿线最好的房地产项目。拥有这样的目标定位，规划设计的空间就被打开了，很多一般性的设计方案很快就被淘汰掉了。规划设计反复做了好几轮，最后采纳了新加坡雅科本做的方案，楼高100多米，气势恢宏，看长江非常开阔，黄鹤楼也能看得到。

20年后，用现在的眼光看，金都汉宫在武汉还是排得上名次的豪宅。在当年，那个地段还没有被开发和认可，金都汉宫提升和重塑了区位价值。

房地产项目占用稀缺的土地资源，是不可再生、不可复制的。黄连友喜欢把项目策划比喻为艺术创作。如同画家面对一张白纸，搞不好就浪费了，而好的作品也许会成为无价之宝。

他回忆说，自己做策划的时候，常常会放飞思绪，海阔天空。选择从事策划项目业务，主要不是从赚钱角度考虑，他更看重的，是在项目上实现自己的理想。

## 12.3  估价师理性公允

与设计师和策划人的创意创新不同，估价师更需要理性和公允。

从1980年代开始，杭州开始了大规模旧城改造和城市基础设施建设，每年都涉及上百万平方米的城市房屋拆迁。这些被拆迁的房屋，都需要评估其价值，依照法规确定补偿价款。

从1990年代开始，杭州和全国一样，还进行了轰轰烈烈的国有企业改制工作。开展国有企业改制，就需要评估改制企业的资产价值，其中最重要的，就是其所拥有的房地产价值。

与工业产品和日常用品不同，房地产交易标的具有"异质性"特点，价格影响因素十分复杂，空间尺度和时间跨度大，交易频率低，参与交易的相关主体并不熟悉市场规则和信息，以上都给定价决策造成很大困难。

因此，在房地产市场发展过程中，各种类型的交易活动都需要对交易标的进行全面、系统、客观的专业评估，为确定其合理公允价格提供依据。

这种专业性服务，就是估计师的工作任务。除了拆迁安置评估和国企资产评估，房地产评估还被广泛应用于房地产转让、抵押贷款、资产重组、破产清算、司法鉴定、损害赔偿以及税务管理等方面。

有资格承担房地产价格评估的专业人士，被称为估价师。在不断增加的评估需求推动下，估价师这个在海外受人尊敬和羡慕的古老职业开始在中国走红。

为了规范和保证房地产价格评估服务的专业水平和能力，估价师是需要通过资格认证，持牌照从业经营的。

在市场经济国家，房地产估价师的职业资格管理工作，主要由专业人员自律性组织负责。

例如，英国皇家特许测量师学会（RICS）成立于1868年，已有150多年的历史，目前有超过18万名会员，分布在全球150多个国家和地区。

我国的房地产估价师资格管理和行业监督，是在政府主导下，借鉴海外经验，逐步开展的。

1992年9月，为了全面系统推进杭州的土地估价工作，杭州市土地管理局成立了杭州市地产估价事务所，由孙玉珍担任所长。

到1993年底，全国各地土地管理部门已经成立了400多家土地估价机构，3500多人获得了土地估价师资格。

为了加快培养土地估价人才，规范资格认证和管理，国家土地管理局在1993年2月发布了《土地估价师资格考试暂行办法》（国土〔籍〕字〔1993〕第28号），规定对土地估价师资格认证实行全国统一考试。只有按规定通过全国统一考试，并获得土地估价师资格证书的人，才具有独立从事土地估价工作的资格。

土地估价师资格考试的主要内容包括：土地管理的法律、法规；土地估价理论与方法；土地估价实务；土地经济、金融、会计等基本知识；土地利用、建筑经济及城市规划等。共五个方面。

1994年3月，全国有311人经国家土地管理局核准，被授予土地估价师资格证书。同年5月，中国土地估价师协会成立，国家土地管理局原局长王先进出任会长。协会成立后，在土地估价师考试、培训、资格管理和行业监管等方面，发挥了主导作用。

出于行政管理体制原因，当时的房屋价格评估工作是由房管部门负责的。

1993年5月15日，建设部组织的中国首批房地产估价师颁证大会暨房地产估价学术研讨会在广州召开，首批认定了140名房地产估价师。

1993年11月，杭州市房地产管理局成立了杭州市房地产评估事务所，事务所为独立核算、自收自支的事业单位，赵志菲担任副所长，为法定代表人。

当时，全国大约成立了2000多家房地产估价机构，从业人员约5万人。

1994年8月，我国成立了中国房地产估价师学会，按照国际惯例建立行业管理制度。

1995年3月22日，建设部会同人事部印发了《房地产估价师执业资格制度暂行规定》和《房地产估价师执业资格考试实施办法》，建立了房地产资格考试和资格管理的基本制度，并于1995年9月举行了第一次全国统一考试。

房地产估价师考试包括四个科目，分别是"房地产基本制度与政策""房地产开发经营与管理""房地产估价理论与方法""房地产估价案例与分析"。四个科目全部合格，即可取得房地产估价师执业资格。

由此开始，每年参加全国土地估价师资格考试和全国房地产估价师资格考试的都有上万人。这两大资格证书是通过率低、专业性强、含金量高、应用价值较大的资格证书。

杭州的吴先生，是一名财务专业人士，他参加资格考试的经历和实际效果，有一定的代表性。

2003年初，吴先生调入一家房地产公司担任财务总监。为了提高自己的房地产相关业务能力，从2004年开始，他连续5年参加全国房地产估价师资格考试，终于在2009年通过全部科目，达到了注册要求。

吴先生回忆说，成为房地产估价师后，就有评估机构找他，借用他的资格证书挂靠（增加机构执业估价师人数，有助于达到机构资质要求），每个月可以得到1000元报酬，这初步体现了房地产估价师资格证书的经济价值。

更重要的是，在连续五年复习备考过程中，有的学科，他连续考了三年才通过，知识掌握得十分系统和扎实。

例如，房地产投资和经营管理的许多政策法规，在教材中都有涉及，如土地管理法规、建设用地制度、国有土地房屋拆迁和征收政策等。另外，房地产项目投资融资、财务报表、项目现金流量的动态测算、多因素敏感性分析、地价的评估与分摊，这些重要的决策工具和方法，通过复习和考试，他掌握得十分系统和全面。

在考试学习过程中，吴先生在工作实践中注重应用，大大提升了专业水准和工作能力，不仅受到本企业重用，还在行业内产生了一定影响。

取得房地产估价资格两年后，猎头公司介绍他到另外一家房地产公司应聘副总裁，分管投资、融资和财务，他全面系统的专业知识和较强的分析应用能力，使他在面试中被老板看中，跳槽后年收入直接翻了一番。

## 12.4  律师所专业服务

房地产业发展涉及复杂的法律法规，从土地规划和土地出让开始，到开发建设、市场营销、交付入住、物业服务的全过程，再到二手房交易和企业资产管理的方方面面，都应该遵循合法性原则，处理好相关利益主体的权利关系。

杭州的房地产法律服务，在1990年代应运而生，并且逐步专业化，成为房地产服务业的重要组成部分。

1993年2月，以当时杭州大学法律系专业人员为骨干，浙江省房地产律师事务所成立，这是浙江省第一家房地产专业律师事务所。

金鹰是房地产专业律师的一个典型代表。1989年取得律师资格证书后，他就开始在浙江联合律师事务所担任专职律师。1995年底，他创办了金鹰律师事务所。

金鹰回忆说，他的第一批客户，包括商宇房产、广宇、省建工集团和建设银行等房地产企业和金融机构，金鹰律师事务所主要围绕房地产开发、建设工程和政府基础建设投资在开展业务。

2000年，金鹰律师事务所做了第一个五年规划，正式把业务聚焦到建筑和房地产领域。因为在1998年停止住房实物分配后，杭州的房地产市场开始快速发展。但是，当时房地产领域法律法规还不健全，许多开发商和市场参与主体都缺乏法律意识和法律知识，在工程质量安全、合同履约等方面法律纠纷很多，社会需要十分广泛和迫切。

金鹰认为，律师是一个特殊的服务行业，也是一项社会事业。作为一种职业，律师提供法律服务，帮助当事人防范和化解法律风险，维护合法权益。作为一种事业，律师宣传推广和普及法律知识，提高全民法律意识，推动提高法治化水平。

在法律服务过程中，他发现各类主体在法律意识、行为规范、诚实守信等方面，存在巨大的提升空间。这些方面，正是一个国家法治建设的基础。因此，金鹰律师事务所在业务发展中设定了"守法、诚信、规范"的基本理念，并加大了在各类法律宣讲上的投入。

2000年9月，《建设部、国家工商行政管理局关于印发〈商品房买卖合同示范文本〉的通知》（建住房〔2000〕200号）发布，这是规范商品房市场交易行为的重大举措。金鹰律师事务所立即组织力量，从不同合同主体的操作角度，编写了商品房买卖合同操作指导书，分"买受人版"和"售卖人版"，逐条解释示范文本的内容要义，并运用实际案例，分析说明签订合同的注意事项，对推广和普及商品房买卖的法律知识做出了贡献。

浙江省司法厅在 2000 年批准成立的浙江浙联律师事务所也把房地产专业法律服务作为重点特色业务。在该所工作，同时担任浙江省律师协会建筑房地产专业委员会主任的戴和平律师，1997 年本科毕业于复旦大学经济法专业，接着考入西南政法大学研究生班，最后硕士毕业于香港理工大学与浙江大学合办的国际房地产专业，注重提高律师实务和理论水平。

因为过硬的专业水平，戴和平先后入选《中国房地产报》和建设部专家库。他发挥专业作用，参加了《中华人民共和国物权法》《浙江省城市房屋拆迁管理条例》《杭州市物业管理条例》等法律法规的立法研讨。同时，还担任浙江省房地产估价师继续教育课程老师和杭州市房地产经纪人培训"房地产管理法"课程主讲老师，并通过电视、电台、报纸杂志和网络媒体宣讲，以案说法，普及房地产法律法规知识，受到社会各界的欢迎和好评。

2002 年 6 月，浙江省法学会民法研究会与浙江泽大律师事务所联合举办了一场房地产法律理论与实践研讨会，受到各界高度重视，有 100 多位法律和房地产人士参加，分析和探讨了各类房地产法规和案例，提出了许多改进建议，产生了广泛和深远的影响。

2003 年，金鹰律师事务所全面修订和完善后的《商品房买卖合同操作指导书》，由科学技术文献出版社公开出版发行。浙江省司法厅原厅长、浙江省律师协会会长胡虎林先生，以"规范之道，维权之灯"为题作序，对房地产专业律师在普法和用法方面的努力给予充分肯定。

为了针对会员单位的需要，更好开展房地产法律服务和进行法律风险防范，浙江省及杭州市房地产业协会也付出了长期不懈的努力。

早在 1999 年，杭州市房地产业协会就成立了全国第一个房地产业协会的法律事务部，通过免费咨询和培训服务，为会员单位提供法律服务。

2010 年，在会长唐世定先生的推动下，浙江省房地产业协会成立了法律与维权专业委员会，金鹰先后担任了副主任和主任，积极推动房地产法律方面理论和实务的教育推广，受到会员单位的好评。

法律与维权专业委员会每年编写浙江省房地产业法律报告，对房地产领域的法律热点和焦点问题，进行综合性、系统性总结评估，并从法律角度提出促进行业健康发展的对策建议。

2013 年 9 月，浙江省高级人民法院发布了《2003—2012 年房地产宏观调控背景下浙江房地产审判白皮书》，回顾总结了这 10 年浙江房地产案件审判情况，分析了发现的问题和对策建议，并公布了 10 年来的十大经典案例。

白皮书公布的数据显示，受宏观调控政策和房地产市场活跃度影响，浙江省的房地产纠纷案件数量呈波浪形上升趋势。从 2003 年到 2012 年，全省各级法院共受理房地产纠纷案件 11.88 万件，诉讼的总金额达到 505.93 亿元。

可见，房地产法律服务，是一项没有终点的社会事业。随着房地产政策和市场环境的发展变化，法律法规不断进化，法律纠纷层出不穷，房地产法律宣传、普及和服务任重道远。

## 13  商品房市场营销各显神通

房地产市场营销，为搭建开发商与购房者互动交流的便捷渠道，建立有效机制。

世纪之交的十多年时间，杭州的商品房市场处于快速发育阶段，对于面向市场的开发企业来说，如何实现快速销售和资金回笼，是项目成败的关键，对企业来说生死攸关。拿什么样的地，造什么样的房，目标市场和客户在哪里，项目和产品如何介绍给购房者，如何吸引他们下单，是一个学习和探索的过程。

对于购房者而言，买房也是新生事物，对他们来说商品房的户型、质量、环境、配套、法规、风险等，一切都是陌生的，徘徊和焦虑在购房者中也很普遍。

在这个特殊的时期，市场营销的原理和方法，在房地产市场有了绝佳的用武之地，许多对市场敏感的营销精英在实践中脱颖而出，演绎出一部精彩纷呈的商品房营销大戏。

### 13.1  武林广场的房产商行

1993年国家对房地产投资过热的严厉调控产生了立竿见影的效果，房地产市场一夜之间就进入了寒冬。

当时，开发商还是商品房市场的新手，在它们不知所措之际，销售代理的商机出现了。

1994年，杭州的房地产销售代理开始起步。那一年，浙江省直房地产咨询代理公司成立，算得上是杭州房地产销售代理行业的鼻祖。

那年，章惠芳刚刚大学毕业，就进入了这家公司。作为杭州房地产市场营销资深策划人，她的职业生涯，基本与杭州楼市同步发展，她算得上是个典型的"过来人"。

章惠芳回忆说，自己有一点制图专业的基础，看得懂户型结构，喜欢看地图，对位置也比较敏感，这些都成了职业发展的基础和优势。

　　刚开始工作时，对房地产其他方面都不懂，她就一方面抓紧时间学习，去图书馆找书看，还订了很多报纸杂志，如《中国房地产报》《房地产世界》等，整理专业知识和市场信息。

　　另一方面，她经常跑市场：到项目现场看；到售楼部与销售人员交流，了解市场动态；拜访开发企业老总……与各类行业人士积极开展交流，无疑是很好的学习途径。

　　在跑盘的时候，章惠芳注意到，每个楼盘都有售楼部，但是都很简单。更重要的是，项目各自分散在不同地方，有的还比较偏远，当时的公共交通不发达，自行车是主要代步工具，购房者看房很不方便。她就在想，如果能够有个地方，把在售的楼盘销售信息和销售人员集中起来，就像专业市场那样形成集聚效应，应该是很好的事情。

　　公司领导对这个设想十分认同，和一些开发商沟通也得到了积极响应。

　　1994年底，浙江省直房地产咨询代理公司花高价竞拍，租下武林广场东侧的一个门面房，开出了一家专门销售商品房的"门店"，叫作"省直房产商行"。商行邀请了十多家开发商在里面开设柜台，以日常展销的方式，直接与购房者见面，解决了购房者看房难和货比三家的需要。

　　章惠芳说，这个商行就相当于一个商品房展销门市部，天天在武林广场开门营业。第一批进驻的有丹桂公寓、湖畔花园、南都花园、康新花园等，大多是在蒋村商住区开发的项目。

　　运营方面，商行自己有销售员，各楼盘也可以派驻自己项目的销售员，两者结合起来，共同接待进店的顾客。在商行这里成交的房子，房地产公司按照约定给商行提取佣金。

　　在当时，杭州商品房销售代理行业地位蛮高的。因为宏观调控，房子很不好卖。开发商自己销售一个月也卖不出一两套，但好的时候销售代理可以成交二三十套。

　　房产商行这个模式，在当时还是具有创新性的，符合当时市场供需双方的需要，可以显著提升销售业绩。同时，不同项目同台竞技，也促进了彼此之间的竞争、互动和提高。

　　1995年，省直房地产咨询代理公司成立了信息中心，章惠芳负责主编一份房地产信息方面的内部刊物，叫作《浙江省房地产信息》，目的是与房产商行形成互补，扩大商品房市场信息服务范围（见图 13.1）。

1995 年 12 月，第一期终于印好了。虽然只有薄薄的十来页纸，但在当时作为一个全新的成果，《浙江省房地产信息》还是在行业内和市场上产生了很大反响。

房产商行经营与房地产信息加工整理，形成了互动关系。除了招商引进的楼盘，《浙江省房地产信息》又挖掘了一些其他房源信息。章惠芳和同事整理了全部房源信息后，将其编辑到内刊，再将内刊印刷出来，除了在商行展示，也定向赠送，以扩大公司的知名度和影响力。

在这个过程中，章惠芳认识了许多专家，她虚心向各领域专业人士请教，向他们约稿，这也是学习和提高自己的捷径。

在掌握丰富市场信息的基础上，章惠芳还会根据市场动态，精选一些具体的房源信息，每周在《杭州日报》《钱江晚报》刊登房地产信息广告。

当时，报纸上会有密密麻麻的房地产信息广告，每个都是豆腐干大小，下面有销售代理的联系电话，广而告之，效果也还不错。

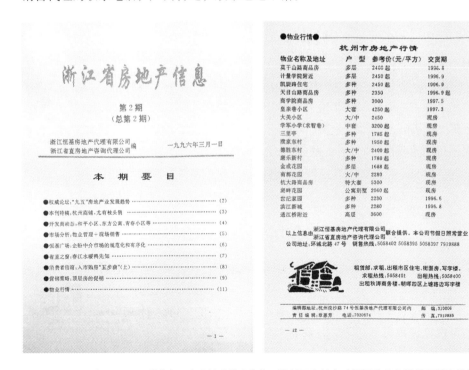

图 13.1　1996 年 3 月 1 日的《浙江省房地产信息》第二期封面和封底（根据章惠芳提供原件翻拍）

现在看看，章惠芳编辑的房地产信息内刊，她提议创办的房产商行，还有连续性的房地产信息报纸广告，就是杭州房地产市场初级形态的网络化信息载体和销售平台。

章惠芳回忆说，为了做好这份工作，她经常骑着自行车跑到很远的地方，与各类人接触和交流，积累了第一手、最基层的信息和经验，加上不断学习、思考和整理，自己也在《杭州日报》《钱江晚报》发表了不少市场分析文章。

可以说，正是杭州商品房市场发育过程中的风风雨雨，成就了杭州第一代房地产市场营销的专业人士。

## 13.2　诱惑人心的房地产广告

在 1990 年代的最初几年里，房地产广告的基本任务是告知信息。房地产销售信息被打印成一页纸，或者贴在一些地方的告示栏上，或者夹塞在小区住户的信箱里。做广告的，基本是郊区的新楼盘。市区房子不愁卖，人们甚至认为，就是因为房子卖不出去，开发商才被迫做广告推销。

1993 年房地产金融调控后，市场销售低迷，开发商过了几年苦日子。在尝试多种销售策略后，一些开发商发现，当时人们获取正规信息的主要渠道还是报纸。大幅的报纸广告虽然昂贵，但如果策划设计有冲击力，性价比还是不错的。

起初，报纸上的房地产广告，通常只传递位置、品质、户型、价格等信息。例如，1997 年 10 月 8 日的《杭州日报》刊登了金都新城的广告，主题是"创建精品，走向未来"，广告配有 4 个简单的户型图，并突出强调每平方米 2500 元起售。

到了 1998 年，新金都城市花园、德加公寓、桂花城先后在《杭州日报》推出大幅跨版广告，给读者带来巨大视觉冲击，引发了一轮房地产报纸广告的变革和热潮。这一年，《杭州日报》的房地产广告收入大约为 8000 万元，排在各品类广告收入的第一位。[①]

对家庭来说，买房子金额巨大，要考虑的因素很多，时间跨度也很长。针对房子的特殊性，怎样用有限的报纸版面，传递更丰富、更深层次的内容，成为广告人创新创意的焦点。

最好的广告推广效果，是直达读者的心灵深处，激发丰富的联想、美好的希望、长久的期许，为房子注入更多价值，为买房子提供更多理由。

---

① 仇赛飞，房地产广告中的人性化倾向，商业经济与管理，2001 年第 9 期，第 63–65 页。

于是，一批广告公司站上了潮头。它们探索的道路各异，结果却高度一致——就是营造"家"的意境。

中国人对于房子的渴求，对于居所的依赖，都融汇在源远流长的"家文化"里面。如何把一处住宅描绘出家的感觉，展示出家的氛围，逐步成为广告公司的竞争焦点。

在这个时期，最出彩的就是徐剑艺。他1988年毕业于浙江师范大学中文系，后来在浙江大学攻读研究生，并留校担任中文系语言艺术研究所副所长、副教授。

1993年，也是唱着春天的故事，徐剑艺和他夫人顾亚维一起，在教书之余，创立了青鸟广告。公司一成立，就承接了南都花园的广告推广策划任务。

一直从事文学创作和教学工作，决定了徐剑艺要走"文化营销"的路子。

1998年，青鸟广告接手了东河边上的万安城市花园项目。当时，经过从1980年代开始的持续性大规模综合治理，贴着东河而建的万安城市花园拥有优良的天然河景。

而且历史上，中东河长期以来就是杭州繁华的老城区，留下了许多老杭州人祖祖辈辈的印记。

徐剑艺提炼出"你家门前有条河，你家窗前有座桥，你家边上万棵树，你家周围万家铺，你家园内万事新"的系列广告语，广告语加上对中东河历史文脉的渲染，该广告在《杭州日报》发布以后反响强烈，唤醒了不少杭州市民的儿时回忆。[1]

在杭州，这是第一次在房地产广告里，把房子所在位置的历史，与人们心中的家园、故土联系起来，诗情画意地呈现出房子的价值。

徐剑艺说："最好的房子一定是诗情画意的。"

在广告推广的基础上，万安城市花园开盘之后，均价达到6000元/米$^2$，而彼时周边其他商品房的价格还维持在4000元/米$^2$左右。文化营销的价值初步得到认可和体现。[2]

绿城房产桂花城的广告，是青鸟广告的成名之作。"绿城无处不飞花，桂香庭院是君家"，描绘了一种悠远宁静的家园情怀。

看到这个广告，人们自然会想起唐代诗人韩翃的《寒食》："春城无处不飞花，寒食东风御柳斜。日暮汉宫传蜡烛，轻烟散入五侯家。"结合传统文化，广告语突

---

[1] 钱杭园，文化，杭州房地产广告的本质表现，广告人，2003年第7期，第53-56页。

[2] 吴洵非，青鸟徐剑艺：文化营销勾勒诗情画意，住在杭州网，2010年1月11日。http://zzhz.zjol.com.cn/05zzhz/system/2010/01/11/016225334.shtml。

出了从城市、庭院到家的意境，文化韵味十分浓厚。

当时，杭州商品房市场处于初级阶段，青鸟广告创造的文化营销模式，为这个行业和市场吹来了一阵清风，拓展了人们对房产品和居住生活的认知边界，推动了杭州人居品质的全面提升。

1999年中大房产拍卖拿到吴山脚下的四宜路地块后，邀请徐剑艺参与营销策划。2001年，在楼盘工地挖出了南宋恭圣仁烈杨皇后宅遗址。为保护文物，整个项目的总平面图乃至单体、地下室等，都做了大的修改，整个项目停工半年多，最终减少了两栋楼，腾出了遗址所在区域。

从项目位置的文化基因出发，青鸟广告推出了"曾经是帝王的家""而今是名流的家"系列广告语，很好地呈现了项目位置的尊贵底蕴，为项目豪宅高端定位注入了文化内涵。

泰戈尔的《飞鸟集》中，有这样一句话："如果你因失去了太阳而流泪，那么你也将失去群星了。"大意是说，有些东西稍纵即逝，一定要把握机会，不要对已经发生的事后悔，而要确保以后不留遗憾。

2000年的时候，在之江、转塘板块，九溪玫瑰园和西湖国际高尔夫别墅等高端住宅得到市场认可，特别是金庸置业安家在九溪玫瑰园后，这里成了名流汇聚之地。

在这两个别墅项目之间，有个项目叫景月湾。景月湾委托青鸟广告进行广告策划，"错过了星星，不能错过月亮"的广告语，让项目名噪一时。对于那些看着房价一路上涨，迟迟没有出手购房的人来说，这句话还是很有杀伤力的。

业内人士解读说，景月湾的这个广告语，是对没有能力买或没买到九溪玫瑰园、西湖国际高尔夫别墅等豪宅项目的购房者的劝导。而"月"字又恰好与景月湾的案名契合，很有创意和推广价值。

虽然这个项目本身并不出彩，但它的广告语却成了经典，后来不乏模仿者，甚至在业内形成了一个"错过了某某，不能再错过某某"的固定句式。

2000年11月，名城房产在西湖博览会期间通过拍卖拿到浙麻地块后，因为拿地价是"宇宙价"，名城房产自然十分谨慎，在项目策划定位方面做了许多调研，考察了深圳、上海不少楼盘，希望借鉴城市重要河流岸边的项目开发经验，把京杭大运河、拱宸桥的历史文化底蕴挖掘出来，传承下去。

在合作过程中，青鸟广告的徐剑艺和胡志军提出，可以针对京杭大运河杭州运河综合保护工程实施后焕发出来的生机，借鉴法国巴黎塞纳河畔住宅小区云集的情景，用"名城左岸花园"的案名，打出了"人生是河，幸福是岸"的广告语。

广告文案写道：当我们因劳碌奔忙而渐渐忘却一种信念、一种支撑的时候，请关注"岸"对"河流"的厮守；久在水中漂泊的人们，谁能抵挡"岸"的诱惑？让我们怀揣纯洁的心灵，循着河流出发，一起"上岸"！

名城左岸——人生是河，幸福是岸。

这个广告，颠覆人们对京杭大运河沿岸的传统认知，甚至给人以人生哲理的启迪，凸显了房产品家的功能、意象和氛围。

2001年和2004年，由顾亚维主编的《思想：房地产文化营销》和《情感：房地产文化营销》两本书，先后由新华出版社出版，对青鸟广告房地产文化营销实践进行了系统总结。

这两本书，后来成为业内重要的参考文献资料。

七里香溪的广告语，"水是多情的，你是自由的"，高度浓缩了青鸟广告那些文化人的执着和理想。

此后一些年，房地产广告的功能越来越丰富，逐步从信息告知和营销推广，转向品牌传播和理念输出，越来越注重与购房者、与城市、与社会的心灵沟通，深刻影响了杭派开发商的文化基因和楼盘气质。

## 13.3 转型升级的营销机构

一方面，由于开发商经验不足，1990年代后期房地产市场上也出现了一些"死案"。在销售困难、无计可施的情况下，开发商往往会寻找和委托营销策划和销售服务机构，请它们来救苦救难，希望项目起死回生。

另一方面，随着项目开发和市场经验积累，杭州的主流开发商羽翼渐丰，逐渐喜欢自己做营销。特别是在市场形势比较好的时期，越来越不愿意花钱进行销售代理和广告投放。

在这个背景下，许多广告公司、销售代理公司、营销策划公司也都拓展了业务范围，开始转型升级，向着综合性营销服务机构发展。

章惠芳回忆说，1997年的时候，国信房产在三墩灯彩街有一个项目，叫作"信鸿花园"。由于位置偏远，虽然房价只有1500元/米²左右，但还是卖不动，半年也只卖出几套房。

取得销售代理权后，章惠芳开展了市场调查，发现需求还是有的，但是许多潜在的购房者支付能力不足。当时银行对按揭贷款控制比较严，国信房产刚好有资金实力，就提出搞分期付款促销。

结果，以7成15年分期付款的促销方案，信鸿花园一两个月就卖出了50%的房源，不到半年就基本售罄了，开发商十分满意。

1998年底，章惠芳创办了杭州第一家个人房地产工作室，叫作"杭州中庆·惠芳房产策划室"，重点做商品房项目营销策划。

第一个成功案例，就是原汽车东站边上一个已经结顶的烂尾楼。这个楼盘原来是个酒店，它的兄弟公司是杭州大厦。

章惠芳接手后，做了详细市场摸底和问卷调查，走访了一些周边单位，分析以后发现，这个项目位置的劣势是离市中心有些远，配套也不太成熟，周边还是农村。同时，她也发现了一些优势，这里交通便捷，在彭埠高速出口附近。

所以，章惠芳提出了应该改变项目用途，把酒店改为写字楼。

当时，可以算得上杭州写字楼销售形势最差的时候，有媒体报道空置量已经达到60万平方米左右，以当时的销售速度，要消化空置的写字楼需要4~5年。因此，开发商颇有些畏难情绪。

通过仔细的市场调查，章惠芳发现，这一带离高速出入口近，往来上海、宁波等地交通方便，有好多小型的公司以这一带为中心进行商务往来，外地公司在这里设办事处的也很多，章惠芳觉得这个项目做写字楼还是有市场的。

说服开发商把项目定位转过来后，它的劣势也就变成了它的优势。项目被重新命名，叫作"东门大厦"，再借用杭州大厦的名气，推广的广告语叫"从杭州大厦到东门大厦"。这样，大大提升了它的市场认同度。

由于客户都是小公司，它们的资金是滚动运作的，一般购房者都希望减少资金占用。于是章惠芳制订的营销方案是降低首付，客户可以将原来的五成首付改为先付两成，其余三成等交房时再付，有个担保就行。

楼盘认知度提高了，置业门槛又降低了，客户随即上门。东门大厦开盘仅一个月，就创下了销售率逾65%的销售纪录，3个月就卖掉了90%，在杭州引起了轰动，市场研究和营销策划的价值初步得到了认可。

写字楼当时毕竟还是蛮难卖的，而且那个位置也确实不好。销售成功后，章惠芳和伙伴们进行总结，发现房地产营销策划的关键是市场定位。每个项目都有它的优势和劣势，但优势也好，劣势也罢，都是相对客户而言的。同时，客户是有差别的，分析研究市场后，你会发现，每个项目都有它的卖点，都有一批适合它的客户。你能不能找到适合项目的客户，决定你这个项目能不能成功。

几个项目成功后，章惠芳与他人合伙，在 1999 年 11 月成立了杭州中原房地产营销代理公司（当时不知道还有个中原地产），公司名称的寓意是，从杭州走向中原。

公司成立不久，有一家杭州的国企寻找营销策划和销售代理公司，项目在绍兴，叫"润和苑"。这个项目也是很偏的，还不通公交车。于是，章惠芳从市场调查研究和项目定位入手。她告诉开发商，前面策划定位做好了，后期销售也就水到渠成了。

为了做市场调查，调查人员特地坐三轮车前往项目现场。从市区到项目现场大概需要 15 分钟，这个距离，在当时看来是很远的，当地人多数接受不了。

怎么办呢？看到项目的东面、北面是沿河的，章惠芳就建议做一些规划设计方案的改进，对内部环境做一些优化升级。

绍兴被称作"鱼米之乡"，水多桥多，章惠芳自己就是绍兴人，十分理解老百姓的喜好。小区调整规划后，在内部增加了一个水系，打出了"小桥，流水，我的家"的广告语。项目一炮打响，卖得很好。

当时，周边项目定价在每平方米 1800 元左右，都没有什么品牌和形象。在前期策划和宣传推广的基础上，章惠芳将项目定价为每平方米 1998 元，开发商很担心销售出问题。

章惠芳又从杭州招来几位有经验的销售人员，自己也亲自在案场工作，把控销售进度。开盘后，项目反响热烈，3 个月就卖出了 80%，后半段还连续提价了几次。分析原因，主要就是接地气的营销策划和宣传推广，唤起了绍兴人的购房热情。

这个项目的市场调查、项目定位、方案调整、营销推广和案场管理，一气呵成，被当地同行称为"润和现象"。随之，章惠芳的公司在绍兴打开了市场，接了很多项目的营销策划业务。[①]

在杭州也是这样，东门大厦成功之后，章惠芳继续在写字楼方面做了不少项目的营销策划工作。

2005 年，章惠芳整合资源成立了一家新公司，叫"杭州双赢置业营销有限公司"。该公司以咨询顾问、策划推广、销售服务为主业，简称双赢机构。

在总结以往经验的基础上，章惠芳提出了"真诚做人，专业做事，激情创意，卓越追求"的核心理念，致力于做 1+1 > 3 的复合型房地产营销商。所谓"双赢"，

---

① 万莉，章惠芳：亲历房产销售代理的起伏，每日商报，2005 年 7 月 14 日。

体现了她对这个行业的理解，就是做任何事情都要双赢，要服务开发商，也要服务购房者，最后做到双赢甚至多赢。

双赢机构是杭州较早实施"全过程营销"的房地产营销机构。业务结构包括市场研究、营销策划、销售代理"三驾马车"，业务部门分为市场部、策划部、销售部，章惠芳给它们的定位是：前端研究，中端策划，后端服务。

前端就是研究市场，做好产品定位。项目在什么城市，哪个板块，卖给什么人群。然后，造什么样的房子，户型结构怎么定位。这对项目销售和取得投资效益非常关键，是营销机构可以帮助开发商最关键的地方。

中端就是提出策划营销方案，主要工作是进行有效的市场推广。前面的定位是与开发商探讨。现在是要做出好的广告吸引客户的关注和来访，还要和购房者探讨，告诉他们这就是你要的房子。

后端就是案场销售，要做好顾客接待、沟通和服务。这个时候也是考验销售团队临门一脚功夫的时候。能不能抓住客户的心，促进成交，取决于销售水平的高低。如果开发商也能卖得不错，那要销售代理干吗？所以，营销机构要做得更专业、更敬业，同时要卖得更好、更快，这是基本的生存之道。

三个环节的工作，可以体现出营销机构的价值。章惠芳说，我们赚的钱，是我们自己创造的，不是开发商施舍的。所以她希望市场是相对平稳的，供求相对均衡，项目销售存在差异。只有这样，才能在竞争中大浪淘沙，优胜劣汰，促进整个行业进步。

# 14  从西湖时代走向钱塘江时代

杭州的城市发展，是怎样从西湖时代，走向钱塘江时代的？

杭州，作为千年古都，它的历史文脉，基本是围绕凤凰山麓，沿着钱塘湖（西湖）和京杭大运河展开的。

"三面云山一面城"，是过去人们对杭州城市形态的生动描绘，表现了历史上杭州以西湖为中心的发展格局。

从1980年代开始，随着社会经济发展和人口增加，杭州城市发展空间受限的问题越来越突出，"螺蛳壳里做道场"，是当时杭州政府和规划界人士发出的感叹和无奈。

因此，从城市规划到产业布局，从行政区划到基础设施建设，如何突破老城区的空间制约，就成为杭州各界努力的方向。

经过十几年的反复研究和实践探索，社会各界逐步达成了杭州城市格局必须突破以西湖为中心的传统空间制约，沿江开发，跨江发展，从西湖时代走向钱塘江时代的共识。

1993年，在钱塘江北岸设立了杭州经济技术开发区。1996年，在钱塘江南岸设立了滨江区。2001年，萧山和余杭撤市设区。由此，杭州市区面积扩大到3068平方公里，比1980年扩大了6倍多。在当时的副省级城市中，杭州的市区面积由倒数第一位，升至第五位。

从此，"一江春水穿城过"，杭州城市发展迈进了壮美的钱塘江时代。

## 14.1  城市规划谋新篇

在1980年代前期，杭州的城市发展基本是按照1983年5月国务院批复的城市总体规划，在老城区范围内，开展了中东河综合治理、环湖绿地动迁和大规模的旧城改造工作。

当时的城市规划对杭州进行的定位，突出了杭州作为省会城市和风景旅游城市的一面，但没有提出经济功能的定位和要求，在一定程度上限制了城市的经济辐射和集聚能力，不利于增强城市活力。许多现代化的工业项目，就因为与杭州的城市性质不协调，而未被引入杭州，在杭州布局。

随后杭州社会经济快速发展，人口迅速增加。1985年市区人口就达到125万人，其中非农业人口超过了100万人，已经突破了当时城市规划设定的2000年远期人口控制规模。

随着经济增长和人口增加，各类用地需求大大增加，原有的城市定位，包括以控制大城市规模为导向的规划思路，很快就不能适应城市发展要求了。

1984年11月，《省委常委会纪要》对杭州城市总体规划提出了七条补充和修改意见。1985年2月，杭州市政府成立了杭州市城市总体规划修改工作领导小组，研究调整和修订城市规划。

全程参与这项工作的汤海孺回忆说，当时修订和完善杭州城市总体规划的主要任务，就是根据城市发展新情况，结合国家层面大力推动开发区建设的需要，优化市域城镇体系，优化中心城市圈布局，优化城市用地结构，优化城市生态环境，优化城市基础设施，最终实现扩大城市发展空间的目标。

在此期间，1990年3月，杭州在城西文教区设立了杭州高新技术产业开发区，一年后杭州高新技术产业开发区升级为国家级高新区，但其发展空间依然严重不足。

1992年4月，历时8年，杭州市城市总体规划修改补充稿完成，并在5月13日上报浙江省政府。

这个修改方案在思路方面，跳出了杭州城市"背江面湖"的传统格局，有了"沿江发展"的新视野。但是，还是不能适应邓小平南方谈话后，改革开放的新局面。

1993年，杭州放弃"修订"规划的打算，开始重新"编制"新一轮城市总体规划。在以往研究基础上，这一轮规划比较开放和大胆，将杭州城市发展的视野，从西湖扩大到钱塘江两岸，提出了沿江、跨江组团式发展思路，引导城市空间有序拓展。

对杭州的城市性质，这一轮城市总体规划也进行了大幅扩展，提出了"国际风景旅游城市和国家历史文化名城，长江三角洲重要中心城市，浙江省的政治、经济、科教、文化中心"的城市定位。

规划还首次提出了"杭州都市圈"的概念，欲突破市区行政区划范围考虑城市功能配置，将萧山和余杭纳入，推动"统一规划，分头实施"的发展构想，这在当时是非常有创意和远见的。

1993 年 4 月，国务院批准在下沙设立杭州经济技术开发区，这是国家级开发区，杭州初步实现了向东北方向拓展空间的设想。

一个面向 21 世纪，以钱塘江为轴心，以快速路网为支撑，跨江、沿江、组团式发展的大杭州呼之欲出。

但是，在当时的历史条件下，人们对城市化发展的认识水平和重视程度还不够高，杭州都市圈的规划设想落实起来难度很大，特别是受到行政区划的制约比较多，感觉很难实施。所以，规划工作阶段性成果就只有一个大纲，称"杭州都市区规划大纲"。

到了 1998 年，这一轮城市总体规划终于完成了，经过省政府评审和反馈修改，在 2000 年 3 月正式上报国务院审批。

彼时，从地方到中央，各方面都在紧锣密鼓地讨论，谋划进一步调整杭州市行政区划。考虑到行政区划可能很快出现大的变化，国务院就没有进一步审批这一版城市总体规划方案。

1990 年代杭州城市总体规划的研究和探索工作，虽然没有形成最终获批的成果，但其贡献很大，影响深远。客观地讲，开展基础性研究工作，为城市发展出谋划策，进行开放式讨论和多角度争鸣，是十分必要和有益的。

## 14.2 区划调整拓空间

1996 年 5 月，《关于扩大杭州市区行政区域的通知》（杭政〔1996〕12 号）发布，决定从 5 月 1 日起，萧山和余杭各划出三个乡镇给杭州市区。萧山的浦沿镇、长河镇和西兴镇划归西湖区。余杭的三墩镇划归西湖区，九堡镇和下沙乡（包括围垦区）划归江干区。当时的三墩镇，包括三墩经济区蒋村办事处，也就是蒋村乡的范围。

消息公布后，当时萧山市西兴镇的东湖、杜湖、湖头陈这三个村有不同意见，村民和村干部对划归杭州市区抵触情绪较大。省里考虑到稳定的需要，就在 5 月 24 日经浙江省民政厅批准，又将东湖、杜湖、湖头陈三个行政村从西湖区划出，重新归属萧山市，由城厢镇管辖。

这件事情，折射出当时人们对行政区划调整，的确存在许多不同的想法和意见。站在一时一地的立场，无论是情感认同还是利益纠结，都是可以理解的，有不同意见无可厚非。

特别是对于萧山而言，在历史上长期隶属于绍兴。在传统农业社会条件下，钱塘江的阻隔明显，萧山与隔江相望的杭州经济联系不方便，人文差异显著。改革开放后，1980 年代萧山经济发展十分强劲，经济总量长期位居全国百强县前列，号称"浙江第一县"。

因此，很长一段时间，萧山人并没有接受"杭州都市圈"这个概念，也没有太多与杭州市区融合发展的积极性。

时任杭州市委书记李金明回忆说，省里文件下来后，市委召集萧山、余杭的领导开会，研究实施方案，要求做好相关工作。但开会时，大家都不发言，一度冷场。

李金明是河南南阳人，就讲了诸葛亮躬耕南阳和襄阳的故事。清代曾经有一任南阳知府叫顾嘉衡，他是湖北人。南阳当地人问他，诸葛亮躬耕地到底是南阳还是襄阳。顾嘉衡没法回答，他写了一副对联："心在朝廷原无论先主后主，名高天下何必辨襄阳南阳。"

这些故事讲过后，会场气氛开始活跃些了。李金明也模仿着写了一副对联："心在杭州原无论江南江北，利归天堂何必争多划少划。"这副对联明显是讲给萧山听的。

这样，通过说古论今，杭州市才算做通了萧山和余杭领导的工作，他们各自表态后提出一些要求，这就算统一认识了。[1]

经过这次区划调整，杭州市区的行政区划面积从 430 平方公里扩大到 683 平方公里，拉开了杭州传统市区向外扩大的序幕。

1996 年 12 月 12 日，杭州市新设立了滨江区，其区域范围就是由从萧山划出来的西兴、长河、浦沿三个镇，杭州由此初步实现了跨江发展的梦想。

随后的 2002 年 6 月，杭州调整了高新区和滨江区管理体制，滨江区被纳入高新区，高新区主体转入滨江区，实行"两块牌子、一套班子"。后来的发展实践证明，这个安排十分有效，突破了高新区发展的空间制约，极大地促进了滨江区的产业集聚，加快了城市功能提升的速度。

如果站在 20 年后的时空尺度观察，当年拒绝划归杭州的三个村在一定程度上

---

[1] 李金明，抓住解放思想这个"牛鼻子"，柴燕菲主编，浙江改革开放 40 年：口述历史，浙江科学技术出版社，2018 年 11 月。

错过了快速城市化的良机，没能搭上滨江区高新技术产业发展、城市能级提升和地价房价大幅上涨的顺风车。

1998年张德江到浙江担任省委书记后，十分重视城市化问题。他看到浙江省计划经济委员会刘亭等人写的一份题为"城市化：我国跨世纪发展的战略选择"的报告后，做了批示："推进城市化进程，既是我国经济、社会发展的必然，也是促进经济和社会发展的突破口。"

1998年12月2日，根据张德江11月下旬在杭州市调研讲话精神，"城市化"一词正式见诸《浙江日报》头版头条。文章还同步提出了杭州"建经济强市，创文化名城"的目标任务。随后，浙江省第十次党代会做出了"不失时机地加快城市化进程"的重大战略决策。①

也是通过这次调研分析，张德江了解到关于杭州市区发展空间受限的意见比较多。从有利于全省经济发展，推动浙江城市化，促进杭州城市现代化等多方面考虑，他对杭州进一步扩大市区范围持积极支持的态度，这加快了萧山、余杭撤市设区的工作进度。

两年后，2000年12月26日，浙江省政府向国务院呈报了《关于撤销萧山市、余杭市设立杭州市萧山区和余杭区的请示》。2001年2月2日，国务院发函同意萧山、余杭撤市设区。3月25日，杭州市萧山区和杭州市余杭区正式挂牌成立（见表14.1）。

由此，杭州市区行政区划面积扩大到3068平方公里，地域空间大幅增加，杭州冲破了城市起飞的天花板。

为了顺利推进萧山和余杭撤市设区工作，杭州市委、市政府做了许多工作，针对各方面的顾虑，工作方案提出"三个不变"，即撤市设区后，萧山和余杭的行政区划范围不变、财政体制不变、管理权限不变。

这"三个不变"的做法，是行政体制改革过程的一项创新，主要是为了保持省、市、区财政关系的稳定。当时，萧山和余杭实行的是"省管县级市财政体制"，省和县级市之间，没有地市级政府这个中间层。因此，萧山、余杭自身的自主权比较大。保持"三个不变"，省、市、区三级财政关系保持稳定，大家都吃了一颗定心

---

① 浙江省城市化发展研究中心，寻找城市化工作记忆：刘亭专访，浙江省住房和城乡建设厅，2021年12月6日。https://jst.zj.gov.cn/art/2021/12/6/art_1229601718_58928343.html。

丸，阻力减少了很多。[1]

当然，"三个不变"亦导致很长时间里，许多政策出台和实施，存在"杭州市区（不含萧山、余杭）"这样的情况，在一定意义上延缓了市区基础设施和公共服务一体化的步伐，也给老百姓的日常生活带来许多实际的困惑。

20 年后的今天，再来审视萧山余杭撤市设区、杭州市区扩大这个重大的战略性决策，其对杭州城市发展的巨大促进作用有目共睹。不管是原来的主城区，还是萧山和余杭，都因为城市大规模开发建设，发生了翻天覆地的变化。

钱塘江两岸已经被称为杭州的"宇宙中心"，"沿江开发，跨江发展"的规划蓝图，已经变为现实。

原来属于萧山的钱江世纪城板块，经过 2016 年 G20 峰会，加上为筹备第十九届亚运会所进行的大规模开发建设，已经成为杭州城市最有活力和潜力的板块。

在原来属于余杭的未来科技城板块，电子商务和数字科技相关企业持续集聚，新经济、新产业引领杭州成为全国领先、世界瞩目的"数字经济之都"。

看来，无论是政府、企业还是家庭，在思考和决策重大战略问题的时候，的确不能局限于短期和局部的认知和诉求。

将"高瞻远瞩"这个成语，用在城市规划和城市区划调整的场景中，是十分贴切的。

表 14.1　1981—2001 年杭州市区面积及行政区划调整变化

| 时间 | 内容 | 市区面积 / 平方公里 | 行政区设置 |
|---|---|---|---|
| 1980 年 | | 430 | 上城区、下城区、西湖区、拱墅区、江干区、半山区 |
| 1996 年 5 月 | 萧山、余杭 6 个乡镇并入市区 | 683 | 上城区、下城区、西湖区、拱墅区、江干区 |
| 1996 年 12 月 | 设立滨江区 | 683 | 上城区、下城区、西湖区、拱墅区、江干区、滨江区 |
| 2001 年 2 月 | 萧山、余杭撤市设区 | 3068 | 上城区、下城区、西湖区、拱墅区、江干区、滨江区、萧山区、余杭区 |

---

[1] 杭州市政协文史委员会，一江春水城过：杭州市市区行政区划调整史料（1996—2017），杭州出版社，2018 年 12 月。

## 14.3　钱江新城定乾坤

在推动萧山、余杭撤市设区的过程中，杭州市委、市政府紧锣密鼓地开展研究，谋划市区扩大后新的城市空间发展战略。

2000 年 12 月，杭州市委八届六次全会正式提出了"沿江开发，跨江发展"的宏伟构想。

从西湖时代走向钱塘江时代，把城市重心转移到钱塘江边去发展：一方面可以拓展空间，规划建设一个现代化的城市新界面；另一方面也有利于减少城市发展对西湖景观格局的影响，保护和传承城市文脉。

跨越历史，新旧兼得，大家都十分支持和期待。为了这份历史情结，在后来钱江新城规划设计和研究论证过程中，专家们经常以西湖为参照系，致力于新城与老城之间的协调和互动。

2001 年初，萧山、余杭撤市设区文件上报国务院后，杭州就启动了新一轮《杭州市城市总体规划（2001—2020 年）》的编制工作。

因为有前面多年规划研究积累的基础，规划在 2002 年就完成了。经过逐级申报，2007 年获得国务院批复同意。

这一轮规划按照"保老城，建新城"的思路，明确了从"西湖时代"迈向"钱塘江时代"的总体战略。

规划提出，以杭州主城为中心，以钱塘江为轴线，加强江南、临平、下沙等三个副城和外围组团建设，形成"一主三副，双心双轴，六大组团、六条生态带"的开放式空间结构模式。

获得国务院批准后，规划从法律层面，确立了杭州"沿江开发，跨江发展"的城市发展格局。

为了落实新的城市发展战略，实施新的城市总体规划方案，杭州市委、市政府审时度势，做出了把市政府搬到钱塘江边去，建设钱江新城的战略决定。

2001 年 4 月 17 日，杭州市钱江新城建设指挥部成立，最初办公室设在长生路 9 号的杭州市城乡建设委员会大楼。

2001 年 7 月 1 日，杭州大剧院破土动工，标志着钱江新城建设正式启动（见图 14.1）。

2002 年初，杭州市第九次党代会提出了"构筑大都市，建设新天堂"的奋斗目标。对于钱江新城，市委、市政府制订了"258 计划"，要求钱江新城的建设进度

图 14.1　2001 年的钱江新城核心区①

是：两年完成基础设施，5 年精彩亮相，8 年核心区基本建成。

2003 年 7 月 1 日，杭州市民中心开工。2005 年 1 月 22 日，杭州国际会议中心开工。钱江新城的开发建设速度，绝对体现了城市建设的"中国速度"。

时间紧，任务重，要求高。参加过钱江新城开发建设的人，都对那段光辉岁月记忆深刻。

时任钱江新城建设指挥部副总指挥的朱云夫回忆说，指挥部成立后，首要任务是做好钱江新城核心区的规划设计工作。当时杭州市邀请了数十家国内外知名规划设计单位从地下、地面、地上多层面进行规划设计，对包括新城的东南西北关系、新城与周边直至西湖的关系，进行了多轮、多方案比较和研究论证，逐步绘就了钱江新城的基本蓝图，制订了标志性建筑方案。

钱江新城核心区的城市设计，是由德国欧博迈亚工程咨询公司完成的，控规设计是由杭州市规划设计研究院完成的。在方案设计论证过程中，一个重要诉求，就是要把以西湖为中心的老城区，与钱塘江两岸的新城区，有机协调和联系起来，充分体现杭州城市特色和历史传承需要。

杭州大剧院是由加拿大建筑设计师卡洛斯创作的，最初的建设地址是在西湖边的都锦生地块，设计意境是"明珠出水"。钱江新城开始建设时，时任杭州市市长仇保兴为了促进钱江新城作为杭州城市新中心的形成，力主把杭州大剧院的选址调整到钱江新城。杭州大剧院很快就作为第一个项目开工建设了。

后来，随着钱江新城整体开发建设推进，卡洛斯再接再厉，在杭州大剧院对面

---

①　楼子璇，从滩涂到城市 CBD，一场论坛细说钱江新城 20 年"建城"史，展望 2.0 新时代"跃变"路，杭州网，2021 年 7 月 10 日。https://ori.hangzhou.com.cn/ornews/content/2021−07/10/content_8005189.htm。

设计了杭州国际会议中心，形成了"日月同辉"格局。

其他地标性建筑，也都出自国际知名设计师之手。例如，万象城综合体是由美国 KPF 建筑事务所设计的，高德置地广场是由美国 SOM 建筑事务所设计的，来福士广场则出自荷兰 UNStudio 建筑师之手。

与规划建设同步推进的，是招商引资。按照中央商务区的功能定位，需要在钱江新城开发建设大批高端写字楼。但在起步阶段，国内外大的投资机构对在钱江新城拿地投资的积极性不高。

让人惊叹和佩服的，是以温州民营经济为背景的投资机构。它们敢为天下先，率先在钱江新城拿地，搭上了城市新中心崛起的顺风车。

那段时间，杭州市委书记王国平几乎每个月都要往钱江新城建设现场跑好几趟，而且每次来都带着四套班子、各职能部门的负责人。大家聚在一起听汇报、看方案、鼓干劲，遇到问题当场答复、当场拍板，并形成会议纪要，大大加快了钱江新城建设的速度。

2008 年 9 月 30 日，钱江新城核心区精彩亮相。国庆假期的一周时间，吸引了国内外近 50 万人参观游览。

"天圆地方"的市民中心，"日月同辉"的杭州大剧院和杭州国际会议中心，"开放大气"的波浪文化城和城市阳台，钱江新城的基本轮廓被呈现在世人面前，成为杭州进入钱塘江时代的桥头堡。

2009 年 6 月，王国平的著作《城市论》由人民出版社出版发行。全书分为上、中、下 3 册，150 余万字，详细记述了他在担任杭州市委书记的 10 年时间里，在城市发展战略、城市规划、城市建设、城市管理等方面的思考、实践和总结。

从西湖综合保护工程实施和申遗的历史传承，到"沿江开发，跨江发展"的城市拓展，杭州在 21 世纪最初 10 年日新月异的变化和进步，诠释了《城市论》的意义和价值。

2011 年 11 月初，在受聘浙江大学兼职教授时，王国平以"我们需要什么样的城市？"为题，做了一个专题报告，系统总结了他在杭州城市规划、建设和管理方面的心得体会。他说，他的梦想，就是把杭州打造成为与世界名城相媲美的"生活品质之城"①。

可以说，正是钱江新城核心区的建设，开辟了杭州从西湖时代走向钱塘江时代

---

① 王国平，我们需要什么样的城市：以杭州为例，浙江大学求是新闻网，2011 年 11 月 3 日。http://www.news.zju.edu.cn/2011/1103/c778a90298/page.htm。

的新纪元。①

2021 年 7 月 10 日，杭州市钱江新城投资集团有限公司（以下简称钱投集团）主办了钱江新城 20 周年与钱江新城 2.0 学术论坛，专家学者齐聚一堂，总结钱江新城建设 20 年的发展经验，思考谋划钱江新城 2.0 的美好前景。

时任钱投集团党委书记、董事长朱云夫在主题演讲中说：钱江新城一期用了十多年时间，完成了城市阳台、沿江景观带、新塘河、杭州图书馆新馆、新城隧道、杭州大剧院、市民中心、杭州国际会议中心、杭州青少年发展中心等一批重大项目建设任务，杭州钱江新城 CBD 基本成形。在此基础上，2014 年杭州市成立了钱投集团，继续开展"三城一村"（城东新城、钱江新城二期、会展新城和杭州亚运村）建设，对几大新城板块进行成片开发，打造一批世界级的建筑景观群，塑造杭州国际化的城市形象，成为杭州城市开发建设的主力军。②

每到夜晚，钱江新城壮美的灯光秀，是人们游览杭州必须打卡的城市景观（见图 14.2）。

钱江新城与对岸的滨江区和钱江世纪城交相辉映，"一江春水穿城过"的愿景，已经成为现代杭州的城市封面，不时在互联网云端被刷屏和赞叹。

图 14.2　钱江新城核心区夜景③

① 浙江新闻客户端，10 年·我在钱江新城｜朱云夫：21 平方公里绘梦新中心，浙江在线，2022 年 10 月 10 日。http://hangzhou.zjol.com.cn/jrsd/bwzg/202210/t20221010_24905176.shtml。
② 楼子璇，从滩涂到城市 CBD，一场论坛细说钱江新城 20 年"建城"史 展望 2.0 新时代"跃变"路，杭州网，2021 年 7 月 10 日。https://ori.hangzhou.com.cn/ornews/content/2021-07/10/content_8005189.htm。
③ 张力视觉，航拍杭州钱江两岸，站酷，2019 年。https://www.zcool.com.cn/work/ZMjk5NDc2MjQ=.html。

第四篇
"住在杭州"品质之城

21 世纪初，"住在杭州，游在杭州，学在杭州，创业在杭州"，是杭州人耳熟能详的城市发展口号。

在杭州人的记忆里，那是一个激情燃烧的年代。

构筑大都市，建设新天堂，共建共享"生活品质之城"，过程中留下了一幕一幕感人的故事，老百姓收获了点点滴滴实在的幸福。

## 15 打响"住在杭州"品牌

"住在杭州",为什么能够成为杭州城市特质的一个符号?

837 年,曾任杭州刺史的唐代诗人白居易,离开杭州 15 年后,在洛阳写下了回忆杭州的名作:"江南忆,最忆是杭州。山寺月中寻桂子,郡亭枕上看潮头。何日更重游?"

1073 年,苏轼正在杭州担任通判。他以神来之笔写下七绝一首:"水光潋滟晴方好,山色空蒙雨亦奇。欲把西湖比西子,淡妆浓抹总相宜。"东坡先生妙笔生花,写下赞美杭州西湖的千古绝唱。

"上有天堂,下有苏杭",千百年来,杭州之美,传遍大江南北。

从 1980 年代开始,改革开放为杭州这座历史文化名城注入了新的活力。

在"中东河综合治理工程""环湖绿地动迁工程""庆春路综合改造建设工程"等大规模旧城改造提升工程实施之后,这个曾经的"世界上最美丽华贵之天城",在 1996 年和 2001 年两次扩大市区行政区划范围后,迎来了全新的发展契机。

世纪之交的时候,"住在杭州"品牌,成为杭州市委、市政府"建经济强市,创文化名城"的一个重要抓手。

### 15.1 推出"四个在杭州"

1998 年 11 月下旬,浙江省委书记张德江在杭州市考察调研,就杭州市的城市总体规划发表了重要意见。他指出,杭州是浙江省的政治、经济、文化中心,是全省的窗口和象征。杭州市委、市政府要充分认识杭州的特殊地位和特殊作用,增强责任感和使命感,把杭州市的事情办得更好,努力将杭州市建成经济强市和文化名城。

1999 年 8 月 18 日,杭州市委、市政府印发了《关于杭州建设经济强市的若干意见》。8 月 19 日,又印发了《关于杭州建设文化名城的若干意见》。

由此，"建经济强市，创文化名城"，成为世纪之交杭州城市发展的基本线索。与此同时，杭州很快完成了萧山余杭撤市设区工作，大幅增加了城市发展空间。

根据杭州新的发展格局和发展思路，各部门、各行业都积极行动起来，研究探索自己的行动方案。

在此背景下，时任杭州市城乡建设委员会房地产开发处处长朱云夫，就杭州房地产市场组织开展了广泛调研，探讨以"住在杭州"作为杭州城市形象特征的可能性。

1999 年 5 月 18 日，杭州市城乡建设委员会在杭州日报社召开了"住在杭州"研讨会。会上，朱云夫做了发言，并请有关政府部门、开发企业和新闻媒体的负责人献计献策，研究挖掘杭州历史文化和可居住性特征的途径，商讨树立"住在杭州"品牌的可行性和政策措施。

1999 年下半年，杭州市主要领导在广泛听取建议的基础上，提出了要把杭州建设成为国内适宜居住城市的设想和要求。新华社及《浙江日报》《文汇报》等媒体联合发起，并由杭州市房地产管理局主办了"住在杭州"系列宣传活动。活动通过楼盘评比、群众征文、高级研讨会、京沪港专家记者考察杭州等一系列活动，掀起了宣传、推广、研讨"住在杭州"的高潮。

对于如何打造"住在杭州"品牌，杭州市城乡建设委员会和浙江大学房地产研究中心联合开展了课题研究，提出了布局"半小时居住圈"、建设"百年精品住宅"、完善"城市居住环境"等三个方面的对策建议。①

2000 年 6 月，浙江省建设厅厅长陈继松发表文章，从历史文化、自然环境、经济发展、区位条件等十个方面，分析了打造"住在杭州"品牌的有利条件和实施路径。②他曾经长期担任杭州市城乡建设委员会主任和分管城市建设的副市长，对杭州城市规划建设的情况十分熟悉，提出的建议很有针对性和影响力。

根据城市规划建设相关理论及其演化脉络，特别是 1996 年在伊斯坦布尔召开第二届联合国人类住区会议时提出的目标，要把"人类居住区的可持续性"，作为城市发展的重要议题。借鉴海外著名城市发展经验，浙江大学房地产研究中心博士研究生崔新明等，提出了在杭州打造"住在杭州"品牌过程中，打造"花园式生态城市"的设想和对策建议。③

---

① 贾生华，朱云夫，实施"住在杭州"战略，铸造杭州城市品牌，浙江经济，2000 年第 7 期，第 40-41 页。
② 陈继松，谈"住在杭州"，浙江建筑，2000 年第 6 期，第 1-4 页。
③ 崔新明 等，实施"住在杭州"战略，建设花园式生态城市，城市开发，2001 年第 6 期，第 28-30 页。

经过一段时间全方位的研究推广，"住在杭州"作为杭州城市品牌的重要组成部分，很快得到了广泛传播和高度认同，并与"游在杭州""学在杭州""创业在杭州"一起，逐步成为杭州市委、市政府推动新世纪杭州城市发展的战略目标。

2001年7月3日，杭州市市长仇保兴在全市旅游发展工作会议上指出，我们提出要打响"住在杭州""游在杭州""学在杭州""创业在杭州"的品牌，是为创建文化名城和建设经济强市而进行的系统性设计。这四个方面是相互关联的，是一体化的。

时任杭州市委书记王国平认为，打造"四个在杭州"城市品牌，要从全面优化城市发展环境入手，包括硬件环境、法治环境、政策环境、政务环境、人居环境、生态环境、创业环境等。他认为，环境就是生产力，环境就是竞争力，环境是杭州构筑大都市的独特优势和战略资源。[①]

可以说，"住在杭州"品牌的提出和打造，集中体现了世纪之交时期杭州城市发展和老百姓的切实需要。在市委、市政府的高度重视下，借助改革开放的强大动力，全社会积极参与，"住在杭州"不仅在杭州家喻户晓，也在全国产生了广泛影响。

2004年初，《北京规划建设》杂志专门邀请杭州市分管城市建设的副市长杨戌标撰文，介绍杭州在旧城改造、历史文化保护和人居环境建设方面的经验。杨戌标认为，改革开放以来，经济实力的增强为杭州人居环境的改善注入了强劲动力。杭州市以"构筑大都市，建设新天堂"为目标，大规模建设基础设施，调整城市产业结构，组织旧城改造，推进"蓝天、碧水、绿色、清净"的城市环境改善战略，实施安居工程，树立"住在杭州"品牌，营造优美人居环境，使市民住房水平与居住质量实现了跨越式发展，走出了一条符合联合国《人居议程》要求的可持续发展之路。[②]

后来，从杭州火车东站（始建于1992年）出站的旅客，第一眼看到的，就是广场对面墙上的大幅标语："住在杭州，游在杭州，学在杭州，创业在杭州"。

## 15.2 打造住在杭州网

为了持续扩大"住在杭州"品牌在国内外的影响，广泛宣传杭州优美的居住环境和城市建设，让更多的购房者、投资者、创业者、海外人士、专家学者了解树立

---

① 王国平，开创杭州大都市现代化建设新局面，今日浙江，2002年第23期，第10-12页。
② 杨戌标，塑造"住在杭州"品牌 建设优美人居环境，北京规划建设，2004年第2期，第125-127页。

"住在杭州"品牌的进展，参与"住在杭州"品牌建设，浙江在线与杭州市建设委员会决定，联合推出"住在杭州网"。此举得到了当时的浙江省建设厅、浙江省房地产业协会、浙江省消费者协会、杭州市房地产业协会、杭州市房地产管理局、杭州市土地管理局、杭州市规划局等单位的大力支持。

2000 年 8 月 27 日，杭州市副市长项勤在浙江日报新闻大楼宣布，住在杭州网正式开通。在开通仪式上，浙江在线与杭州市城乡建设委员会联合举办了新经济与房地产发展论坛。

2002 年 12 月 24 日，浙江省委书记习近平，省委副书记梁平波，省委常委、秘书长张曦，省委常委、宣传部部长陈敏尔等，视察了经过整合即将开通的浙江在线，了解了住在杭州网等品牌频道建设情况，并给予了肯定和鼓励。

住在杭州网作为浙江省首家房地产新闻网站，赶上了互联网时代的传媒发展潮流，开辟了及时、全面、系统了解杭州城市建设、人居发展、房地产相关政策和商品房楼盘信息的权威网络渠道，并经过不断改版和优化提升，助力"住在杭州"品牌的打造。

住在杭州网的《口水楼市》《民间评房团》《天天房交会》《家居团购网》《住杭卡》《浙江土地网》等栏目，在杭州楼市信息传播和交流方面，产生了广泛影响。2004 年 8 月推出的《楼市》杂志，发挥纸质媒体的特点，与网络媒体互补，也曾经十分活跃。

2005 年 6 月，住在杭州网改由浙江在线经济部主办，采编力量得到加强，确定了综合性房地产专业网站的发展定位。随后，网站进行全面改版和升级，成为一个集新闻报道、二手房交易、新房信息披露、论坛于一体的综合性房地产门户网站，日访问量达到 100 万次，行业影响力不断增强。

从 2006 年开始，住在杭州网每年年初都举办一场大型"年会"，总结上一年杭州楼市发展情况，展望新一年走势，政府、协会、开发商和老百姓都十分重视，积极参与。

2007 年 9 月，著名房地产记者丁晓红加盟住在杭州网，推出"晓红工作室"，结合政策和市场热点话题，整合各种资源和信息，回应读者关切，凸显互联网时代房地产信息的新闻价值、人文内涵和经济意义。

2008 年 9 月，著名房地产节目主持人丁建刚加盟住在杭州网，网站增加了广播传媒渠道。随后很多年，"丁建刚报告会"和现场咨询，持续吸引许多购房者参与其中，影响了许多人的购房决策和行为。

这个时期，住在杭州网贴近房地产市场，综合反映了各方面诉求和观点，打造了《晓红高端对话》《永生独立调查》《丁建刚特约评论》等有影响力的栏目，成为互联网时代杭州房地产主流媒体的中坚力量。

## 15.3　重启西湖博览会

西湖博览会，是体现杭州城市发展的一张金名片。

首届西湖博览会，是在 1929 年举办的。其时，国内外经济形势严峻。作为民国时期浙江省政府主席的张静江出身于湖州的丝绸大户，又在法国开过公司，对经济发展和国际贸易十分在行。

为了促进经济发展，他提出举办西湖博览会，得到了各方面的积极响应和大力支持。

经过认真筹备，首届西湖博览会 1929 年 6 月 6 日开幕，持续了 128 天，到 10 月 10 日闭幕。这是杭州历史上第一个大规模博览会，吸引了十多万人参观，对促进产业发展和国际贸易产生了积极和深远的影响。

不过，在首届之后，西湖博览会就沉入了历史长河之中。

直到改革开放以后，随着国际贸易的逐步恢复，浙江省和杭州市又产生了举办大型交易会和博览会的需要，便开始筹划建设会展场馆，恢复西湖博览会活动。

1984 年 8 月初，浙江省委书记王芳、省人大常委会主任李丰平、省长薛驹等省领导，杭州市委书记厉德馨、杭州市市长钟伯熙等市领导，在杭州分别会见了华润副董事长兼总经理张建华一行，讨论决定的核心事项，就是由浙江省对外经济贸易厅下属的中国浙江国际经济技术合作公司出面，与华润签订合作协议，在杭州兴建西湖博览会场馆，选址在黄龙洞对面。

随后，在 1984 年 10 月，经国家经贸部批准同意，杭州市成立了中国西湖博览会有限公司。1987 年 12 月，浙江省政府《关于建设西湖博览会的批复》明确，西湖博览会是为省市开展对外经济贸易、举办国际展览和会议服务的综合性经济实体。同时，将中国西湖博览会有限公司更名为浙江国际贸易中心（后改称浙江世界贸易中心，即浙江世贸中心）。

浙江世贸中心占地 6 公顷，建筑面积 7.3 万平方米，地上 19 层，地下 1 层。1998 年建成投入运营后，成为当时浙江省和杭州市最高档的国际贸易、国际展览和国际会议中心。其中，浙江世贸中心大饭店为五星级宾馆，展厅净面积达 12800 平方米，在浙江省和杭州市会展业的发展历程中，发挥了重要的作用。

因为规划设计和开发建设的时间跨度较长，浙江世贸中心建设进展到后期，已经感到规模不够大了。1997年初，浙江世贸中心董事长陈荣找到浙江大学工商管理学院马庆国教授，希望马庆国教授调研分析一下扩大浙江世贸中心用地面积和建设规模的可行性。

经过调查和分析论证，课题组完成了研究报告，根据会展用地和体育用地的区位特点，建议把毗邻的黄龙体育中心用地（当时还没有开始建设）纳入浙江世贸中心扩建范围。而黄龙体育中心则在外围的城市郊区重新选址。

研究报告提交浙江省有关部门后，因为涉及规划调整，流程复杂，难度很大，这个建议没有被采纳。

浙江世贸中心一期建成后，杭州市就开始谋划恢复举办西湖博览会的事情。1998年3月，杭州市计划委员会与市委政研室、市委宣传部邀请上海和其他省、市有关专家，举行了杭州会议展示功能发展研讨会。会后，杭州市计划委员会委托杭州市经济建设规划院进行专题调研，并在7月向市政府提交了《关于建议开发"西湖博览会"品牌的报告》。

该报告提出，杭州历史上的西湖博览会，是杭州一笔宝贵的无形资产，应得到大力开发和拓展。建议在新世纪来临之际，举办新一届西湖博览会，把西湖博览会的历史品牌打响。

该报告建议，设立专门机构负责策划和实施工作，把曾经举办的观潮节、游船节、桂花节、艺术节、烟花节等纳入西湖博览会，开展市场化运作，"以会养会"，使西湖博览会成为展示新产品、开发新技术、捕捉新机遇、结交新朋友、谋求新发展的盛会，成为杭州走向世界，世界了解杭州的重要窗口和桥梁。

1999年8月，杭州市成立了"2000西湖博览会筹备办公室"，在报纸杂志上刊出西湖博览会主题创意方案招标公告，在专家评审的基础上，制订了2000年西湖博览会总体方案，确定了"千年盛会聚嘉宾，西湖博览汇精品"的主题。

1999年11月22日，成立了"2000西湖博览会组织委员会"，市委书记王国平担任主任、市长仇保兴担任第一副主任，各项筹备工作紧锣密鼓地开展起来了。

2000年10月20日，穿越71年时空，第二届西湖博览会隆重开幕。

这是一次承前启后的历史性盛会，由当时的建设部、国家旅游局、国家国内贸易局、国家轻工业局，以及浙江省人民政府、中国国际贸易促进委员会、中国文学艺术界联合会共同主办，由杭州市人民政府承办，各方面力量精心筹办。

在项目安排上，第二届西湖博览会围绕"住在杭州，游在杭州，学在杭州，创业在杭州"的城市品牌，在展览、会议、活动 3 个板块，共安排了 39 个项目。

2000 年 11 月 10 日，第二届西湖博览会胜利闭幕，引起海内外广泛关注。据 2000 西湖博览会组织委员会统计，在 22 天的西湖博览会期间，参会人数超过 570 万人次，项目成交额达 56 亿元。

最重要的是，恢复举办西湖博览会，为新世纪的杭州宣传城市形象、拓展商务旅游、发展会展经济、传播先进文化建立了新的平台和机制。

"住在杭州"这个品牌，也利用西湖博览会这个展示机会，通过举办人居展，迅速走出杭州，传遍海内外。

## 15.4 荣获"联合国人居奖"

在打造"住在杭州"品牌的过程中，如何尽快改变城市面貌，是一项紧迫任务。

1999 年 3 月，仇保兴从金华市委书记岗位调动到杭州，担任市委副书记、代市长，随后在杭州工作了近三年时间。

20 年后，回忆起这段历史，他觉得许多事情就像昨天发生的一样。[①] 特别是惊心动魄的全城"大拆违"，彻底改变了杭州城市面貌，建立了城市规划和建设管理的新秩序、新规范、新文化。

当时的杭州，违法建筑随处可见，而且还以每年 200 万平方米的规模快速蔓延。仇保兴一上任，就下决心立即着手解决这个城市建设的老大难问题。

1999 年 6 月 8 日，杭州市政府召开了杭州市清理拆除各类违法建筑动员大会，代市长仇保兴讲话，副市长陈继松布置工作任务。当时的口号是：向违法建筑宣战。

为了形成强大的拆违声势，当时拆的第一座违法建筑，就是某政法机关下属的一家三星级饭店——绿晶饭店。

按照规定程序，市政府先发出了拆违公告，但饭店根本没有理会。半个月后，执法队伍去拆的时候，告诉他们这是违法建筑，需要拆除，他们也无动于衷。当吊车启动，开始扒屋顶时，里边的负责人才跑出来说："你们真拆啊？"他说："三年前浙江省叫我们拆，我们就顶着不拆，你们杭州市倒来拆。"看见执法人员很坚决，他们只好开始搬家，一边上面扒，一边下面搬家，这个硬骨头终于被拆掉了。

仇保兴回忆说，从整体来讲群众对拆违工作十分支持，拍手称快。但真正拆到

---

① 仇保兴，难忘我在杭州当市长的日子，柴燕菲主编，浙江改革开放 40 年：口述历史，浙江科学技术出版社，2018 年 11 月。

自己头上，往往也是怨声载道，阻力重重。

他举例说，自己曾经在杭州大学读书和教书6年。拆违开始后，许多浙江大学（杭州大学于1998年并入浙江大学）的老师和同学都写信过来表示支持，说"杭州必须要有铁腕拆违，必须这样治理。否则的话，我们这个城市就乱了、衰了"。

后来浙江大学校园也开始拆违了。先是把校园周边的临时建筑都拆了，全部建成了绿化带，返绿后景观很美。之后就是拆除校园里面的违法建筑，把一些老师搭建的自行车棚、鸭棚、鸡棚给拆了。他们意见很大，写信给仇保兴，说想起了日本鬼子的"三光"政策，他们养的鸡鸭都没啦，都被"鬼子"抓走了。

可见，杭州在1999年开始的"大拆违"行动，触动了方方面面的利益和神经，是一场全城辞旧迎新的自我革命。

1999年的"大拆违"启动后，市政府以"铁的决心、铁的纪律、铁的手段"，在半年时间内拆除的违法建筑和到期临时建筑112万平方米。在随后的几年中，杭州市主城区每年拆除违法建筑都超过100万平方米。桃源岭、浙江汽配城等当时最著名的钉子户也相继被拆除，杭州市形成了大力改善城市环境的良好氛围。

结合拆违，杭州市当时还开展了大规模绿化和街巷整治工作，在保留历史建筑、延续城市建筑文脉的前提下，确定建筑立面色彩基调，使每条街巷各有特定的建筑风格和文化氛围，大大改善了杭州人居环境，提升了城市品位。

艰苦的努力很快就赢得了肯定和荣誉。

2000年秋天，联合国助理秘书长、人居署执行主任安娜女士考察杭州后，得到的印象是："杭州很美，美在她的洁净、自然和郁郁葱葱，还有走在大街上每个人脸上洋溢着的幸福。"

2001年9月，经联合国人类住区会议讨论研究，杭州由于大幅度投入住房和城市基础设施建设从而从根本上改善城市居住环境之举，被联合国人居署授予全球人居最高奖——"联合国人居奖"。10月，联合国人居署在日本福冈市举行颁奖大会，杭州市市长仇保兴和市政府副秘书长姚树新、市房产管理局局长杨坚、市建设委员会房地产开发处处长朱云夫等部门领导，专程赴日本参加了颁奖大会（见图15.1）。

在国内，当时的建设部也在2000年设立了"中国人居环境奖"和"中国人居环境范例奖"。目的是表彰在改善城乡环境质量，提高城镇总体功能，创造良好的人居环境方面做出突出成绩并取得显著效果的城市、村镇和单位，积极推广各地在坚持可持续发展，加强环境综合整治，改善人居环境方面创造的有效经验和做法。

图 15.1　2001 年 10 月 1 日仇保兴等在日本福冈领取"联合国人居奖"（朱云夫提供）

2001 年 12 月，杭州与另外五个城市一起，获得了中国城市建设管理最高奖——"中国人居环境奖"。

国际和国内人居奖的获得，初步打响了"住在杭州"品牌，也激发了政府和社会各界进一步改善和提升杭州人居品质的积极性。

从 2002 年开始，杭州持续开展了大规模的"西湖综合保护工程"。西湖南线整合工程完成后，市政府宣布，西湖各大公园全部免费开放，这在全国引起了轰动。

2003 年建成杨公堤、新湖滨和梅家坞茶文化村"三大景区"，同年取消环湖的 6 家博物馆（纪念馆）门票，杭州再次赢得全国瞩目。

据统计，截至 2005 年底，通过实施西湖综合保护工程：累计拆除违法、有碍观瞻和无保留价值的建筑 45 万余平方米；共拆迁住户 2500 多户，单位 200 余家；减少景区人口 7000 多人；新增公共绿地 100 余公顷；恢复水面 90 公顷；同时，对环湖地区保留的单位和住户实行截污纳管，电力、电信等杆线一律"上改下"，彻底改变湖西地区脏、乱、差和环境污染严重的状况。

西湖综合保护工程在实施过程中，十分注重对文化内涵的挖掘，共恢复、整治 80 个景区（点），使西湖的景点格局和分布更为完善，西湖的人文内涵更为深厚，恢复了"一湖映双塔、湖中镶三岛、三堤凌碧波"的西湖全景，使西湖在面积上实现了大扩容，管理上实现了大跨越，品位上实现了大提升，得到了社会各界的高度肯定。

2005 年 1 月 6 日，杭州市人民政府办公厅发出通知，杭州市建设委员会拟订的《杭州市"最佳人居环境奖"和"杭州市人居奖"申报及评选办法》已经市政府同意，予以转发实施。

这是杭州市参照"联合国人居奖"和"中国人居环境奖"，进一步推进"住在杭州"品牌建设的重要举措，也是国内第一个由地方政府设立的人居奖。

"杭州市人居奖"针对企业和个人，设置了 9 个定量标准和 14 个定性标准。杭州市"最佳人居环境奖"针对政府，设置了 7 个定量标准和 23 个定性标准。

第一届"杭州市人居奖"的申报和评审历时半年，杭州市聘请了国内规划、环保、景观、人文、植物、建筑等方面一流专家组成评审团队，杜绝商业化操作，把握项目对城市的贡献度、对带动周边地区房地产开发整体水平的贡献度、对当地人居环境改善的贡献度，经预审、集中评审、实地考评、现场演示、公开答辩等层层环节，使 39 个项目公开角逐，达到了促进人居环境建设的目的。

2006 年 1 月 7 日，杭州市首届"最佳人居环境奖""杭州市人居奖"颁奖典礼在浙江世贸中心隆重举行，西湖综合保护工程等 5 个项目获 2005 年杭州市"最佳人居环境奖"，山水人家等 10 个楼盘获得 2005 年"杭州市人居奖"（见图 15.2）。

图 15.2　2005 年住在杭州网协办杭州人居奖网页截图

时任杭州市市长孙忠焕出席颁奖活动，并以"人居奖诠释'住在杭州'"为题，发表了演讲。他说，随着杭州进入小康社会，人民群众对居住的质量和品位有了更新、更高的追求。在打响"住在杭州"品牌后，杭州还要继续努力，未来杭州人居发展的目标，是"让杭州成为全世界最适宜居住的城市之一"。

# 16　人居展推动人居进步

从 2000 年到 2016 年，人居展曾经被称为杭州房地产市场的"春晚"。

在许多媒体和市民的习惯中，各种类型的商品房展销会、交易会和展览会、博览会，都被称为"房交会"。

然而，2000 年的人居展应该是一个重要的分水岭。

从 1980 年代开始，住房制度改革在试点和探索过程中不断深化，住宅的商品属性越来越强，交易增加，市场发育。

在这个过程中，定期举办的房交会，作为房地产市场的显性载体，对培育商品房市场发挥了十分重要的作用。

在 2000 年以前，有关单位曾经先后在杭州举办过 10 届房交会。

从 2000 年重启西湖博览会开始，杭州市政府出面，连续举办了 16 届人居展。

从"房交会"到"人居展"，就是杭州住房市场培育和发展的一部精彩的连续剧。

## 16.1　促进交易，培育市场

在改革开放初期，杭州和其他城市一样，也在实行国家计划投资、统一建设、单位分配、低租金使用的住房实物分配体制，老百姓住房严重短缺，住房条件很差。

住房交易是以房屋个人所有权为前提的。从 1980 年代开始，杭州的私有房屋，大致有三个来源。

第一个来源是通过落实私房政策确认的。

新中国成立以后，除了少量自住房屋，城市房屋通过社会主义改造，基本实现了公有制。1980 年 11 月，中共中央办公厅转发文件，明确要求把"文化大革命"

期间超过政策界限收缴的私人房屋，归还给原房主，并确认其所有权。随后，各地不断清理和确认私人房屋所有权，形成了最初一批城市私有住宅。

1983年12月，国务院发布了《城市私有房屋管理条例》，明确国家依法保护公民城市私有房屋的所有权，并规定了买卖私有房屋的程序和价格评议办法。

第二个来源是通过公房出售购买。

从1980年开始，根据住房制度改革试点政策，浙江省试行了补贴出售公房政策，将少量公房出售给个人。

1990年，浙江省政府出台了《浙江省城镇公有房屋管理办法》。1993年，杭州市公布了《杭州市市区出售公有住房管理试行办法》。这些文件对公房出售进行了系统规范，出售规模逐步扩大。

1998年停止住房实物分配后，大规模的公房出售很快就完成了，城镇居民住房自有率大幅提高。

第三个来源是通过商品房销售购买。

浙江省从1980年就开始试点向个人出售新建住宅了。杭州是从1981年下半年开始试点的。

根据《浙江通志》第七十三卷"房地产业志"，1981—1984年浙江省共出售新建住宅47万平方米，收回资金6407万元。其中，出售给单位31.2万平方米，收回资金4694万元；出售给个人3107套，15.8万平方米，回收资金1713万元。

由此可以测算，当时浙江省出售的新建住宅，平均价格是136元/米$^2$，个人购房比例约占1/3。其中，出售给单位的均价为150元/米$^2$，出售给个人的均价为108元/米$^2$。个人购房价格较低，主要是因为个人购房的情况，多数发生在县城。

随着不同类型住宅交易活动的开展，市场交易管理也被提上议事日程。

1984年1月，杭州市就恢复了房屋交易工作，市属各区陆续成立了房地产交易管理所（站），建立和完善相关产权产籍管理制度，并为房屋买卖交易办理有关手续。

1986年4月19日至4月25日，杭州市住宅经营公司开拓创新，在杭州市工人文化宫举办了第一届房交会，集中展销1000余套商品住宅。

举办房交会的目的，首先是宣传关于商品住宅的政策、知识；其次是向需要购房的单位和个人推销公司正在开发的翠苑三区的住宅。当时，翠苑三区正在建造800多套住宅，销售均价是450元/米$^2$，购房者可以全款购买现房，也可以预付

60% 购买期房。[1]

1988 年 7 月，杭州全面铺开了城镇房屋所有权登记发证工作。同年 12 月，市政府专门举办了一场关于房屋所有权发证的公开会议，集中向市区 167 个单位及个人发放新的房屋所有权证书。

通过"登记"和"办证"，老百姓对"房屋所有权证""房屋产权"开始有了全新的概念和认识，促进了住宅交易活动规范发展。

1989 年 10 月底，杭州市第二届房交会在杭州市工人文化宫开幕，历时两天（见图 16.1）。这次交易大会共有 130 套现房和 62 套期房投入交易。当时的杭州市城市建设综合开发公司的 18 套住房，1 个多小时就被一抢而光，杭州市城市建设综合开发公司回笼 40 多万元现金。这家开发公司的负责人大呼意外："1 层和 7 层这些楼层比较差的，原来预计卖不出，没想到今天连远在古荡的小套也抢完了。"

那时候的杭州，房改还在探索过程中，商品房市场还没有实际启动，大多数老百姓仍然沉浸在住房实物分配的惯性之中。但是，严重的住房短缺孕育了老百姓巨大的改善住房需要，特别是对于那些看不到分房希望的家庭，他们会用尽全力去买一套房子。

例如，39 岁的杭州织带厂职工谢迎宵，在第二届房交会上，如愿以偿地买到了机神新村一套约 65 平方米的房子，当时的房价是 485 元/米$^2$。谢迎宵催促她的丈夫卖掉温岭老家的房子，再加上自己的 8000 元积蓄，差不多凑足了近 3.2 万元的购房款。她的女儿已经 12 岁了，一家三口已经在 5.5 平方米的狭小空间里挤了十多年。65 平方米对他们来说，是货真价实的"大套"！[2]

从 1990 年代开始，城镇住房制度改革推进速度加快。特别是 1992 年邓小平南方谈话后，商品房市场的活跃度越来越高。

1993 年 5 月 8 日，杭州市房屋建设开发公司在东坡大剧院举办了杭州第一次商品房拍卖会。有 100 多名购房者每人花费 500 元买一张入场券，进入现场参与竞拍。这次活动推出的 18 套住宅被一抢而空，成交金额达到 185.6 万元。[3]

到 2000 年，杭州陆续举办了 10 届房交会。据粗略统计，10 届房交会共成交房屋约 600 套，成交面积约 6 万平方米，成交金额超过 21 亿元，平均每届有 5 万

---

[1] 赵也初，杭州市举行大型商品房展销会，住宅科技，1986 年第 5 期，第 6-7 页。
[2] 李坤军，杭州住宅 60 年演变史，住在杭州网，2015 年 9 月 29 日。http://zzhz.zjol.com.cn/system/2015/09/29/020855289_01.shtml。
[3] 楼颂章，城市建设的排头兵：记杭州市房屋建设开发总公司，城市开发，1994 年第 10 期，第 36-37 页。

图 16.1　刊登在《杭州日报》1989 年 10 月 18 日的第二届房交会广告

人次参观，显示出房地产市场春潮涌动的勃勃生机。[①]

## 16.2　政府搭台，行业唱戏

2000 年 10 月 20 日，杭州市政府、省建设厅和市房地产管理局共同主办，杭州市房地产学会、杭州市房地产中介协会承办的人居展隆重开幕，开辟了城市人居展的先河。

2000 年杭州恢复举办西湖博览会，人居展被列入西湖博览会重点项目，被赋予"展示杭州人居环境发展成就、搭建房地产市场的交流平台"的重大战略任务。

从主办单位的阵容就可以看出，它是政府打造"住在杭州"品牌的重头戏。

**2000 年第一届："住在杭州"是品牌，百姓购房有压力**

杭州的第一届人居展，是西湖博览会的一个重头戏，杭州市委书记王国平亲自宣布人居展开幕，建设部、浙江省和杭州市有关领导参加了开幕式。

这届人居展吸引了在杭 60 多家房地产开发公司的 160 多个大小楼盘进行现场展示。现场成交商品房 1947 套，成交金额达到 10.78 亿元。在当时，这些都是创纪录的数字。

当时杭州楼市处于起步阶段，杭州人的居住空间概念，还是以老城区和西湖为中心展开的。根据人居展现场调查结果，当时有 44% 的受访者认为，杭州最理想的居住区域是"西湖边"和"东河边"。

---

① 岳雁，房轩中，获"联合国人居奖"和"中国人居奖"，杭州成长为世界闻名宜居城市，杭州市住房保障和房产管理局，2018 年 8 月 1 日。http://fgj.hangzhou.gov.cn/art/2018/8/1/art_1229268441_57138893.html。

老百姓的购买力也很有限，当时有 55% 的购房者认为 2000 ~ 3000 元 / 米 $^2$ 的房子比较合适，35% 的人能接受 3000 ~ 4000 元 / 米 $^2$。根据杭州统计年鉴数据，2000 年杭州市区商品房销售均价为 3795 元 / 米 $^2$。对于许多家庭而言，房价水平已经超出了自己的支付意愿和能力。[1]

### 2001 年第二届：规划钱塘江时代，拓展郊区大盘

2001 年 2 月，杭州行政区划调整，撤销县级萧山市、余杭市，设立萧山区、余杭区，市区范围大幅扩张，酝酿已久的"沿江开发，跨江发展"城市规划进入实施阶段，钱塘江时代进入公众视野。

11 月举办的第二届人居展，新楼盘虽然超过 50 个，但真正拿到预售证的不足 10 个楼盘，大部分仍是准新盘，只能展示不能卖。

借着市区扩大的春风，富春山居、桃花源、天都城、良渚文化村、江南春城等郊区大盘纷纷亮相。

据人居展组委会统计，人居展期间实际成交 2055 套，成交金额 14.21 亿元。二手房实际成交 328 套，成交面积为 2.61 万平方米，成交金额为 8378 万元，成交均价 3213 元 / 米 $^2$。

### 2002 年第三届：开发商承诺入场，人居展合规营销

2002 年 10 月，人居展首次提出"诚信展览"的口号，这是全国第一个以"诚信"为主题的房交会。参展的 97 家房地产开发商均向人居展组委会做出书面承诺：参展期间不违规进行商品房销售；不在未领取商品房预售证前收取定（订）金，包括变相收取集资款、投资款等。

当时，有十多家外地开发商因无法签订承诺书，而未能入场参加人居展。

由于土地供应政策和商品房预售政策发生变化，2002 年商品房上市量较少，许多楼盘未取得预售证；而一些郊区楼盘对客户需求了解不足，便纷纷"发号"预登记以获知客户信息或作为楼盘定价依据。在此背景下，杭州的个人炒房现象如火如荼，市场规范亟待加强。

据人居展组委会统计，这届人居展成交面积共 25.84 万平方米，成交金额 14.31 亿元，成交均价 5538 元 / 米 $^2$。二手房成交面积 2.39 万平方米，成交金额 1.12 亿元，成交均价 4686 元 / 米 $^2$。与上年相比，房价大幅上涨。

在商品住宅供不应求形势下，酒店式公寓亮相人居展，作为新生事物，引起了

---

[1] 周成奎，十年人居展跨越两个时代：从西湖到钱塘江，杭州日报，2009 年 5 月 13 日。

越来越多人的注意。

### 2003 年第四届：可售房源有限，销售员成展会牛人

2003 年 10 月，第四届人居展在浙江世贸中心举行，主题是"倡导诚信，规范市场，促进杭州市房地产业持续健康发展"。据统计，4 天中共有 34.86 万人次参观展览，商品房成交面积约 21.87 万平方米，成交金额 11.84 亿元，成交均价5414 元 / 米$^2$；二手房实际成交面积 2.50 万平方米、实际成交金额 1.35 亿元，成交均价 5500 元 / 米$^2$。

这次人居展虽然参展楼盘总量很大，共有 108 家开发商推出的 200 多个楼盘，但真正可销售的楼盘不多，正在开发和待开发的楼盘占多数，郊区楼盘大举入市，杭州开始进入住宅郊区化时代。

无房可售，售楼小姐和售楼先生成了人居展上最牛的人。有几个项目甚至只有模型展示，不提供讲解，没有资料，不预约房子，看房洽谈得去售楼部。

可卖房子少，开发商的说法是，工程进度赶不上，领不出预售证。但据记者了解，其实这个说法的背后，还有其他的一些原因。一是杭州房子不愁卖，内部预订客户有一大批，房交会上多一个少一个，开发商也并不在乎。二是当时的杭州房子一个月一个价，开发商反而愿意留着慢慢卖。三是政府加强商品房管理，要求公开批准预售房源信息，进行全过程管理，提高透明度和规范性。在这个时候，谁也不愿意在房交会上做得太"出挑"，没什么房子卖倒是个好理由。①

### 2004 年第五届：市场供求关系波动，商品房成交回暖

2004 年 10 月 15 日，第五届人居展以"绿色生态"为主题开幕。115 家开发商参加了展会，推出了 210 多个楼盘。

杭州楼市在 2004 年经历冰火两重天。上半年，国家宏观调控政策的进一步落实，以及杭州本地诸如 20% 的房产交易个人所得税等政策的出台，使得杭州楼市风向突转，以前搞销控以期涨价的房地产商栽了个不大不小的跟头。除极少数开发商选择降价，一些有资金实力的开发商干脆封盘，而购房者则持币观望。

然而，进入下半年，银行方面积极发放贷款，取消了购房合同中的一些霸王条款，而政府的一些调控政策也相继由紧转松，这都刺激了房地产市场，加上供求关系的不平衡，人居展成交有所回暖。商品房成交面积约 20.20 万平方米，成交金额14.50 亿元，成交均价 7187 元 / 米$^2$。二手房实际成交面积 1.39 万平方米，实际成交金额 1.03 亿元，实际成交均价 7410 元 / 米$^2$。

---

① 程洁，杭州人居展首日交投清淡，钱江晚报，2003 年 10 月 24 日。

## 16.3 落实调控，健康发展

2005年，面对宏观经济和房地产市场过热问题，国家密集出台了有针对性的调控政策，开启了持续十多年的房地产调控历程。

2005年3月17日，中国人民银行调整商业银行住房信贷政策，宣布取消住房贷款优惠利率；3月26日，《国务院办公厅关于切实稳定住房价格的通知》（国办发明电〔2005〕8号，"国八条"）出台；4月27日，国务院总理温家宝主持召开国务院常务会议，布置了加强房地产市场引导和调控的八条措施；5月26日，《中国七部门〈关于做好稳定住房价格工作的意见〉》出台，要求各地区、各部门，把解决房地产投资规模过大、价格上涨幅度过快等问题，作为当前加强宏观调控的一项重要任务。

为了落实中央密集和严厉的调控政策，浙江省和杭州市决定将已经筹备就绪，原计划在5月10日开幕的浙江省第十二届房博会延期举办。

延期后的这一届房博会，在2005年10月13日至10月16日得以举办，主题就是"突出稳定主题，引导理性消费"。

由此开始，杭州的人居展和房博会，更加注重政策调控和稳定市场的任务。

### 2006年第六届：市场热度降低，更加注重性价比

2006年3月31日，第六届人居展以"和谐人居"为主题开幕（见图16.2）。预订和签订商品房购房合同的有1600套，面积达20.65万平方米，成交金额高达13.36亿元，成交均价为6470元/米$^2$。经历了两年的政策调控，市场价格有所回调。

图 16.2　第六届人居展在和平国际会展中心开幕

在市场热度降低的形势下，消费者购房心理向着理性和注重居住质量的方向发展。而开发商的产品也从原来的不论好坏都好卖，转向注重居住内涵的新时期。针对不同的客户群，开发不同的产品，已经成为市场必然趋势，促进了房地产业的进步。

购房者货比三家，性价比决定销售情况。盛元慧谷、浅草名苑、云溪香山、戈雅公寓、风雅钱塘、美林湾是此次人居展上预订、预售量较大的楼盘，价格优势是这些楼盘畅销的最大原因。以上的几个楼盘，无一不是本区域内的价格杀手。在一些老楼盘始终不肯放下身价的时候，这些新开楼盘低价入市，其性价比就显得相当突出。[①]

### 2007 年第七届：市场需求重新集聚，开发商关注居住服务

2007 年 5 月 18 日至 5 月 21 日，第七届人居展以"构筑生活品质之城，促进房地产市场持续健康发展"为主题展开。在人居展上预订和签订购房合同的共有 2177 套，面积 24.9 万平方米，成交金额 16.4 亿元，成交均价 6586 元 / 米$^2$。

虽然房价基本稳定，但市场需求重新集聚并开始涌动，近 45 万人次参观了人居展。值得一提的是，年轻客户比例增大，业界开始研究分析刚性需求市场。

开发商的客户服务意识有了提高。2007 年绿城房产进行了绿城园区生活服务体系研究，强化居住服务。万科在人居展上让消费者填写"万客会"入会申请表，万客会会区分客户的不同需求，开展定向的、有针对性的会员活动。

由此可见，开发商关注的已不仅仅是户型、房价，而且希望深入研究如何为业主提供更全面的服务。

### 2008 年第八届：供应和库存增加，出现阶段性买方市场

2008 年 5 月 16 日至 5 月 19 日，第八届人居展举行，以"绿色环保，节能减排"为主题，共有 116 家房地产开发企业、26 家房地产中介企业参展，参展楼盘210 多个，并且大多数为可售楼盘。成交商品房 352 套，面积 40048.25 平方米，金额 35803.2 万元，均价 8928 元 / 米$^2$。其中商品住宅 312 套，面积 3.41 万平方米，金额 2.92 亿元，均价 8563 元 / 米$^2$。

在全国房地产市场趋热背景下，2007 年杭州楼市一路走高，严厉的调控政策（特别是房地产金融收紧）随之而来。到 2008 年春天，杭州楼市供求关系发生逆转，房源供应量和库存量显著增加。

---

① 吴维，人居展收官盘点，住在杭州网，2006 年 4 月 4 日。http://zzhz.zjol.com.cn/05zzhz/system/2006/04/04/006550502.shtml

在 5 月的前半个月，有 18 个楼盘集中开盘。截至人居展前夜，杭州市透明售房网显示，杭州主城区可售房源达到 17345 套（随着市场进一步下行，2008 年底房屋存量最高时曾达到 32000 余套），仅余杭区就有 10268 套。

随着库存增加，人居展后，杭州房地产市场阶段性转入买方市场。

### 2009 年第九届：救市政策立竿见影，杭州楼市快速回暖

2008 年秋天，美国次贷危机引发的金融海啸爆发，房地产市场也进入严冬。为了应对国际金融危机的影响，政府从下半年开始"救市"，2009 年上半年推出了"4 万亿"经济刺激计划，房地产市场应声而起。

杭州第九届人居展在 2009 年 5 月 15 日至 5 月 18 日举办，有 180 多个楼盘参展，先后有 37 万人次参观。楼市回暖速度之快，力度之大，还是出乎大多数人的意料。

参展商品房共销售 959 套，面积 10.3 万平方米，金额 10.8 亿元，均价 10485 元 / 米$^2$。其中，商品住宅 923 套，面积 9.96 万平方米，金额 10.4 亿元，均价 10442 元 / 米$^2$。另外，还实现商品房预订 760 套，其中住宅 622 套。

面对火热的市场形势，金融海啸中"虚惊一场"的开发商将信将疑。许多开发商借人居展，频繁试探购房者的心理预期。

确认市场的确快速回暖后，楼盘的提价意图越来越明显。不仅是新开盘房源有提价欲望，不少在售楼盘也纷纷降低折扣幅度，有些索性取消所有折扣。未开盘已售罄的楼盘比比皆是。

### 2010 年第十届：调控政策密集出台，市场观望氛围浓厚

在为应对国际金融海啸所采取的全面救市和"4 万亿"经济刺激计划作用下，2009 年楼市实现 V 形反转，热度持续到 2010 年第一季度。

4 月 17 日，《国务院关于坚决遏制部分城市房价过快上涨的通知》（国发〔2010〕10 号）出台，要求各地区、各有关部门要切实履行稳定房价和住房保障职责，坚决抑制不合理住房需求。这被业内称为房地产调控政策"新国十条"，对市场产生了巨大冲击。

2010 年 5 月 13 日至 5 月 16 日，杭州第十届人居展如期举办，在政策严厉调控背景下，买卖双方出现了观望情绪，展会期间销售活跃度下降。虽然参展楼盘有 170 多个，参观人次达到 25 万，但成交量十分可怜。

据统计，4 天人居展会期间，参展商品房销售 33 套，面积 5008 平方米，金额 1.11 亿元，均价 22165 元 / 米$^2$。其中，商品住宅 16 套，面积 2609 平方米，金额 6208 万元，均价 23795 元 / 米$^2$。

与上届人居展成交情况相比，房价快速翻番，也抑制了购房者下单的冲动。

**2011年第十一届：政策调控不断施压，商品房价格保持坚挺**

5月13日至5月16日，第十一届人居展在和平国际会展中心和浙江世贸中心同时举行，主题是"加强住房保障，落实调控政策，促进房地产市场健康稳定发展"，政府强调，要坚持一手抓保障性住房建设和管理，一手抓市场规范和调控。

有95家房地产开发企业、11家房地产中介参展，有90多个可售楼盘、80多个展示楼盘亮相。

面对严厉的调控形势，开发商积极促销。存抵优惠、一次性付款打折、总价直减、抽奖获购房券、车位打折、团购优惠，在琳琅满目的楼盘展位上，优惠活动层出不穷。但是，给力的销售并没有如期而至。[1]

购房者参观热情依然高涨，人居展参观人次达到31万。但限购、限贷等调控政策抑制了外地投资购房需求，本地购房者观望心态较重，期望房价进一步回落。[2] 据统计，人居展期间，商品房成交261套，面积2.46万平方米。其中，商品住宅203套，面积2.06万平方米。二手房成交77套，成交面积6175平方米。

**2012年第十二届：人居展规模缩减，购房者买涨不买跌**

2012年杭州楼市持续低迷，库存不断积累，市场销售价格明显下滑。根据杭州透明售房网数据，截至人居展开幕前的5月15日，杭州市区（含萧山、余杭）可售房源总量为74238套，其中56569套为住宅。

2012年5月18日至5月21日，第十二届人居展在浙江世贸中心与和平国际会展中心举行，主题是"提高居住品质，引导合理消费，促进房地产市场健康稳定发展"。35家开发商携66个项目亮相杭州人居展，参展规模大幅缩水。

据杭州市房产信息网统计数据，4天展会参观总人流量约14.7万人次，参展商品房销售28套，面积3693.4平方米。其中商品住宅26套，面积3575.6平方米。共销售二手房15套，销售面积1360平方米。无论是参展企业和项目，还是参观人次和成交规模，本届人居展都创下人居展最低纪录。

不少参观者在填购房意向表时，最关心的问题仍是下半年价格还会不会跌。"有些板块我觉得还有下行空间，看看它的楼面价就知道了，如果死撑肯定卖不动的。"一位逛了3届房交会的刚需购房者刘先生觉得，下半年说不定有更多楼盘价格会松动。根据《钱江晚报》的调查，超过70%的受访者认为，房价还有下跌

---

① 干国荣，对比近5年杭州人居展："楼坚强"或遁迹杭州楼市，今日早报，2011年5月19日。
② 毛珺，人居展：除了观望，还是观望，浙江日报，2011年5月16日。

空间。[①]

### 2013 年第十三届：政策环境严峻，市场继续观望

2013 年 2 月 20 日，国务院常务会议提出五项加强房地产市场调控的政策措施，即"国五条"。包括"完善稳定房价工作责任制，坚决抑制投机投资性购房，增加普通商品住房及用地供应，加快保障性安居工程规划建设，加强市场监管"等五项内容。

随后，政策落地影响了市场行为，特别是关于杭州即将成为房产税征收试点城市的传言，对开发商和购房者冲击较大，投资、投机需求基本消失，刚性需求占据购房主导地位。

2013 年 5 月 17 日，第十三届人居展在和平国际会展中心和浙江世贸中心同时开幕，共有 49 家开发商、3 家中介商参展，80 余个可售楼盘、约 30 个展示楼盘集中亮相。据人居展组委会统计，为期 4 天的展会总人流量约 20.7 万人次，参展商品住房成交 27 套，成交面积 2552.63 平方米。另外，人居展期间共成交二手房 27 套，成交面积 2197 平方米。

与历年人居展成交情况相比，本届人居展成交处于较低水平。

### 2014 年第十四届：降价冲击来袭，市场在低迷中焦虑

2014 年春节后，杭州出现楼盘降价打折现象，引起广泛关注。一些金融机构也担心楼市风险，收紧房地产信贷。[②] 杭州房地产市场的冬天真的来了。

5 月 16 日至 5 月 19 日，第十四届人居展在和平国际会展中心和浙江世贸中心如期举行，主题是"提升人居品质，建设美丽杭州"。为了适应网络传媒发展形势，本届人居展还创新性地同步推出了第一届网上人居展，展期将持续到 5 月 31 日。

本届人居展有参展单位 39 家，参展楼盘与往届基本持平，其中销售楼盘 80 余个，展示楼盘 30 余个。据人居展组委会提供的统计数据，人居展期间，参观总人流量为 23 万余人次，网上人居展点击量有 3 万余人次。参展企业商品房预订 63 套，面积 4279 平方米；商品房成交 32 套，面积 2627 平方米。

第十四届人居展期间，人居展组委会以"生活中的公租房"为主题，在浙江世贸中心展馆设置了 980 平方米的住房保障展区，受到了观展市民和媒体的高度关注，接待政策咨询 500 余人次。此外，本届展会还首次推出了历史建筑保护和危旧

---

① 张卉卉，人居展过后调查显示：7 成多人认为房价还要降，钱江晚报，2012 年 5 月 24 日。
② 北京城报，杭州楼市降价引发业界哗然，2014 或成楼市拐点，人民网，2014 年 2 月 24 日。http://house.people.com.cn/n/2014/0224/c194441-24442584.html。

房改善宣传活动。人居展"最佳人居环境展览会"的内涵由此得到了充实。

针对市场热点话题，知名房地产专家、浙报传媒地产研究院院长、住在杭州网首席评论员丁建刚以"会崩盘吗？会救市吗？"为主题，在人居展期间呈现了一场旗帜鲜明、观点独到的报告会，为业内外人士指点迷津。200多位听众现场参与，意味着彼时的房地产市场话题，牵动着无数颗焦虑的心。

### 2015年第十五届：鼓励性政策见效，人居展促进销售

2014年的房地产市场调整叠加宏观经济下行，使得房地产调控政策逐步转向，多数城市取消了限购政策。浙江的杭、宁、温三个有限购的城市，在2014年8月全部停止执行住房限购政策。

2015年的政府工作报告强调，要"取消过时的限制性政策"。2015年3月30日，《中国人民银行 住房城乡建设部 中国银行业监督管理委员会关于个人住房贷款政策有关问题的通知》发布，将二套房最低首付比例调整为不低于40%。与此同时，财政部和国家税务总局又联合发布消息，称从3月31日起，将个人住房转让免征营业税的期限由购房超过5年（含5年）下调为超过2年（含2年）。

鼓励性政策不断出台，房地产市场开始复苏，4月份杭州市区成交套数过万，同比翻了一番。

在市场复苏背景下，第十五届人居展（暨第二届网上人居展）于5月15日至5月18日在和平国际会展中心举办，展会以"引导住房自住消费，促进人居品质改善"为主题，通过实体与网络展会相结合的方式进行。有49家房企参展，除了本土开发商悉数到场，外来大鳄又重返江湖，开发商使出浑身解数，充分利用互联网刷"存在感"，积极推盘，消化库存。[1]

同时，人居展组委会还推出购房回馈活动，观展购房者可通过人居展现场申请并获取价值3000元的购房抵价券，也可通过网上人居展页面申请，于展会期间到展位现场领取。购房者凭借抵价券，能在参与此活动的房企处直接享受购房优惠。[2]

4天时间，展会观展总人流量15万余人次，达成意向的有1360套商品房，预订30套，面积2887平方米，成交89套，面积9083.4平方米，创下近4年来人居展成交量新高。

---

[1] 沈曦霞，红利尽头，谁在重生，透明售房网，2015年5月18日。http://www.tmsf.com/info/news_newsinfo_123951385_33_1.htm。

[2] 田小园，第十五届最佳人居环境展今日开幕，杭州日报，2015年5月15日。

然而天量库存犹在，市场仍然难言轻松。透明售房网数据显示，第十五届人居展结束之际，杭州市区（包括萧山、余杭）待售住宅套数为 100525 套，待售商品房总量则为 158378 套。

**2016 年第十六届：市场供需两旺，新一轮上涨跃跃欲试**

2016 年 5 月 13 日至 5 月 16 日，第十六届人居展暨第三届网上人居展在杭州和平国际会展中心举行。参加本届展会的房地产开发企业有 57 家，它们共推出可售楼盘 109 个，展示楼盘 32 个。在市场行情转热的背景下，参展房企多于上届，展示楼盘数量也有所增加。

4 天展会期间，观展人数 11 万人次，达成意向的商品房（含住宅、非住宅）有 1508 套，预订 549 套，面积 7.8 万平方米，签约 147 套，面积 2.3 万平方米。相比往届人居展期间参展商品房成交数据，2015 年成交 89 套，2014 年成交 32 套，2013 年成交 27 套，2012 年成交 28 套，本届人居展在预订量、签约量上均是近 5 年来最高。

根据记者现场的调查，参观人居展的，多数都有较强购房意愿，来自上海、温州等地的购房者也明显增多。[①]

在全国房地产市场重新启动背景下，互联网之都势头正旺，G20 峰会重新定位杭州城市地位，新一轮房价上涨跃跃欲试。

**尾声：难忘人居展**

2016 年 12 月，中央经济工作会议首次提出，"房子是用来住的，不是用来炒的"。2017 年，房地产市场过热已经成为宏观经济的心头之痛，处置"灰犀牛"风险已变得十分紧迫，杭州成为第一批受到重点监管的热点城市。

举办了 16 届的人居展，没有再出现在 2017 年春天。

人居展，犹如一部 16 集的杭州房地产市场演进连续剧，精彩呈现了那一段杭州楼市发展的峥嵘岁月。

在意犹未尽之际，人居展没有响起《难忘今宵》的旋律，却悄悄淡出了杭州楼市。毫无疑问，人居展作为一代人的记忆，将会永远留在杭州城市发展的历史长河里。

---

[①] 方臻子，杭州楼市：需求旺 供应足，浙江日报，2016 年 5 月 17 日。

## 17　从乡村到城区：益乐村的蝶变

　　杭州市区建成区面积，在 1980 年是 53 平方公里，到 2020 年扩大到 666 平方公里。40 年里，超过 600 平方公里的乡村土地，转变成了城市。

　　在杭州城西，有一条南北向的道路，名叫益乐路。路的东西两边，便是益乐村。20 多年前，这里还是一片湿地和乡村风貌，河网密布，稻田飘香，传承农业文明。20 年后，这里已经一派城市景象，产业密集，商业发达，尽显都市繁华。

　　在 1996 年三墩镇划归西湖区之前，益乐村被称为"杭州的西伯利亚"。当时的益乐村，处于西湖区的最西边，是杭州市区的边缘地带。

　　在政府主导下，从 1990 年代开始的大规模快速城市化浪潮，迅速扩大了杭州城市建成区范围，益乐村的农村土地大部分被征用，益乐村被纳入城市建成区范围。

　　2019 年，益乐村集体经济组织的年收入达到 1.47 亿元，分红为 7000 多万元。2020 年底，益乐村可供出租的自有物业面积达 16.7 万平方米，益乐股份经济合作社总资产为 5.96 亿元。可以说，益乐村是杭州城市核心区名副其实的"金凤凰"。

　　益乐村的发展变化，正是杭州城市化快速推进的一个缩影。

　　1990 年的时候，杭州市区的建成区面积是 69 平方公里。到 2020 年，杭州市区建成区面积扩大到了 666 平方公里。30 年时间，杭州城市范围差不多扩大了 9 倍。在这个城市快速扩张过程中，将近 600 平方公里的农村变成了城市。

　　袅袅炊烟尽，比比高楼起。城市化意味着土地、劳动力等资源和要素的"非农化"，人们的生产、生活方式，随之发生了翻天覆地的变化。

## 17.1　土地征用，农地建城市

1980 年代，益乐村有 9 个自然组（村），隶属于西湖区古荡乡。当时益乐村有近 3000 亩土地，都是肥沃的农田和池塘。村集体土地的范围为：南边到现在的文三西路，局部至天目山路以北；西边到丰潭路，以莲花港河为界；北边以余杭塘河为界；东边以冯家河为界。此外，还有 30 多亩飞地，位于现浙江大学紫金港校区。

当时，杭州城区逐步向西拓展，益乐村的土地逐步被征用了。除了建设道路、学校等城市基础设施，在益乐村范围内开发建设的嘉绿苑，是杭州最重要的拆迁安置房和经济适用住房小区。

当时国家鼓励发展乡镇企业，村里也使用集体土地，建造了一些工业厂房和交易市场以供出租，如益乐工业园、新时代市场等。同时，益乐村也发展了一些村办企业，有纸箱厂、印刷厂等，但大多产业层次低，经营管理比较粗放。

1990 年代初，益乐村以西，骆家庄和五联村还属于余杭，市区的道路只修到古翠路，基础设施配套才刚刚开始建设。大概 1997 年的时候，益乐村北面的物华小区，房价只要 900 多元每平方米，但仍然销售不畅。

益乐村的情况，基本代表了城市化过程中，郊区农村集体土地被城市建设大量征用，农业用地转变为非农业建设用地的历史过程。

1982 年 12 月 4 日第五届全国人民代表大会第五次会议通过并公告公布施行的《宪法》，是中华人民共和国成立后颁布的第四部《宪法》，并且一直使用至今。

这部根本大法的第十条规定："城市的土地属于国家所有。农村和城市郊区的土地，除由法律规定属于国家所有的以外，属于集体所有；宅基地和自留地、自留山，也属于集体所有。国家为了公共利益的需要，可以依照法律规定对土地实行征收或者征用并给予补偿。"

1986 年 6 月 25 日，第六届全国人民代表大会常务委员会第十六次会议通过并颁布了《土地管理法》，从 1987 年 1 月 1 日起实施。《土地管理法》对土地征用的范围、程序、补偿、安置等问题，进行了更加细致的规定。

后来，在多次修正《宪法》和修订《土地管理法》的过程中，我国对土地征用和征收的范围控制越来越严格，程序越来越规范，补偿要求不断提高，并不断强化对被征地农民的权益保障。

杭州市在 1992 年就出台了《关于改革和加强国家建设征用市郊土地补偿安置管理若干意见的通知》。2000 年，根据国家相关法律法规，出台实施了《杭州市征用集体所有土地实施办法》。随后，杭州相继在征用程序、补偿标准、被征地人口生产生活保障、拆迁安置等方面进行系统化改革和完善，努力平衡"满足城市建设用地需要"与"维护农村集体土地权益"等多重目标。

时代进步，这个过程是必需的，甚至是快乐的。破茧成蝶，这个过程是艰难的，甚至是痛苦的。

纠结之中，学术机构长期研究土地征用制度，政府部门不断完善土地征用政策①，社会舆论长期关注"失地农民"，"土地非农化"成为中国特色城市化进程的重要组成部分。

## 17.2 撤村建居，农民变居民

2002年，益乐村"撤村建居"，益乐村随即变成了古荡街道益乐社区和益乐股份经济合作社，两块牌子一套班子。当时，益乐村共有1900多人，其中撤村建居涉及户籍身份改变的有731人。

撤村建居时，益乐股份经济合作社把符合条件的500多个股民的养老、医疗等保险都买好了。后来根据政策，又花了580万元为超年龄段的老年居民全部购买了社会养老保险。这意味着，益乐村的农民，在身份和治理方面，变成了城市居民。

规范运作，公开、公平、公正，这是股份合作社经营管理和治理机制的基础。一个有能力的村干部，往往起关键作用。

沈新华，是一个土生土长的益乐村人，长期担任益乐村党组织的"带头人"，参与了村集体经济组织从弱到强的全部过程，先后荣获浙江省优秀共产党员、浙江省劳动模范、新时代杭州市"双百"优秀村（社区）干部、全国劳动模范等荣誉称号。

2021年8月31日，担任益乐股份经济合作社党委书记的沈新华和副书记王红平一起，向浙江大学房地产研究中心课题组的老师和研究生，讲述了益乐村集体经济发展的故事。

沈新华回忆说，1981年高中毕业后，自己先后在几家乡镇企业工作，积累了一些市场经验，提升了经营管理能力。

他还清楚地记得，1999年8月12日，他回到益乐村工作，担任党总支委员兼益乐股份经济合作社副主任。2000年，村委会选举，他当选为副主任，分管经济

---

① 蔡兵备，沈乐毅，杭州市征用集体土地中存在的问题和对策，浙江国土资源，2004年第11期，第41-44页。

工作。他把在企业工作积累的经验，用于合作社的经营管理，成效十分显著，得到了领导和村民的一致认可。

益乐股份经济合作社成立于1993年5月，是浙江省第一批进行股份经济合作社体制试点的村子。开始的时候，村民对股份制不太了解和重视。后来，利益多了，纠纷也多了。

2001年3月，沈新华开始担任益乐村支部书记。上任后的第一件事就是聘请法律顾问，然后依法依规处理村里各项事务，特别是涉及经济发展和村民关心的热点事务。他用了一年多时间，逐一理顺了关系。随后，在2004年和2009年，又先后进行过两次规范完善。

在股份制完善过程中，沈新华严格按照规范流程，先宣布方案，反复征求意见。根据意见再提出改进方案，接着再征求意见，完善方案，直到股民代表大会表决通过。

益乐股份经济合作社每年分红，也是按照章程程序进行的。年终先结算，再审计，而后分别召开党委会、董事会、监事会、党员和股民代表大会，分配方案经股民代表大会表决通过以后，再具体实施。

沈新华认为，村里的工作十分复杂，在处理过程中，坚持村务公开最重要，并且要向群众宣传解释清楚。取得理解和信任，事情就好办了。

在杭州，像益乐村这样的村，在集体土地大部分被征用，转化为城市建成区后，大部分实现了撤村建居，通过发展集体经济组织，逐步完成了村民从"农民"到"市民"的身份转换，这成为中国特色城市化的一种特殊现象。

根据浙江工业大学房地产研究所调查，从1998年到2007年，杭州主城区累计实施了3个批次、共计171个村的撤村建居工作，近13万名村民完成了"农转非"审批，15万名"失地农民"纳入"双低"养老保险或职工基本养老保险，107个村集体经济组织完成股份制改革，产业结构从农业经济转向楼宇经济，建立了与城市共生发展的经济模式。

## 17.3 产业升级，创建数字娱乐产业园

1990年代，益乐村的经济收入主要是专业市场和工业园区的租金。村办的一些初级加工企业效益不佳，也都逐步关停并转了。

2000年至2002年，益乐股份经济合作社抓住历史机遇，投资建设了花鸟市场和外来人口公寓，集体收入一下增加了几百万元。

2004 年，益乐工业园区内最大的企业 UT 斯达康要搬迁到滨江去。借此机会，益乐村准备进行产业转型升级。

有一天，沈新华看到《参考消息》上的一个报道，《参考消息》转载了法国《费加罗报》的文章，讲到动漫数字娱乐产业以后是一个朝阳产业。联系到当时大家都喜欢看日本动画片，如家喻户晓的《铁臂阿童木》，他就跑去和西湖区科技局领导探讨，局长对此也很认可。他们就一起想办法，给时任西湖区委书记高乙梁写了一封信，想把益乐工业园改造提升为一个数字娱乐产业园。高书记也很认可，于是就向市领导汇报。后来，市委书记王国平批示："很好，这是朝阳产业。"

讲起这个经历，沈新华现在仍然十分自豪。

当初，杭州市的动漫数字娱乐产业的企业就两家，一家是滨江的中南动漫，一家就是益乐村的数字娱乐产业园。2005 年，杭州市首届动漫节召开，益乐村是分会场，搞得蛮隆重。[①]

利用数字娱乐产业园这个平台，益乐村引进了不少企业，整个村都进行了产业升级。2006 年，这个园区被文化部授予 "国家数字娱乐产业示范基地" 称号，这是全国第一家。

领导对这个国家级的示范基地十分重视，市委书记王国平多次莅临现场指导工作。2005 年 5 月，浙江省委书记习近平也视察了数字娱乐产业园。还有国务委员陈至立，浙江省委赵洪祝、夏宝龙等省部领导，他们都来参观指导过。

十多年以后，杭州成为 "数字经济之都"。可以说，益乐村是杭州数字经济的发源地之一。

从 2005 年开始，益乐村利用新时代市场拆迁和原电信大楼规划用地调整的机会，盘活了两块集体建设用地，同时开工建造了位于文一西路的数娱大厦和文三西路的电子商务大厦，并于 2008 年底全部竣工。

园区和楼宇的集聚效应很强，吸引了一批文创和互联网企业进驻。在园区发展起来并成功上市的企业，知名的有顺网科技和兑吧科技。目前，还有一些独角兽企业，如婚礼纪、软视视频等，也是新经济行业龙头。

随着产业升级和企业聚集，益乐村形成了 "一园多点" 的数娱文创产业格局，成为杭州新经济发展的一个活跃地带。益乐股份经济合作社集体收入每年增加 1000 多万元。到 2010 年，集体收入突破 1 亿元。

---

① 沈新华口述，戴维整理，益乐村往事，杭州网，2020 年 11 月 24 日。https://hznews.hangzhou.cn/content/2020-11/24/content_7859685.htm。

沈新华说:"为了可持续发展,我们将集体收入一部分分红,一部分进行益乐股份经济合作社的积累和投资。"2019年,益乐股份经济合作社建造的另一座全新商务大楼——益展大厦正式启用,吸引了指令集等一批企业入驻,当年招商率达70%,为集体经济注入了新活力。

益乐村的这几幢楼宇,今天人们走过路过,都会抬起头看看。产业转型升级以后,益乐村再也不是"杭州的西伯利亚"了,而成为产业发展的"新高地"。

目前数字娱乐产业园和数娱大厦、电子商务大厦、益展大厦这3幢大楼,共入驻企业216家,就业员工6800余人。2020年,虽然受到新冠疫情影响,但辖区企业贡献的税收仍然有20.05亿元。其中,数娱大厦就产生税收19亿元,为区域经济高质量发展提供了强劲的动力。

在杭州,像益乐村这样,搭上城市化顺风车,利用区位动态变化,发展楼宇经济的"经济强村"还有一大批。

2021年,益乐股份经济合作社与毗邻的古荡湾合作社、古荡镇合作社,可分配收入都超过1亿元,排在西湖区前三名。它们的共同特点,就是发挥土地资源区位优势,积极推动楼宇经济发展,实现产业升级,跟上城市发展的潮流和步伐。

## 17.4 城中村整治,提升人居环境品质

随着城市的快速发展,益乐村人原来的住房逐步被城市包围,成了典型的"城中村"。益乐新村南北两个小区,共有456户人家,每户人家单独一幢房子。许多人家自己也住进了商品房小区,原来的房子被分割成小间,主要用来出租。

例如,益乐村的柴先生,在2002年撤村建居后,和村里其他人一样,花了近40万元的积蓄,建起了一幢3层楼的小洋房,除了一家5口人住的地方,他隔出了10个房间用来出租。

在2005年的时候,每个房间按大小不同,月租在200元至500元不等。因为靠近浙江财经学院(今浙江财经大学),出租房的生意不错,吸引了不少学生和在附近工作的年轻人。一年下来,房租收入有5万元左右,这在村里也只算得上是个平均数。[①]

到了2015年,益乐新村每个小间的月租金在600~800元,每户一般都有十几间出租,一年的租金收入有十几万元。整个益乐新村的租住人口有18000余人,

---

① 孙立波、王宇青,小小村庄支撑数字产业园:杭州西湖区益乐村股份制改革效益显著,今日早报,2006年4月15日。

流动性很大，居住环境和小区管理问题比较多，已经不适应城市发展要求了。

从 2015 年开始，按照西湖区和古荡街道的统一部署，益乐新村进行了全方位综合整治，拆除了违法建筑，对房前屋后所有道路进行开挖整理，房屋屋顶、外立面粉刷一新，强弱电"上改下"，水电煤等市政设施全部接进村民家里，小区面貌焕然一新。

当初有个别村民不太认可，但整治好以后，老百姓的幸福感和获得感得到了显著提升，益乐新村的房子在租房市场也更加受欢迎。在 2021 年，益乐新村的租金水平提高到每小间 1000 ～ 1500 元，居住人口的素质较高，小区文明安全方面也有很大进步。

为了做好长效管理，益乐新村引进了专业的物业管理公司，并制定了一套自己的村规民约，做得好有奖励，做得不好要处罚。

沈新华说："对于一些年纪大的村民来说，有些生活习惯还比较传统，改变起来很困难。村里甚至用上了无人机，管天管地，管房前屋后、各个立面。对违反公约的，村里要拍照取证扣款。每家每户屋顶都有编号，赖也赖不掉，一碗水端平，大家一视同仁。"

目前，村民们都习惯了新的生活方式，益乐新村成了美丽的新型城市社区，居民的生活条件和城里人基本一样了。

杭州的城中村改造工作，是从 1998 年开始，与撤村建居工作同步推进的。在主城区范围内，先后有 3 批共 184 个村被纳入改革试点。

在前两批试点村，像益乐村这样，位于城市中心区域，土地资源紧缺的，政策允许建设"低层联体农居"。后续的城中村改造，主要任务以社区环境整治提升为主。

后续实施的多数撤村建居试点和城中村改造工作，能够找到"农转居多层公寓"建设用地的，基本采取了"大项目带动，统一拆迁，统一建设，统一安置"的模式，村民的居住模式，直接转变为城市住宅小区的模式。

## 17.5 "留用地"开发，形成可持续发展机制

2021 年 3 月初，一条新闻触动了许多老百姓的神经："在城西开了 22 年的华商超市确定要搬了！"许多长期在此购物的老顾客依依不舍，纷纷到现场打卡留念（见图 17.1）。

这个超市，就在益乐村的土地上。

图 17.1　拆除前的华商超市南入口

　　1999 年，当时杭州商业系统内的百货、家电、烟糖和友谊副食品 4 家国有批发企业实现了重组，成立了杭州华商集团。同年 12 月，杭州华商集团租赁益乐村的土地，租赁期限为 20 年，在杭州城西建成杭州市最大的仓储式超市——华商超市，卖场面积有 2.4 万平方米。①

　　2001 年，华商超市和家友超市合并，更名为家友超市华商店。2002 年，上海联华超市介入并购。

　　2004 年，世纪联华华商店购物广场（以下简称为华商店）重装亮相。经过 6 个多月的改造，华商店转型为一个大型的时尚购物广场。针对往日消费者停车难的痛点，还将停车场搬到了楼顶，原本 300 多个的停车位增加至 1000 多个。

　　一直以来，华商超市都是很多城西居民购物的首选之地。据《杭州日报》2008 年的报道，2007 年底，华商店的销售额已突破 7 亿元，超过世纪联华庆春店，成为杭州市乃至浙江省内超市零售额排名第一的单店。最风光的还是 2011 年，华商店创造了 11 亿元的年营业收入，被称为"城西超市一哥"。②

　　事实上，华商店的影响力一度是辐射全杭州城的，甚至连萧山的顾客都赶过来购物。价格亲民、品类丰富、品质过硬，深得顾客青睐。为了方便购物，华商店还开通了多条购物专线，吸引许多人从四面八方赶来这里购物。

　　2019 年华商店的土地租赁到期了。经过反复讨论和协商，益乐村收回了土地使用权，并利用留用地指标流转相关政策，启动城市有机更新。

①　杭州吃货，在城西开了 22 年的联华华商超市，确定要搬了！月底搬到 600 米外的文三路，搬前会"大促销"，小时新闻，2021 年 3 月 5 日。http://www.thehour.cn/news/432676.html。
②　贾晓芸，曾经的城西"超市一哥"真的要搬了，杭州日报，2021 年 3 月 10 日。

2021 年华商店整体拆除后，益乐村计划将其和已经腾空拆除的城西花鸟市场一起，打造为一个占地 50.25 亩，集商务、办公、休闲、娱乐等新业态于一体的城市综合体项目。

沈新华表示，在迈向中华民族伟大复兴的时代背景下，在浙江省建设新时代全面展示中国特色社会主义制度优越性的"重要窗口"和高质量发展建设共同富裕示范区的发展目标下，我们要更进一步提高站位、解放思想、主动作为，要把这个项目打造成区域性的 10% 留用地标杆项目。

"村里邀请高端专业机构参与咨询论证，采用开发建设和运营管理一体化方案，使之能适应周边城市功能新变化，提高土地利用率和利用效益，在增加村集体收入的同时，更加关注人本身，坚持以人为核心营造生活场景，结合未来社区建设要求，平衡好公益性和商业性，探索创新开发和运营模式，在做好未来城市综合体的基础上，为社区养老、幼托等创造空间和载体，力争为存量社区整治提升改造提供可复制、可推广的新思路、新途径。"

王红平介绍说，在目前的设计方案中，项目地上建筑面积有 14 万平方米，地下 3 层约 8 万平方米，其中在地下商业中，对超市功能仍然予以保留。项目已于 2021 年底开工建设，2025 年投入使用。目前，项目的规划设计方案已经完成，方案充分融合了未来社区建设理念，以"人本化、生态化、数字化"为核心，重点打造交通、建筑、低碳、教育、创业等场景，旨在把项目打造成为新型城市未来社区的示范区。

如同 15 年前孕育杭州的数字娱乐产业一样，面对新的历史机遇，如何用好"留用地"这个"最大增量"，在推进城市更新和共同富裕中闯出新路子、展现新作为、彰显新担当，益乐村已经胸有成竹、蓄势待发。

与益乐村一样，杭州市区的村级集体经济组织，在土地被征用后，都依靠"留用地"政策，为失地农民建立可持续发展的保障机制。例如，江干区的三叉社区、拱墅区蔡马社区、上城区望江社区、西湖区古荡社区，都是利用留用地政策发展壮大村集体经济的典型代表。

1990 年代中期以前，杭州和全国多数地方一样，在项目征地时一般采取"招工安置"、"货币安置"和"养老保险安置"等安置模式。但不管何种安置模式，都有其缺陷，不能令失地农民满意。例如，随着市场经济的深入发展及劳动用工制度的改革，"招工安置"的可能已经微乎其微；"货币安置"由于其"一脚踢"的先天缺陷，越来越不受失地农民的欢迎；"养老保险安置"也存在收益期滞后的不足。

为解决由征地导致失地农民无法维持正常生活水平的问题，杭州在 1995 年建设绕城公路时，就首次提出了用留用地建设标准厂房的工作思路。1998 年全市开展撤村建居工作后，进一步明晰了留用地的概念，明确按征收农用地面积（不含林地）10% 的比例核准留用地，同时结合村集体经济股份化改造，村民作为股民参与收益分红。

随后，在总结经验的基础上，2005—2008 年杭州市先后出台《关于加强杭州市区留用地管理的暂行意见》《关于加强村级集体经济组织留用地管理的实施意见》《关于进一步完善村级集体经济组织留用地出让管理的补充意见》等一系列政策，不断完善留用地政策。

2013 年，结合国家征地制度改革试点工作，杭州市对历年的管理制度进行了全面梳理，形成了较为完整的留用地制度框架，不断扩大政策惠及面，丰富开发模式，严格批后监管，成效十分显著。[1]

2013 年 11 月 12 日，中央电视台财经频道在《经济信息联播》中，对杭州留用地政策及其成效做了全面报道，杭州在全国发挥了引领作用。

2014 年 2 月，《杭州市区村级留用地管理办法（试行）》发布实施。该办法在总结以往经验的基础上，对留用地政策做了系统更新和完善，增强了政策的规范性和可操作性，在进一步全面推动城市高质量发展方面，发挥了重要作用。[2]

---

[1]　孙永青，杭州积极推行留用地安置政策引全国瞩目，住在杭州网，2013 年 11 月 27 日。http://zzhz.zjol.com.cn/system/2013/11/27/019727005.shtml。

[2]　许晓蕾，杭州留用地开发模式更新换代，杭州日报，2018 年 2 月 8 日。https://hzdaily.hangzhou.com.cn/hzrb/2018/02/08/article_detail_1_20180208A1411.html。

# 18 从"蜗居"到"宜居"：四个家庭的故事

有多少家庭，幸运地搭上了杭州房地产市场繁荣的顺风车？

从 1980 年代开始，杭州老百姓的住房状况快速改善，从最初的住房严重短缺、十分简陋，到后来的购买房改房和商品房，再到后来根据家庭需要不断改善和增加住房，绝大部分家庭都享受到了改革开放的历史性红利，居住条件持续改善，家庭财富不断积累和增值，搭上了杭州人居发展的顺风车。

在改革开放初期，杭州市区人均居住面积只有 3.9 平方米，经过十多年的努力，1993 年增加到了 8.0 平方米。随着住房制度改革的推进，特别是 1998 年停止住房实物分配后，商品住宅市场快速发展，家庭住房改善的步伐进一步加快。按照相应年份的杭州市国民经济和社会发展统计公报，2000 年市区居民人均居住面积为 10.6 平方米，2005 年全市城镇居民人均住房使用面积达 20.7 平方米，2010 年全市城镇居民人均住房建筑面积为 30.9 平方米，2020 年全市城镇居民人均住房建筑面积达到了 39.3 平方米。

统计意义上的"人均"，经常会给人"被平均"的感觉。因为不同的家庭和个人，情况差异很大。同时，统计指标的含义也有变化：2010 年之前，叫"人均居住面积"；2005 年称"人均住房使用面积"；2010 年之后，改称"人均住房建筑面积"。统计指标计算的覆盖范围也有变化，2000 年之前是市区范围，2005 年之后是全市范围。

因此，统计数据分析，是个很专业的技术性工作。当然，直观上还是可以得出一个基本判断：杭州居民的住房条件和居住水平，整体上得到了持续性大幅改善。

在写作本书的过程中，我们走访调研了不同类型的杭州人，访谈了一些家庭的住房变化过程。这里以几个家庭作为样本，在微观上呈现杭州人的住房进化过程。

考虑到对个人和家庭隐私的保护，我们用林先生、方先生、蒋先生和王先生，作为这几个家庭样本的主人公。

## 18.1 "老杭州人"林先生

**小时候：住在吴山脚下的老房子**

林先生和爱人都是土生土长的老杭州人。林先生 1960 年出生在杭州吴山脚下，住在鼓楼东面的老街直街里。这套房子，是林先生的爷爷，在民国八年（1919 年）购买的，花了 26 块银元。

1953 年，"土地房产所有证"由杭州市市长吴宪签发。手写的毛笔字，刚劲有力。

那时，沿街平房大多为前后两个开间的户型，面积不大，居住的人口也多，人均居住面积还不足 8 平方米。房子的东面是一条弄堂，房屋后院有一块空地，每当阳光灿烂的日子，大人就会在空地晒晒被子、衣服，小孩则去玩耍打闹，这场景就像鲁迅先生笔下《从百草园到三味书屋》里的一样。入夏时，邻居们都会来弄堂里摇摇扇子、吹吹风、聊聊天。夜晚屋里闷热，便会在房子后院的空地里搭一张竹床纳凉，享受夏日的凉意。

1980 年，林先生参加杭州市属单位招聘考试，被录取后成为一名事业单位技术人员，开始了上班族生活。

**1990 年代：租住和分房**

1991 年，林先生结婚了。虽然夫妻俩是政府系统的双职工，并且有了 10 年工龄，但房子还没有分到。

于是，林先生就在离单位比较近的古荡村，租了一间农居房，作为婚房。房东的农居房是 3 层楼带院子的，林先生租了其中一间 20 多平方米的房间，每月租金 25 元，约占自己月收入的 1/4。

当时的房子很简单，居住环境冬冷夏热，厨房是在走廊里搭的，生火做饭买的是计划外液化气罐，卫生间和淋浴间在一楼，与房东共用。

1992 年初，林先生终于申请到了系统内的青年公寓（俗称"鸳鸯楼"）指标。那一年，申请公寓的基本条件有两个：其一是 28 岁以上大龄青年；其二是已经领结婚证且无房。林先生单位只有两套房的指标，经过积分排队和领导研究，其中一套分给了一位作为人才被引进的员工，另一套则根据工作表现，分给了林先生。

有了"鸳鸯楼"的指标，林先生分配到一套位于翠苑四区的青年公寓，房屋建筑面积 34.5 平方米，使用面积 24.25 平方米（分别是房间 13.15 平方米，客厅 6.5

平方米，厨房 2 平方米，卫生间 1.2 平方米，阳台 1.4 平方米），是一套非常标准的小套房。月租金 20 元，比当时的公房租金高出约 1 倍。

林先生回忆说，办完手续拿到钥匙，他和爱人在房子里傻乎乎地高兴、激动、兴奋了一整天。当时房子的装修都是亲自设计的，做家具、刷涂料、贴瓷砖也是亲自动手，短短一个多月就完成了装修。

1998 年，随着工作调动和职务提高，林先生还是赶上了住房实物分配的末班车，把青年公寓的房子交回去，分配到一套位于翠苑一区的公房。建筑面积 60 平方米，是全明亮的三室一厅一卫一厨。房子虽然在顶层，但居住条件不错，邻居打扰也少。一年后参加了房改购房，工龄折扣等优惠下来，购房价为 2 万多元。

林先生通过分房和房改，享受到了住房制度改革的红利，真正拥有了属于自己的房子。

### 2000 年代：置换学区房，购买经济房

2000 年，林先生考虑到小孩快到上学年龄了，就把翠苑一区的房子，置换到了建工新村。这是一套建筑面积为 59.8 平方米的两室一厅，按学区划分，对应的小学是文一街小学，初中是十三中总部，置换评估交易价格为 18.5 万元。后来，这套老破小的学区房，在市场上很抢手，房子升值效应十分显著。

1999 年杭州出台了《杭州市市区经济适用住房销售管理实施意见》。按照当时的政策，林先生的岳父享受处级待遇，除了已经享受的自住房改房，还有 30 余平方米（含高层系数面积补贴）的经济适用住房指标。因此，2003 年，林先生以共有产权形式（4 人共有，林先生夫妻和岳父岳母）在东新园购买了一套建筑面积为 108 平方米的房子，总价 33 万元（其中经济适用住房面积按 2768 元 / 米$^2$ 购买，商品房面积按 3168 元 / 米$^2$ 购买）。

根据当时政策，购买经济适用住房不能贷款，需要一次性付款。林先生回想起来，这次购房是付款压力最大的一次。

到了 2013 年，经济适用住房制度改革，林先生补交了 400 元 / 米$^2$ 的土地出让金，办了过户手续后，将东新园的经济适用住房转变为 70 年产权的商品房。这套房子林先生主要用来出租，租金回报不错，房子本身也升值不少。

### 2010 年代：改善住房不停步

2009 年初，金融海啸后杭州房地产市场陷入了低迷。林先生购置了文鼎苑二期的一套房子，是小区中心"楼王"的西边套，建筑面积为 142 平方米，三室两厅两卫三阳台。西向的阳台和房间，可以俯瞰浙江大学紫金港校区；南向可以观赏小

区花园。当时购入价格不到 190 万元（其中公积金贷款 50 万元）。

当时考虑购买文鼎苑，主要是为了改善家庭住房，决定性因素有三点。一是学区。文鼎苑对应学区是学军小学（紫金港校区），这是学军小学在杭开设的第一家分校。当时为了引进这个小学，开发商耀江房产、学军小学和教育部门进行了长时间的沟通谈判，开发商向业主承诺了非常好的教育条件，房屋的附着价值高。二是浙江大学紫金港校区的校园环境和学习氛围。当时的浙江大学紫金港校区，就有"最美校园"的称号；林先生亦有个梦想，将来孩子能够上浙江大学读书。三是配套的商业多，交通也比较便利（当时已有地铁规划），附近大多是省政府的经济适用住房，环境、安全都有保障。

2012 年装修完成后，林先生就搬进了文鼎苑。现在看来，这套房子价格涨得多，增值效应最为显著。

2015—2016 年，市中心老城区那套不足 48 平方米的祖屋要拆迁了，业主可以选择就地回迁安置，也可以选择货币安置。

就地回迁安置的政策是，原房屋建筑面积不足 48 平方米的，保底安置 48 平方米，增加高层系数面积 5 平方米，再加上优惠扩面 30 平方米，由此可以得到一套83 平方米的回迁房。如果选择货币安置，征收评估价为 2.3 万元 / 米$^2$，再加上货币安置优惠（包括补偿款、安置费、奖励费、迁移费等），可以得到总计 158 万元的货币安置补偿款。

当时，林先生全家都非常喜欢绿城房产推出的桃李春风。和传统别墅不同，桃李春风的房屋面积较小（最小 83 平方米），总价低，而且容积率不到 0.2，赠送的院子面积甚至大于房屋面积，这在全国都是很少见的。

桃李春风特有的中式连廊、粉墙黛瓦、青砖小巷，装饰雅致，把江南韵味体现得淋漓尽致。无论是考虑自住的舒适性，还是从投资角度考虑产品的稀缺性，桃李春风都非常令人动心。唯一的缺点是，桃李春风离市区较远，在临安青山湖板块，交通不方便。

林先生一家看了样板房后，都被打动了。为了能够买下桃李春风，林先生选择了货币安置，购置了桃李春风一套精装修的中式小院，总价 256 万元，一次性付款。总体占地面积 213 平方米，其中庭院面积 113 平方米，房屋建筑面积 100 平方米，包括三室两厅两卫一厨，林先生实现了一直以来的独门独院、墅院生活的梦想。

桃李春风的房子 2017 年交付后，林先生装饰布置起来，周末和节假日去住住，相当于有了自己的别墅。

对于 2016 年购买的桃李春风的房子，林先生至今仍然十分得意。他说，当时青山湖那边市场还比较低迷，价格很合理。购买后不久，全国的合院市场刮起了"中式风"，桃李春风作为经典项目，成为参观学习的标杆和网红打卡地，在全国有50 多个城市的楼盘在设计时参考了桃李春风。

房价方面，青山湖板块在 2016 年 G20 峰会后迅速补涨。到 2021 年下半年，桃李春风的二手房挂牌均价超过了每平方米 6 万元，在市场上一房难求。

## 18.2 "1980 年代的新一辈"方先生

方先生是河南人，父母是农民，1981 年考上大学，属于典型的"1980 年代的新一辈"。

那时，改革开放春风扑面，校园里流行的是港台歌曲。但是，留在大学生记忆里最深刻和最长久的，是张枚同作词、谷建芬作曲的那首《年轻的朋友来相会》。

"再过 20 年我们重相会，伟大的祖国，该有多么美。天也新地也新，春光更明媚，城市乡村处处增光辉。"

40 年后的今天，方先生还经常不由自主地哼起这首歌，对国家的发展变化，对生活水平的不断提高，感慨万千。

**集体宿舍居住 7 年**

1985 年大学毕业后，方先生被分配到杭州一所大学工作。

当时，大学生到单位后，单位一般按照四个人一间的标准，将大学生安排在单身集体宿舍居住。宿舍配备有四张床和四张书桌，每人用一张床，一张书桌。当时大家也没有什么东西，被褥一放，就开始上班了。

方先生的宿舍在二楼，里面住了四个人，有两位是前一年分配来的青年教师，另外一位是和他同年分配来的。

作为青年教师，刚工作的几年里，日常生活与大学阶段没有太大区别。同样是在食堂吃饭，与伙伴们打篮球，最喜欢聚在一起，围着一台黑白电视机，看中国女排的比赛。每月工资也就几十块钱，自己花花倒也够了。

从 1988 年开始，在教研室老师的鼓励下，方先生开始在职攻读硕士研究生。四年后的 1992 年，拿到了硕士学位。读研期间，方先生与同一年分配进校、同班读研的王女士谈恋爱，并于 1992 年 10 月结婚成家。

### 筒子楼里结婚育儿

结婚的时候，方先生享有讲师职称，还没有分到自己单独居住的房子。当时，与方先生属同一个导师且已经毕业的一位师兄，被公派出国，去了美国深造。在导师的帮助下，方先生借到了师兄在筒子楼里的单间，就以此做了婚房。

方先生回忆说，那个年代结婚十分简单。因为两个人老家都在外地，领结婚证后，自己和爱人去解百买了一套喜庆的床上用品，每人买了一套新衣服，拍了一张结婚照，做成相框挂在墙上。在师兄弟们的帮助下，门上贴个大大的双喜字，由导师主持，搞个热闹的婚礼仪式，就迈进了婚姻的殿堂。

这个筒子楼，就在校园里面，其实和宿舍楼没有太大差别。就是里面住的基本是已经结婚成家的青年教师，每家一个单间，约 16 平方米。每层有公用的卫生间和洗漱间。

在那个年代，许多人成家后喜欢自己烧饭，煤气罐和煤气灶就放在自家门口。每到做饭和吃饭时间，过道里面总是烟火气十足。邻居们在日常生活中交流互动频繁，小朋友们随便串门，还可以经常品尝各家的美食。

当然，从舒适、隐私、方便、安全等方面看来，当时的居住条件的确十分落后。

结婚后不久，方先生也得到了公派出国进修的名额，导师为他联系了美国威斯康星大学。

1993 年 6 月，出国手续办好了，方先生的爱人发现自己怀孕了。方先生既高兴，又担心。为了照顾怀孕的爱人，并为将来带小孩做准备，方先生和王女士商量，准备把王女士的姐姐接到杭州来，但住房是个问题。

正在发愁的时候，方先生了解到旁边一个房间的住户准备调动工作，马上就要搬走。他找系主任出面，专门给学校房管处打报告，终于申请到了这间房子。加上原来借住的房子，方先生家就有两间可以使用。王女士的姐姐和姐夫一起来了杭州，解除了方先生的后顾之忧。

1993 年 9 月，告别了怀孕的妻子，带着导师的嘱托，方先生漂洋过海，去了美国。他十分珍惜这次出国机会，将全部时间和精力用来学习，在实验室和论文写作方面的表现很好。一年后，得到美国导师的经费支持，方先生继续攻读博士学位，并在 1997 年 10 月通过论文答辩，取得了博士学位。

### 参加分房和房改

1998 年初，方先生带着博士学位和发表多篇高水平学术论文的成果，回到杭州。

回忆起这段经历，方先生至今还是很自豪的。他说，当时美国导师希望他留在美国工作，并准备给他提供帮助。但爱人和孩子在国内，他希望能够尽快和家人团聚。同时，他也的确想要回国，希望在教学科研中发挥骨干作用，报效祖国。

在当时，优秀人才学成回国，是很受欢迎的。学校把他评聘为副教授，并按照引进人才政策，给方先生分配了一套73平方米、三室两厅的房子。这是一套1986年修建的公房，方先生简单装修一下，高兴地搬了进去。

大学毕业参加工作13年后，方先生终于抓住了住房实物分配的尾巴，住进了成套住房。

2000年公房出售，方先生花了不到3万元，买下了房改房，拥有了自己的房子。

**购买商品房**

入住房改房不久，方先生的小孩就到了上小学的年龄。方先生夫妇了解下来，自家房子所在学区不是很理想。有几个同事，为了孩子能上文一街小学，买了坤和建设正在开发的白荡海人家。于是他们就去售楼部考察。

这个项目，位于文一路和莫干山路交叉口，交通便利，是坤和建设在杭州开发的第一个大型小区。当时，开发商对标绿城房产和南都房产，下了很大功夫进行项目规划设计。最为重要的是，小区对应学区是文一街小学和十三中本部，教育资源非常好，正好满足方先生的需要。

看了楼盘介绍，各方面都很满意，方先生就下单买了一套110平方米的三房两厅一卫，这是他们第一次购买商品房。

方先生回忆说，房子是1999年6月买的，每平方米约4500元，总价不到50万元。他把自己留学期间省吃俭用攒的钱，全部作为首付，然后贷款20万元，感到经济压力不是太大。

白荡海人家的房子在2000年就交付了，因为是毛坯交付，方先生又花了大半年装修，直到2001年春节，才搬了进去。这年秋天，方先生的儿子就在文一街小学上学了。

回国后，方先生在教学科研方面成绩突出，2002年破格晋升为教授，并担任了学院副院长和研究所所长。

到了2003年，方先生考虑到购买的公房出租麻烦，就挂出去卖掉了。收到约40万元房款后，马上提前还款，结束了白荡海人家房子的按揭贷款。

2004 年的时候，方先生听朋友介绍，建工房产正在天目山路教工路口打造一个"欧美中心"，当时的宣传口号是"美金开盘、全球发售""打造杭城第一个国际化社区"。对于经常进行国际交流的方先生来说，这个项目引起了他的兴趣。

世贸丽晶城是欧美中心的住宅部分，方先生一家多次去售楼部了解情况。国际化的规划设计，对标国际一流的商务综合体功能，打动了想要购买高品质住宅的方先生。

从售楼部出来，就是浙江大学西溪校区和黄龙体育中心，走过杭大路，爬上栖霞岭，西湖和湖滨一览无余。成熟和优越的位置，促使方先生下定决心，在 2005 年 10 月，按照 15000 元/米²，以总价 200 万元，按揭贷款 100 多万元，购入了一套 133 平方米、三室两厅两卫的住宅。

2008 年入住世贸丽晶城后，方先生一家十分满意，在很长一段时间里再也没有考虑买房的问题。

2012 年，方先生的儿子考上了大学。家里的经济条件也不错，他和爱人考虑，再给儿子买一套好房子。但是，美国次贷危机、金融海啸和政府不断调控房地产市场，也让他犹豫了一段时间。

直到 2014 年 10 月，方先生有朋友买了西溪诚园，搬家时请方先生一家到家里做客，他才改变了主意。小区大堂富丽堂皇，地下车库和一层单元入户门厅也是精装修的，室内配置高端，还有地暖，方先生马上觉得自己的住房已经需要更新换代了。

正好当时杭州的房地产市场出现明显调整，政府也取消了限购等调控政策，西溪诚园正在销售的四期还有一些房源，价格也可以在原来 36000 多元每平方米的基础上，优惠 10% 左右。

方先生立即行动，分期付款和按揭贷款相结合，买下一套 180 平方米、四室两厅两卫的大户型精装修住宅，加上一个车位，总价 600 万元。

西溪诚园是现房，2015 年方先生迫不及待地搬进了新家，住房条件迈上了新的台阶。

## 18.3 萧山市民蒋先生

### 1985 年，从集体宿舍搬进小院平房

蒋先生是萧山本地人，从 1978 年开始，在萧山一个国营单位工作。1981 年，蒋先生 21 岁时，与同一个系统的吴女士结婚成家了。

结婚时，单位分给蒋先生一间宿舍，就在单位的楼上。这个楼房一共三层，一楼是对外的营业场所，二楼是办公区，三楼是会议室加 11 间宿舍。

蒋先生的房子一共 14 平方米，一张床、一张小方桌、几个方凳、一部缝纫机，还有一个脸盆架，床底下两个箱子放衣服，走廊上有一个煤炉，加上一些锅碗瓢盆之类，就是蒋先生的全部家当。

当时，每家的居住情况差不多，隔壁邻居一家四口，住的也是这样一间宿舍。

走廊尽头有一个男卫生间，女卫生间在二楼。卫生间也是洗漱间，提供了用水和倒垃圾的便利。

1985 年，蒋先生儿子 3 岁了，自己工作也进步了，单位给他改善住房，蒋先生一家从集体宿舍搬到了一个带天井的小院平房三间套，实现了居住条件的第一次进化。

这个地方，就在现今萧山第一人民医院西侧的一条弄堂里，从弄堂北面的大墙门进去，向西走过几米的过道，有另一扇小墙门，穿过这道墙门，就来到了一个大天井。天井的东西北面围住着 9 户人家，都是平房。

蒋先生家住的这套房子 40 平方米左右，由南向北一共 3 间，就像 3 个长边相等的长方形依次排列。最南侧这间是客餐厅，摆放着餐桌，后来还有了洗衣机、冰箱、电视机这些新添的"奢侈品"。中部这间，除了客餐厅到卧室的通道，还放了一张小床，方便老人过来时居住。最北侧一间是卧室，摆放着一张床、一张自制的沙发、一个衣柜，还有一台缝纫机。在当时的萧山，这套房子绝对属于令人羡慕的"豪宅"。

9 户人家中间，是一个共享的大天井，也是各家烧煤炉做饭的公共空间。后来天井里还放上了一张台球桌，大人、孩子都很喜欢。

刚住进去时，这里不通自来水，蒋先生每三四天都需要去自来水公司的供水点挑水，一分钱一担，把家里的水缸挑满，满足一家人生活用水的需求。一年后通自来水了，生活顿时方便了很多。

整个院子里都没有卫生间。家家户户在家用的都是马桶，每天早上拎出去放在墙门口，有专人来倒，之后各家再拎回来。

**1990 年，从小院平房搬进小区楼房**

1990 年初，蒋先生爱人的单位分配公房，蒋先生家分到一套 54 平方米的单元套房，全家人兴高采烈——要住楼房啦！

简单粉刷整理后，蒋先生踩着三轮车，带着床板之类的家具，儿子坐在床板上，从传统意义上的城中心，搬到了在老城西面新开发的崇化小区。

新房坐落在住宅区的最东面，东西朝向，是这幢6层楼房的4楼南边套，算是好楼层、好朝向了。房子是两房一厅一厨一卫的布局，进门是一个窄窄的餐客厅，西南角是厨房，厨房东面是卫生间，房子的东面是两个卧室一南一北排列，次卧还连着一个阳台。

这是蒋先生住房条件的第二次进化。第一次有了独立的卫生间，装上了抽水马桶。第一次有了独立的厨房，可以在家中做饭了。这次搬家后，东南角的次卧归儿子，小学生有了自己的房间，一张床、一张书桌，非常宽敞。蒋先生家从此告别了饭桌书桌轮流用的日子。

当时，蒋先生和爱人单位经济效益不错，他们搬家后又陆续添加了一个燃气热水器、一套音响，后来还安装了一部固定电话，日子过得十分如意。

大约是在1993年，住房制度改革推行公房出售，蒋先生花了1万多元，买下了这套房子，有了自己的"不动产"。

### 1996年，置换购买商品住宅

1996年，蒋先生在爱人的大力推动下，积极改善住房，第一次购买了商品住宅。

当时商品房市场刚刚起步，政府旗下的开发商在萧山老城区东门外建造了回澜住宅区，价格在每平方米1500元左右，一套房子根据面积大小，总价在10万～20万元。

看着不少亲戚朋友都选择在老城区买商品房，蒋先生和爱人也加入了购房者的行列。通过置换，从城西老旧的"崇化"，搬到了城东新建的"回澜"。

当时老百姓都愿意在老城区买房，同期开发的北干小区（如今的市心路山阴路附近），因和老城区隔着北干山，房价便宜很多，每平方米只要600～700元。20年后，这两个小区的房价水平，已经基本拉平，北干小区的房价甚至有所反超了。

蒋先生感慨地说，谁也没想到，萧山城区向杭州方向发展得这么快，变化这么大。

当年买房，家里不想"背上几十年的债"，没有考虑向银行贷款。蒋先生购房是用自己积蓄，加上向亲朋借钱，一次性付款。

1997年装修好搬进新家后，蒋先生立即把崇化小区的老房子卖掉，偿还了全部借款。

这套房子面积为86平方米，位于6层楼当中3层的东边套。与上一套房子相比，这套房子有了很宽敞的餐厅和客厅，餐厅里有酒柜、红木餐桌餐椅、水晶灯，客厅里放上了一套红木沙发和索尼大电视机。卧室和客厅装了制冷式空调，夏天再也不需要蒲扇了。蒋先生实现了居住条件的第三次进化。

### 2003 年，为儿子购买婚房

进入 21 世纪后，萧山的城市中心从老城区向北扩张，随着区政府搬迁到人民广场附近，市心路金城路口成为新的城市中心。市心路和金城路沿线一个个新小区拔地而起。

到了 2003 年，蒋先生的儿子快要大学毕业了，蒋先生就与几个朋友相约，在金城路沿线的雍景湾小区购买了一套大房子，计划给孩子结婚居住。

这套房子是个顶跃，上下两层的总面积有 200 多平方米，一层是客厅、书房和卧室，二层是厨房、餐厅和一个大露台。此时房价已经涨到了每平方米 3000 元左右，但随着经济发展和收入增加，这个房价大家也还能承受。

这套房子有那个年代大房子的普遍特点：客厅和房间面积大、房间数目少。2007 年儿子订婚后，蒋先生就开始精心装修。厨房、餐厅、客厅等公共空间铺了瓷砖，房间内铺了木地板，屋顶装了太阳能热水器，书房装了网络专线。

因为是婚房，蒋先生一家一心追求舒适，为这套房子配备了全套现代化家用电器。这套房子基本达到了当时萧山老百姓最好的居住空间和设施水平，这是蒋先生家庭居住条件的第四次进化。

2009 年儿子结婚后，蒋先生全家主要住在这里。房子足够宽敞舒适，蒋先生在很长一段时间内，都没有再考虑过买房子的问题。

### 2017 年，改善购房，追求居住品质

时间很快到了 2015 年，金城路的房子几年住下来，慢慢跟不上时代的步伐了。主要的问题是没有电梯，这在当年是公摊少、得房率高的优点，而在今天就成了一个最大的缺点。另外，小区停车也很困难。

蒋先生全家商议，这次买套排屋吧，实现一个有天有地的居住梦。

为了选择合适的小区，蒋先生不断考察项目，前后花了两年时间，终于在2017 年选择了市心北路大国璟小区的排屋，作为购房目标。主要是考虑交通方便，区域配套成熟，对比全家人的工作生活半径，这套房比较适合作为第一居所。

这时的房价，已经上了好几个台阶。蒋先生选中的排屋，面积约 250 平方米，总价接近 900 万元。蒋先生用足公积金和商业贷款，并向亲朋筹措了部分资金，赶紧入手下单。

蒋先生说，回想起来，这次购房还是明智和及时的。过了半年，该楼盘排屋的预售价格又上了一个台阶。而且，由于土地出让和商品住宅销售政策的变化，城市排屋越来越少，稀缺性不断增强。更重要的是，从 2018 年开始摇号买房后，想买买不到的可能性还是很大的。

2019 年底，房子交付了，品质不错，蒋先生整体比较满意。除了更高的居住品质，这套房子在增值方面也超出了蒋先生的预期。到了 2020 年底，该小区排屋的挂牌价格，已经比蒋先生的购买价格翻了一番。

2020 年 6 月，蒋先生办好了退休手续，由儿子负责整体设计，自己负责现场管理，开始装修这套排屋。

2022 年春节，蒋先生一家喜气洋洋地搬进了这套新房，完成自己居住梦想的第五次进化。

## 18.4 "新杭州人"王先生

2004 年 12 月 24 日晚，平安夜，绿皮火车呼啸着由北向南疾驰，车厢中的王先生全无睡意。在获得杭州一家公司的 offer（报价）后，王先生离开东北的家乡，到杭州入职，既朦胧憧憬着南方都市的美好，又对未知的工作和生活忐忑不已。

**2007 年，购买万家花城**

王先生在杭州的工作比较稳定，他是国企的技术人员，只要踏踏实实地干活，收入就会不错。加上业余时间加班和承担一些外部委托任务，两年下来，王先生就攒了 10 万元。加上父母资助的 10 万元，王先生就开始考虑买房啦。

2007 年初的杭州房地产市场正站在又一次起飞的节点。2006 年的房地产宏观调控压抑了房价，户型设计"70/90 政策"限制了供应量。2006 年的股市大涨，也形成了大量资本流向楼市的动能。

当然，王先生当时并没有上述整体分析和认知。只是存在住房刚需，只要有足够的经济条件上车，就会出手，因为他太想在这个城市落户了。

按首套 30% 的首付，王先生能够承受总价 70 万元左右的房子，这个价格的新房，当时可考虑的主要区域有三墩、九堡、滨江等。

2007 年初，王先生拉着女朋友看了几个楼盘，分别是九堡的旅游红苹果、萧山的金色钱塘、申花的万家花城。这几个盘都有总价 70 万元以内的户型。

对比几个板块和楼盘后，两人都认为靠近浙江大学紫金港校区的申花板块更有吸引力，附近还规划有城西银泰城，因此万家花城成为首选。

那时不用摇号，只需要到售楼部登记，然后等开盘通知，先登记的先选房。即使后来登记的人多了，改为现场排队，只要早排队也能买到。万家花城一期于2007年5月开盘，首开700套当天售罄，王先生顺利买到一套89平方米的中间套户型。

2007年12月，万家花城二期开盘的时候，均价已由7000元每平方米涨到13000元每平方米，不到半年房价接近翻倍。虽然还没交付，王先生看着浮盈的财富，心里充满成就感，接着结婚生子就成了顺理成章的事，王先生也渐渐喜欢上房地产。

王先生回忆说，当时经常浏览房地产网站，看得最多的是住在杭州网。首席评论员丁建刚老师是媒体人，说话用词带有博取眼球的成分，但分析框架和逻辑没有问题，丁建刚老师的内容很有指导意义。

万家花城于2009年8月交付，收房时王先生真是高兴，跨越两个市场周期，这个楼盘二手房价格涨到了每平方米2.5万元左右。收房现场，每个购房者都喜笑颜开，多数都是新杭州人，王先生还接受了杭州房产电视的节目采访。

### 2010年，给岳父家置换改善住房

解决自住需求后，王先生开始考虑老人的养老用房。岳父岳母生活在富阳，有一套自住的房改房，面积、品质、增值能力都很一般，需要改善升级。

回头来看，2008—2009年是这套房子置换的最佳时间点，可惜那时王先生认识有限，动员不充分，未能取得家人支持。

经过2009年的市场教育，王先生认识到房地产市场行情会从杭州主城扩展到副城，会从沿海扩展到内地。因此在2010年，他极力劝说岳父卖掉房改房，置换高品质的商品房。

在房源选择上，王先生也做足了功课。他发现，金桥北路是富阳未来发展的中轴线，当时万科刚刚进入富阳主城区，正推销位于这条路上的楼盘金色家园。在2009年5月的富阳第七届房交会上，王先生第一次接触这个盘时就喜欢上了。因为户型设计很有优势，每户都是两层的复式结构，例如建筑面积108平方米的户型，通过后期浇筑楼板，实际使用面积可达150平方米，性价比极高。

2009年底首次开盘时，这个户型总价约110万元，王先生说服岳父，把手里的房改房卖掉，用大约60万元来支付首付款，剩下的按揭贷款由王先生承担。

选房的时候，王先生和一些购房者交流，发现很多家庭来自富阳下属乡镇，买在城里不是为了炒房子，而是为了资产保值或者将来进城居住。王先生真切感受

到，城市化正在身边发生。

**2014 年，给父母在杭州买房**

解决了岳父岳母的居住问题后，王先生一直惦记着自己父母的养老用房。他们生活在吉林省四平市，这是个市区拥有 60 万人的四线中等城市。父母俩都已退休在家，是典型的空巢老人，王先生非常希望他们能够在杭州有一处安身之所，便于他随时探望。

王先生的父母在老家居住着一套 102 平方米的商品房。当地物价低廉，生活舒适，老人对来杭州定居并不热衷。但是，随着年龄的增长，也存在投靠子女养老的需求。

2014 年夏天，杭州出台楼市松绑政策，取消限购、限贷，允许购房落户。王先生意识到，解决父母在杭州住房问题的机会可能到了，就加快了行动的步伐。

王先生父亲手里，有一套住宅楼的底层商铺，大约 60 平方米，是 2010 年底买的，在 2014 年大约价值 65 万元。王先生对父亲说，用这些钱你可以在杭州近郊买一套住宅，既能居住也可出租，而且杭州房子一旦涨起来肯定比四平房子获利多。老人听后觉得有道理，就同意了他的建议。

王先生开始在杭州找房源，考虑到预算约束，还要交通方便，就首选了地铁房。

当时杭州开通的地铁仅有 1 号线，王先生就去地铁线的末端几站，寻找合适的房源。在地铁 1 号线南苑站附近，有个项目叫"华元欢乐城"，属于临平新城板块，坐地铁到西湖边的龙翔桥约 45 分钟。

这个板块的房价，在 2011 年曾经最高爬到 15000 元／米$^2$，2014 年又回到了8000 元／米$^2$ 左右。当时，四平的房价也要 5000 元／米$^2$，王先生深感杭州房子的价值被低估。

当时仍然限购，为获取购房资格，王先生将父母的户口落到杭州。2014 年 8月，以他们的名义购买了一套华元欢乐城 89 平方米的住宅，每平方米 8300 元，总价约 74 万元，与四平卖出商铺的总价基本相当。

2014 年的杭州，房地产市场冷得可怜。在华元欢乐城的售楼部，没几个顾客。王先生看着沙盘，反复比较，选择中意的楼栋、楼层和户型，销售员前后跟随，态度谦卑，服务周到。

随着这套住宅在 2016 年交付，王先生的父母在杭州也有了自己的家，心里很踏实。

链家网显示，2016 年底这个小区二手房均价突破了每平方米 2 万元。商品房投资回报之快之高，让人惊喜不已。到了 2020 年底，华元欢乐城由于交通便捷，周围综合体林立，成交非常活跃，二手房均价约每平方米 2.8 万元。

**2015 年，置换购买学区房**

时间飞逝，王先生的儿子在 2016 年就要上小学了。与杭城多数年轻父母一样，王先生和爱人也期盼能置换一套改善型学区房，既能为孩子提供优质教育资源，也能满足改善家庭的面积需求。

为了达到这两个目标，王先生开始考察申花板块的二手房。

首先考察的是著名的学区房文鼎苑。它的配套中小学分别是学军小学紫金港校区和紫金港中学，这些都是非常优质的杭州公办学校，故该住宅房价长期居高不下。2015 年的文鼎苑均价约 3 万元每平方米，王先生粗算了一下，自己只买得起面积为 107 平方米的户型，但这个面积作为改善用房很尴尬，王先生想想还是放弃了。

经过再三比较，王先生选择了申花板块的西城年华。该小区同属西湖区，学校为九年一贯制的保俶塔申花实验学校，距离地铁 2 号线虾龙圩站 500 米，一套 130 平方米面积的房源，足以满足家庭改善居住目标，旁边就是建设中的运河亚运公园，周边环境和配套都不错。

有了目标房源后，王先生将万家花城的房子以 190 万元出售，扣除贷款后，到手约 160 万元。王先生从中提取了 30 多万元，将富阳金色家园的贷款结清，因为那套房子用的是商业贷款，利率偏高。然后，以剩余的 130 万元作为首付，采用公积金＋商业组合贷款的形式，以 2.4 万元／米²的价格，305 万元的总价购置了这套西城年华的住宅，还包括车位。

当时王先生在和中介交流时了解到，当时这个小区的房价五年未涨，但成交已开始加速。中介说，他们熬过了好几年交易清淡的苦日子，今年的行情明显好转，买房的和看房的都在增多。

2015 年王先生完成了住房置换和装修，2016 年初入住西城年华。

那年 9 月，杭州成功举办 G20 峰会，这个城市的价值被重新衡量，房地产市场也告别长达五年的沉寂期，大多数房子的价格都翻了倍。

作为一个新杭州人，回忆起自己在杭州工作生活和关注房地产市场的经历，王先生感慨万千。他总结说："我幸运地搭上了杭州城市发展的顺风车。把握节奏，管控风险，量力而为，理性选择，既享受到城市发展的红利，也没有因为房贷对生活品质产生负面影响。"

# 19 "六房并举"破解住房难题

在商品房市场大发展背景下，老百姓的住房问题也在变化。当年杭州归纳的"六房并举"，有哪些内容和特色？

在城市化发展过程中，大城市土地资源有限，产业和人口不断集聚，会导致地价和房价不断上涨，这是世界各国的共同现象。

城市众多的人口和家庭，客观上存在多种差异，他们的收入、财富、生活水平差距十分显著。面对市场化的房价和房租，中低收入家庭住房消费的经济承受能力不足，就出现了大城市住房困难问题。

居住是人的基本生活需要。大城市中低收入家庭的住房困难问题，既是经济问题，也是社会问题，还是政治问题，需要政府建立有效的住房保障体系。因此，住房保障作为一项社会福利和公共服务，成为世界各国政府共同面对的一项长期而艰巨的任务。

在 21 世纪第一个 10 年，随着杭州商品房价格的快速上涨，住房保障对象的规模不断扩大，经济适用住房和廉租住房等保障性住房供应，远远不能满足需要。同时，两类住房保障对象之间，还出现了新的"夹心层"群体。

随着城市化进程和旧城改造加速推进，房屋拆迁量猛增，拆得又快又多，安置房建设远远跟不上需要，使得原本有房住的群体，在一定时期内成了住房难群体中矛盾十分突出的一个群体。

此外，老城区的危旧房居民，新进杭州的大学生，在杭州工作的外来务工人员，也都凸显出各自特殊的住房问题。

## 19.1　房价收入比走高

1998 年停止住房实物分配后，杭州市按照国务院和省政府文件精神，出台了廉租住房和经济适用住房保障供应政策。

当年长期担任杭州市城乡建设委员会副主任，负责政府保障性住房开发建设工作的张良华回忆说，2000年4月，杭州市市长仇保兴组织召开了一次经济适用住房专题会议，会后出台政策，把经济适用住房开发规模从40万平方米增加到110万平方米。

为此，市政府在三墩、半山、西兴、九堡等地，安排了8000多亩土地。这些土地陆续得到开发，为建设经济适用住房、拆迁安置房、廉租住房等，提供了宝贵的土地资源。

经济适用住房用地以政府划拨方式取得，政府对经济适用住房用地免收土地出让金，并对各种经批准的收费实行减半征收，严格控制成本。经济适用住房出售价格依托政府指导价，按保本微利的原则确定，比商品房价格低很多。到2007年，杭州经济适用住房的房价仍然控制在每平方米3000元以下。

然而，随着商品房市场快速发展，经济适用住房与商品住宅的价格差距越来越大，申购规模迅速扩大，供应远远不能满足需要。

2004年5月，建设部等四部委出台的《经济适用住房管理办法》（建住房〔2004〕77号）明确，"经济适用住房，是指政府提供政策优惠，限定建设标准、供应对象和销售价格，具有保障性质的政策性商品住房"。

在当时的住房政策体系中，廉租住房用于保障最低收入住房困难家庭，经济适用住房用来保障中低收入住房困难家庭，多数家庭必须面对普通商品房市场，以此满足家庭住房需要。

在住房市场化情况下，"房价收入比"常常被用来衡量家庭购房支付能力。计算方法是用当地一套平均水平的住宅总价，除以平均的家庭年可支配收入。在1990年代初，世界银行专家在帮助中国政府研究住房制度改革问题时，曾经参照多数国家住房市场，提出房价收入比的合理区间应该是4～6倍，这一数据后来被广泛引用。

其实，观察房价收入比指标的动态变化，更有意义（见表19.1）。随着时间变化，如果房价上涨快于收入增长，房价收入比就会提高，表明家庭购房能力下降，住房保障压力加大。

表 19.1　2001—2012 年杭州市区房价收入比变化情况

| 年份 | 城镇人均可支配收入 / 元 | 商品住宅销售均价 / （元·米⁻²） | 房价收入比（1） | 房价收入比（2） |
|------|-----------------|------------------|-------------|-------------|
| 2001 年 | 10896 | 3158 | 5.80 | 8.69 |
| 2005 年 | 16601 | 6016 | 7.25 | 10.87 |
| 2010 年 | 30035 | 16543 | 11.02 | 16.52 |
| 2012 年 | 37511 | 14058 | 7.50 | 11.24 |

资料来源：根据杭州统计年鉴相关数据整理。统计范围为萧山、余杭撤市设区后的市区范围。

指标说明：房价收入比（1）以三口之家购买 60 平方米商品住宅计算。房价收入比（2）以三口之家购买 90 平方米商品住宅计算。

从表 19.1 整理的统计数据和测算结果可见，2001—2010 年，杭州市区房价收入比大幅提高，家庭购房压力越来越大，应该是一个基本的事实。

根据杭州统计年鉴数据，杭州市区城镇人均居住面积在 2001 年是 20.7 平方米，2005 年为 27.6 平方米，2010 年达到 30.9 平方米。因此，2001 年以 60 平方米住房作为三口之家平均住房水平的标准是合适的。2010 年，则应该以 90 平方米住房作为三口之家平均住房水平的标准。

这样的话，把老百姓平均收入、城市平均居住水平和商品住宅平均价格结合起来考虑，杭州的房价收入比指标，从 2001 年的 5.8 倍，增加到了 2010 年的 16 倍以上。

长期研究房地产市场和住房保障政策的虞晓芬教授，曾经以杭州为例，对 2003 年不同收入层次家庭的住宅可负担能力进行了测算分析。研究结果认为，按照家庭收入五等份分组，除了高收入组家庭支付能力可以承受房价水平，中高收入组及其以下的三个组，都难以承受房价水平。特别是中低收入家庭，普遍需要政府提供住房保障加以支持，才能缓解住房困难，满足基本居住需要。[1]

实际上，城市中不同类型家庭的情况千差万别，房价收入比只能反映家庭购房经济负担的平均情况，住房保障体系却需要细分和细化，分层次、分类型建立针对不同类型家庭的有效保障机制。

---

① 虞晓芬，基于居民住宅负担能力的房价合理性评价研究：以浙江杭州为例，价格理论与实践，2004 年第 11 期，第 34-35 页。

## 19.2  市长的一封公开信

从 2001 年开始，杭州商品房市场火爆的局面受到广泛关注，被称为"杭州现象"，媒体大量报道，中央部委也派出多个小组到杭州调研，杭州市政府当然需要认真对待，做出分析判断，拿出对策措施。

2003 年七八月间，杭州市市长茅临生通过市民邮箱，与市民探讨杭州住房问题，回应市民关切的话题，记录了当时市政府关于住房市场和住房保障的思考和采取的对策。

同年，在题为"让杭州市民居者有其屋：对网上所提关于住房问题的思考和解答"的公开信中，茅临生谈到了自己对杭州房子问题的认识过程的两个阶段。[①]

2002 年 7 月份左右，针对大家对房价高的呼声，茅临生做了一次专题调查研究，召开了与会人员包括专家学者、房地产业界人士等的座谈会。当时的判断认为，房地产市场总体是正常的，而且千万不能使杭州的房地产业发展受到破坏，否则会影响杭州经济发展。为此还特地提出建立房地产预警体系。当时的结论是：房价上涨快是因为供求不平衡，要加大土地供应量，加快住房建设进度。于是当时提出了在远郊搞几个大型居住区，加大住房供应量，并开展零星地块改造，解决群众住房困难等问题。

但是，到了 2003 年初，杭州的房价依然猛涨。茅临生再次对住房问题做了调查思考，认识到原来的认识有一定的局限性：一是一般的供求平衡理论无法解释杭州现象，靠增加土地供应量也无法抑制房价的上涨，因为需求来自全国，土地资源有限，西湖资源独特；二是原来认识考虑问题的角度只有一个工作目标体系，即房地产业健康发展的目标体系，而对另一个目标体系，即市民住房满意的目标体系设计不完善。只有同时考虑两个目标体系，完全兼顾，才能找到一个合理的办法和有效的措施。

基于这样的思考和认识，茅市长分析，可以针对不同收入群体、需求群体，建立"市场、居住、解困、救济"相结合的住房体系。

当时的设想是，以土地出让金和规费为杠杆进行调节，根据政府让利和优惠的幅度，把住房分为五档：商品房、缓交部分土地出让金的商品房、经济居住房、经济解困房、特殊解困房。这五类住房，针对不同收入和住房状况的家庭，购买者办

---

① 杭州日报，让杭州市民居者有其屋，市长与百姓网上沟通住房大事，新浪网，2003 年 8 月 17 日。https://news.sina.com.cn/c/2003-08-17/0730581046s.shtml。

理不同的房屋所有权证，有不同的财产权利。

这个设想看起来有些学术性，当时的实践操作也显得比较复杂。但是，后来的实践探索表明，城市政府以商品房"补助"保障房，分层次、分类型建立住房保障体系，是一条有效可行的道路。

一些城市推行的"共有产权房"政策，也体现了这个思路的应用价值，如今这个思路已经在许多城市推广实施。

当然，当时杭州市政府也立即行动：一方面积极扩大经济适用住房土地供应规模，采取招投标等措施开发建设，保证质量，控制成本；另一方面完善经济适用住房管理办法，严格实施公开摇号销售。[①]

茅临生发出邮件后的第三天，杭州市人民政府办公厅发出通知，为加快解决市区住房困难群众的居住问题，市政府决定，成立杭州市实施"居者有其屋"工程领导小组，茅临生担任组长。领导小组下设办公室（设在市建设委员会），建设委员会主任朱金坤兼任办公室主任，建设委员会副主任张良华等担任副主任。

张良华回忆说，领导小组成立后，迅速开展规划研究，启动了丁桥大型居住区开发工作，用地面积约 5000 亩，规划居住 8 万人。

丁桥大型居住区是在统一规划基础上，由原市土地管理局组建指挥部，负责征地拆迁和基础设施配套建设。全部住宅用地，大约一半在土地市场出让，另一半用于建设经济适用住房和拆迁安置房。杭州市以土地出让收益弥补土地开发成本，兼顾和平衡多方面利益和目标，体现了商品房市场和住房保障协调发展的要求。

应该说，杭州市政府当时对房地产市场和住房保障的系统思考和应对策略符合杭州实际，具有客观性、系统性和创新性，得到了当时的建设部和省建设厅的肯定。

2003 年 9 月 19 日，在国务院新闻办举行的新闻发布会上，建设部副部长刘志峰在回答记者提问时说，"杭州也是这几年房价上涨比较快的地区，杭州市政府领导很重视这个问题。经过调查提出，要增加普通商品房供应，特别是增加经济适用住房供应，制定出一套严进严出的经济适用住房管理办法。因此，对这样一些地区，或者省、市，对房地产市场的宏观调控，我是充满信心的"。

2003 年 10 月 30 日，茅临生在中国住宅产业与城市发展高层论坛上，以"坚持商品房市场和住房保障体系两手抓，满足低收入家庭的住房需求"为题发表演讲，

---

① 张良华，实话实说杭州经济适用房，政策瞭望，2003 年第 2 期，第 18—20 页。

系统阐述了杭州市政府对商品房市场和住房保障问题的思考和做法。

房地产市场体系，是面向全国的开放系统，对房地产市场必须加强政策调控，在加大商品房用地投放、增加住房有效供应的同时，不断加强市场监管，通过税收杠杆等制止恶性投机、炒房行为，挤掉虚假需求（投机性需求），抑制房价过快上涨，促进商品房市场持续稳定健康发展。

住房保障体系，面向本市居民，以居住、解困、救济为重点内容，政府要切实履行好社会保障职能，加大经济适用住房用地供应，通过土地级差地租的有效调节，确保低收入家庭和低保家庭实现户均一套成套住房。只有这样，才能在保持房地产业持续稳定健康发展的同时，有效解决城市中低收入家庭和外来创业者的住房难问题。

可见，只有住房市场体系与住房保障体系协同发展，才能实现"住有所居"的基本目标。

为了研究和探索住房保障体系建设的具体模式和实现路径，2004 年浙江省社科规划课题设立了"浙江省城镇住房保障的动态模式研究"重点项目，浙江大学房地产研究中心秘书长褚超孚获批主持课题。经过开展理论联系实际的深入调查研究，课题成果不仅在浙江省和杭州市得到应用，而且形成了最早系统研究中国城镇住房保障问题的重要学术著作之一，该书于 2005 年 8 月由经济科学出版社出版发行。[①]

## 19.3 "六房并举"破解难题

2004 年，为了有效地解决群众的住房困难问题，缓解住房供求之间的矛盾，杭州市委、市政府进一步加大了经济适用住房的建设供应力度，提出了两个"房等人"的工作目标。即从 2005 年起，市区每年经济适用住房、拆迁安置房各开工建设 100 万平方米，到 2007 年力争实现经济适用住房、拆迁安置房"房等人"。

所谓两个"房等人"，就是：住房困难家庭（无房、现人均住房建筑面积低于 12 平方米和建筑面积小于 48 平方米）通过申请，能随时住上经济适用住房；按照就近安置、优先安置的原则，做好拆迁安置房布局和建设，使因拆迁而无房的居民能及时住上安置房。

当时的背景情况是，经济适用住房申请人数超过可以交付的数量，申请获得批准的家庭，需要持"准购证"排队轮候，摇号选房，等待时间比较长。据统计，

---

① 褚超孚，城镇住房保障模式研究，经济科学出版社，2005 年 8 月。

2003 年底的时候，大约有符合申购条件的 50000 户家庭排队待购。按照前面几年经济适用住房的开发量和供给量计算，这些排队待购家庭，需要十多年时间才能都住上经济适用住房。

为了加快旧城改造和各种重点建设工程进度，拆迁安置房建设长期严重滞后，"欠账"较多，许多拆迁户要自己找房子过渡，等待拆迁安置房交付使用后，才能搬进去住。这个等待的时间，被称为"过渡期限"或者"安置期限"，有的长达五年以上。

2005 年，《国务院办公厅关于切实稳定住房价格的通知》出台后，杭州市落实建设部和浙江省有关文件精神，在 5 月 20 日发布了《杭州市人民政府关于切实稳定住房价格加强住房保障工作的通知》（杭政函〔2005〕101 号）。

该通知明确提出，按照"总量基本平衡、结构基本合理、价格基本稳定"的总体要求，围绕"稳定价格、加强保障"两个目标，构筑商品住宅市场和住房保障两大住房体系。

在完善中低收入家庭住房保障体系方面，强调以"政府主导、市场运作"的方式实施"居者有其屋"工程，加大经济适用住房、拆迁安置房、普通商品房和廉租住房建设力度，认真落实两个"房等人"目标。

政府确立的 2005 年的工作任务是，确保新开工经济适用住房和拆迁安置房各 100 万平方米。公开销售经济适用住房 80 万平方米，解决大部分经公示、符合现行政策、持证待购的（除自行放弃继续轮候的）住房困难家庭的住房供应。同时，基本完成 2004 年底已在外过渡两年以上的市区拆迁户的安置工作。

为了做到两个"房等人"，杭州大力增加各类保障性住房建设用地供应，各类保障性住房建设用地连续多年占全部住宅用地供应总量的 50% 以上，2010 年甚至达到了 65%。

2007 年 8 月 7 日，《国务院关于解决城市低收入家庭住房困难的若干意见》出台，要求各城市严格经济适用住房申请和销售管理，扩大廉租住房保障对象的覆盖面，通过棚户区改造和危旧房改造解决居民住房困难，多渠道解决农民工及其他群体的住房困难问题。

根据这个文件精神，杭州市在 9 月份出台了《杭州市区经济适用住房管理办法》（杭政〔2007〕9 号），对经济适用住房的性质、供应对象、建设标准、交易管理、申购的审批制度等做了进一步明确和规范。同时，进一步优化申请流程，严格审批程序，强化了经济适用住房的保障性质和功能。

出于种种原因，杭州老城区内积累了不少危旧房，住户的住房状况长期得不到改善。据统计，2006 年仅杭州老城区就有 3 万户、近 10 万名居民，仍然居住在面积狭小、设施不全、陈旧破落的危旧房中。

2007 年，杭州全面启动了危旧房改善工程。在实践中，提出了保护第一、改善为主、分类指导的思路，采取维修改善、拼接改善、重建改善三种不同方式对全市老城区的危旧房进行了全面改善。

危旧房改善采取了"鼓励外迁、允许自保"政策。鼓励外迁，就是鼓励危旧房住户搬离原住地，由政府负责安置，并给予一定的货币补偿和扩面优惠等。允许自保，就是对危旧房中不愿外迁的居民，尊重其选择权，政府通过对结构危旧房进行维修，使每户家庭基本能拥有独立的厨卫设施，整体居住条件与环境质量得到明显改善。这一政策不但改善了住户居住条件，而且破解了"拆迁难"问题。到 2009 年底，杭州市基本完成老城区 180 万平方米危旧房改善任务，显著改善 3 万户危旧房住户的居住条件。

与此同时，杭州市开始着力解决两个"夹心层"的住房困难问题。第一个"夹心层"是指不符合廉租住房租赁条件，又买不起经济适用住房的城市低收入住房困难家庭。第二个"夹心层"是指不符合经济适用住房申购条件，又买不起商品房的低中收入住房困难家庭。

针对两个"夹心层"的问题，杭州市推出了两个解决方案：一是降低廉租住房准入门槛，扩大其保障覆盖面；二是对经济适用住房采取租售并举政策，并增加了一个新的保障性住房种类，即"经济租赁住房"。

为了扩大廉租住房覆盖面，杭州多次降低准入门槛，申请人家庭人均收入从 2001 年的低于低保标准，逐步提高到 2005 年的低于低保标准 1.5 倍、2009 年的 1.7 倍和 2010 年的 2.5 倍，大大压缩了第一个"夹心层"的人数。同时廉租住房的面积标准也同步提高。

2007 年和 2008 年《杭州市人民政府办公厅转发市建委关于杭州市区外来务工人员公寓建设和租赁管理暂行规定的通知》（杭政办〔2007〕18 号）和《杭州市人民政府办公厅关于加快创业人才（大学毕业生）公寓和外来务工人员公寓建设的若干意见》（杭政办〔2008〕16 号）出台，对"两项公寓"目标任务、责任主体、运作方式、租赁管理等进行了规范与明确。

2009 年《杭州市人民政府办公厅关于印发杭州市区经济租赁住房管理办法（试行）的通知》（杭政办函〔2009〕66 号）出台，同年杭州市房产管理局制定出台《杭州市区经济租赁住房管理细则（试行）》，对经济租赁住房的定义性质、保障对象、保障方式、申请流程、租金标准、合同管理、承租要求、退出机制、监管责任等相关内容做出了规定。

经济租赁住房实际上也属于经济适用住房，但其"可租可售，租售并举"的特征使其可以被用来解决两个"夹心层"中的中低收入人群住房困难问题。

具体来看，经济租赁住房政策覆盖4种类型人群：第一种是符合经济适用住房申请条件，但买不起商品房的家庭，考虑一定的市场因素，政府将房租定为每平方米15元；第二种是符合廉租住房申请条件但买不起经济适用住房的家庭，补贴后，政府将房租定为每平方米5～6.5元，此类家庭还可半买半租，逐步买下全部面积；第三种是符合相关条件的在杭工作非本地居民，政府对其实行只租不售——这个政策开创了我国将非本地户籍人口纳入城市住房保障范围的先河；第四种是创业人才，尤其是刚毕业的大学生，经济租赁住房政策让他们能够比较轻松地开启职业生涯。①

2009年2月，《杭州市人民政府办公厅关于印发杭州市区经济适用住房租售并举实施细则的通知》（杭政办函〔2009〕65号）出台。该细则规定，有资格购买经济适用住房，但支付能力不足的家庭，可以在支付30%以上首付款后，向开发建设单位租赁经济适用住房，并在租赁期限（5年以内）届满前支付全部房款，购买该套经济适用住房。这个政策为低收入家庭提供了5年分期付款时间，目的也是化解第一个"夹心层"购买经济适用住房的困难。

2010年3月29日，《中国房地产报》在第一版刊登了一篇采访报道，介绍杭州的住房保障体系。文章认为，经过多年探索，杭州建立了由"经济适用住房、廉租住房、经济租赁住房、限价商品房（拆迁安置房）、危改房、人才房"六大类构成、具有杭州特色的住房保障体系，确定了住房保障体系建设"租、售、改"三位一体的方针，实现了两个"房等人"，重点解决了两个"夹心层"群体的住房困难。

据统计，截至2010年3月底，杭州市区（不含萧山、余杭）通过公房出售（承租）和"六房并举"的住房保障体系，已保障家庭383440户，占杭州市统计局公布的2009年底市区家庭总户数（不含萧山、余杭）的58.6%。

毫无疑问，不断创新和完善的住房保障和供应体系，对杭州老百姓实现"住有所居"的理想，做出了极为重要的贡献。

---

① 方益波，杭州"六房并举"让保障房"保"起来，新华每日电讯，2010年5月27日。

# 20　共建共享"生活品质之城"

"生活品质之城"作为杭州的城市品牌，是如何孕育和诞生的？

2007 年 1 月 8 日，杭州市委、市人大、市政府和市政协，联合召开了一个不同寻常的杭州城市品牌发布表彰会，隆重推出了杭州城市品牌——"生活品质之城"。[①]

在随后举行的杭州市第十次党代会上，市委书记王国平做了题为"坚持科学发展，构建和谐社会，为建设生活品质之城而不懈奋斗"的报告。

王国平认为，树立"生活品质之城"的城市品牌，并动员全体杭州人民共建共享，是城市发展战略从土地、基础设施等"有形资产经营"到品牌等"无形资产经营"的转型升级，是城市发展理念和经营方式的重大转变。

共建共享生活品质之城，体现了 21 世纪初期杭州城市发展的主旋律，对杭州的居住品质的发展和进步，产生了广泛和深远的影响。

## 20.1　品牌凝练，升级城市发展理念

从 2004 年下半年开始，杭州市委、市政府开展了对"十一五"规划的前期调查研究工作。到 2005 年底，市委九届十次全会审议通过了《中共杭州市委关于制定杭州市国民经济和社会发展第十一个五年规划的建议》。随后，市政府编制了《杭州市"十一五"规划纲要（草案）》，并将其提交给 2006 年初召开的市十届人大六次会议审议。

在这个过程中，杭州市明确了"以提高人民群众生活品质为重点，全面建成小康社会，加快率先基本实现现代化步伐"这样的城市发展目标。

---

① 王国平，推进城市、行业、企业品牌互动，着力打造"生活品质之城"，杭州通讯，2007 年第 1 期，第 4-13 页。

在确立城市发展理念及战略目标的基础上，如何提炼出一个具有时代特征、富有鲜明个性的杭州城市品牌？市委、市政府决定，走群众路线，做民主决策，组织公开征集，通过专家评审，筛选一个杭州城市品牌的表述文案。

2006 年 8 月 8 日，杭州启动了城市品牌征集、评审和决策活动，在接下来的半年时间里，先后组织了不同类型的多场专家座谈会、行业座谈会、来杭人员座谈会、学术研讨会。《杭州日报》也推出了《亮出城市品牌，谋划发展理念，听听你的意见》专栏，请市民参与探讨交流杭州城市品牌建设问题。

9 月底，由 15 位专家组成的杭州城市品牌评审专家组成立。10 月 8 日，《杭州日报》推出了杭州城市品牌全国公开征集活动，到 18 日截止时间，共收到近 2000人的应征稿，推荐的城市品牌表述文案达到 4620 个，参与者来自浙江、北京、天津、上海、重庆等 20 多个省市。

评审专家组对征集到的全部城市品牌进行了初步审查和筛选，产生了 200 个预选名单，然后投票选出 15 个备选名单。对这 15 个杭州城市品牌表述文案，再从内容标准、形式标准、传播标准 3 个层次 15 个观察点进行系统分析评估，形成了 60多页的评估诊断报告。

11 月 2 日，杭州城市品牌征集评审座谈会召开，王国平书记、孙忠焕市长等市委、市政府领导，与品牌推荐人代表、评审专家组成员一起，就备选城市品牌进行了讨论。王国平书记在会上指出，要把对城市品牌的征集，作为加快推进党务和政务公开的切入点，要"真商量、真采纳"，在充分尊重群众和专家意见的基础上，最终做出决策。

11 月 6 日，评审专家组召开全体会议，在充分讨论交流的基础上，投票产生了 10 个候选城市品牌，它们是：生活品质之城、品质生活之都、人间天堂·品质杭州、优雅生活之都、品质生活·品位杭州、幸福天堂、生活天堂、人间天堂·和谐杭州、风雅钱塘·梦想天堂、和谐之城。

热热闹闹的"10 进 3"公开投票活动随后进行。《杭州日报》和杭州网同步刊登了 10 个候选城市品牌的名单、专家组点评语及选票，在 11 月 14 日至 11 月 24 日期间，接受全社会公开投票。

投票活动设置了信件、杭州网和短信 3 种投票途径，11 天时间里，共有上万名读者参与了投票。投票采取排序法，每位投票者都要对候选城市品牌按 1 至 10进行排位。计算得分时，按照第一位得 10 分、第二位得 9 分……第九位得 2 分、第十位得 1 分的办法给分，再将投票得分相加产生总得分，形成了 10 个候选品牌的得分排序结果。

根据投票结果，生活品质之城、风雅钱塘·梦想天堂、人间天堂·品质杭州，名列前三位。这三个杭州城市品牌表述文案，被提交到市委、市政府决策。最终"生活品质之城"，荣膺杭州城市品牌。①

作为评审专家组成员，杭州电视台《阿六头说新闻》节目主持人安峰认为，在杭州话语体系中，"生活"这个词含义十分丰富，除了表达日常消费行为，也有工作、生产、创业等意思，如"找生活""做生活"等。因此，"生活品质"这个提法，可以体现老百姓各方面的理想和追求。

也有专家进一步解释说，"之城"两个字，背后可以有"之江"的意思，隐含了杭州的地理位置。在"沿江开发，跨江发展"的钱塘江时代，"之城"两个字，也表达了杭州"一江春水穿城过"的空间格局。

推荐"生活品质之城"这个杭州城市品牌用语，并最终获得"采纳大奖"的人，是来自安徽宿松一家广告公司的张永平。通过征集、评审和宣传推广，这6个十分平常的汉字，被注入了杭州城市发展的理念、目标和路径，成为杭州城市发展中，方方面面内容和诉求的载体，有了活的灵魂。

2007年3月30日，《中共杭州市委 杭州市人民政府关于在全市开展共建共享"生活品质之城"大讨论活动的实施意见》（市委〔2007〕13号）发布。这个大讨论，一直持续到年底，在全市上下形成了共建品质之城、共享品质生活、打造城市品牌的浓厚氛围。

共建共享生活品质之城，共建是基础，共享是目的。王国平认为，必须把共建共享贯穿于建设生活品质之城的全过程，让全体人民在共建中共享，在共享中共建。建设生活品质之城，就是要升级城市发展理念，凝聚城市发展动能，围绕提高人民群众的生活质量和品位这个根本目标开展工作，提高人民群众的幸福感和满意度，落实科学发展观，在杭州构建和谐社会。

## 20.2　西湖申遗，传承城市千年文脉

"天下西湖三十六，就中最好是杭州。"

长期以来，西湖成就了杭州，杭州也成就了西湖。

1999年，西湖申报世界遗产，杭州开工重建雷峰塔。2011年，世界遗产委员

---

① 丁雄英，杭州城市品牌诞生记，杭州通讯，2007年第1期，第47-49页。

会第三十五次大会通过决议，"中国杭州西湖文化景观"被列入世界遗产名录。西湖申遗之路，延续了12年。

这12年，串联起了西湖上下4000年的历史文脉，使西湖这个"杭州之魂、名城之根"走向世界。西湖申遗成功，实现了杭州老百姓的"世纪之梦"。[①]

世界遗产，是国际社会对一个国家的民族文化、历史遗迹或自然资源授予的最高认可，是风景名胜中的"诺贝尔奖"。

西湖申遗被写入2000年杭州市政府工作报告。随后，全面对照世界遗产的标准，落实世界遗产保护准则要求，杭州按照"保护第一，生态优先，传承历史，突出文化，以民为本，为民谋利，整体规划，分步实施"的原则，突出真实性、完整性、延续性和可识别性，先后出台了一系列法规，研究制订了一系列规划，持续实施西湖综合保护工程，全面推进西湖申遗工作，带动了城市发展和治理水平提高。

2002年，杭州从西湖区划出了西湖街道，以及灵隐街道、北山街道中与核心风景保护区相关的金沙港社区和白堤、苏堤等地段，设立了总面积44平方公里的杭州西湖风景名胜区，并成立了杭州西湖风景名胜区管委会，作为市政府派出机构，履行西湖风景名胜区的保护、利用、规划、建设等职能。

2002年国庆节，西湖南线景区整合工程竣工后，重建后的雷峰塔亮相，杭州顺势推出了"西湖免费开放"政策，在全国引起轰动。

此后，每个国庆节，杭州都向公众推出"新西湖"，让老百姓检验西湖综合保护工程的阶段性成果。时任市委书记王国平认为，杭州西湖不仅是杭州的，也是中国的，更是世界的。一定要免费开放，彻底还湖于民。

2003年，在建成了杨公堤、新湖滨和梅家坞茶文化村"三大景区"的同时，杭州宣布，环湖的6家博物馆（纪念馆）将不再收取门票，免费向公众开放，再次赢得全国瞩目。

通过持续不断实施西湖综合保护工程，保护修缮、恢复重建了180多处自然和人文景观，杭州的历史文脉得以延续，"三面云山一面城"的城湖空间格局得到保护，"一湖映双塔，湖中镶三岛，三堤凌碧波"的美景再现人间，西湖变得更生态、更亲民，更有文化、更有品质。

2009年1月24日，杭州西湖申遗文本由联合国教科文组织中国全委会正式报送世界遗产中心，这标志着西湖申遗工作迈出了关键的一步。

---

[①] 王国平，西湖再活两千年，世界遗产，2011年第3期，第30—33页。

西湖申报的世界遗产类型，是"文化景观遗产"。根据《保护世界文化和自然遗产公约》的解释，文化景观代表的是"自然与人类的共同作品"。而西湖风景区中的许多名胜古迹，完全符合文化景观的特征。

"与世界上以自然景观著称的景点相比，西湖人文景观最丰富；与世界上以人文景观著称的景点相比，西湖自然景观最多。"王国平曾经这样归纳西湖申遗得天独厚的优势。

但是，因为东西方文化之间是存在差异的，所以如何用我们的文本和语言去打动西方的专家，如何展现西湖的真实性、完整性和保护的有效性，是整个申遗过程中最艰难的工作。

开始与国外专家交流时，有个叫 Yoga 的顾问，他是 ICOMOS（国际古迹遗址理事会）的技术人员。他看了西湖后，觉得像这样的湖在欧洲太多了，要申报世界遗产，不知道从何说起。

在介绍西湖十景的时候，一位来自韩国的专家说，在韩国也有首尔十景，西湖十景不足为奇。

于是，沟通和推介的重点，就转向西湖独特的中国文化底蕴。

时任杭州西湖风景名胜区管委会党委书记、申遗办主任王水法回忆说，当时我们向专家们介绍西湖十景的时候，就是用丰富的文化内涵，深深地打动了他们的心。

第一个要素，西湖十景涵盖了丰富的景观内容。例如，四季各有景观，春有苏堤春晓，夏有曲院风荷，秋有平湖秋月，冬有断桥残雪。远近各有不同，远看双峰插云，俯瞰花港观鱼，远听南屏晚钟，近听柳浪闻莺。日看雷峰夕照，夜看三潭印月，则体现了一日之内不同时点的观景体验。

第二个要素，就是它是题名景观。所谓"题名景观"，就是说这里所有的 10 个景点，全部都有历史上的两位皇帝——康熙和乾隆祖孙二人的书法作品。像柳浪闻莺、苏堤春晓这样四个字的题字，都是出自康熙皇帝之笔；而这些四字碑的背面都有一首诗，来解读这一景观是怎样一种意境，这些诗往往出自乾隆皇帝。

第三个要素，就是这 10 个景观都是四字景观。所有的景观名字都是 4 个字的，前面两个字是写实，后面两个字是写意，整个词组属于偏正结构。比如说，苏堤是写实，春晓就是一种意境了。虚实结合，以虚促实，显得非常有文化底蕴。

第四个要素，西湖十景所有的景点都有四个构建要素："一碑一亭一苑一楼"。碑就是御碑，亭就是御碑亭，楼就是御书楼，苑就是大环境小围合，像平湖秋月就是典型代表。

听了这样的介绍，当时一位国外专家说："西湖早就是世界遗产了，西湖是很有意思的一处活着的世界遗产。"

所以说西湖的美，不仅美在它的自然景观，而且还体现在它丰富的文化内涵里面。在考察和评审过程中，专家们也是被西湖的文化魅力深深地折服了。[①]

2011年6月24日，法国巴黎第三十五届世界遗产大会终于一锤定音，中国杭州西湖，被入列世界遗产名录。

从此，西湖给世人呈现的，不只是那一汪盈盈碧水，也有几千年来杭州的人文底蕴。

西湖申遗成功，集中体现了杭州这座生活品质之城跨越时空的丰富内涵和无穷魅力。

## 20.3  城市更新，提高城市人居品质

与其他历史文化名城一样，长久的历史沉淀，也带来了旧城改造的艰巨任务，影响到城市发展和人居品质。

为了破解保护和发展这一对矛盾，杭州市按照"保老城、建新城"的思路，把建设和发展的重点向外围的新城区转移和拓展，并通过持续大规模投入，对老城区进行全面系统的"有机更新"，不断改善人居环境，提高人居品质。

2007年初，市委书记王国平在杭州城市品牌发布表彰会上讲道，"生活品质"就是老百姓的生活品位和质量，包括经济生活品质、文化生活品质、政治生活品质、社会生活品质、环境生活品质，是"五大品质"的统一。城市发展要讲GDP，但不能唯GDP，特别要关注基层群众的生活困难。

基层群众的生活困难，很多都与旧城改造联系在一起，如危旧房改善工程、背街小巷改造工程、城市河道整治与开发保护工程，就被列为政府为民办实事，提高城市居民生活品质的重点工作。

**危旧房改善工程**

随着住房制度改革和商品房市场发展，2006年底杭州主城区的人均住房使用面积已超过20平方米、人均住房建筑面积接近30平方米，住房成套率达91.2%，"住在杭州"品牌建设初见成效。

---

① 金立山，储丽娟，让西湖再活一个两千年：访杭州市委副秘书长、杭州风景名胜区管委会党委书记、申遗办主任王水法，杭州，2011年第10期，第26-28页。

但是，老城区还有 2.8 万户居民，仍然居住在 156 万平方米危旧房中。原因有两个方面：一是这些居民不愿离开世代居住的老房子；二是这些老房子都有 50 年以上历史，只能保护修缮，不能拆除。建筑是城市的"遗传密码"，拆除了老房子，就等于丢掉了 DNA，城市就会忘记回家的路，同时也会迷失前进的方向。

2007 年初，根据"共建共享生活品质之城"的新理念和新思路，杭州市第十次党代会和随后召开的市两会，都把危旧房改善问题摆上了重要议事日程，明确提出，每年将安排 3.3 亿元资金，花 5 年时间，彻底改善这些居民的住房条件。

在实施过程中，政府加大投入力度，老百姓也积极配合，实际上到 2009 年就超额完成了 2007 年提出的任务，危旧房改善面积达到了 180 万平方米，受益家庭达 3 万户。

改善后的危旧房，都有独立厨房和卫生间，住户彻底告别了拎马桶的人生。许多老房子也增加了独立阳台，尽量做到面积小、功能全、质量优，住房的功能性、安全性、舒适性都有明显提升。

**背街小巷改善工程**

与老城区的危旧房相伴而生的，还有一大批背街小巷。这些历史沉淀下来的街、路、坊、巷、弄、里等城市单元，许多都破烂不堪、泥泞坑洼、排水不畅、缺乏照明，各种电线横七竖八，乱搭乱建随处可见，严重影响城市功能和居民生活品质。

如果把繁华的大街比作城市大动脉，是城市的"面子"的话，那高楼背后的小街小巷就是城市的毛细血管，是城市的"里子"，直接关系到城市的健康发展。

2004 年 4 月，杭州启动了背街小巷改善工程，对主城区 400 余条历史遗存的街巷空间环境开展维护性整治与改造，致力于改善小街巷的路面、景观与设施，解决街巷居民出门行路难问题，以老百姓满意为最终目的。

2005 年 1 月，《杭州市人民政府办公厅关于实施背街小巷改善工程的若干意见》发布，决定在主城区全面实施背街小巷改善工程，并成立了背街小巷改善办公室。

这时，背街小巷改善工程的工作任务，也从最初单纯的市政工程改造，向综合性旧城改造方向延伸，内容包括了道路平整、积水治理、截污纳管、立面整治、园林绿化、景观照明、城市家具、公厕改造、违建拆除、缓解交通"两难"、架空线上改下、平改坡、危房修缮、标志标牌多杆合一等多个方面。

实际上，杭州背街小巷改善工程的实施理念，已经从"旧城改造"转向"城市更新"，将背街小巷改造与提升城市文化品位和解决市民衣食住行难题结合起来，目标包括"四个延伸"，即"历史文化延伸""市容景观延伸""商业氛围延伸""夜景延伸"。

例如，在孩儿巷改造中，就发现了已被遗忘的陆游故居。

此宅为在宋朝原宅基础上不断翻建的建筑，经过明代和清代不断翻新，保留了许多历史建筑特征，极为珍贵。改造遵循"不改变文物原状"的原则，修旧如旧，根据建筑现状进行勘测、调研、分析考证。同时，安置了居住在内的居民。

孩儿巷的整治，也围绕陆游故居的维护与修缮展开，将现代建筑与历史建筑从立面、材质上统一起来。整治路面、增设绿化、增加沿街小品，经过整治的孩儿巷，成为杭州市中心一条既有历史遗存，又有浓郁生活气息的特色小巷。[1]

2005年9月，《杭州市人民政府办公厅转发市城管办等部门关于背街小巷改善后长效管理实施意见的通知》（杭政办函〔2005〕258号）发布，确定了实施长效管理的责任主体和经费来源，明确了工作目标和考核办法，建立了监督管理和反馈机制。

在政府高度重视、各部门协同努力、专家学者认真研究、老百姓积极参与等多种力量的共同作用下，杭州的背街小巷改善工程成效十分显著。到2013年，杭州共完成3090条背街小巷的改善，实现电线"上改下"的有1879条街巷，增加停车泊位13430个，打通断头路28条，拓宽道路并冲破交通瓶颈的有459条街巷，对全面提高城市品质起到了十分重要的推动作用。

**城市河道整治与开发保护工程**

杭州是一个"五水共存"的城市，钱塘江、西湖、京杭大运河、西溪湿地和城市内部丰富的水系，体现了杭州的城市特色，流淌着杭州历史文脉。

从1983年中东河综合治理工程开始，杭州先后实施了三轮大规模的城市河道治理。到2005年底，三轮共整治河道18条，总体上取得了一定成效，但是仍存在水流循环不畅、水生态恢复任重道远、水文化缺乏发掘、水景观单一呆板、水旅游有待发展、水岸开发规划滞后等问题。

2006年，杭州提出"五水共导"的城市水资源开发利用战略。"五水"包括江、湖、河、海、溪。江是指钱塘江；湖是指以西湖为代表的各类湖泊；河主要是指京杭大运河和杭州市区291条河道；海是指杭州湾，杭州湾畔规划了420平方公里的

---

[1] 徐雷，毛丽敏，重塑失落的历史街巷空间：杭州背街小巷整治改造工程的意义解析，中华建筑，2006年第5期，第93–98页。

人江东新城，充分做好杭州湾"海"的文章；溪是指以西溪湿地为代表的各类湿地。

"五水共导"的含义是，要在治理好水环境的基础上，引水入湖、引水入溪、引水入河，疏通城市水脉，保护城市水系，改善城市水质，做活城市江、河、湖、海、溪，通过"五水共导"，做到"人水和谐"，实现城市与人、自然、文化的完美结合，提升城市人的生活品质。[①]

2007年初，为彰显"五水共导"城市特色，杭州开始全面实施市区河道整治与开发保护工程，重点解决水质保护和改善、水系互联互通、河道景观和休闲旅游功能开发等问题。

这个工程的工作量相当大，政府制定了"流畅、水清、岸绿、景美、宜居、繁荣"的综合目标，坚持"截污、清淤、驳坎、绿化、配水、保护、造景、管理"八位一体的工作方案，采取"以河道整治带保护、带开发、带发展"的方针，依据"水生态、水文化、水景观、水旅游、水开发、水安全、水交通"的评价标准，将291条河道分为4个整治等级，对不同整治等级、整治标准的河道，采取不同的综合整治措施，持续推进。

从2007年到2011年底，杭州总投资累计约83.39亿元，完成200条、长达451.59公里的市区河道整治，打通断头河15条，新增、改造和提升绿化面积约875.3万平方米，形成了全长559.48公里的沿河慢行系统，对杭州人居环境改善和人民生活品质提升发挥了巨大作用。

在"生活品质之城"这个城市品牌引领下，全面系统的西湖综合保护工程和城市更新工作，使杭州向着"宜居城市"的目标不断迈进。

---

① 王国平，彰显"五水共导"城市特色，着力把杭州打造成"东方威尼斯"，杭州通讯，2008年第9期，第4-5页。

第五篇
房地产业繁荣发展

在 21 世纪初叶,中国房地产业经历了"黄金十年"。房地产与城市化相得益彰,高歌猛进,持续繁荣。

杭派开发商,在中国房地产业是一个特别的存在,独步江湖。

企业家充满理想主义色彩,他们以"产品主义"为标签,项目规划设计注重人文精神,产品开发建设追求品质完美,长期受到广泛敬重和追捧。

在杭州人的记忆里,从蒋村商住区的桂花城和德加公寓,到钱江新城的金色海岸和春江花月,绿城房产、滨江房产、南都房产、金都房产等开发商的住宅作品及其带动的房地产业全面发展,影响了几代杭州人的居住生活,塑造了现代杭州人的居住界面。

## 21 杭派开发商追求品质

传说中的"杭派开发商"，有着怎样的灵魂？有着怎样的追求？

在改革开放的伟大历程中，"浙商"群体崛起，成为浙江经济社会现代化的重要推动力量。鲁冠球、宗庆后、马云、李书福、南存辉、李如成等一大批浙江企业家，勇立潮头，创新创业，成为当代中国企业家群体的优秀代表。

在房地产业，浙商也是一个很有特色的群体，在我国房地产业具有重要影响力。

尤其是在杭州，宋卫平、戚金兴等一批企业家，抓住中国特色"政府主导、大规模、快速城市化"的历史性机遇，顺应老百姓住房消费升级需要，响应政府提升城市人居品质的号召，以人为本，应用科技，不断创新，追求卓越，形成了杭派开发商的独特性格。

与其他行业一样，企业的品质追求之路，是一条艰辛的道路，也是一条造福社会、健康成长、通向未来的可持续发展之路。

### 21.1 "以人为本"理念引领

在市场经济中，企业是一种有组织的经济行为主体，它的灵魂就是企业家。在杭派开发商的创业和成长过程中，企业家的人文情怀，成为开发商追求品质的原始动力。

1990 年代的杭州，市区房屋开发主要由国有公司主导。项目开发后，多数产品被用于拆迁安置，其余被各单位购买，用于住房实物分配。面向市场开发和经营的房地产企业以民营企业为主，项目主要集中在城西的蒋村商住区。

最初在蒋村商住区开发的一些项目，直接照搬香港或者台湾的规划设计，产品定位不太符合当时杭州老百姓的实际需要，如亚洲城花园的高层住宅和天湖公寓的低层电梯公寓，都是成熟的产品形态，但因为价格偏高，并没有被购房者喜欢。

还有一些项目，档次很低，虽然用低价实现了销售，但后续购房者的满意度不高，开发企业也很快被市场淘汰了。

什么样的产品才适合当时蒋村商住区的市场需求呢？宋卫平、寿柏年、周庆治、许广跃、路虹等从杭州大学历史系毕业的这批"文化人"，作为在蒋村商住区第一批创业的开发商，在项目开发和企业经营的思考和探索过程中，不断给产品和企业注入文化内涵，构建了杭派开发商的文化基因。

在蒋村商住区的众多开发企业中，开发项目最多、持续时间最长、影响力最大的，非绿城房产莫属。举起品质大旗，将人文精神注入企业文化的，就是绿城房产的灵魂人物宋卫平。

宋卫平在1995年创立绿城房产之初，就分析了前几年杭州房地产项目开发的经验教训——既不能"洋气十足"，也不能"土里土气"。结合当时杭州住房情况，绿城房产把自己开发的第一个项目丹桂公寓定义为"舒适型住宅"，试图满足杭州购房者对更好居住条件的诉求。

怎么才算舒适型住宅呢？怎样开发建设舒适型住宅呢？这在当时并没有现成的答案。

这些问题的答案，在于开发商如何认识和定义自己的产品。

宋卫平认为，在世界各国历史进步过程中，住房的规划、设计、营造和使用，始终是围绕满足人的居住需要、提高人类居住文明程度这条轴线展开和演进的。他说，汉字里面"住"这个字，本质内容就是"以人为主"。

在中国传统文化里面，住宅是生产生活方式的场所和空间。《孟子·梁惠王上》说，"五亩之宅，树之以桑，五十者可以衣帛矣"。陶渊明《归园田居（其一）》也有"方宅十余亩，草屋八九间"的诗句。

因此，住宅产品发展的基本指向，必须是"以人为本"，反映现实中人的生产生活场景，体现人文精神和人文关怀。

为了落实以人为本的理念，宋卫平把房产品首先理解为一种"精神产品"，它能够体现人与自然、人与人、人与自我的和谐，形成安定、美好的情感体验。然后，按照规划设计的技术规范，画出相关的一套图纸，这是"符号产品"。最后，按照图纸进行精心营造，将其物化为具体的"物理产品"。

三个环节先后承接，构成绿城房产项目开发和产品营造的三部曲：精神—符号—房子。

宋卫平认为，开发商的主要工作，并不是一般地生产和销售一种商品，而是总结和思考以住的人、家庭、村庄和城市的生产生活方式，前瞻性地构思和设定今后人们居住生活的室内外空间关系，并进行理性主义的表达。然后，组织和协调建筑师、工程师进行技术呈现和工程建设。因此，房产品，在开发商这里，主要是一种社会文化成果，是一种创造性的艺术结晶。

按照这样的理念，宋卫平带领绿城房产团队创造性地开发了"桂花园"系列住宅项目和九溪玫瑰园别墅项目，得到市场、行业、城市和社会各方面的好评，成为世纪之交中国优秀房地产项目的典范。

宋卫平在为绿城房产内部编辑的《绿城管理者论述》读本作序时写道："绿城房产发展到今天，是一群具有人文抱负的理想主义者努力实践的结果。我们在前 10 年的开发过程中，边工作边思考，悟出一些做人、做产品、做企业、做工作的道理。这些道理是全体绿城人的认知成果，也是我们共同追求的价值观。"

绿城房产开发的房产品，内涵价值就是以人为本的人文关怀。那么，创造这些产品的绿城人，就必然具有人文精神和人文情感，具有以人为本的共同价值观。宋卫平经常说，产品即人品，生命多精彩，产品多精彩。走正道的人和企业，才能做出正品。

为此，宋卫平提出"把企业还原为学校"的要求，亲力亲为，参与和指导各项工作，对任何存在瑕疵的事情都严厉批评，督促整改，努力提高员工的工作质量。

1996—1998 年，绿城房产在教三路 3 号（现在的学院路 29 号）浙江文艺大厦办公。每到周四晚上，二楼会议室都会举行集体学习和培训，风雨无阻，雷打不动。每个员工都有学号，在宋卫平的倡导下，《松下幸之助自传》成为绿城房产员工的必读典籍，以强调人文关怀和社会责任。

1997 年 1 月，《绿城房产》创刊，从此每月一期，从不间断。通过这个媒介，宋卫平推动员工学习交流，传播企业文化，增强团队凝聚力和战斗力。

通过不断的思考、实践、学习和培训，绿城房产逐步建立了"真诚、善意、精致、完美"的企业核心价值观，确立了"为员工创造平台，为客户创造价值，为城市创造美丽，为社会创造财富"的企业使命。

这样，绿城房产的企业文化，就把理想主义和人文精神，融入与房产品相关的所有"人"。品质追求的外延和内涵，从产品品质开始，延伸到工作品质、居住品质、城市品质，形成了一套完整的逻辑体系。

2009 年，绿城房产人力资源部门更名为"本体建设中心"，新的名称更加强调员工培育、提升和团队的成长。同时，绿城房产建立"师徒制"传帮带机制，在第一届机制运行时，宋卫平自己就带了 10 个"徒弟"。

2018 年 11 月 2 日，绿城大学成立暨开学典礼在杭州绿城西溪国际商务中心举行，宋卫平以"绿城之魂"为题，讲了第一课。他说："绿城人，是一群充满正能量的理想主义者，带着让世界更美好的责任心和使命感，这是绿城房产企业文化的魂魄。"

## 21.2 科技应用技术支撑

从"以人为本"的理念出发，宋卫平带领绿城房产挖掘"真、善、美"的价值取向，定义住宅产品丰富的人文内涵，演绎出强烈的追求品质的项目开发行为，在杭州房地产市场树立了注重品质的大旗，对其他企业产生了示范效应。

最直接的影响，就是在蒋村商住区开发的企业中，产生了优胜劣汰的效果，不注重品质的开发商逐步被市场淘汰，南都房产、金都房产、金成房产等生存下来的企业，都不约而同地强化了注重品质的开发思路。

成立于 1994 年并从蒋村商住区起步的金都房产，也是杭派开发商的重要代表。从 1996 年起，公司创始人吴忠泉就积极参与国家级及省级建设部门推进住宅小区品质提升的活动，努力探索人居科技成果的推广应用。

吴忠泉认为，开发商的天职不是造房子，而是为消费者提供打造高品质生活的所有条件，只要业主的生活品位提高了，享受到了住宅的高度舒适，开发商的目的也就达到了。为此，他十分重视系统应用人居科技成果，全面提升人居品质。

1998 年开发的新金都城市花园，作为金都房产打造优秀人居环境的第一个代表作，在荣获浙江省城市住宅建设试点小区金奖基础上，申报并成为建设部城市住宅建设优秀试点小区，获得规划设计、建筑设计、工程质量、科技进步、开发管理五项金奖。

2000 年，建设部在总结全国城市住宅建设优秀试点小区经验基础上，公布了《国家康居示范工程管理办法》（建住宅〔2000〕274 号）和《国家康居示范工程建设技术要点》，进一步提高住宅小区的技术示范标准。当时，金都房产正在开发建设嘉兴的金都景苑，马上确定申报国家康居示范工程。

在当时，下这样的决心需要很大的魄力和勇气。国家康居示范工程的申报程序复杂，验收标准繁多，条条框框的要求很严，仅涉及的住宅成套技术体系就有八大系列 60 余项内容。况且，那时候市场销售形势一片大好，许多人认为没有必要成为试点，但吴忠泉仍然坚持要做，希望借此提高公司的科技应用水平。

金都景苑建成后，得到了验收专家组的一致好评，取得了全优成绩，这是浙江省首家交付使用的国家康居示范工程小区，引领了住宅小区开发建设的新方向。

接着，2001 年金都房产在富阳银湖开发区取得了 1000 余亩土地，打造了金都·富春山居别墅项目。该项目以"把家轻轻放在大自然中"为开发理念，邀请国内外多家知名规划、建筑、环境设计机构共同打造，形成了简约明快、清新时尚、轻灵柔和的现代别墅建筑特色。部分组团引入和应用了国外先进的中央吸尘系统、室内空气置换系统 + 地能系统、墙体保温隔热系统、太阳能系统、low-e 保温隔热门窗、智能控制系统等住宅科技成果，在杭州住宅市场形成了示范效应。

金都华府位于吴山南宋皇城紫阳山麓。2002 年拿地后，金都房产强调"人文的月光照庭院"，邀请中国工程院院士、中国建筑设计大师程泰宁先生亲自担纲规划设计，黑、白、灰色彩重现粉墙黛瓦的水墨意境，院落层进，方形的建筑主体与重檐的装饰，以现代方式，重现了江南住宅的文化本色。

最为出彩的，是该项目在当时作为建设部国家科技示范工程项目，在住宅科技应用方面所做的努力，对杭州甚至全国的住宅开发建设，都产生了积极的推动作用。

2005 年 6 月 18 日，金都人居科技馆在杭州开馆，展示最新科技成果在住宅小区的应用，这是国内第一个人居科技馆。

时任建设部总经济师兼房地产业司司长谢家瑾、浙江省建设厅厅长陈继松、杭州市房产管理局局长杨坚、杭州市建设委员会副主任张良华等各级领导莅临现场，部分房地产专业人士和媒体记者、金都房产的业主也应邀参加开馆仪式。大家参观了金都人居科技馆，现场感受科技住宅的魅力。

国际先进的住宅安防系统、新风系统、地热系统、户内呼梯系统、出门闭电系统、浴室电视系统、场景智能系统、无线网络系统、墙体保温系统、垃圾处理系统、倒置式屋顶系统、门窗保温隔热系统等十二大科技住宅体系，让人耳目一新。

开馆后，业内外参观者络绎不绝，两个月超过 1 万人次。6 月 21 日，浙江在线以"科技走近生活：国内首家人居科技馆在杭落成"为题，采访报道了相关领导和专家参观金都人居科技馆时的感想和对金都人居科技馆的评价。[①]

在当时，"人居科技"的概念还处于启蒙阶段，科技对住宅的贡献率不到 30%，我国与其他发达国家相比在此方面差距很大。很多开发商的宣传推广，做得最多的

---

① 施袋森，科技走近生活：国内首家人居科技馆在杭落成，浙江在线，2005 年 6 月 21 日。https://zjnews.zjol.com.cn/05zjnews/system/2005/06/21/006139802.shtml。

是介绍产品和项目特色；用人居科技馆的方式来展示项目，推广宣传人居科技成果的应用，普及相关科技知识，金都房产走在了行业的前列。[①]

2005年8月，金都人居科技馆被浙江省建设厅授予"浙江省建筑节能科技应用示范馆"称号。同年10月，被中国房地产及住宅研究会人居环境委员会授予"中国人居环境人居科技产业平台展示基地"称号。2006年，金都华府摘得"联合国人居署迪拜国际优秀范例奖"，成为国内第二个获此殊荣的房地产项目。

2008年3月，首届"广厦奖"颁奖活动在北京举行，浙江省推荐的金都华府、春江花月、现代雅苑、怡景苑、格兰云天、放鹤洲花园、江滨花园、东湖花园、亲亲家园、格林小镇等10个项目获得了首届"广厦奖"殊荣。

"广厦奖"是经建设部批准，在2006年底设立的中国房地产业综合性大奖，与"鲁班奖"并列为建筑、房地产业的两大政府奖项。获奖项目须为交付一年以上、入住率达到60%以上、消费者和用户普遍满意的住宅和商业项目。首届"广厦奖"有近年来全国房地产业开发的上万个项目申报参评，最后获奖项目仅有109个。[②]

这个时期，全国性专业期刊，如《住宅产业》《建设科技》《智能建筑》《城市开发》《建筑与文化》《百年建筑》等，先后发表许多文章，刊登采访报道，介绍金都人居科技馆的情况，称其为住宅科普之家、住宅产业交互平台。

吴忠泉也作为开发企业代表，被多次邀请参加由原建设部、科学技术部共同主办的"国际智能、绿色建筑与建筑节能大会"，并发表"绿色建筑的实践与探索"专题发言，介绍金都房产绿色科技住宅项目开发的实践和体会。

2008年4月，金都物业启动了全国首批ISO 14000环境管理体系认证，将绿色住宅的定义从绿色建筑延伸到绿色物业。

金都房产，以"专业构筑品质生活，科技引领人居未来"的理念和行动，谱写了杭派开发商精彩的一页。

## 21.3  产品创新实践推动

在追求品质的过程中，学习能力和产品创新能力强，也是杭派开发商的一个重要特点。

在杭州商品房开发的初期，大家都是"小学生"，请进来，走出去，虚心学习，是快速提升产品品质的有效途径。

---

① 陈永耀，金都人居科技馆被列为全省示范馆，杭州日报，2005年8月30日。
② 俞亦赟，金都房产科技引领人居未来，浙江日报，2008年6月11日。

1990 年代初，引进境外资本开发的一批项目，虽然市场销售和开发投资的总体效果不尽如人意，但在技术层面，引入香港和台湾等地的成熟产品，为杭州住宅开发建设打开了视野。

1993 年宏观调控后，海南等地的房地产泡沫破灭，杭州房地产市场也陷入了低迷，客观上促使开发商在产品品质方面苦练内功。

那个阶段，每当拿到一个项目，开发商都会组织到世界各地进行考察学习，与规划设计单位反复打磨项目方案，不断改进提高。这个过程，培养了最初一批房地产项目开发的实践型专业人才。

例如，广宇开发的元华公寓和金隆花园，都有境外资本参与投资，产品设计处于当时先进水平。2000 年 11 月，广宇花"宇宙价"拍得东河地块后，如何做好产品，实现项目合理投资回报，成为一个难题。

时任广宇副总经理、东河地块项目经理的阮志毅回忆说，为了做好项目，公司多次出国考察学习，重点考察学习市中心黄金地段项目，看看人家如何挖掘土地商业价值，提高土地利用率。

考察回来后，经营层讨论认为，这个项目投资回报的关键，是地下空间的利用和市中心土地价值的充分发挥。因此，在规划设计过程中，利用地块高差，广宇设计了一个小的下沉广场，使得在地下一层能够布置一个超市。

项目开始建设后，及时引进乐购超市入驻，一层的商铺价值随之大幅提高，销售价格达到每平方米 3.5 万元。住宅也因配套完善、购物方便，更容易被购房者认可，销售均价达到每平方米 8000 元。

南都房产，作为与绿城房产、金都房产同时期从蒋村商住区创业成功的民营开发商，在产品品质，特别是在产品创新方面尤其可圈可点，当年也是杭派开发商的引领者之一。

当时，杭州房地产业内有一种说法：绿城房产开发的项目，是一部"桂花连续剧"；南都房产开发的项目，是一个"建筑大观园"。

南都房产的产品规划设计，主要是由总经理许广跃负责的。许广跃大学毕业后，一直在杭州做记者，搞文学创作，结识了许多知识分子，包括一些很有想法的规划师和建筑师，后来这些人中的许多都加盟了南都房产。每个项目的规划设计，都会被理解为一个作品的创作过程，进行开放式研究和讨论。

1998 年 9 月，担任杭州大学经济系主任、房地产研究所所长的张法荣，毅然下海，加盟南都房产。随后，时任浙江省建设厅房产处处长的朱建华，具有丰富高校、政府和国企工作经验的王海光等，也先后加盟南都房产。

21世纪初那段时间，南都房产人才济济，在杭州房地产市场独领风骚。南都房产的经营管理队伍意气风发，喜欢到世界各地考察，邀请不同风格的建筑师参与项目，总是形成风格独特的产品。

南都房产开发的项目，如南都花园、天水苑、德加公寓、良渚文化村、林语别墅、白马公寓、西湖国际高尔夫别墅、银座公寓、江滨花园、逸天广场等，每个项目都是完全创新的产品，推出后皆成为所在板块的标杆。

2003年许广跃、张法荣等离开南都房产，创立郡原地产。该公司后来在杭州开发的公元大厦、九树公寓等项目，也是独树一帜的标杆项目。

良渚文化村总规划师丁洸回忆说，2000年南都房产启动超级大盘良渚文化村后，组织各方面力量开展了深入细致的研究，并与政府相关部门充分讨论，就项目开发建设形成共识，明确要遵从三大原则：一是尊重自然与生态，怀着对土地的敬畏之心来开发；二是对复兴良渚5000年文明进行当代尝试；三是着力于营造田园栖居生活，为中国新都市主义人居场所提供实践范本。

在此基础上，南都房产邀请加拿大温哥华的CIVITAS事务所完成总体规划设计工作。随后，逐步开发的白鹭郡、玉鸟流苏、竹径茶语、七贤郡、阳光天际、劝学里等住宅组团，还有良渚君澜度假酒店、良渚博物院、良渚文化艺术中心等公共建筑，都邀请不同的建筑师进行创作，呈现了不同的文化艺术风格。后来，良渚文化村被称为"建筑设计实验室"。

万科收购南都房产后，基本做到了"一张蓝图干到底"，并与时俱进，在社区建设、公共配套和服务方面加大投入，使这个项目逐步成熟，成了一个"梦想居住的地方"。[①]

在杭派开发商群体中，金成房产的创新发展模式侧重于住宅与教育结合，金成房产走出了一条"教育房产"的路子。

2001年，金成房产在闲林板块启动了总建筑面积200万平方米的江南春城项目。当时，这个区域在杭州还十分偏远，各种公共配套几乎还是空白。金成房产董事长吴王楼就提出，自己建设学校，开始发展"教育房产"。

在随后的开发过程中，借助国家鼓励民办教育的政策机遇，金成房产在江南春城先后兴办了一所中学、两所小学、4所幼儿园，还有一个青少年活动中心，一个

---

① 张斌，良渚文化村二十年：循大道，探未来，中国新闻网，2019年12月13日。https://baijiahao.baidu.com/s?id=1652770746334013406&wfr=spider&for=pc。

大型奥体中心，可容纳在校学生 4000 多人，总投资超过 5 亿元，实现了房地产与教育的良性互动。

2005 年 11 月，中国民办教育国际合作大会在香港国际展贸中心开幕。金成房产董事长吴王楼作为大会名誉主席，做了主题报告，向国内外民办教育机构、教育投融资机构的代表，以及国内有关城市的教育代表团成员，介绍了具有特色的金成房产"房产 + 教育"发展模式和经验体会。

经过随后十多年的发展，金成英特教育以"英特外国语"为核心品牌，成为杭州"房产 + 教育"的成功典范。

## 21.4  核心能力整体提升

房产品开发和使用，是一个十分复杂的过程。杭派开发商在追求品质的过程中，通过不断学习和进化，不仅为城市居民创造了更美好的居住条件，而且锻炼了核心能力，使自己不断成长和进步，逐步得到社会各方面认可，形成了杭派开发商的口碑。

在杭派开发商中，滨江房产是少数在杭城东部发展起来的一家公司，经过稳健经营和持续发展，成为中流砥柱。

在 1990 年代，滨江房产主要在江干区开发，南肖埠旧城改造项目是当时城东最大的旧城改造项目，它的成功初步建立了政府对滨江房产的信任。

在此基础上，滨江房产积极争取，参与了一些政府重点建设项目，取得了 3 个划拨用地指标。第一个，为了配合彭埠互通建设，滨江房产出资 500 万元，取得 50 亩计划指标，并用 40 亩开发了金秋花园项目；第二个，为了配合笕桥机场的一个工程，滨江房产出资 300 万元，取得 30 亩计划指标，加上为配合彭埠互通建设获得的 10 亩计划指标，合计 40 亩土地，开发了景芳五区；第三个，是有一年的教师节，政府需要解决一批教师的住房问题，滨江房产出资 2000 万元，取得了 45 亩计划指标，开发了万家花园项目。

1999 年底滨江房产完成国企改制后，戚金兴带领团队踏上了新的征程。当时的杭州，房地产市场进入了繁荣发展阶段，绿城房产、南都房产、金都房产等开发商也初步树立了高品质的产品形象，为滨江房产树立了榜样。

2002 年 1 月，杭州市公开出让钱塘江边的一块地，这块地靠近绿城房产正在开发的春江花月项目，戚金兴看到了自己厚积薄发的机会。回想起当时拿这块地的情景，他用了"惊心动魄"一词，形容自己的心情。

当时参与竞争这块地的有绿城房产、南都房产、广厦房产等公司，它们那时的名气远在滨江房产之上。为了拿到这块地，滨江房产以志在必得的姿态，报价比第二名高出 1900 多万元，顺利拿到了土地。

拿地后，滨江房产没有急于开发，而是反复探讨开发思路。在一次专家研讨会上，戚金兴面对政府、专家和媒体郑重地讲了自己的目标，要做到三个"对得起"："一是对得起这块地，钱江新城的黄金宝地给滨江房产开发，我要珍惜给我的机会；二是对得起这条江，钱塘江是杭州的母亲河，我要对得起这么好的区位环境；三是对得起这些人，包括信任我的客户和合作伙伴，关心我的领导、朋友和家人，还有和我一起战斗的同事！"

虽然没有提出具体产品设想，但话里话外，人们能感受到滨江房产破釜沉舟、一鸣惊人的决心和态度。没多久，戚金兴就提出要将金色海岸建成"中国一流江景住宅"。

当然，当时没几个人当真，甚至一些人觉得戚金兴在吹牛皮。这也很正常，因为一街之隔，绿城房产正在开发它的第一代高层住宅经典项目——春江花月，市场已经对此给予充分肯定。

春江花月占地 400 亩，沿江长度有 1000 米。金色海岸占地 102 亩，沿江长度只有 450 米。

按照正常的思路，金色海岸市场定位应该低一些，户型应该比春江花月小，价格应该比春江花月低，这样在前者的光环下慢慢出货，是比较稳妥的。

戚金兴却反其道而行之，大幅提高产品定位，与春江花月拉开档次，错位竞争。

在户型设计上，金色海岸最小户型面积为 208 平方米，最大户型面积为 640 平方米，平均户型面积为 300 平方米。

在产品层面上，金色海岸选择了全精装修开发，成品交房。在当时，杭州还没有全精装修交付的住宅项目。有些项目做了一些装修的尝试，但并没有赢得市场认可和欢迎。

滨江房产在项目策划之初，就根据项目的"豪宅"定位，按照全精装修产品进行规划设计，装修标准每平方米 5000 元。滨江房产聘请香港知名室内装修设计师，材料和设备全部采用国际知名品牌。

项目定价也体现"豪宅"定位，2005 年金色海岸开盘之初，春江花月毛坯房的价格是 9600 元 / 米 $^2$，而金色海岸精装修房的价格达到了 20600 元 / 米 $^2$，整体均价 33000 元 / 米 $^2$。

可以说，金色海岸在当时是杭州最高端的、最好的住宅项目：开创性地做了实景样板房，展示精装修的交付标准；外立面采用了当时杭州住宅罕见的铝板幕墙，向上海黄浦江畔的豪宅看齐；在园区环境方面，不仅请来业界著名的贝尔高林担纲设计，连施工都去广东引入了棕榈园林；加大投入，全面优化和提升，样板区和样板房一起实景呈现。金色海岸的理念、设计、工程、装修、园林等，都是超前的，创造了很多个"杭州第一次"。

项目开盘后，滨江房产很快发现，好房子根本不愁卖。有的意向客户带了几个朋友来看房，到了实景样板房，意向客户还没有下单，朋友们就开始下单了；有的客户带了风水师来看房，不仅自己下单，连风水师也下单了。

戚金兴将这次高价拿地的"冒险"，称为一场名利双收的突破性胜利。一方面，滨江房产赚到了钱；另一方面，滨江房产就此打出了名气，第一次树立起高端品牌的形象。

现在回过头来再看金色海岸，它的成功远不只对滨江房产一家企业意义重大。更重要的是，它对钱江新城标杆住宅做了一次启蒙，为杭州城市重心东移和"沿江开发，跨江发展"战略落地做出了贡献。

可以说，金色海岸引领了杭州住宅市场，开启了全精装修成品住宅的新时代（见图 21.1）。

图 21.1　2008 年建成的金色海岸（引自滨江房产网站项目介绍）

金色海岸项目的成功，极大地鼓舞了滨江房产。随后几年，戚金兴带领团队乘势而上，陆续拿了一些好的地块，开发了武林壹号、阳光海岸、万家花城、城市之星等有影响力的项目，打造了企业核心竞争力，夯实了公司持续发展的基础。

在市场竞争和行业氛围推动下，杭州的国有房地产企业也厚积薄发，越来越重视产品创新、体制改革和品牌建设，提高了企业核心竞争力。

以杭房地产为例，2005 年 5 月完成改制后，员工持有 30% 股份，市场经营能力不断增强。公司曾经荣获 6 个浙江省"钱江杯"和 19 个杭州市"西湖杯"，项目工程质量受到广泛好评。[1] 杭房地产与另外 4 家企业共同发起成立的杭州欣盛房地产开发有限公司（以下简称欣盛房产），发挥混合所有制机制优势，在杭州开发了"东方"系列明星楼盘，市场反响热烈。

在这个时期，杭派开发商不仅在杭州取得了巨大成功，而且开疆拓土，走向全国。在许多城市，最好的住宅项目许多是杭派开发商的作品。在与全国各地优秀开发商的竞争互动过程中，它们也变得更加成熟和自信了。

2004 年，宋卫平听说重庆有个龙湖，产品品质非常好，其在重庆的地位就如同绿城房产在杭州的地位一样。宋卫平就亲自去考察，发现龙湖的确有许多十分值得绿城房产学习的地方。于是，他连夜通知绿城房产高管、项目经理、设计师等 100 多人，"明天下午 3 点到重庆报到，参观学习龙湖"。

2005 年初，由中国质量协会、全国用户委员会组织开展的"2004 年度全国住宅用户满意度指数"测评活动结果揭晓。这次测评，范围涉及全国八大城市，对象包括 30 家住宅开发量较大的全国性企业，选择了 2001 年 1 月 1 日至 2004 年 5 月 31 日交付入住的 78 个小区，对 4300 余户居民进行入户面访调查。结果显示，绿城房产以"满意度指数"85.4 分、"忠诚度指数"86.6 分的佳绩，在本次测评的两项指标中均位列榜首。

2006 年，宋卫平带着绿城房产 200 多名管理人员，到北京星河湾参观交流，请黄文仔给他们讲课，学习星河湾打造豪宅的经验。

由当时已经被奉为"豪宅教父"的宋卫平带头，杭州的其他开发商亦与时俱进，无论哪里，只要出来新的好项目，就马上就去参观考察。在不断的学习交流中，杭派开发商不断进步，整体提升了打造高品质房产品的核心能力。

---

[1]　骆春咏，严可，樊文兴："三品"建设成就核心竞争力，城市开发，2008 年第 8 期，第 2-3 页。

## 22　企业改制焕发活力

在国有企业改制大潮中，杭州房地产业国有企业成功改制有三个典型样本。

1993 年 3 月，我国修订《宪法》，把"国营企业"改称为"国有企业"。1993 年 11 月，中共十四届三中全会提出，国有企业改革的目标是：建立产权清晰、权责明确、政企分开、管理科学的现代企业制度。

由此，国有企业改制成为发展中国特色社会主义市场经济的一项重点任务。按照"抓大放小"的基本思路，对中小型国有企业，主要采取多种形式的放活政策，通过承包经营、租赁经营、股份合作制改组、出售给集体或个人等多种方式，推进企业改制，再造市场经济的微观经济主体。

这一轮国有企业改制，在我国改革开放历史上，书写了浓墨重彩的一笔，产生了广泛和深远的影响。

在这个时代背景下，在杭州的省属、市属、区属的国有房地产企业，很多都以某种方式，进行了国有企业改制，转换体制机制，投身房地产市场发展的大潮之中。

从整体来看，改制为企业注入了活力，为行业带来了后劲，成为杭派开发商发展的一个重要台阶。

### 22.1　滨江房产三番创业

滨江房产成立于 1992 年，经过 30 年风雨兼程，已经成长为杭派开发商的重要代表。2021 年滨江房产跻身全国房地产百强企业第二十三位，融资能力和盈利能力双双位列全国前十名。

董事长戚金兴，是杭州房地产业的一位领军人物。回忆起 1990 年代的公司成立和改制的过程，戚金兴把这段历史概括为"三番创业"。

1987年，戚金兴从江干区乡镇企业局"下河"，到江干区第四建筑工程公司担任副经理。在当时，许多公职人员辞职去民营企业，叫作"下海"。戚金兴说，自己从政府机关来到江干区四季青乡办的集体企业，只能算是"下河"。

1992年，邓小平南方谈话启动了新一轮改革开放浪潮。杭州市出台政策，允许每个区新设立一家房地产公司，江干区政府主要领导提出，希望由戚金兴牵头筹办这家公司。

但是，由于戚金兴工作能力突出，成绩出色，广受好评，四季青乡领导不同意他离开，并提出请他担任第四建筑工程公司经理。

为了兼顾工作，江干区决定对新成立的公司实行"区办乡管"，就是作为区属企业，由戚金兴担任经理，但企业交给四季青乡管理。这个独特的体制创新，解决了乡里的后顾之忧，四季青乡欣然同意了。1992年8月1日，杭州滨江房屋建设开发公司挂牌成立。

这是滨江房产的第一次创业。在当时，新的公司成立了，也就是一块牌子。钱从哪来，人从哪来，项目从哪来，戚金兴需要自己想办法，一切从零开始。

戚金兴回忆说，他以区办企业名义，向区里借了4间办公室，就在当时的江干区土地管理局楼上。戚金兴把公司地址定在这里，是为了给公司"增信"，也便于了解房地产相关政策和信息。随后，以乡管企业名义，戚金兴又向四季青乡借了8万元，作为公司开办费，分期付款买了一辆二手车，一方面为了工作方便，另一方面也显示公司的实力和形象。

员工方面，从第四建筑工程公司调了3个人，另外招聘了3个人，加上自己，戚金兴组建了7个人的初始团队。然后，从建设银行贷款200万元，作为流动资金。

当时的江干区，有个"村级改造"的政策，鼓励村级土地进行开发建设和经济发展。滨江房产利用熟悉当地情况的便利，做了近江村、定海村等四个村的项目。对有的村收取"管理费"，相当于现在的"代建"。而有的村则分给滨江房产一些房子，滨江房产可以将其销售给有关单位，实现收入。通过这些项目，戚金兴初步建立了滨江房产的经济基础。

南肖埠旧城改造项目，是滨江房产承担的第一个住宅小区项目。南肖埠占地64公顷，直到现在，滨江房产的总部还在这里。

这个项目原来的开发单位与村里谈不好合作事宜，开发单位测算要亏损500万元，便没有了积极性。滨江房产介入后，先把道路、小学等基础性工作开展起来，各方面都很满意，项目就启动了。那个时期，南肖埠旧城改造项目是江干区由企业主导的最大的旧城改造项目，公司也取得了很好的综合效益。

南肖埠旧城改造项目的成功，不仅提高了滨江房产的经济实力，而且也为其树立了良好的形象和口碑。以此为基础，滨江房产积极参与和承担政府的一些重点建设任务，获取土地指标，先后开发了金秋花园、景芳五区和万家花园三个住宅项目，公司实力又上了一个台阶。

1994 年，江干区根据滨江房产快速发展的情况，决定提升公司的能级，把"区办乡管"改为"区办区管"。戚金兴的人事关系也回到江干区，戚金兴恢复了公职，并兼任建设局副局长。

对于区里的决定，四季青乡只能同意。但是，四季清乡提出了一个条件，要进行公司资产清算，把赚的钱留在乡里。根据清产核资的结果，滨江房产留给四季青乡一块土地、10 套房子和 100 万元现金，合计约 2000 万元。

这样，体制调整后，公司净资产基本归零，经济上是重新开始，这相当于是滨江房产的第二次创业。

升格为区办区管企业后，借助房地产市场启动的大好形势，滨江房产发展速度加快，在 1996 年成立了杭州滨江房产集团有限公司，1997 年取得了房地产开发一级企业资质。因为工作业绩不错，组织部门曾经动员戚金兴担任副区长，分管城建方面的工作。戚金兴说，当时也有些犹豫，但考虑到企业发展很好，也符合自己的兴趣和特长，就没有走行政干部的道路。

当时，全国各地开展了轰轰烈烈的国有企业改制工作。从 1996 年开始，浙江省政府进一步出台了一系列文件，推进和加快国有企业改革。到 1998 年底，全省国有企业改制的比例已接近 70%。

1999 年，《杭州市人民政府办公厅关于规范和简化企业改制审批的通知》发布，即杭政办〔1999〕47 号文件，规范企业改制行为，防止国有资产流失，简化企业改制审批程序，提高工作效率，加快企业改革。

1999 年 7 月，江干区国有资产管理局立项，对滨江房产进行资产评估，启动了滨江房产的改制工作。

当时戚金兴提出，改制一定要规范，要经得起"三个检验"：一要经得起法律法规的检验，严格按照政策法规和流程办事；二是要经得起群众监督检验，特别是让参与改制的公司员工满意；三是要经得起历史检验，不能留下任何是非问题，影响公司未来的可持续发展。

当时公司有 30 多位员工，许多人担心，滨江房产变成民营企业未来会存在各种风险。为了消除员工顾虑，也为了保障他们的权益，戚金兴提出，自己做大股东，另外经营层的几个骨干，包括朱慧明和莫建华，做小股东。股东要拿出真金白银，并承担企业发展可能出现的风险。对其他员工，要最大限度保障他们的利益，不让他们承担风险。

怎么做到无风险呢？对于 1999 年 11 月 1 日在册的全部员工，公司出台了 3 个政策。第一，可以按照每平方米 800 元的价格，选购公司开发的一套面积在 90 平方米以内的住宅。如果要选择大一些的，也可以，面积超过 90 平方米的部分，按照成本价结算。第二，可以按照每平方米 2800 元的价格，选购公司开发的一个商铺，面积在 50 平方米左右，市场价格在每平方米 1 万元左右。第三，改制以后，愿意留下来的，公司继续留用，直到退休。不愿意继续在公司上班的，基本工资照发，一直发到退休。

这三个政策，全面保障了员工的利益，可以说员工在经济上是没有后顾之忧了。直到现在，这些老员工除了退休的，基本还都在滨江房产上班。

江干区办事效率很高，很快就走完了全部改制流程。1999 年 11 月 15 日，杭州市江干区体制改革办公室出具了《关于同意杭州滨江房产集团公司改制方案请示的批复》，滨江房产清算全部税费后，净资产 4166 万元，全部被界定为国有资产，归江干区计划经济委员会拥有。

改制后，滨江房产股本总额缩减为 1200 万元：原江干区出资 480 万元，占40%；以戚金兴为代表的经营层认购 720 万元，占 60%。对作为优先股的 40% 的国家股，约定按照 8% 回报率实行固定回报，国家不承担风险，由原江干区国有资产管理局行使管理权和监督权。

由此，改制后的滨江房产，在戚金兴的带领下，开始了第三次创业。这一次，是走向市场经济的汪洋大海。

## 22.2　广宇厚积薄发

广宇的前身，是 1984 年设立的上城区房屋建设开发公司，这是上城区承担城市建设和房屋开发的一个政府部门。其最早开发的项目是大学路小区，带动了周边城区改造提升；新建了横河公园，为杭州城市发展做出了历史贡献。

1987 年 1 月，在上城区综合开发办公室的基础上，杭州市上城区房屋建设开发公司成立，这是一家全民所有制企业，属于典型的杭州"老十八家"房地产开发企业。

广宇名誉董事长王鹤鸣先生，是杭州房地产业的元老级人物。他的创业经历，是从北大荒开始的。

1970年，王鹤鸣随着当年的知青潮流，来到了黑龙江生产建设兵团。其间，曾经在黑龙江建筑工程学校学习电工专业，后来在兵团管理局筹建发电厂，一直到1979年底，才回到杭州。

多年的兵团学习和工作经历，把他锤炼成了一名十分能干的电工技术人才。1995年黑龙江生产建设兵团评选了3位"优秀北大荒人"，除了姜昆和倪萍，另一位就是王鹤鸣。

回到杭州后，王鹤鸣先后在几家工厂从事产品研发工作，成绩显著。1982年就被提拔担任了宏鸣无线电厂书记兼厂长，一年后厂子实现了扭亏为盈，王鹤鸣显露出优秀的企业经营管理才能。

1984年，王鹤鸣被调到上城区计划经济委员会工作，担任书记兼主任。1985年经过选拔考试，参加了浙江大学和省委组织部合办的干部专修班，在六和塔旁的浙江大学三分部（就是现在的浙江大学之江校区）读了两年书，全面系统地学习了企业经营管理方面的课程。

1989年底，王鹤鸣调任上城区房屋建设开发公司，担任党委书记兼总经理，从工业领域踏进了房地产业，开始了在广宇的职业生涯。

作为区属企业，当时广宇主要承担上城区旧城改造和房屋建设任务，先后开发了观音塘小区、金钱巷小区、华藏寺巷小区等。

从1990年开始，杭州的房地产市场开始启动，但上城区作为核心城区，可以开发的土地资源十分有限。除了继续开展旧城改造的工作任务，王鹤鸣发挥企业家创新创业精神，紧跟政策和市场形势变化，寻求公司发展机会。

1991年广宇走出上城区，率先在钱塘江对面拿地。当时的地价是每亩22万元。广宇开发的之江花园，是杭州最早的别墅项目之一。

1992年，广宇根据前两年与香港公司接触建立的联系，马上与香港公司成立合资企业，双方共同开发了金隆花园小区。这是杭州第一个高层住宅小区，拆迁户由此也住上了高层房子。

西湖边的元华广场，是广宇引进外资拿地和开发的。这个地方，当时是杭州市政府大院所在地。政府拿出来42亩土地，引进外资。广宇牵头，一下引进了3600

万美元，投资方是印度尼西亚首富林氏集团。这个项目不仅在东南亚引起轰动，而且也对杭州引进境外资本参与和推动城市建设发挥了引领作用。

1993 年 3 月，经杭州市经济体制改革委员会和杭州市计划委员会联合发文批复，上城区房屋建设开发公司以全部资产投入，组建成立杭州广宇房地产集团公司，注册资本 5000 万元，企业性质为全民所有制。

在浙江省房地产业中，这是第一家被列入建设部试点的省级企业集团。

广宇成立不久，就遇到了房地产调控和市场调整的考验。1993 年 6 月，为了应对经济过热和房地产价格大幅上涨问题，《中共中央、国务院关于当前经济情况和加强宏观调控的意见》（中发〔1993〕6 号）出台严厉调控措施，包括终止房地产公司上市、全面控制银行资金进入房地产业、严格控制信贷总规模、提高存贷利率和国债利率、限期收回违章拆借资金、削减基建投资、清理所有在建项目等，直接刺破了海南房地产泡沫，全国房地产市场很快就陷入了低潮。

王鹤鸣回忆说，当时广宇在杭州市区外围开发的几个别墅项目都陷入了困境。关键时刻，因为广宇是国有企业，长期积累的口碑和信用发挥了作用，交通银行同意给之江花园项目贷款 3000 万元，帮助之江花园项目渡过了难关。

随着广宇不断发展壮大和国有企业体制改革的推进，1996 年 10 月，广宇改组为国有独资的有限责任公司，注册资本 5000 万元，由杭州市上城区国有资产管理局持有。

当时，杭州的土地出让制度越来越完善和透明，土地市场竞争越来越激烈，广宇积极进取，成为杭州房地产市场的一支生力军。

在浙江大学的学习经历，给王鹤鸣留下了深厚的"浙大情结"。为了提高企业的经营管理水平，他先后从浙江大学引进了阮志毅、程大涛、吴强、邵少敏等一批具有高级职称和研究生学历的专业人才，广宇经营层因而被媒体称为"学者型团队"。

在后来的发展过程中，广宇也积极回馈浙江大学，多次为浙江大学基金会捐款，王鹤鸣在很长时间内还担任了浙江大学管理学院杭州校友会会长，积极支持校友会活动。

2010 年初，浙江大学紫金港校区管理学院大楼设计方案出来后，学校张美凤老师找到王鹤鸣，希望发动校友捐款，筹措一部分建设资金。当时，建设资金预算为 7000 万元，学校希望能够通过捐款筹集到一半的资金。考虑到通过公司募捐涉及面广，比较费时费力，王鹤鸣就和家人商量，决定以家庭名义捐款 3500 万元，资助建造管理学院新大楼。这栋楼后来被命名为"广宇楼"，其兴建体现了企业家的情怀和担当。

故事回到 2000 年初，根据国有企业改制相关政策和文件精神，上城区国有资产管理局发文，立项对广宇进行清产核资和资产评估，广宇启动了国企改制程序。

根据杭州钱江资产评估有限公司出具的评估报告，广宇净资产为 4330 万元。2000 年 10 月，杭州市上城区人民政府批准了广宇的改制方案。

改制后，杭州广宇房地产集团有限公司注册资本为 2000 万元，其中，杭州市上城区国有资产管理局持股 30%，公司职工持股会持股 30%，王鹤鸣持股 30%，王伟强持股 10%。另外，国有股作为优先股，按照年回报率 8% 取得固定回报。注入公司股本以外的其余国有净资产，按照政策提留和支取相关职工安置等费用后，在 3 年内继续借给广宇使用，广宇按照当年银行贷款基准利率下浮 20% 支付利息。

从此，广宇完成了国企改制的关键步骤，开始了新的征程。

## 22.3 大家房产混合所有

在杭州，大家房产是一个家喻户晓的房地产品牌，位居 2021 年中国房地产公司品牌价值 TOP50 之列。

比较特别的是，与绿城房产、滨江房产不同，"大家房产"并不是一家房地产公司的名称，而是杭州市城建开发集团公司 1999 年在工商局注册创立的一个专属品牌。

杭州市城建开发集团公司董事长赵炎林，在杭州房地产业界长期耕耘，他就是大家房产品牌的创始人。

1971 年参加工作的赵炎林，在一家无线电厂工作了十多年，积累了许多企业管理经验，形成了踏实认真的工作风格。

赵炎林回忆说，1983 年，他参加了省委组织部组织的干部专修班入学考试。考试题目中，有一个"看图写作文"的题。在三幅图画中，有一个人拿着镢头，分别在三个地方挖了不同的小坑。他看图后，就以"贵在坚持"为题，写了一篇作文，讲述持之以恒工作精神的重要性。

选拔和考试后，他被录取到杭州大学，脱产学习了两年，专业是政治经济学，他由此补充了经济管理的理论知识。

学习结束后，赵炎林先后在杭州市委组织部和杭州市城乡建设委员会从事行政工作，开阔了视野，积累了政府工作经验。

1995 年，赵炎林调任杭州市城市建设综合开发公司担任副经理。两年后，升任党委书记兼总经理。

讲起"大家房产"这个品牌的来历，赵炎林感慨万千。可以说，这个品牌承载了这家公司对杭州城市建设、房地产业发展的期许和追求。

1982 年 8 月，为了推进和实施中东河综合治理工程，杭州市专门成立了一个局级单位——杭州市中东河综合治理总指挥部，由杭州市副市长顾维良兼任党组书记和总指挥。这个单位，就是杭州市城市建设综合开发公司的前身。

在改革开放之初，杭州百废待兴，中东河综合治理工程是当时城市建设的重中之重。该工程历时 5 年，用工近千万，耗资 2.2 亿元，修整了河道，治理了沿河污水，开辟了中河路，扩大了绿地，美化了市容，改善了周边居住条件，在杭州城市发展历史上留下了光辉的一笔。

清泰立交桥、采荷小区、中河路，都是中东河综合治理工程的项目，已经成为杭州城市不可磨灭的见证。

在当时的体制下，中东河综合治理总指挥部为全民所有制事业单位，受市政府委托，承担中东河综合治理工程规划、设计范围内全部工作的组织实施和建设任务。为了方便开展业务工作，1985 年杭州市政府发文，同意建立杭州市城市建设开发公司，隶属于中东河综合治理总指挥部。

1990 年 10 月，杭州市政府批准"杭州市中东河综合治理总指挥部"更名为"杭州市城市建设综合开发公司"。更名后，杭州市城市建设综合开发公司仍然是市政府直属的事业单位，实行独立经营和企业化管理，自负盈亏。同年，经建设部批准，公司取得了城市综合开发一级资质。

1996 年，公司整体升级，成立了"杭州市城建开发集团公司"，这个名称一直沿用至今。

赵炎林回忆说，1999 年公司注册和推出"大家房产"，主要是为了面向市场，传递公司的理念和价值观。

他认为，作为一个城市建设者和房地产开发企业，公司提供给社会的应该是一个完整的"家"。这个家，是一个"大家"。对个人和家庭而言，"家"是老百姓的居所和幸福生活的载体。从城市和社会来看，人们命运与共，"天下一家"。因此，城市建设也好，房地产开发也好，都应该以良好的品性和挚诚奉献，推动城市发展和居住品质的提升，造福城市，造福千家万户。

通过十多年大规模市政工程建设和住宅小区开发，公司积累了丰富的项目经验，集聚了大批工程技术人员，成为杭州城市建设和房屋开发的一支主力军。

这个时期，除了承担杭州市的大规模建设任务，公司还面向市场，甚至主动走出杭州，先后在上海和湖州等地，采取基础设施项目带动的模式开发商品房，取得了很好的成效。

通过十多年的实践体会，赵炎林发现自己十分喜欢房地产这个行业，对这家公司的感情也越来越深。他经常在公司讲，"把公司当作自己的企业，把工作当作自己的事情，我们会越来越好"。

2003 年 6 月，杭州市政府成立了杭州市城市建设资产经营有限公司（2007 年6 月改为杭州市城市建设投资集团有限公司），杭州市城建开发集团公司为其下属单位，并在 2004 年完成事转企改制，从事业单位改为国有企业。

2005 年，杭州市加快了市属国企改革步伐，改制相关政策更加规范严格，实施改制企业公开竞价拍卖股权，追求国有资本效益最大化。杭州市城市建设资产经营有限公司对下属的 4 家房地产公司进行了清产核资、改革重组，然后对 4 家公司各自拿出的 30% 股权进行公开挂牌转让。

为了参与公司改制，赵炎林带领员工成立了一家员工持股平台公司——杭州创业投资有限公司，怀着对公司的感情和对未来的希望，参与了股权转让竞标。

这次挂牌，公司 30% 股权的出让底价是 1500 万元，吸引了 7 家单位参与竞争。在现场拍卖过程中，有几家竞价十分积极，表现出志在必得的味道。

回忆起当时的情景，赵炎林现在还有一些激动。

在价格叫到 3000 万元时，剩下 3 家单位。叫到 4000 万元时，就剩下两家了。根据现场的感觉，赵炎林认为价格可能基本到位了，便叫了 4100 万元，以为能够拿下了。

没想到的是，另外一个竞价单位十分顽强，一直没有放弃的意思，价格也很快上到了 5000 万元、6000 万元。这个价格，就连股权出让方的领导也觉得超出预期了。

虽然价格已经超过了预先测算的上限，但凭着对公司的信心和希望，赵炎林也不想放弃。最后，一直拍卖到 7100 万元，赵炎林终于代表员工持股平台公司，拿下了这 30% 的股权。

当天晚上，公司经营层和骨干员工一起开会，大家心里五味杂陈，难以言表。赵炎林也很激动，唱了一首童安格的《把根留住》，表达了与大家房产同呼吸、共命运的决心。

到了 2006 年，杭州市城市建设资产经营有限公司决定，继续以 1250 万元的底价，挂牌出让公司 25% 的股权。当时，房地产市场进入了阶段性调整周期，加之前期已经出让了 30% 股权，这 25% 的股权就没有人竞争了。赵炎林代表员工持股平台公司以底价拿下，一举成为在公司持股 55% 的大股东。

由此，杭州市城建开发集团公司成为一家混合所有制企业。

这家公司承接了国有企业的优良传统和强大背景，又拥有民营企业的灵活机制和竞争优势。在赵炎林的带领下，混合所有制企业的体制优势得以彰显，大家房产进入了新的发展阶段。[①]

---

[①] 孙晨，大家房产赵炎林的"二次创业"：一切归零，再出发，钱江晚报，2019 年 5 月 30 日。

## 23  二手房经纪服务逐浪前行

大街小巷里，房产中介门店的开关状态，就是住房市场的晴雨表。

1984 年 1 月，杭州房地产交易所恢复，相关的产权管理制度开始重新建立，为恢复规范的二手房交易创造了条件。

1988 年 7 月，杭州全面开展城镇房屋所有权登记发证工作。12 月，市政府召开了市区房屋所有权发证大会，集中向市区 167 个单位及个人发放了新的房屋所有权证。

从此，人们对"房屋所有权证""房屋产权"又有了全新的认识，二手房交易开始萌芽，进入了老百姓的生活视野。

据统计，1988 年共办理登记收件 14010 件，发放房屋所有权证 167 件，交易成交量 397 件，面积为 3.47 万平方米。

2001 年，共办理登记收件 95116 件，发放房屋所有权证 83372 件，交易成交量达 67199 件，面积达 1351 万平方米。

到了 2017 年，杭州市房屋交易成交量达 29.4 万多件，较 1988 年增长了 740 余倍。[①]

由于房地产交易具有个别性、偶然性和复杂性，在二手房交易环节，经纪人的中介服务十分重要。从 1990 年代开始，杭州的二手房中介服务从零散的传统模式开始，追逐着市场发展的浪潮，不断进化，为市场繁荣和行业进步做出了自己的贡献。

---

① 杭州市住保房管网，改革开放 40 周年系列 ⑫：房产交易管理量增长 741 倍，杭州市西湖区人民政府，2018 年 9 月 3 日。http://www.hzxh.gov.cn/art/2018/9/3/art_1207985_20937363.html。

## 23.1 交易规模不断扩大

杭州的二手房交易活动在 1980 年代还处于萌芽状态。为了使用便利，家庭和单位之间，有时采取"置换"方式，交换公房的租赁使用权。

到了 1990 年代，随着土地制度改革和商品房市场发育，特别是因为住房制度改革和公房出售，老百姓的住房财产权利日益明确，市场交易开始活跃。

然而，住房交易的传统模式比较零散，很不规范，容易出现纠纷和风险。1991年 1 月，浙江省城乡建设厅印发了《浙江省城镇房产买卖工作程序》。同年 11 月，浙江省发布了《浙江省城镇私有房屋管理办法》，对私人房屋买卖交易进行规范，各地也都建立了房地产交易所，为买卖双方办理交易登记手续。

根据《浙江通志》第七十三卷"房地产业志"的记载，1991 年浙江省房屋买卖成交 2.22 万宗，成交面积 219.84 万平方米，成交金额 5.79 亿元，成交均价263.37 元 / 米$^2$。

1992 年，在邓小平南方谈话精神推动下，房地产市场迅速活跃起来，浙江省房屋买卖成交 3.99 万宗，成交面积 339.68 万平方米，成交金额 12.02 亿元，成交均价 353.86 元 / 米$^2$，比上年上涨了 34.36%。

杭州的情况与浙江省类似，只是房价涨幅远高于全省平均水平。1991 年全市房屋买卖成交 2814 宗，成交面积 32.4 万平方米，成交金额 9160.3 万元，成交均价为 282.7 元 / 米$^2$。1992 年全市房屋买卖成交 3788 宗，成交面积 62.07 万平方米，成交金额 2.88 亿元，成交均价为 463.99 元 / 米$^2$，比上年上涨了 64.11%。

1998 年停止住房实物分配后，公房出售速度加快，家庭住房自有率快速提高，公房上市交易的鼓励政策和购买商品房的支持政策共同发挥作用，二手房交易的活跃程度大幅提升，规模也实现了大幅提高。

从 1999 年 6 月开始，杭州允许房改房上市交易，二手房市场成交规模显著放大。

2000 年 12 月，杭州出台新政策，允许外地单位和个人购买二手房，包括杭州市区范围内出让土地上的单位自管房、个人私房（交易或使用 2 年以上的存量合法房产），准予办理房地产交易手续，并核发房屋所有权证。如果是购买划拨土地上的单位自管房、个人私房的，在补办土地有偿使用手续、缴纳国有土地有偿使用费后，也准予办理房地产交易手续，并核发房屋所有权证。

这个政策顺应各方面需要，增加了杭州二手房市场的有效需求，促进了新房市场和二手房市场的联动发展。

在"开放购房政策"作用下，外地人参与杭州二手房市场的强度大幅提升。与2000年相比，2001年杭州市区二手房的成交量增长了1倍，平均成交价格上涨了25%。

为推进房地产二、三级市场的联动，激活整个房地产市场，从2001年起，在房博会和人居展期间，同步举办二手房交易会，各大中介服务机构纷纷亮相，卖力展示各类房源信息，推动二手房交易活跃发展。

例如，2001年5月，杭州市有一定规模和实力的15家中介服务机构在首届二手房交易会亮相，展位有40多个。一些未能进场的小型中介服务机构，也来到现场，不失时机地向路人发放自己的宣传推广资料。

新华社记者方益波长期关注杭州房地产市场。2002年6月20日，他以"杭州楼市：疯抢疯涨疯狂"为标题，在新华每日电讯发表文章，报道了杭州房地产市场热火朝天的景象。

他列举了一个典型的投资购房案例。1999年的时候，温州人余先生在杭州城西某楼盘刚刚开盘的时候，一举买了28套房子。其中10套是商铺，18套是住宅。当时楼盘开盘价约每平方米2700元。2001年，这个楼盘已经全部售完，项目交付时，小区环境优美，房价也上涨到每平方米近5000元。余先生以每平方米4700元左右的价格，将手上的房子放入二手房市场，这些房子立刻成为抢手货。据估算，余先生平均每套房子赚了20多万元，合计赚了五六百万元。

外地购房者中，多数人对杭州房地产市场比较陌生，一些开发商的销售员、销售代理人员和二手房中介人员，对沟通供求、活跃市场发挥了重要作用。

2004年5月房博会期间，因为杭州对出售二手房征收20%的个人所得税，市场出现价格上涨，成交下降的情况。据统计，这届房博会期间，一手房平均成交价格为6951元/米$^2$，而平均房龄为9年的二手房平均成交价已达6642元/米$^2$。

不过，这次政策的影响是短暂的。2004年9月停止征收个税后，二手房市场交易规模显著放大。2005年杭州主城区的二手房成交价格，在每平方米8000～8500元。2006—2010年的情况请参照表23.1。

表 23.1　2006—2010 年杭州主城区二手房市场发展情况

| 年份 | 二手房交易量 / 套 | 二手房均价 / ( 元·米 $^{-2}$ ) |
|---|---|---|
| 2006 年 | 15723 | — |
| 2007 年 | 25208 | — |
| 2008 年 | 14752 | 11573 |
| 2009 年 | 50989 | 15003 |
| 2010 年 | 25290 | 20135 |

　　资料来源：根据住在杭州网《2008 年杭州楼市分析报告》和《2010 年杭州二手楼市年终盘点》整理。数据范围为当时的杭州市主城区（不含之江、滨江和下沙）。

　　根据住在杭州网李永生等做的《2010 年杭州二手楼市年终盘点》，2010 年杭州二手房市场上，外地人购房的比例大约占到 65%。

　　从 2010 年开始，杭州二手房成交套数进一步走高。特别是从 2015 年开始，在"去库存"政策和市区商品房交易范围不断扩大等因素的共同作用下，二手房市场的重要性更加突出。

　　根据浙报传媒地产研究院发布的年度报告，2015 年，杭州市主城区二手房成交规模超过 43252 套，成交均价 19212 元 / 米 $^2$。2017 年，杭州市主城区二手房共成交 55305 套，与同期商品房成交量的比值为 1 ∶ 1.13。

　　虽然受到新冠疫情的影响，但 2020 年杭州房地产市场热度不减。杭州市区（不含临安）二手房成交套数达到 10.2 万套。这一年，杭州市区新建商品房成交套数高达 15.3 万套。

## 23.2　经纪服务创新发展

　　经纪人，是一个古老的职业。

　　1990 年代后期，杭州房地产经纪人开始活跃起来。在市场火爆的时期，他们帮助购房者买房子。在市场低迷的时期，他们帮助开发商卖房子。能力强的营销人员生意很好，取得的收入也十分可观。

　　例如，从 2000 年开始，做了几年售楼小姐的王女士做起了专职购房顾问。她从为熟悉的客户介绍房源开始，帮助购房者买房，收取顾问费。后来，客户多了，她就组织大家一起，批量购房，谈判砍价，并从节约的购房价款中提取 20% 的顾问费。最多的一次，她包了两辆大巴，将 86 位意向购房者拉到一个售楼处，最后有 43 位客户下单，购买了 52 套住宅。①

这个做法，后来演化成各种购房团。购房团在杭州房地产市场存在了很长时间，其业务模式类似于后来网络经济时代的"团购"。

当然，随着杭州房地产市场发展水平的提高，以个体户为主，"一张桌子，两把椅子"的原始经营方式必须改变，中介服务必须提高规范化服务能力和水平。

1998 年 6 月，杭州第一家中介服务机构杭州房屋置换有限公司成立，中介服务从以由个体经营的租赁中介为主要的服务提供者，向机构经营发展转变，经营日益规范化。这一年，杭州经过审批的中介服务机构有 27 家，1999 年增加到 75 家，2000 年增加到 140 家，2001 年发展到 214 家。

特别是在 2000 年，金丰易居和我爱我家等中介服务机构进入杭州市场，带动了行业整体水平提高。它们采取多门店连锁经营模式，利用计算机和互联网完善业务流程，提高信息化水平，业务发展成效十分显著。

2001 年 11 月，本土的中介服务机构公众房网也创新业务，推出了"全程顾问式经纪人服务"。在西湖博览会人居展期间，公众房网开通"看房直通车"，积极开拓新房代理业务，促进了业务结构优化。

针对二手房交易后出现的质量问题，杭州房屋置换有限公司和保险公司合作，推出了购房保险服务。凡是在该公司签约的买方客户，可以获得一份一年期限的房屋质量保险，一些客户由此克服了在购买二手房时存在的不踏实感。

对于一些购买二手房后有出租需求的客户，我爱我家推出了"富爸爸"计划。对签约买房的客户，我爱我家可以"包买包租"，解除客户的后顾之忧。

2002 年 9 月，杭州市商业银行在市区 70 多家网点，为市民开辟二手房的房源信息查询和登记服务。当时，该行开展的二手房交易保函业务和二手房转按揭组合业务势头很好，于是该行干脆为市民提供"一站式房屋交易金融服务"。

当时的设想是，银行免费为客户提供房源信息，市民可在杭州市商业银行的任意网点寻找中意的房源，银行工作人员提供意向房源的详细资料，并联系房东。双方谈好后，可以直接在银行完成按揭业务，扩大银行个人住房信贷业务。

后来，中国银行、建设银行、工商银行等也与中介服务机构合作，在营业网点推出过中介服务。但是，银行参与的中介服务业务发展并不理想。在提供房源和交易过程中，银行的服务能力没有跟上，难以适应二手房交易灵活多变的市场特点。

---

① 陈博君，由售楼小姐到"购房顾问"，决策与信息，2002 年第 11 期，第 38—39 页。

房地产中介服务是一个充分竞争的市场，优势企业市场份额不断扩大，对行业进步的带动作用十分显著。

2003年初，中原地产在杭州开出了第一家中介门店康乐新村店，很快就成为最有市场影响力的中介服务机构之一。

中原地产是来自香港的品牌，创立于1978年，拥有长期从事房地产市场研究、项目策划、中介服务等方面的成熟经验。2001年进入杭州后，也是先从市场研究和项目顾问开始，深入了解杭州市场特点，然后才开始提供中介服务。

当时，中原地产没有采取行业通行的加盟店模式，而是采用了直营店方式，严格按照香港标准进行规范化门店管理，对员工持续进行专业化培训，在杭州中介服务机构中发挥了示范作用。

在杭州本土中介服务机构中曾经出现过一家明星企业，叫作"裕兴不动产"，董事长叫张裕兴。

1998年，记者出身的萧山人张裕兴，看好停止住房实物分配后房地产交易市场的潜力，毅然下海创业，在解放路租了一间21平方米的门面，开始做艰难的房地产中介服务生意。

开始创业时，张裕兴已经45岁，但他经历丰富，思维敏捷，充满激情，是一个很有想法的企业家。他创业后，很快就通过改进中介服务，在杭州二手房租赁和买卖市场站稳了脚跟，使裕兴不动产逐步发展成为杭州知名度很高的中介服务机构。[①]

2003年，为了提升公司品牌、给消费者提供更安心的服务，裕兴不动产在中国房地产中介服务业开创了置业经营的先河，买下天目山路138号作为总部大楼。2004年8月26日，中国房地产业协会副会长兼秘书长顾云昌调研后也颇为感慨，欣然为大楼题词"房产经纪第一楼"（见图23.1）。

2004年6月，裕兴不动产推出"房产交易零风险"活动。张裕兴说，作为浙江省房地产中介服务行业AAA级信用企业，此举的目的是促进中介服务业务的透明化、制度化、规范化，降低购房者风险，提高服务质量。"零风险"的实现，除了中介服务机构严格规范管理，还引入律师全程参与和把关。最后，如果还是出现风险，则由保险公司负责赔偿。裕兴不动产通过"三重保障"，希望达到完全消除购房风险的效果。

---

① 冯洁，笑傲房产经纪界：记浙江裕兴不动产董事长张裕兴，浙江经济，2009年第15期，第36-39页。

参与这个活动的浙联律师事务所主任律师戴和平认为，律师对房地产交易过程的介入，是成熟市场的通行做法。律师主要从法律方面，对交易主体资格和身份进行认定，审核交易客体对象的"三证"，对交易法律关系和合同条款是否明确进行把关，通过专业服务降低二手房交易的法律风险。

这些探索，在当时都是行业领先的，促进了裕兴不动产的业务发展。在2007年和2008年，裕兴不动产在杭州二手房交易中介服务市场的份额，达到8%左右。

可惜的是，在杭州发展成功的基础上，张裕兴实施了激进的全国扩张战略，裕兴不动产到2011年开始出现经营困难，加上其他法律风险暴露，2013年裕兴不动产退出了历史舞台。

如同其他行业一样，稍微拉长一点时间跨度观察，房地产中介服务行业的波动和变迁，也是惊心动魄的。

每个房地产政策和市场周期，在市场调整和萧条阶段都会有一批中介服务机构演绎"关店潮"。随后，在市场恢复和繁荣阶段，又会出现新的"开店潮"。

铁打的营盘流水的兵。但潮落潮起之间，行业整体发展和进步的趋势，始终如一。

从2008年开始，从北京起家的二手房中介服务机构链家不断探索信息化、网

图23.1 天目山路138号，曾经的"房产经纪第一楼"①

---

① 浙江日报，从长庆街的躺椅凳子到如今数千门店，杭州的这个行业经历了什么？，百家号，2019年11月23日。https://baijiahao.baidu.com/s?id=1650959588588342609&wfr=spider&for=pc。

络化的中介服务模式，带动了中介服务行业的模式创新。

2018年，在链家基础上，用互联网模式打造的网上商品房中介服务平台贝壳找房正式上线，全面加速了房地产中介服务行业的变革与整合。

## 23.3 监管相伴推动进步

早在1993年，《杭州市房产中介服务管理实施办法》（杭房局〔1993〕172号）便已出台，其中规定，开办房地产中介服务机构，须向杭州市房地产管理局提出书面申请，经过资质审查后，向工商行政管理部门申请登记，方可核发营业执照。房地产经纪人必须持证上岗，依法缴纳相关税费。

但是，当时的市场交易规模还比较小，经纪人的活动多数以个体户方式展开，规范化程度不高。房屋买卖和租赁双方，也习惯了传统中介服务模式，希望节约交易成本。

为了提高中介服务机构从业人员的业务素质和能力，当时的人事部、建设部在2001年出台了《房地产经纪人员职业资格制度暂行规定》和《房地产经纪人执业资格考试实施办法》，建立了全国统一大纲、统一命题、统一组织的考试制度，每年组织一次考试。

2002年，浙江省通过房地产经纪人考试的有992人。随后，每年都有300人左右通过考试，制度对中介服务机构提高人才素质发挥了积极作用。

2003年，浙江省建设厅、工商局、物价局联合下发了《关于进一步加强房地产经纪活动管理的通知》，印发了房地产经纪机构备案证书，实施备案登记和年检制度，加强行业规范化管理。

当时，市场交易活跃，但信息透明度较低。跳单、吃差价，是二手房交易过程中令买方、卖方和中介服务机构三方都头疼的问题。

王先生是一位资深的经纪人，他回忆说，当时在一些房地产中介服务机构的门口、窗户醒目位置，包括报纸上，都可以看到中介服务机构"现（重）金收购二手房"的广告。

这些"收购"，其实就是倒卖房源赚取差价。比如，中介服务机构发现有人要出售二手房，觉得有利可图时，就利用售房人普遍不懂房地产专业知识的弱势，想方设法使之降低房屋卖价。待签订合同后，中介服务机构并不按正常途径先办理房屋所有权证，而是马上转手加价，利用自己的市场信息优势，迅速寻找愿意高价购买该房屋的下家，与其签订新的买卖合同，加价卖出。

在前往管理部门登记备案时，许多中介服务机构往往涂改合同，"做平"各要素（如价格、买卖双方的名称），盖上"校对章"（有一定资质和信誉的中介服务机构可以获得"校对章"）。这样，中介服务机构便成功抽身脱壳，轻松赚取其中的差价。

2004年3月，杭州市房产管理局发出《关于委托房屋权属登记的相关规定的通知》，宣布自3月29日起，停止一切中介代理机构、房产开发公司、金融机构等单位在代办房屋所有权证、房屋他项权证过程中，对于身份证件、结婚证明、单位营业执照等原件的校对授权，上述证件必须由杭州市房产交易产权登记管理中心工作人员自行校对。

对于由房产中介服务机构代理的存量房买卖（包括私房买卖和房改房买卖）中的出让方和由银行、典当行等金融机构代办房屋他项权证中的抵押人，必须夫妻双方亲自到当时的房产管理局房产办证大厅，由中心工作人员进行鉴定，并核对身份证件、结婚证明的原件。如不能到场的，须办理委托手续，提供经公证的委托书及相关证件。

由此开始，杭州二手房交易流程得到进一步规范，杭州市堵住了一些中介服务机构和经纪人参与炒房、赚取差价和偷逃税费的漏洞，有效降低了交易风险。

2004年底，《杭州市市区商品房预（销）售合同网上备案办法（试行）》出台，杭州是继上海以后，第二个建立商品房网上合同备案系统的城市，主要目的是监管开发商的商品房预（销）售行为，提高商品房预（销）售信息的透明度，规范市场交易秩序。

从2006年开始，浙江省贯彻《建设部 中国人民银行关于加强房地产经纪管理规范交易结算资金账户管理有关问题的通知》，全面推行房地产中介服务机构备案登记制度，严格实行房地产经纪人职业资格管理，加强合同管理和交易结算资金管理，开展行业自律监督管理，许多不够规范的中介服务机构被淘汰出局。

杭州借鉴上海的经验和做法，开发了二手房交易网上备案系统，2006年在300多家有一定规模的中介服务机构试点。使用二手房交易网上备案系统后，交易合同要在网上备案才能生效，与二手房交易相关的信息和交易进程情况，都可以上网查询。

从2007年开始，杭州所有中介服务机构的二手房交易业务，都必须纳入二手房交易网上备案系统，交易规范性大幅提高，各类纠纷和风险明显减少。

根据杭州市透明售房网2007年初的统计，排在前10名的中介服务机构成交规模，占到二手房市场交易量的 40%。

2007 年 11 月，针对一些城市出现个别中介服务机构挪用、占用交易结算资金，致使客户经济损失，造成恶劣影响的情况，建设部发出《关于进一步加强房地产经纪管理的紧急通知》，全面加强了对房地产经纪人行业的监管。

到 2008 年 3 月，前十大中介服务机构的市场份额进一步提高到了 60%。21 世纪不动产、裕兴不动产两家中介服务机构门店都超过了 100 家。我爱我家、华邦地产、易居臣信等 4 家中介服务机构的门店量数量，也达到了 40 家左右。

在后来的发展历程中，每到加强市场调控的时期，房地产经纪行业总是首当其冲，成为整顿市场秩序的重点领域，中介服务机构也在市场周期洗礼和政策监管的磨炼下，日益规范和成熟，不断向着现代服务业的方向发展。

数字化时代的到来，加快了中介服务机构变革的步伐。2016 年 11 月杭州在全国率先上线了杭州市二手房交易监管服务平台，通过系统优化、功能更新、服务升级等途径，打造了集中介服务机构与人员管理、房源挂牌管理、信息公示等多功能于一体的综合性监管服务平台。

该平台上线，也是整顿和规范二手房市场秩序的一项成果。其中，"个人自助挂牌"功能备受关注，因为其可以实现买卖双方直接"手拉手"，实现"去中介化"交易，节约交易成本。

2021 年 8 月，杭州市二手房交易监管服务平台推出了"个人自主挂牌房源"功能。当年 12 月 1 日，依托该系统功能，通过由公证处介入二手房自主交易的创新模式，买卖双方完成了首单交易。

在该案例中，一套位于拱墅区体育场路的房子，以 218 万元挂牌，经买卖双方议价后，这套 58 平方米的房子最终以 208 万元成交，首付 63 万元，按揭贷款 145 万元。

这样一套房子，如果通过中介服务公司机构，中介费通常为交易价格的 2%，约 4 万元。而此次通过公证介入二手房自主交易，整个交易过程仅收取一笔提存公证费，收费标准为交易价格的千分之一，只需 2080 元。相比传统的中介费，交易成本大大降低。

2022 年 6 月，二手房自主交易全流程服务功能，经过改造升级后正式上线。为了让买卖双方更好地了解操作流程，杭州住保房管部门针对买卖双方的不同情况，专门制作了房东版和买家版的二手房自主交易全流程服务场景操作手册，协助买卖双方实现自主交易。

然而，房地产交易具有低频、非标、重资产、长周期、流程复杂等特点，完全通过买卖双方"手拉手"自主交易难度不小。实践中，还存在降低交易效率和增加纠纷风险的问题。

国际经验表明，在二手房交易过程中，经纪人的中介服务是有贡献和价值的。在可以预见的时间内，"去中介化"只能在探索和完善过程中逐步发展。

不过，可以确定的是，随着政策监管水平的提高和互联网、大数据等技术的应用，要在经纪人这个古老的行业生存，中介服务机构只有针对市场环境和客户需求变化，应用新的技术手段，不断创新业务模式，完善服务功能，提高服务质量，才能立于不败之地。

# 24  从"物业管理"到"物业服务"

人居是生活方式，房屋是硬件，服务是软件。

"物业"这个概念，改革开放初期从香港传入内地，并随着房地产市场的发展，逐步成为一个规范的名词，是指已经建成并投入使用的各类房屋及其相关配套设备、设施和场地。

随着各类物业的技术性、复杂性越来越强，为了合理有效使用物业，发挥其功能和价值，就需要经常性、系统性、专业性地对其进行维护和管理。在城市化进程中，这类工作越来越重要，越来越普遍，便催生了一个重要的行业，就是物业管理行业。

从1990年代开始，杭州的老百姓，从单位分房到个人购房，从集体宿舍到住宅小区，经历了居住品质的历史性提高。在这个过程中，从逐步接受"物业管理"，到充分享受"物业服务"，我们也看到了物业管理行业的持续性进步。

## 24.1  物业管理怎么做

我国的物业管理，是随着改革开放，在住房制度改革和商品房市场发展过程中逐步发育起来的。

在城镇住房制度改革前，城市房屋基本由政府投资建设，计划经济体制下各单位和企业进行住房实物分配，房屋维修管理也是由政府和单位承担的。因为长期实行低租金政策，住宅维护维修资金短缺，住房状况、居住环境长期得不到改善。

1980年代初，改革开放和引进境外资本首先在深圳等经济特区试点。1981年3月，深圳成立了一家涉外商品房管理的专业公司——深圳物业管理公司，该公司对深圳经济特区的涉外商品房实行统一的物业管理，这标志着物业管理作为一个新鲜的行业在我国诞生了。

到了 1990 年代初，城市新建住宅小区越来越多，传统的管理模式不能满足需要。为了提高新建住宅小区的整体管理水平，为居民创造整洁、文明、安全、方便的居住环境，1994 年 3 月建设部颁布了《城市新建住宅小区管理办法》（建设部令第 33 号），明确指出："住宅小区应当逐步推行社会化、专业化的管理模式。由物业管理公司统一实施专业化管理。"

当时界定的物业管理内容包括：对住宅小区内的房屋建筑及其设备、市政公用设施、绿化、卫生、交通、治安和环境容貌等管理项目进行维护、修缮与整治。

这些管理工作内容琐碎复杂，小区日常维护和管理，不仅影响居民生活，而且也是社区管理、城市管理的重要组成部分。各级政府对引导和规范物业管理发展十分重视。除了房地产行政主管部门，物业管理工作还涉及市政、绿化、环境、卫生、交通、治安、供水、供气、供热等许多行政主管部门，最终落地在基层政府街道和社区。

1994 年 9 月，为了探索和规范物业管理工作，浙江省城乡建设厅启动了首批物业管理试点单位，在全省选择了 10 家物业管理企业开展试点，包括杭州的星岛物业管理公司、公用物业管理公司、江干物业管理总公司、联海物业管理公司等。

杭州住宅小区的物业管理实践，最初也是那些由境外企业开发的房地产项目进行探索的，内容主要包括设施设备维护、环境保洁、绿化养护、安全管理等。

随着商品住宅小区的开发建设，在政府鼓励和引导下，作为配合项目开发、销售、交付和售后服务，规模大一些的开发商逐步成立了自己的物业管理公司。

例如，南都物业就是在 1994 年为了管理南都花园而成立的。1995 年 1 月绿城房产成立后，马上在 3 月成立了自己的物业管理公司——杭州桂花园物业管理有限公司（后改名为绿城物业，以下简称为绿城物业）。滨江物业，是作为滨江房产的子公司，在 1995 年成立的。1996 年 6 月，金都房产也成立了自己的物业管理公司。

很长一段时间，这些开发商都把物业管理作为项目开发的延伸，所属物业管理公司主要承担本企业开发项目的物业管理。同时，物业管理公司在起步时期，管理规模很小，物业费收入也不多，需要开发商进行经费补贴。

在物业管理起步阶段，物业管理公司面临缺乏经验、经营困难、员工文化程度低、专业人才缺乏等问题。为了加快行业成长进步，1995 年建设部组织开展了全国城市物业管理优秀住宅小区评选和表彰活动。从 1997 年开始，浙江省也根据建设部标准，组织开展物业管理大厦（小区）创优和评比活动，推动行业进步。

从 1996 年开始，建设部和各省、区、市，陆续开展了物业管理从业人员培训和资格管理，基本专业知识的系统培训，对行业发展起了促进作用。

在物业管理公司层面，一批优秀公司的人员队伍和管理水平也在学习和探索过程中不断提高。

作为绿城物业创始团队成员的朱锦波回忆说，公司成立后，宋卫平就让四名管理人员一起去深圳，参观当时管理水平最好的几家物业管理公司，并且嘱咐说："你们就带着眼睛和耳朵去，嘴巴都不需要带。"

1999 年，杭州的绿城物业、南都物业、耀江物业、金都物业等，先后开展 ISO 9000 质量管理体系的培训和认证工作，管理工作走上了规范化、标准化的轨道。

对于老百姓来说，接受物业管理的理念和模式，也有个过程。当时，房租很低，物业费甚至比房租还贵，许多居民感到难以接受。针对业主、物业管理公司和开发商的关系，也缺乏规范和依据。

2006 年 10 月 1 日，各个小区的大门口都挂着横幅，祝贺《浙江省物业管理条例》出台，这是浙江省物业管理行业发展的一件大事。与此同时，杭州市出台了一系列物业管理示范文本，为小区业主大会召开，业委会选举、换届、备案，以及物业公司解聘、选聘等工作，提供了规范格式和流程，推动了行业有序发展。

在物业管理普及发展的过程中，传统的老旧小区年久失修，设备设施老化，乱搭乱建严重，住户情况复杂，物业收费困难，成了推进物业管理和提高居住品质的难点。

为此，杭州市政府主导，结合旧城改造和拆除违法建筑，1997 年开展了旧小区专项整治和转换管理体制试点，在小区环境和各类违法建筑治理基础上，配备一定的物业管理用房，逐步把专业化物业管理向老旧住宅小区推广。

2009 年 2 月初，春节后上班第一天，王国平等市领导到城隍牌楼危旧房改善工程现场，调研"危旧房改善"和"物业管理改善"两大工程。王国平提出，实施物业管理改善工程，对于巩固背街小巷改善、危旧房改善、庭院改善等民心工程的成果具有重要意义，势在必行。

随后，杭州制订了实施物业管理改善工程的行动计划，力争通过 3 年努力，到 2011 年末基本实现 6 个老城区范围内老旧住宅小区物业管理全覆盖，物业管理服务水平得到明显提高，物业管理长效机制基本形成。

对于老旧小区而言，实施物业管理的具体要求是实现"八个有"，即"有物管用房、有公共保洁、有秩序维护、有停车管理、有设施维保、有绿化养护、有道路保养、有维修服务"，这些都属于基础性管理内容。

## 24.2 管家服务转角色

物业管理工作不仅涉及面很广，而且涉及的法律关系和经济关系也比较复杂，涉及方如委托方、实施方、监督方等。最为重要的是，这些关系在住宅小区开发建设阶段、交付入住阶段、使用维护阶段，还是动态调整和变化的。

为了理顺物业管理涉及的法律关系和经济关系，促进物业管理市场竞争机制发育，杭州市在 1999 年 6 月颁布了《杭州市住宅区物业管理暂行办法》。2001 年 12 月，经省人大批准，开始实施《杭州市物业管理条例》（杭州市第九届人民代表大会常务委员会公告第 24 号）。

物业管理条例对业主、业主（代表）大会和业主委员会、物业管理公司、物业管理服务合同、物业管理工作内容、物业管理服务收费、前期物业管理、物业管理用房、物业维修基金等重点问题，做出了明确规定和要求，使得各方权利、责任和义务的协调有了法规依据。

从 1999 年开始，绿城物业等物业管理公司开始走向市场，承接来自外部的市场其他主体委托管理的项目。2001 年，浙江世贸房产开发的清水公寓项目公开招标选聘物业管理公司，绿城物业成功中标。2002 年杭州市房产管理局出台了《杭州市物业管理招投标实施办法》，规范和推动物业管理行业的公平竞争和优胜劣汰机制。

在各地实践探索基础上，2003 年 9 月 1 日，《中华人民共和国物业管理条例》（国务院令 379 号）正式施行，为规范物业管理相关主体的行为和责任，维护业主和物业管理企业的合法权益，促进物业管理行业规范发展，提供了完整的法律依据。

随着物业管理法规的建立和完善，老百姓对物业管理的认知越来越清晰，物业管理公司的自我认知日益成熟，工作重心也逐步从"为开发商服务"，转向"为业主和住户服务"，物业管理行业进入了快速发展阶段。

"南都管家"这个品牌的出现，就是物业管理公司转换角色定位、提高专业能力和水平的具体实践。

从 2000 年开始分管南都物业的韩芳回忆说，南都物业注重服务质量，基本与南都房产同步建立了良好的品牌形象，得到了社会认可，省市领导也到德加公寓调研过物业管理情况。

2004 年 5 月 19 日，钱江新城绝版江景地段，面积为 122 亩的杭政储出〔2004〕28 号地块以 11.98 亿元的总价出让，一个"地王"诞生了。

后来，在这块土地上，由朱建华、李晓桃等领衔的欣盛房产团队操盘，开发建设了杭州著名高端楼盘东方润园。因为朱建华和韩芳都拥有南都房产的高管经历，南都物业从东方润园项目的前期咨询服务开始，全程参与，负责打造与高端住宅小区定位匹配的物业服务。

为了做好这个项目，当时南都物业研究了"五大行"（即世邦魏理仕、仲量联行、高力国际、戴德梁行、第一太平戴维斯，它们是国际上房地产顾问服务的标杆）的资料，进行对标学习。随后，韩芳带队去考察了它们在上海和香港的公司总部，参观它们管理的住宅小区，开展交流对话，希望引进最先进的理念和服务，并通过东方润园这个项目，使这些理念和服务能够落地杭州。

关于物业服务人员的培训，国际上有名的是荷兰国际管家学院。当时，北京合乔丽晶项目落地，请的保安有的是曾在天安门执勤站岗的退役战士，管家全是大堂经理的水平，只有在荷兰参加培训后，才能上岗。

南都物业参考了各大行的服务内容，借鉴了北京合乔丽晶的管家模式，推出了"南都管家"品牌，开创了杭州高端物业服务的先河。

当时，东方润园的对标项目是香港晓庐，物业费是每月 70 元 / 米$^2$。北京合乔丽晶的物业费是每月 10 元 / 米$^2$。结合杭州当时的市场情况，东方润园的物业费定在每月 6 元 / 米$^2$。

随后，南都物业通过多方联系，重金邀请到荷兰国际管家学院的院长，请他到杭州来交流协商，并签订了合作协议。根据协议，南都物业派出了 4 位代表去荷兰受训。其中有两位是浙江大学毕业生，一位是法国留学回来的酒店管理专业硕士，加上项目总经理，每个人 25 万元的学费，学习周期为两个月。他们的培训基地就是荷兰皇室的夏宫，他们在那里接受各种管家技能的训练。

从荷兰受训回来以后，南都物业团队对他们学到的内容进行消化吸收，尤其是服务精神和服务理念的熏陶，这些管家的理念对服务团队的影响还是很大的。"南都管家"品牌在东方润园项目诞生后，全面提升了杭州高端物业的服务理念、服务模式和服务内容。销售过程中购房者体验很好。

从 2010 年开始，"管家服务"逐步成为杭州高品质物业服务的代名词。

## 24.3　园区服务成体系

《绿城故事》记载，当初绿城房产成立绿城物业的时候，宋卫平就对管理团队说：你们不应该叫物业管理公司，而应该叫物业服务公司。物业这个行业，本质是做服务的。

不过，不知什么原因，当时"物业服务"这个名称不能被用于注册公司，绿城房产只好注册了物业管理公司。

直到 2011 年，浙江绿城物业管理有限公司正式更名为绿城物业服务集团有限公司，才终于落实了宋卫平的初衷。

当然，绿城物业注重服务，从公司成立就开始行动了，这与宋卫平领导的绿城房产追求完美的理想主义风格一脉相承。

随着绿城物业管理规模不断扩大，绿城物业从 2003 年开始探索系统开展社区文化建设，提升居住品质的工作。2004 年 8 月，绿城物业获得国家物业管理一级资质，良好的物业管理，成为绿城房产品质形象的重要组成部分。

2006 年绿城房产（绿城中国，港股代码 03900）在香港上市后，宋卫平认为，绿城物业的产品能力要保持领先，服务系统和服务内容创新还有很大发展空间。因此，绿城物业布置开展系统的园区生活服务体系研究，并确定将位于临平的绿城蓝庭作为该体系的首个试点项目。

2007 年 4 月，绿城房产向建设部住宅与房地产司申报立项，联合清华大学和北京国际城市发展研究院，共同开展"园区生活服务体系"课题研究。2007 年 9 月，绿城房产申报的"绿城园区生活服务体系"项目，获得由中国城市管理论坛组委会等单位评定的"2007 中国城市管理进步奖"，这是当年唯一授予企业的"城市管理进步奖"。

绿城园区生活服务体系以人的身心需求为出发点，包含健康服务、文化教育服务及生活服务三大服务系统，努力使居住者真正享受和体验到房产品以人为本的人文关怀，切实提高住户的居住生活品质。

在赢得一片赞誉的基础上，绿城房产加大了对绿城物业的支持，并对其寄予十分美好的期待和厚望。宋卫平认为，园区生活服务就是把人文关怀融入日常服务中，这无论在经济上还是道义上，都有很高的价值。

例如，在文化教育服务方面，围绕 -老一少两类关键服务对象，绿城物业对社区老年大学和园区幼儿园加大了投入和探索。

在老年教育方面，绿城物业后来进一步完善，有了颐乐学院的乌镇雅园成为养老住宅小区发展的典范。

在儿童教育方面，长期坚持下来的，是"海豚计划"。基于"让住进绿城房产园区的每位小业主都学会游泳，避免溺水事件的发生"这一朴素想法，依托小区游泳池，从 1997 年开始，绿城物业在金桂花园开始举办小业主游泳培训班。

2009 年 6 月，首届"海豚计划"暑期少儿免费游泳培训活动，在全国绿城房产园区同步启动，绿城园区生活服务体系得到进一步完善。此后，每年夏天，绿城物业都在住宅小区实施"海豚计划"，每年都有上万名小业主参加并学会了游泳。

2010 年 4 月，住房和城乡建设部副部长宋春华、中国物业管理协会会长谢家瑾、住房和城乡建设部住房与房地产司司长沈建忠以及来自高校和行业的 20 多位专家，参加了园区生活服务体系课题研究成果评审暨研讨会，认为园区生活服务体系属国内首创，达到国内领先水平，值得行业推广。

评审专家团认为，绿城园区生活服务体系的出现，拓展了房地产开发和物业管理的内涵和外延，是对过去"房产品"及"物业管理"等概念的一次重新诠释，标志着物业服务，不仅包括对住宅小区物理空间系统的维护和管理，而且包括对社区中人的服务和关怀，逐渐触及其行业本质，对行业发展产生积极深远的影响。

当然，这套体系的内容和运营模式，随着时代的发展进步，也在不断进化和完善。

## 24.4　物业服务估值高

从"物业管理"到"物业服务"，体现了物业管理行业的转型升级，对业主和住户家庭、社区、城市都产生了积极的影响。

特别是物业管理公司，从最初的粗放经营、收入偏低、效益不佳的状态，逐步提高了技术含量和专业水平，拓展了服务内容和收入来源，摆脱了对开发企业的经济依赖，打开了可持续经营的发展空间。

绿城物业独立运营后，李海荣长期担任总经理，带领绿城物业不断落实宋卫平的服务理念，精益求精做业务，不断提升服务品质，探索和创新物业服务新模式，逐步使绿城物业成了绿城房产品牌的重要组成部分。

为了规范绿城物业的业务流程和标准，李海荣"三访上海"学习先进公司经验，搭建了绿城物业的品质管理体系雏形。在她的推动下，绿城物业成为浙江省率先通过 ISO 9000 的物业管理企业，并不断朝着专业化、规模化、市场化发展。

2011 年更名为"绿城物业服务集团有限公司"时，绿城物业已经成为行业龙头，位列"2011 年中国物业服务百强企业"第二名，成为浙江省房地产业协会副会长单位，并当选中国物业管理协会副会长单位。

2014 年 9 月，绿城物业推出了智慧园区服务体系，逐步发展成为一家以物业服务为根基、以生活服务与产业服务为两翼，以智慧科技为引擎的数字化、平台化、生态型的现代服务企业。

2016 年 7 月 12 日，绿城物业在香港交易所挂牌上市（绿城服务，港股代码 02869），发行价格为每股 1.99 港元。上市后，资本市场对物业服务业务的长期可持续发展给予乐观预期，加上公司业绩表现很好，股价走出了长期上涨趋势。2021 年 4 月，绿城服务股价最高时，达到 13.41 港元。

从同样在香港上市的绿城房产和绿城物业的股价表现来看，当时资本市场给予物业管理公司股票的估值，远远高于房地产开发公司。2020 年 6 月 29 日，绿城房产市值为 190 亿港元，绿城物业市值为 295 亿港元。

2021 年，绿城物业开启了战略更新、组织焕新与市场创新的新阶段，从物业服务到生活服务的发展转型，从园区服务到城市服务的赛道拓展，让绿城物业迸发出更为强大的活力。

2021 年 6 月 11 日，绿城物业市值达到了阶段性高点，达到 416 亿港元，同一时期绿城房产市值为 221 亿港元。

2021 年底，杨掌法接任绿城物业董事会主席后，积极应对行业和市场环境变化，重新梳理公司发展战略和策略，加快物业服务向生活服务转型，推进园区服务向城市服务转型，公司进入了人才和科技驱动的新发展阶段。[①]

南都物业的发展道路有所不同，在 2006 年万科收购南都房产后，南都物业走上了独立第三方物业管理公司的发展道路。

2007 年南都物业提出了三大服务品牌发展计划，包括南都物业、南都管家和南有嘉会。南都物业专注于中高端的规模型住宅、写字楼等物业服务项目。南都管家主要针对豪宅、别墅及高端写字楼。南有嘉会则是业主俱乐部，致力于为业主提供"让生命更健康，让生活更简单，让人生更丰盛"的会员服务。

随后，南都物业不断优化业务系统，加强员工系统化培训和企业文化建设，2009 年通过了 ISO 14001 环境管理体系和 GB/T 28001 职业健康安全体系认证。在没有开发商作为大股东支持的情况下，完全依靠市场竞争，南都物业取得了持续快速发展。

到 2011 年，南都物业首次进入全国物业管理综合实力百强企业前 30 位。在企业发展壮大的同时，韩芳自己也坚持学习，2011 年读了中欧 EMBA，2016 年读了

---

① 梁笑梅，绿城服务杨掌法：五年营收增五倍要靠人才及转型，中国房地产报，2022 年 3 月 14 日。

长江 EMBA，2019 年读了五道口金融 EMBA，不断为自己"充电"。

2018 年 2 月 1 日，南都物业（南都物业，股票代码 603506）在上海证券交易所挂牌上市，实现了 A 股市场第一家物业管理公司的 IPO。

上市以后，南都物业的品牌和影响力显著提高，在市场上更有竞争力了。首先，上市有利于将业务拓展到省外，原来人家不知道你是谁，但现在大多知道了，南都物业知名度大大提升了。其次，跟国企等大单位合作过程中，上市让公司的信誉度提高了。最后，上市公司的严格监管要求，也促进了公司内部治理和管理水平的不断提高。

资本市场对物业管理公司的认可，吸引了许多物业管理公司在境内外公开发行股票和上市。

滨江物业厚积薄发，也在 2019 年登陆香港交易所。

自 1995 年成立开始，滨江物业践行"从心出发，让爱回家"的服务理念，发展十分稳健，2007 年成为国家物业管理一级资质企业。

无论是确立滨江物业品牌的金色海岸，还是打造滨江物业精华品质的武林壹号、湘湖壹号，以及在杭州传递温暖和爱心的金色家园、万家星城、曙光之城等项目，都在业主心中筑起一道道好口碑城墙。

2016 年，滨江物业全面进入市场化运作阶段，顺利进驻义乌之心城市生活广场、养生堂总部大楼、浙商银行总部大楼等外接楼盘，谋求为城市更多的楼盘提供高品质服务，让"滨江服务"走进千家万户，让温暖常在。

2019 年 3 月 15 日，滨江物业在香港交易所成功上市，发行价格为每股 7 港元。滨江房产作为股东的强大背景和滨江物业本身具备的优秀品质，使滨江物业受到资本市场的认可。到 2021 年 6 月，滨江物业股票最高价格达到 38.28 港元。

迈入资本市场后，滨江物业进一步优化资本结构，整合市场资源，为企业持续发展注入了新动能。

## 25 房博会推动行业发展

从 1996 年到 2015 年，浙江省房地产业协会每年举办的房博会，是一部展现杭州房地产业 20 年风风雨雨的连续剧。

从 1996 年 5 月的浙江省住宅与居住环境建设成就展览会开始，直到 2015 年 11 月的浙江省第二十二届房博会为止，房博会连续举办了 22 届。

举办房博会恰逢杭州房地产从萌芽到繁荣的历史时期，故每届房博会都牵动着人们的心绪，房博会堪称一部写实的连续剧，全景式呈现了浙江和杭州楼市发展的精彩历程。

对于经历那个年代的杭州人来说，记忆里的房博会，与自己的生活和工作，必然会有某种交集和链接，甚至发生了许多改变人生命运的故事。

2005—2010 年，房博会多次被杭州市委、市政府授予西湖博览会展览项目铜奖荣誉称号，并在 2008 年荣获杭州会展业十大品牌奖，2011 年荣获"十一五"杭州会展业十大展览项目奖称号，它对杭州城市发展的重要作用可见一斑。

### 25.1 培育市场，展销会模式有成效

从 1990 年代开始，随着国有土地使用权市场化出让转让制度的创立，商品房市场应运而生。但是，在起步阶段，市场还处于萌芽状态，老百姓的认知有限，参与度不高。开发企业以国有房屋开发公司为主，大部分项目和产品被直接分配，没有进入市场，行业进步不快。

1996 年 5 月 14 日，是一个值得纪念的日子。那一天，由省城乡建设厅和省房地产业协会主办的首届房博会——当时叫"浙江省住宅与居住环境建设成就展览会"——在杭州开幕。

回忆起当时的情景，唐世定（时任浙江省城乡建设厅副厅长、浙江省房地产业

协会会长）记忆犹新。他说，第一届的定位是成就展，由政府部门主办，主要展示住宅与居住环境建设的成就，老百姓看了以后很受鼓舞，看到了解决住房困难问题的曙光。同时，政府也希望借此机会，推广一些领先的项目和产品，带动行业注重产品创新和品质提升。[1]

1996 年 12 月，举办了第二届浙江省住宅与居住环境建设成就展览会，其功能定位变成了"政府搭台，企业唱戏"，名称后面加了一个括号，里面写着：展销会。第二届房博会虽然也用展示、展览的形式，但定位发生调整，主要目的是建立一个购销的平台，参与主体主要是开发商和购房的单位、个人。当时参展企业有 61 个，8 万多人次参观了展销会，共成交 92 套房子。有十多家房地产开发企业推出现房销售，购买现房者可享受优惠价格。

在最初阶段，展销会是在探索中不断完善和发展的。当时参与筹备和组织工作的赵军回忆说，在第一次展销会上，所有参展的开发商都是抱着试试看的心态，所谓的展位无非是一张桌子、几把椅子，上面贴几张打印的彩纸算是宣传海报。"顶多桌上放一个盘子、几颗糖，就算招待购房者了。"

谁知这一试，开发商就试出了甜头——四天展销会卖出了几十套房子。这个成绩在当时的市场可以说是了不得。"开发商都很高兴，每卖出一套就张榜公示，在现场就可以听到欢呼声。售楼员也很开心，卖出一套房子就去买糖、买水果，请大家吃，隔壁展位都有得分。"

展销会有了 61 个展位，其中南都房产的钱永强一举要了 4 个展位，赵军为了鼓励展位装修装饰，就把他们的展位放在了会场最中间的位置，一共 36 平方米。"南都房产的展位装饰十分亮眼，给其他开发商上了一课。"赵军说，"由于南都房产的展位又大又醒目，购房者一进门就被这个展位吸引了，所以他们的位置上人流量特别大，总是围着很多人。"

这样到了 1997 年第三届房博会，90% 以上的开发商都开始搞展位装修装饰。也是那个时候，展会策划、设计机构及广告公司开始介入房博会，如精锐广告、青鸟广告等，甚至带动了装修、搬家公司，形成了产业链。

在唐世定看来，对房地产业来说，1998 年是令人难忘的一年，延续了 40 多年的住房实物分配画上了句号，住房货币分配兑现走进了千家万户，中国的住宅商品化正式开始，1998 年也被人们称为"商品房市场元年"。

---

[1] 吴彩萍，15 届房博会，13 年楼市沉浮：访浙江省房地产业协会会长唐世定，浙江房地产，2009 年第 3 期，第 8-10 页。

那一年，由于住宅销售看好，国家希望把商品房作为启动内需的重要产业，因此组委会分别在 1998 年 5 月、12 月举办了第四、第五届展销会，对商品住宅市场发展起到了推动作用。

据赵军的回忆，前几届展销会举办时，还没有刷卡的概念，全都是现金交易。组委会想了个办法，给开发商租一批保险箱，由他们贴好标签自己封好。这些保险箱集中放在组委会用作休息的小房间里，那休息室就成了一个"小金库"，一屋子里全是钱。"四天里得有三四个保安把守这个房间，一步也不能走开，等到展销会结束了，开发商自己派人来取。"①

2001 年 5 月 12 日至 5 月 13 日，浙江省第八届展销会在浙江世贸中心举行，主题是"追求品质，注重品牌"。这次展销会盛况空前，不仅规模超过往届，而且新设了二手房交易展区。绿城房产、南都房产、金都房产等房产品牌大受欢迎，外地购房者热情高涨，购房比例占到 60% 左右，一些楼盘的预约号十分抢手。二手房展区成交 163 套，均价 3037 元 / 米 $^2$，二手房市场同样火爆。②

几届办下来，展销会促进商品房市场交易的效果得到认可，受到了开发商和购房者的欢迎。虽然规模越来越大，展位也越来越多，但还是满足不了开发商的需要。媒体和老百姓，也都把展销会作为杭州房地产市场每年一度的"一出大戏"，热闹非凡。

## 25.2 规范发展，房地产业协会显身手

与其他城市一样，杭州的房地产市场发展也是一个不断规范和完善的过程。除了展示和交易的基本功能，房博会在规范行为、宣传政策、引导预期、稳定市场、促进发展等方面，也都发挥了重要作用。

随着住房制度改革和培育商品房市场各项政策的实施，杭州房地产市场在世纪之交呈现出供需两旺的繁荣景象，房博会也逐渐成为杭州楼市多方参与的行业盛会，具有风向标的作用。

2002 年举办的浙江省第九届展销会，规模达到新的高度，共成交 2240 套，销售金额 13.92 亿元，人流量多达 23 万余人次，购销两旺，人气很足，展销会因此被业内同行看作观察房地产的浙江现象和杭州现象的窗口。

---

① 罗兰，十六届风雨，听赵军讲述房博会的变迁，住在杭州网，2010 年 1 月 15 日。http://zzhz.zjol.com.cn/05zzhz/system/2010/01/07/016215257.shtml。

② 李国文，持续火爆，特点显现：浙江省第八届房地产展销会综述，中国房地产业，2001 年第 8 期，第 19-20 页。

展销会的火爆景象引起了各方的关注，当时有家媒体写了一篇浙江房地产泡沫即将破裂的报道，引起中央领导重视，中央领导批示有关部门进行调查。唐世定回忆，当时省建设厅和省房地产业协会，就先后接待了来自建设部、国土资源部、国家发展计划委员会和中国人民银行的四个调查组。

作为展销会主要承办单位，浙江省房地产业协会发挥行业协会的作用，组织开展课题研究，与浙江大学房地产研究中心合作完成了"浙江房地产业成长模式和与演变趋势研究"，在2003年召开了一次研讨会，对浙江房地产业成长模式和发展趋势进行了深入研讨，认为当时浙江的房地产市场发展基本上是健康的，但亦需要更好、更规范发展。

2003年因为受到非典疫情影响，浙江省第十届房博会以"面向小康社会、打造诚信行业、提升住宅品质、服务大众百姓"为主题，并针对非典疫情，特别强调了"健康人居"问题。

为了推动房地产业持续健康发展，2003年下半年省房地产业协会又组织开展了"浙江省房地产企业核心竞争力研究"，总结经验，寻找不足，引导房地产企业注重品质，不断提高市场竞争力。

从此，"展销会"向"博览会"转变，除了举办商品房供需见面的展销活动，还拓展出规范和促进房地产业健康发展的功能。

2004年5月15日，为期4天的浙江省第十一届房博会在浙江世贸中心举行，参展企业有102家，参展楼盘有140多个。二手房交易展区设在毗邻的浙江图书馆，有25家中介服务机构参展。在国家促进房地产业持续健康发展的背景下，这届房博会以"诚实守信、面向百姓，规范市场、促进发展"为主题，主办方推动市场和行业健康发展的意图十分明显。

2005年，房地产价格走势进一步成为政府和百姓都极为关心的事情。3月26日，《国务院办公厅关于切实稳定住房价格的通知》出台，要求控制房价，解决房价上涨过快的问题，即"国八条"。4月27日，国务院又出台了《加强房地产市场引导和调控的八条措施》。5月26日，《中国七部门〈关于做好稳定住房价格工作的意见〉》出台，明确了具体的政策措施。可以说，这是中央政府高度重视和认真调控房地产市场的起点。

在这个背景下，原定于2005年5月举办的第十二届房博会，推迟到10月13日至10月16日举行，主题是"突出稳定主题，引导理性消费"，把稳定市场的重心，进一步延伸到对购房行为的引导方面。

房博会期间，浙江省房地产业协会在浙江世贸中心举行了房博会高峰论坛（见图 25.1），并公布了 2004 年度浙江省房地产开发企业 30 强和 2004 年度浙江省诚信房地产中介先进企业，杭州的绿城、金都、滨江、耀江、南都、坤和、广宇等一批开发企业获奖。[①]

据唐世定的回忆，当时组委会认为，房博会不仅需要繁荣市场，而且需要提升产业。为了鼓励先进，树立品牌，浙江省房地产业协会特意举办了这两项评选，并在房博会高峰论坛上予以公布，这对省房地产业协会来说，还是第一次。

时任绿城房产董事长宋卫平在会上代表获奖企业发言，他希望房地产业能够得到应有的重视，因为中国的房地产企业，除了个别大型国有企业，绝大多数仍属中小型企业，不论是融资能力还是产品的开发和营造能力，都还比较弱。房地产企业要奋发自强，加强企业的内部建设，加强行业间不同企业的沟通和交流，向国内外先进企业学习。

宋卫平的发言代表了当时房地产开发商的心声和姿态。大家越来越重视房博会，不仅把它作为销售机会和渠道，而且越来越重视房博会提供的品牌宣传和行业交流机会，房博会成了企业竞争和良性互动的一个大舞台。

图 25.1　第十二届房博会期间举行的高峰论坛

---

① 余爱华，房博会人声鼎沸 我省房产精英30强精彩亮相，2005 年 10 月 14 日，住在杭州网。http://zzhz.zjol.com.cn/05zzhz/system/2005/10/13/006332062.shtml。

在主办方和承办方的精心组织下，依托杭州房地产市场的繁荣发展，浙江省房博会的影响力也不断扩大，成为国内房地产领域一个知名度很高的展会，吸引了许多省外项目参展，也有许多外地单位和个人前来考察参观。

## 25.3　维护稳定，综合性服务做贡献

经历短暂休整后，2006年杭州楼市重新开始火爆。如何稳定市场情绪和预期，成为组委会的一个重要任务。因此，第十三届房博会确定了"和谐、稳定、理性、发展"的主题。

时任建设厅副厅长贾宝林回忆说，当时对市场秩序十分重视，组委会加强了对参展企业的审核。例如，未领取商品房预售证的参展楼盘将只能展示和宣传，不能在房博会期间开通购房直通车，不能做任何形式的销售，不能收取定（订）金，不得在房博会期间发放房号和签订任何形式的订房协议。展会现场还设立了行风监督办公室，对参展单位的各类参展行为进行监督，同时接受参观群众的咨询。

2007年，在"流动性充足"的大背景下，杭州房地产市场高歌猛进，房地产价格上涨，供给远远不能满足购房需求。

2007年5月13日，滨江万家花城项目首期开盘，引发群众漏夜排队，首批738套房源于开盘当日创下了100%的预订率。5月18日凌晨，万家花城第二批830多套房源推出，再度引发通宵排队买房。短短半个月的时间，万家花城售房1500多套，创造了项目销售的奇迹。

2007年7月9日，杭州土地拍卖会上，雅戈尔一掷14.76亿元，以每平方米15712元的楼面价，拿下学院路"杭商院"地块，再次刷新了当年杭州的楼面价纪录。雅戈尔拍地产生连锁反应，附近某楼盘紧急封盘，连夜涨价，市场热度进一步传导。

在房地产市场持续火爆的形势下，2007年10月19日至10月22日第十四届房博会在杭州和平国际会展中心和浙江世贸中心同时举行，参展企业超过100家，展位总数超过2000个，4天的参观人次超过47万，可以说是盛况空前。

为了抑制市场过热，组委会对参展企业的资质和楼盘开发情况进行了严格审核，参展企业还被要求签署承诺书，承诺不哄抬房价，不囤积房源，努力维护市场稳定。

2008年下半年，美国次贷危机引发了全球性的金融海啸。为了应对危机，国家房地产调控政策发生逆转。10月13日晚，杭州市政府出台24条救市政策，涉

及购房入户、税费减免、二套房贷、公积金贷款等多种鼓励和刺激措施。

在这种背景下，第十五届房博会于 10 月 17 日至 10 月 20 日在杭州和平国际会展中心与浙江世贸中心同时举行。本届房博会突出了"稳定市场、稳定预期、稳定社会"的主题，在内容方面体现了"住有所居、科技节能、理性消费、稳定市场、和谐发展"的要求。

展会期间，住房保障规划展览、财税等购房政策咨询、住宅科普宣传等综合性服务，都吸引了大批参观群众，大大增强了房博会的综合功能，亦提升了效益。

为了应对金融海啸，政府连续出台了房地产救市政策。到了 2009 年，杭州楼市就上演了"V 形反转"。前三个季度，杭州主城区商品房已经成交超过 5 万套，比 2008 年全年成交量 2.3 万套翻了一番，也远远超过了 2007 年 3.9 万套的历史纪录。

2009 年 10 月 23 日至 10 月 26 日，第十六届房博会期间，因为上半年基本消化了全部可售房源，房价也比年初大幅上涨，市场交易并不活跃，观望和焦虑气氛浓厚。不过，杭州市场的购买力对周边楼盘的吸引力很大，来自湖州德清和安吉、嘉兴桐乡和海宁等地的项目，也挤进了房博会。[①]

从 2010 年开始，为了抑制房地产市场过热，政府采取了各种限制性政策调控房地产市场。

2010 年 4 月 19 日，《国务院关于坚决遏制部分城市房价过快上涨的通知》出台，明确要求"商品住房价格过高、上涨过快、供应紧张的地区，商业银行可根据风险状况，暂停发放购买第三套及以上住房贷款；对不能提供一年以上当地纳税证明或社会保险缴纳证明的非本地居民暂停发放购买住房贷款"。从此，"限贷"政策开始了。

同时，该通知还提出，"地方人民政府可根据实际情况，采取临时性措施，在一定时期内限定购房套数"，这是"限购"政策的起点。随后，北京 4 月 30 日出台的"国十条"实施细则明确提出：从 5 月 1 日起，北京家庭只能新购一套商品房，购房人在购买房屋时，还需要如实填写一份家庭成员情况申报表，如果被发现提供虚假信息骗购住房的，将不予办理房屋所有权证。

2010 年 9 月 29 日，中国人民银行、中国银行业监督管理委员会、财政部、国家税务总局、住房城乡建设部、国土资源部、监察部等多部委联手发力，集中出台

---

① 程瑶，徐园，杭州楼市："风"往哪里吹？，浙江日报，2009 年 10 月 27 日。

了一系列进一步强化房地产调控的政策措施，加码房地产调控。随后，上海、广州、天津、南京、杭州等 16 个一、二线城市很快推出了限购政策。

不断加码的限贷、限购政策，对杭州房地产市场形成了强烈冲击。2010 年 10 月 22 日至 10 月 25 日，第十七届房博会期间，杭州楼市陷入了观望和焦虑之中。

10 月 23 日下午，备受关注的丁建刚大型房产报告会倒是十分热闹。"两限"下的市场走势及购房策略——丁建刚报告的主题直击购房者的痛点，吸引了 200 多名听众参与。对于广大购房者来说，"两限"之下，有许多问题迫切需要专家解答。丁建刚大型房产报告会火爆的背后，折射出犹豫不决、疑虑重重的市场心态。

2011 年，第十八届房博会由浙江省房地产业协会等单位主办，浙江省住房和城乡建设厅不再作为主办单位，意在淡化房博会的官方色彩。其实，这也预示着发展阶段的更替。随后几年，浙江省和杭州市房地产市场进入了调整期。

2014 年，房博会规模明显缩减，只在浙江世贸中心举行，并为适应互联网时代市场交易模式变化做出了一些调整。开发商认为，房博会其实已经不再是一个重要的销售渠道，参加房博会主要还是推广知名度，积累客源。购房者认为，房地产市场的成熟度和规范性不断提高，许多楼盘信息可以在网上高效获取，现场参观的积极性下降。

经过几年时间的调整，在取消限购政策后，2015 年杭州房地产市场重新来到了新一轮繁荣周期的起点上。

在一系列鼓励购房政策的作用下，从 2015 年 4 月开始，杭州市区每月新房成交量均达到万套以上，全年实现史无前例的月度成交"九连万"。杭州透明售房网数据显示，2015 年杭州市区新建商品房共签约 12.7 万套，总面积 1331.8 万平方米，总金额 2155.1 亿元。其中，新建商品住宅签约总量达 10.44 万套，总面积 1162.8 万平方米，总金额 1890.5 亿元，全面刷新杭州楼市的历史纪录。

2015 年 11 月，在市场供求两旺的氛围中，第二十二届房博会隆重登场。实体展于 11 月 27 日至 11 月 30 日在浙江世贸中心举行，网络展于 11 月 20 日至 11 月 30 日在相关网站举办。

除了交易展示活动，房博会还安排了三个主题活动。11 月 28 日上午，邀请住房和城乡建设部前总经济师、中国房地产业协会副会长兼秘书长冯俊做"中国房地产业的新里程"主题报告，报告通过剖析房地产政策变化和市场走势，为房地产开发企业提供发展思路。11 月 28 日下午，邀请绿城房产副总经理楼明霞开展"房地产企业转型之路"主题论坛，阐述新观点，交流新经验。11 月 29 日上午，邀请房地产研究评论专家、浙报传媒地产研究院院长丁建刚做"2015 杭州楼市特征"主题报告，并为购房者提供现场咨询服务。三个活动分别围绕政策、行业、市场展开，都体现出房地产进入了新时代。

到了 2016 年下半年，"去库存"政策发力后，杭州房地产市场重新火爆起来，如何抑制市场过热和房价上涨，再次成为政府的重要任务，开发商基本处于"无房可售"状态，新一轮政策调控呼之欲出。

房博会，在第二十二届以后，也完成了自己的历史使命，退隐到历史长河中去了（见表 25.1）。

后来，各种类型的"线上房博会""美好居住展"等，也可以看作在房博会余音缭绕中的新探索。

表 25.1　历届浙江省房地产房博会（展销会）基本数据资料

| 届次 | 展会日期 | 参展企业/家 | 展位数/个 | 展销规模 | 参观人数/万人次 | 成交套数/套 | 成交面积/万平方米 | 成交金额/亿元 |
|---|---|---|---|---|---|---|---|---|
| 1 | 1996 年 5 月 14 日至 5 月 16 日 | 38 | 38 | 45 个楼盘 | 5 | 73 | 0.7 | 0.19 |
| 2 | 1996 年 12 月 24 日至 12 月 26 日 | 61 | 61 | 70 个楼盘 | 8 | 92 | 0.87 | 0.24 |
| 3 | 1997 年 12 月 28 日至 12 月 31 日 | 80 | 115 | 100 个楼盘 | 10 | 463 | 4.41 | 0.97 |
| 4 | 1998 年 5 月 21 日至 5 月 25 日 | 77 | 120 | 现房 150 多万平方米，期房 200 多万平方米 | 10 | 476 | 4.71 | 1.28 |
| 5 | 1998 年 12 月 30 日至 1999 年 1 月 1 日 | 87 | 213 | 100 多个楼盘 | 15 | 911 | 10.4 | 3.23 |
| 6 | 1999 年 10 月 14 日至 10 月 17 日 | 93 | 340 | 100 多个楼盘 | 17 | 1961 | 19 | 6.80 |
| 7 | 2000 年 3 月 23 日至 3 月 26 日 | 68 | 216 | 70 多个楼盘 | 15 | 1083 | 11.2 | 4.30 |
| 8 | 2001 年 5 月 12 日至 5 月 13 日 | 80 | 700 | 90 个楼盘 300 多万平方米 | 20 | 1853 | 24.16 | 11.70 |

续　表

| 届次 | 展会日期 | 参展企业/家 | 展位数/个 | 展销规模 | 参观人数/万人次 | 成交套数/套 | 成交面积/万平方米 | 成交金额/亿元 |
|---|---|---|---|---|---|---|---|---|
| 9 | 2002年5月17日至5月20日 | 91 | 940 | 127个楼盘1168万平方米 | 23 | 2240 | 27 | 13.92 |
| 10 | 2003年6月19日至6月22日 | 127 | 1400 | 167个楼盘 | 34 | 2815 | 30.05 | 16.46 |
| 11 | 2004年5月15日至5月18日 | 102 | 1200 | 140个楼盘 | 25 | 1402 | 14.3 | 7.04 |
| 12 | 2005年10月13日至10月16日 | 92 | 1126 | 131个楼盘，33300多套 | 45 | 945 | 12.91 | 8.31 |
| 13 | 2006年9月22日至9月25日 | 118 | 1650 | 154个楼盘 | 45 | 1218 | 15.75 | 10.42 |
| 14 | 2007年10月19日至10月22日 | 101 | 2107 | 146个楼盘 | 47 | 730 | 9.72 | 8.79 |
| 15 | 2008年10月17日至10月20日 | 100 | 2194 | 190个楼盘 | 35 | 408 | 3.96 | 4.20 |
| 16 | 2009年10月23日至10月26日 | 93 | 2269 | 129个楼盘 | 38 | 751 | 9.81 | 12.23 |
| 17 | 2010年10月22日至10月25日 | 87 | 2304 | 174个楼盘 | 29 | 219 | 1.99 | 3.65 |
| 18 | 2011年10月21日至10月24日 | 85 | 2156 | 184个楼盘 | 28 | 129 | 1.21 | 2.62 |
| 19 | 2012年10月19日至10月22日 | 71 | 1937 | 126个楼盘 | 26 | 167 | 1.73 | 3.24 |
| 20 | 2013年10月18日至10月21日 | 67 | 1712 | 121个楼盘 | 22 | 124 | 1.35 | — |
| 21 | 2014年10月24日至10月27日 | 74 | 1169 | 83个楼盘 | 24 | 325 | 3.42 | — |
| 22 | 2015年11月27日至11月30日 | 47 | — | 77个楼盘 | — | 305 | 3.10 | — |

资料来源：根据浙江省房地产业协会档案资料整理。

## 26　房地产"黄金十年"

杭州房地产的"黄金十年",相比其他城市,来得更早,货真价实。


关于房地产"黄金十年",业界有不少说法,媒体和社会舆论更是众说纷纭,但多数是从房地产业发展和房地产企业经营角度分析的。

其实,房地产的"黄金十年",也是城市化和城市发展的"黄金十年"。在政府主导、大规模和快速城市化背景下,房地产发展与城市功能提升相得益彰,举世瞩目的城市发展奇迹诞生了。

在这个过程中,土地市场和商品房市场相互结合,形成了"双重供不应求"的房地产市场结构。在土地出让市场上,土地供给约束重重,土地购置和房地产开发投资却大幅增长。在商品房市场上,有限的土地只能建造有限的房子,家庭购房需求却爆发性增长。

双重供不应求的市场结构,使得地价和房价易涨难跌,并且互动攀升,给整个房地产业以及相关产业链的参与者,都带来了巨大商机,形成了广泛的财富效应,房地产成为一个美丽的"天使"。

不过,房地产这个"天使",也会不时表现出"魔鬼"的性格,引发经济和社会的结构性矛盾。政府持续不断的政策调控,就是想要约束其"魔鬼"性格,发挥其"天使"作用。[1]

1998 年停止住房实物分配后,杭州城市发展进入了快车道,房地产的杭州现象持续了十多年,"黄金十年"更是名副其实。

### 26.1　城市发展需求驱动

杭州作为浙江的省会城市,房地产市场离不开浙江区域经济发展这个基本环

---

① 贾生华,中国房地产市场:制度、结构、行为和绩效,浙江大学出版社,2019 年 12 月。

境。老百姓在收入增加的基础上，居住需求的不断提高，是房地产市场繁荣的经济基础。

在1980年代，依托改革开放带来的政策红利，浙江人以"四千"精神走南闯北，艰苦创业，浙江启动了以中小民营经济为特征的市场经济模式，草根经济茁壮成长。浙江农业资源不足，老百姓历来有经商传统，改革开放首先解放了劳动力。从1984年起，浙江农民人均纯收入每年都位列全国各省、区、市第一位。

到了1990年代，顺应国内经济发展和市场发育成长的需要，浙江的"小商品市场""专业市场"能量快速集聚，产业集群不断发展壮大，"小狗经济"带动了浙江民间资本的积累，产业不断升级，工业化和城市化步伐加快。从2000年开始，浙江省城镇人均可支配收入，持续位列全国各省、区、市第一位。

加入WTO后浙江迅速走向国际市场，成为"中国制造"的重要基地。电子商务逐步兴起并走向成功，大大提升了浙江经济参与国内循环和国际循环的效率和能力，企业竞争力不断提高。到2008年，浙江在全国率先达到了基本实现全面小康的目标。

在浙江市场经济大发展和大繁荣的时代背景下，杭州的城市地位也不断提高。特别是世纪之交，萧山、余杭撤市设区，杭州从西湖时代走向钱塘江时代，城市容量大幅增加，在浙江省和长三角区域的集聚功能增强，推动了城市经济全面快速发展，城市功能日新月异。

世纪之交，杭州市政府提出了"住在杭州"品牌，特别是2001年获得的"联合国人居奖"和建设部"中国人居环境奖"为"住在杭州"注入了丰富内涵，全社会形成了提升人居品质、改善人居环境的良好氛围，对外地居民来杭州购房置业的引导和促进作用十分显著。

2006年，杭州市政府主导，开展了城市品牌研究、凝练和征集活动，最终确定将"生活品质之城"作为杭州城市品牌。与此相适应，建设宜居城市，提升人居品质，成为全面共建共享生活品质之城的重要内容。政府的引导和强化，与开发商注重品质的经营理念和项目开发行为，产生了协同效应，杭州城市吸引力进一步增强。

从表26.1中的一些发展指标可以看出，在30年的时间跨度里，浙江经济发展指标增速远远高于全国整体，杭州在浙江又处于核心位置，经济社会发展走在前列。

表 26.1　1980—2010 年杭州经济发展指标与浙江省和全国比较

| 区域 | 经济发展指标 | 1980 年 | 1990 年 | 2000 年 | 2010 年 | 2010 年/1980 年 |
|---|---|---|---|---|---|---|
| 杭州市 | 地区生产总值 | 41 亿元 | 190 亿元 | 1383 亿元 | 5949 亿元 | 145 |
| | 金融机构存款余额 | 18 亿元 | 134 亿元 | 2088 亿元 | 17084 亿元 | 949 |
| | 城镇居民人均可支配收入 | 521 元 | 1985 元 | 9668 元 | 30035 元 | 58 |
| | 农村居民人均纯收入 | 250 元 | 1171 元 | 4494 元 | 13186 元 | 53 |
| 浙江省 | 地区生产总值 | 180 亿元 | 905 亿元 | 6141 亿元 | 27722 亿元 | 154 |
| | 金融机构存款余额 | 61 亿元 | 606 亿元 | 7300 亿元 | 53441 亿元 | 876 |
| | 城镇居民人均可支配收入 | 488 元 | 1932 元 | 9279 元 | 27359 元 | 56 |
| | 农村居民人均纯收入 | 219 元 | 1099 元 | 4254 元 | 11303 元 | 52 |
| 全国 | 国内生产总值 | 0.45 万亿元 | 1.87 万亿元 | 9.92 万亿元 | 40.12 万亿元 | 89 |
| | 金融机构存款余额 | 0.17 万亿元 | 1.39 万亿元 | 12.38 万亿元 | 71.82 万亿元 | 422 |
| | 城镇居民人均可支配收入 | 478 元 | 1510 元 | 6256 元 | 18779 元 | 39 |
| | 农村居民人均纯收入 | 191 元 | 686 元 | 2282 元 | 6272 元 | 33 |

资料来源：杭州市数据，根据《2011 年杭州统计年鉴》整理；浙江省数据，根据《2011 年浙江统计年鉴》整理；全国数据，根据国家统计局网站"统计数据—年度数据"查询整理。

　　根据历次人口普查数据，从 1980 年代开始，杭州市常住人口规模不断扩大，城市化水平大幅提高，加上人均住房面积大幅增加，家庭结构小型化，这些因素叠加在一起，释放出来的住房需求远远超出了人们的预期（见表 26.2）。

表 26.2　杭州市常住人口规模和城镇人口比例变化

| 项目 | 1982 年 | 1990 年 | 2000 年 | 2010 年 | 2020 年 |
|---|---|---|---|---|---|
| 常住人口 / 万人 | 526 | 583 | 688 | 780 | 1194 |
| 城镇人口比例 /% | 29.67 | 40.26 | 58.64 | 73.25 | 83.29 |

资料来源：根据杭州市人口普查资料整理。

可以说，区域经济发展、城市品牌定位、政府鼓励和引导、开发商注重品质、地价和房价持续上涨，这一系列因素，在杭州完美结合，使得这个城市的商品房市场需求不断增加，造就了房地产市场持续火爆的生态环境。

## 26.2 土地市场供不应求

随着土地储备制度的建立，杭州的经营性建设用地供给，采取"多个龙头进水，一个龙头放水"的政府集中供地模式，增强了土地市场的透明度，减少了各种寻租和腐败对土地收益的侵蚀，有利于增加政府土地收益。

理论上，政府可以通过控制土地供应规模和节奏，实现对土地市场供求关系和土地价格的调节。在市场需求旺盛、地价房价上涨过快的时期，增加土地出让，调节房地产市场供求关系。

但是，实践中却很难做到这一点。从主观意图来看，城市政府垄断土地市场供应后，希望通过"经营城市"战略，实现土地收益与城市发展的良性互动。因此，城市政府增加土地收益的冲动强烈，抑制土地价格的意愿不足。

更重要的是，从客观约束条件来看，城市政府增加建设用地供给的能力严重不足，主动调节的余地有限。

第一个约束条件，是土地利用总体规划的约束。

1986年3月，《中共中央、国务院关于加强土地管理、制止乱占耕地的通知》（中发〔1986〕7号）指出："十分珍惜和合理利用每寸土地，切实保护耕地，是我国必须长期坚持的一项基本国策。"1991年，第七届全国人大第四次会议通过的《中华人民共和国国国民经济和社会发展十年规划和第八个五年计划纲要》，将保护耕地、计划生育和保护环境，共同列为我国的三项基本国策。1998年《土地管理法》修订时，我国正式将"十分珍惜、合理利用土地和切实保护耕地是我国的基本国策"写进了法律。

在城市扩大过程中，需要不断占有原来的农村土地，把农用地转变为建设用地，但城市政府并不能随心所欲。

按照《土地管理法》，各级政府依法进行土地利用总体规划，按照规划进行"用途管制"。为了落实基本国策，监督管理和有效控制乱占耕地，国家每年都有"农转非"的建设用地指标，分配给各级政府。

因为城市发展速度存在巨大的地区性差异，像杭州这样的大城市，建设用地指标总是严重短缺，这制约着土地征用规模，约束了建设用地供给的能力。

第二个约束条件，是城市规划的约束。

世界各国都实行严格的城市规划管理体系，促进有限的土地资源得到合理利用，协调满足多方面的用地需要。城市总体规划起码要管 10 年以上时间跨度，经过审批公布的城市总体规划具有法律效力，不能随意改变。

例如，2001 年在萧山、余杭撤市设区后，杭州市编制了《杭州市城市总体规划（2001—2020 年）》，确定了"一主三副六组团"城市格局，明确随后 20 年"沿江开发，跨江发展"的基本走向。

在总体规划之下，还有分区规划和详细规划，层层落实，最后每一块土地的用途、容积率、建筑密度、建设高度等，都会被详细确定下来，不能随便更改。

第三个约束条件，是土地征收和开发整理的成本约束。

在土地出让市场拿出来"招拍挂"的土地，一部分来自旧城改造，另一部分依靠对农村集体土地的征用和征收。这两类土地，都需要政府进行前期投入，并经过系统的开发整理，成本越来越高。

在杭州土地储备制度运作过程中，这个工作由"收储主体"完成，收储主体也被称为"做地主体"。除了市土地储备中心，市级做地主体还包括钱江新城管委会、杭实集团、市城投集团、市交投集团、市运河集团、市地铁集团、钱投集团等政府下属单位和企业，各区政府也有自己的做地主体。

随着国家对城市政府土地储备和土地整理资金来源和使用的监管不断加强，资金来源和成本约束，对土地供应形成了较大约束。

第四个约束条件，是城市基础设施和公共服务配套约束。

在城市向外围扩张的过程中，土地要成为优良的住宅用地，需要产业和就业支撑，需要交通、教育、医疗、环境等各种基础设施和公共服务的系统化配套。

俗话说，"罗马不是一天建成的"。城市基础设施和公共服务配套的成熟，需要持续不断和大规模投资建设，有一个相当长的周期。配套不成熟的土地，不能形成土地出让市场的有效供给。

另外，加上自然条件、行政区划等限制因素，城市政府每年可以拿出来"招拍挂"的"熟地"总是捉襟见肘，十分有限。

因此，在杭州人口和经济快速增长背景下，建设用地供给不足，是多种客观因素、体制因素、政策因素共同作用的结果，不能被简单当成政府政策行为的结果，这些因素很难被根本改变和全面消除。

在一个较长时期，供不应求的市场结构，决定了土地投资呈现出高收益、低风险的特征，必然吸引社会各类资金不断进入土地市场，形成持续性的地价上涨压力，这种结构性问题，需要系统性政策干预和调节。[①]

在 2003 年中国房地产估价学术研讨会上，清华大学房地产研究所的谢岳来提交了一篇论文，题目是"杭州市土地收购储备与房地产价格关系"。根据该论文收集整理的资料，1997 年杭州城市中心区域地价水平在每亩 200 万元左右。到了 2001 年，主城区"招拍挂"土地平均出让价格为每亩 326 万元，2002 年提高到每亩 369 万元。

当时，杭州住宅小区以多层住宅为主，按照容积率 1.3 测算，楼面价在 1997 年是每平方米 2000 元，2001 年是 3260 元，2002 年为 3690 元。

随后几年，杭州市区土地供应的重点区域逐步向萧山和余杭扩展，主城区供应规模占比逐步下降。为了保持较好的可比性，表 26.3 整理了主城区的土地出让数据资料。

比较可知，杭州主城区土地出让的楼面价格整体保持上涨，10 年下来幅度还是相当可观的。

表 26.3 　2006—2010 年杭州主城区土地出让面积和楼面价

| 区域 | 项目 | 2006 年 | 2007 年 | 2008 年 | 2009 年 | 2010 年 |
|---|---|---|---|---|---|---|
| 西湖区 | 出让面积 / 亩 | 316 | 1743 | 703 | 1045 | 886 |
| | 楼面价 / (元·米$^{-2}$) | 3907 | 6962 | 6436 | 7624 | 7513 |
| 拱墅区 | 出让面积 / 亩 | 627 | 913 | 488 | 1666 | 1093 |
| | 楼面价 / (元·米$^{-2}$) | 6446 | 8076 | 4712 | 9439 | 8816 |
| 上城区 | 出让面积 / 亩 | 231 | 745 | 215 | 1810 | 371 |
| | 楼面价 / (元·米$^{-2}$) | 4850 | 6217 | 5096 | 9761 | 10563 |
| 滨江区 | 出让面积 / 亩 | 282 | 347 | 482 | 235 | 59 |
| | 楼面价 / (元·米$^{-2}$) | 2275 | 2857 | 3161 | 11414 | 12336 |

资料来源：浙报地产传媒研究院罗兰根据历年土地出让数据整理。

统计范围：本表数据按照 2021 年 4 月杭州市行政区划调整结果进行整理。拱墅区包括了调整前的下城区和拱墅区，上城区包括了调整前的江干区和上城区。因此，本表所列的四个区，也就是当年杭州主城区的范围。

---

[①] 国土资源部土地利用管理司调研组，杭州市房地产市场运行情况调研报告，国土资源通讯，2003 年第 3 期，第 48—52 页。

另外，土地出让结果的溢价率指标，也可以反映出市场供求关系的变化。根据中国指数研究院数据库资料，从 2003 年开始，杭州市住宅用地出让时的平均溢价率，多数年份在 20% 以上。其中，2003 年是 43%，2005 年是 50%，2007 年是 52%，2009 年是 64%，2010 年是 48%。

在 2007 年这样特别火爆的年份，土地市场"地王"频现，"地王"传说通过媒体传播，成为热点话题，甚至引起市场焦虑和恐慌。[1]

## 26.3 地价房价互动攀升

土地是商品房开发建设和市场供给的基本生产要素，土地供不应求，商品房也会供给不足。因此，土地市场与商品房市场前后相连，共同构成一个城市的房地产市场。

开发商在土地市场取得国有土地使用权后，按照严格的规划指标进行开发建设，基本确定了商品房供给的用途、面积、套数等可销售资源规模。在市场需求旺盛的形势下，面对众多购房者，开发商转身成为有垄断能力的供给者。

从 2000 年开始的十多年里，受到市场供求关系紧张的不断推升作用，杭州商品房市场量价齐升，大部分时间房价都处于上涨状态。

根据表 26.4 统计数据，与 2000 年相比，2010 年杭州主城区商品房销售均价上涨了 3 倍，萧山区上涨了 4.5 倍，余杭区上涨了将近 7 倍。

表 26.4　1998—2010 年杭州市商品房销售面积和销售均价

| 年份 | 销售面积 / 万平方米 | | | 销售均价 / (元·米$^{-2}$) | | |
| --- | --- | --- | --- | --- | --- | --- |
| | 主城区 | 萧山 | 余杭 | 主城区 | 萧山 | 余杭 |
| 1998 年 | 83 | 34 | 17 | 4337 | 1471 | 1176 |
| 1999 年 | 133 | 34 | 14 | 4436 | 1471 | 1429 |
| 2000 年 | 124 | 42 | 28 | 4919 | 1905 | 1429 |
| 2001 年 | 173 | 61 | 62 | 3988 | 1967 | 1935 |
| 2002 年 | 236 | 46 | 75 | 4746 | 2609 | 2400 |
| 2003 年 | 269 | 100 | 87 | 5204 | 3100 | 2759 |
| 2004 年 | 279 | 96 | 119 | 5842 | 3229 | 3193 |
| 2005 年 | 343 | 96 | 119 | 6531 | 5000 | 6134 |

---

[1]　马雪燕，2007 杭州楼市年终盘点：年中发飙年末惊变，浙江日报，2007 年 12 月 27 日。

续 表

| 年份 | 销售面积 / 万平方米 | | | 销售均价 / (元·米$^{-2}$) | | |
|------|------|------|------|------|------|------|
| | 主城区 | 萧山 | 余杭 | 主城区 | 萧山 | 余杭 |
| 2006 年 | 280 | 60 | 73 | 7254 | 5769 | 6083 |
| 2007 年 | 517 | 117 | 147 | 9628 | 6802 | 6255 |
| 2008 年 | 717 | 66 | 68 | 16597 | 7174 | 6733 |
| 2009 年 | 984 | 142 | 255 | 13000 | 8554 | 8979 |
| 2010 年 | 848 | 116 | 258 | 20143 | 10450 | 11366 |

资料来源：根据各年度杭州统计年鉴数据整理。主城区范围包括当时的上城区、下城区、西湖区、拱墅区、江干区和滨江区。

关于地价与房价的关系，在很长一段时间都存在许多争议。甚至国家各部门都各自组织调研，发表研究报告，阐述有利于自己部门的观点。[1]

在学术研究成果中，第一种观点是"成本推动论"，认为土地相当于商品房的"原材料"，地价上涨引起商品房成本增加，推升商品房销售价格。

第二种观点是"需求拉动论"，认为土地市场的供给弹性较小，价格主要由开发商在土地市场的购地需求来决定。而开发商的购地需求，又是由商品房市场需求是否旺盛决定的，是一种"引致需求"。因此，房价高涨会通过开发商的拿地行为，反射到土地市场，引起地价上涨。

第三种观点是"互动攀升论"，认为土地市场与商品房市场嵌套在一起，地价与房价相互影响，类似于"鸡和蛋的关系"，不能简单地用"因果关系"进行项目层面的局部性、静态性分析。在上游土地供给不足、下游商品房需求扩大的共同作用下，城市房地产市场的地价和房价相互刺激，形成了整体性、动态性的互动攀升机制。

关于地价和房价关系的不同认识，并不是一种单纯的学术争论。在实践层面，进行这样的讨论主要是为了识别房价持续大幅上涨的原因，并采取有针对性的调控政策，保障老百姓的基本住房需要，防范房地产泡沫风险。

房地产市场发展的实践表明，在市场化情境下，如果政府直接控制地价和房价，就会形成寻租空间，通俗而言就是设置政策红利，结果并不一定公平和有效，而且不利于市场机制发挥功能。

观察不同城市的房地产市场，可以发现房地产价格差异很大。在需求不足的城

① 黄贤金，房价与地价：一个理得清的关系链，华人时刊，2005 年第 10 期，第 42-44 页。

市，地价和房价逐步平稳，有的甚至长期低迷。在需求旺盛的城市，地价和房价持续上涨，政策调控效果十分有限。

据此，"需求管理"似乎是化解地价、房价高企困境的主要方向。但是，城市房地产市场需求，是在城市发展中自然产生出来的。而城市化进程，又是国家现代化的必然选择。商品房的"需求管理"，绝非易事。

在世界各国现代化过程中，中心城市地价和房价上涨，几乎是一种普遍现象，也带来了许多绕不开的难题，如金融风险加大、中低收入家庭住房困难等。

看来，大城市的地价和房价问题很不简单，也不容易解决。社会各方面对此应该采取更加理性、客观、从容的态度，从整体和长远角度，系统性地加以应对。

## 26.4  政策调控规范发展

在市场经济发达、老百姓普遍都有做买卖意识的浙江，杭州房价不断上涨的形势，必然吸引许多投资购房者进入，短期投机炒作也很常见。有调查发现，2002年非杭州户籍购房比例占30%左右。在一些中高档住宅项目中，这一比例有时超过了50%。[①]

在强大的购房需求推动下，2002年杭州房价领涨全国，住宅价格水平甚至超过北京和上海，引起全国关注和议论。[②]

"温州购房团"，就是当年外来投资购房者的代名词。精明的温州人到处买卖房子赚钱，并且经常集体出动，其买卖行为成为市场风向标。

他们对楼市的影响力，也被用来作为"促销工具"，在许多城市受到政府和行业协会欢迎。一些行业协会、媒体机构和营销机构，运作"温州看房团"，持续了很长一个时期。[③]

他们亦因自身对楼市的影响力，被当作房价大幅上涨、市场过度炒作的"罪魁祸首"，成为整顿和监管对象。在2003年，上海、杭州、南京等地为抑制房价上涨，都出台了针对外来投资购房者的限制性政策。杭州在2004年上半年实施了"二手房转让时要交20%个人所得税"政策；南京出台了"凭身份证购买，每人限购一套"政策；上海则严格"限制期房转让"。[④]

---

①  李永生，2000—2009：杭州楼市黄金十年史，住在杭州网，2010年1月10日。http://zzhz.zjol.com.cn/05zzhz/system/2010/01/06/016210264.shtml。
②  朱晓超，杭州楼市"虚火"，财经，2002年第20期，第90–91页。
③  兰洪海，探秘"温州购房团"，中国地产市场，2009年第7期，第42–43页。
④  张邦松，温州炒房团真相实地调查，新闻周刊，2004年5月3日，第52–55页。

2003 年 8 月 12 日，国务院发布的《国务院关于促进房地产市场持续健康发展的通知》明确，"房地产业已经成为国民经济的支柱产业"。为了发挥其积极作用，防范可能带来的风险和不利影响，需要进行系统的政策调控，"促进房地产市场持续健康发展"。

这种产业定位和政策基调，决定了房地产调控政策总是如影随形，成为房地产市场的重要影响力量。

从 2003 年开始，中央和地方各级政府出台的房地产调控政策，基本上都以"促进健康发展"为总基调，致力于稳定住房价格，中央和地方各级政府纷纷持续开展整顿和规范房地产市场秩序方面的工作。

在稳定住房价格方面，2005—2007 年出台了不少调控政策，2005 年"国八条"以稳定住房价格为重点，2006 年"国六条"（国务院九部委于 2006 年颁布的调控房地产市场的六条政策）以改善住房供应结构为重点，2007 年的相关政策以上调存款准备金率和贷款利率、收紧货币信贷政策为重点。这些政策出台后，短期内都对杭州房地产市场有降温效果。

不过，调控政策并没有改变房地产市场双重供不应求的市场结构，地价和房价互动攀升机制继续主导市场走势。因此，房地产投资过热、地价房价过快上涨、老百姓购房困难等问题一直没有得到有效解决。

每次抑制房价的政策出台后，虽然市场稍有调整，但很快就会重新开始上涨。这个情况反复出现，让一批又一批等待观望者加入了购房大军，甚至形成了"房价易涨难跌"的广泛预期，"回调就是买入机会"成为许多人的口头禅。

市场供求双方的行为短期化和情绪化，不仅加大了商品房市场波动，而且演绎出许多不规范的市场行为。

对于购房者而言，房子属于耐久性商品，购房行为可以"提前"，也可以"推迟"，关键因素是市场预期的作用。

在 2003 年、2005 年、2007 年的上半年，市场预期向好，购房者争先恐后下单，购房需求非理性"明显放大"。开发商为了把有限的房子卖个好价钱，可能会"捂盘惜售"。购房者为了赶在涨价之前下单，可能愿意事先排队获得一个购房号子。在2004 年、2005 年、2008 年的下半年，因为政策调控措施出台，市场预期不稳，购房者就选择观望，购房需求也可以"突然消失"。

资生顾问的黄连友回忆说，那个时期，每到人居展和房博会，所有媒体都会强势出击，每天会有几万人甚至 10 万人到现场参观，各种楼盘宣传资料被哄抢一空，开发商像过节日一样开心。紧接着就是无房可售，什么房都需预订，购房者登记时，排队排到了几千号，一房难求。

2003 年 8 月 16 日，杭州市市长茅临生在他发给市民邮箱的邮件中写道："现在房子紧张的原因是房子一出来就被'黄牛'拿走，甚至被房地产商直接发给员工，以制造气氛促销，直接上市销售的房子很少。这就好像春运期间倒卖火车票的情况一样。"

2004 年 12 月，杭州学习上海经验，出台了《杭州市市区商品房预（销）售合同网上备案办法（试行）》，开通了透明售房网。开发商需要在网上公示可售房源，与购房者在网上签订购房合同，意在促进市场公开透明，减少信息不对称，抑制市场炒作行为。

为了整顿和规范房地产市场秩序，2006 年 7 月建设部联合其他五部委下发了《关于进一步整顿规范房地产交易秩序的通知》（建住房〔2006〕166 号），从预售管理、销售管理、广告管理、展销管理、合同管理、经纪管理等方面，对商品房市场各类不规范行为进行规范化整顿，加强持续监管，对房地产市场产生了广泛影响。

2006 年 9 月，杭州市组建了整顿规范房地产市场交易秩序工作领导小组，出台了实施办法，开展了为期 9 个月的集中整顿和规范工作。

当然，市场秩序的规范化是一项长期的、艰巨的任务。每过一段时间，针对市场运行出现的新问题，政府都会出台政策，开展新一轮的整顿和规范市场秩序工作。

第六篇
房地产市场逐浪前行

随着杭州房地产市场的持续繁荣，全国各地的知名开发商纷纷进军杭州，浙江和杭州的开发商也积极拓展全国市场。

开发商之间的竞争和互动，促进了杭州房地产业的进步和提高。

2008 年的金融海啸，波及杭州，引发了杭州房地产市场的剧烈波动。

在杭州人的记忆里，"降价""房闹""套牢""解套""增值"，成为许多人悲喜交织的难忘经历。

## 27 外来开发商逐鹿杭州

外地进入杭州的房地产企业，挤进来，共耕耘，促进了杭州房地产业多元化发展。

在 2005 年以前的十多年时间里，从参与土地市场拿地和商品房市场供给者角度看，杭州房地产市场基本上是由本土杭派开发商主导的一个"地方性市场"。虽然开发商之间的竞争也很激烈，但在政府、企业和家庭这三个层面，杭州房地产业形成了相对稳定的预期和规则。

2005 年万科收购南都房产，拉开了外来开发商进入杭州的序幕。杭州城市快速发展和在全国地位不断提升，吸引了越来越多的外来开发商汇聚杭州。从土地购置和商品房开发角度来看，杭州逐步成为一个"全国性市场"。

以港资企业为代表的境外开发商和专业服务商，重点进入商业综合体、商务综合体等非住宅领域，对杭州城市功能发育和升级做出了自己的贡献。

内地开发商则发挥优势，一直主攻住宅市场，它们落户杭州，在开发理念、产品定位、经营模式、品牌形象等方面，都有一个"本土化"的过程。在付出不少学费的同时，与杭州房地产市场交流互动，与本地开发商既有竞争，也有合作，共同推动了行业进步。

### 27.1 港资房企进驻杭州

从 1980 年代开始，以港资为主的境外资本随着改革开放逐步进入杭州。前 10 年深耕制造业，随后向服务业和房地产等领域扩展，专业开发商大规模进行房地产投资是从 21 世纪开始的。

郭氏集团是马来西亚最著名的跨国公司，创始人郭鹤年在马来西亚家喻户晓。从 1970 年代开始，郭氏集团在中国香港成立嘉里集团，在中国内地拓展业务。改革开放以来，嘉里集团在中国内地积极开展投资，多元化业务涉及许多领域，如香格里拉酒店和金龙鱼食用油等。房地产领域相关业务，主要由嘉里建设负责。

2005 年 10 月 21 日，来自香港的两位"郭老板"，联手在杭州土地市场上演了对"西湖边最后一块宝地"的争夺战。

经过 102 轮的争夺，郭鹤年旗下嘉里建设力压郭炳湘旗下新鸿基，以 24.6 亿元竞得原浙江大学湖滨校区地块，楼面价 14350 元 / 米$^2$，创造了当年的杭州"地王"。

拿地的当天，嘉里建设就表示要在这块土地建设一座高品质的城市综合体，取名"嘉里中心"。

然而，因为地块位于西湖的东北角，当时杭州市政府正在大力推进西湖综合保护工程和申遗，嘉里中心项目的规划设计方案难产，主楼建筑高度从 85 米，一直被砍到 48 米。

直到 2012 年上半年，嘉里中心的设计方案才在争议中通过审批，从拿地到开工建设，嘉里建设差不多用了 7 年时间。有人测算，因为土地闲置，嘉里中心每天的财务成本高达 70 万元，相当于每天把一辆奥迪车开进西湖。

要不是嘉里建设实力雄厚，恐怕很难坚持到项目开工的日子。11 年后，嘉里中心终于建成，相继投入使用。

杭州嘉里中心由美国著名的 KPF 建筑师事务所设计，是一座精致的城市综合体。2016 年 3 月，嘉里中心城中香格里拉大酒店开业。2016 年 4 月，嘉里中心办公楼揭幕。2016 年 6 月，嘉里中心办公楼底层的星巴克黑围裙店开业。2016 年 7 月，嘉里中心酒店零售部分开放。2016 年 11 月，嘉里中心购物中心开业，成为杭州轻奢生活品质型购物中心的代表。

2006 年，吴光正旗下公司九龙仓开始考察杭州房地产市场，这个时期杭州房地产市场正在高歌猛进，地价高涨。为了降低风险和接近当地市场，九龙仓决定与本土龙头开发商绿城房产和金都房产合作拿地。

2007 年 5 月 30 日，位于上城区钱江新城望江区块的杭政储出〔2007〕17 号地块在杭州市公共资源交易中心公开出让。该地块包括住宅和商业，是钱江新城的最后一块沿江土地。

与参加竞价的 14 家开发商经过 17 轮的厮杀之后，绿城房产、九龙仓和葛洲坝联合体，溢价超过 120%，以总价 34.9 亿元夺得该地块，楼面价每平方米 11759元，创下当时钱江新城土地出让史上楼面价之最。这个地块后来由绿城房产操盘，开发了现代风格的绿城房产蓝色钱江项目。

不过，在2009年上半年，九龙仓和绿城房产通过项目股权互换的方式，退出了蓝色钱江项目。2010年开盘后，蓝色钱江住宅销售均价为每平方米37000元，市场反响热烈。

2007年8月29日和8月31日，九龙仓与金都房产联手，竞得了位于西湖区转塘镇的杭政储出〔2007〕37号、38号、43号和44号地块，4块土地合计约19万平方米，总价合计30.91亿元，住宅楼面价每平方米近万元。

随后，金都房产将这四块土地整合在一起，操盘打造了豪宅定位的金都高尔夫艺墅项目。可惜的是，2010年4月首次开盘，刚好赶上了"国十条"政策出台。"国十条"重点抑制不合理购房的需求，大幅调高了购房贷款首付比例，高端市场销售陷入僵局。该项目投资失利，直接导致金都房产陷入了困局。

经过前两个合作项目试水杭州市场，九龙仓从2009年开始独自拿地开发，高调大手笔拿地，大举进入杭州商品住宅市场。

2009年11月26日，九龙仓经过多轮竞价，拿下了位于城北拱墅区的"杭一棉"地块，总价合计29.4亿元。其中，杭政储出〔2009〕75号楼面价为每平方米13555元，杭政储出〔2009〕76号楼面价为每平方米12838元。随后，九龙仓在该地块开发了碧玺项目，在杭州商品住宅市场站稳了脚跟。

在2010年3月25日的土地拍卖会上，九龙仓与绿城西子联合体互不相让，经过30轮报价，最终以20.2亿元总价，拿下杭政储出〔2010〕17号文晖地块。每平方米24621元的楼面价，刷新了杭州宅地纪录，该地块登上"地王"宝座。九龙仓后来在这块土地开发了君玺项目。

接下来的一些年，九龙仓坚守杭州商品住宅市场，后续独立开发了世纪华府、雍景山、君廷等住宅项目，这些项目口碑都还不错。

2011年8月6日，在九龙仓杭州公司品牌发布会上，九龙仓华东区域公司副总经理翟凯杰与丁建刚对话，谈九龙仓如何深耕杭州。翟凯杰说，九龙仓准备发挥公司125年辉煌历史的全部积淀，带给杭州全新理念。九龙仓虽然是一个老企业，但不代表产品做出来也是老的，九龙仓会做出全新的产品。

2012年50亿港元入股绿城房产后，九龙仓加大了与绿城房产合作开发的力度，二者在滨江和萧山合作拿地，绿城房产操盘开发了柳岸晓风、桂语江南、桂语朝阳等明星楼盘，九龙仓遂成为港资开发商深耕杭州的主要代表。

其实，港资开发商擅长的主要还是商业项目，而杭州作为二线城市，商业项目发展水平远远滞后于住宅项目。

2005 年 5 月华润与新鸿基联手拿下钱江新城杭政储出 2005〔50〕号地块，万象城落户杭州后，港资企业对杭州商业地产再没有什么大的投资。

直到 2018 年，大型港资开发商重新审视杭州城市发展机会，恒隆、嘉里建设、新世界、新鸿基等接连布局杭州核心地段商业项目，先后以 107.3 亿元、68.14 亿元、97.92 亿元、132.6 亿元的大手笔，在武林商圈、武林新城、望江新城、江河汇流板块拿地，杭州的商业综合体开发进入了新纪元。

## 27.2 外地开发商汇聚杭州

在 2005 年之前，杭州房地产市场基本是绿城、南都、金都、杭房、大家、广宇、滨江、坤和、金成、西房、名城、广厦、耀江、建工、众安、嘉业、莱茵达、宋都、野风、天阳、国都、大华、赞成、同人、美达、东海、保亿、昆仑、德信、新湖、理想四维、绿都、开元、顺发、华元、新南北等杭派开发商的地盘，它们在这里演绎了"杭州现象"。

从 2005 年万科收购南都房产开始，一拨又一拨的全国性开发商大举进军杭州，杭州房地产市场逐步成为全国性开发商汇聚和竞争的舞台，进入了新的发展阶段。

在 21 世纪最初的 10 年里，王石领导的万科顺风顺水，在房地产"黄金十年"里，是中国房地产业的龙头老大。万科进入杭州，采取了收购南都房产，一步到位的方式。

万科收购南都房产，在高层达成整体意向后，具体分三步实施。2005 年 3 月，万科受让南都房产 20% 的股权，公司具体事务仍由南都房产团队运营。2006 年 8 月，万科把南都房产的股份增持到了 80%，"浙江南都房产集团有限公司"正式更名为"浙江万科南都房地产有限公司"（以下简称万科南都），总经理由万科直接委派。2007 年 3 月，万科悄然收购了南都房产其余的 20% 股权，完成了对南都房产的全面并购。

万科并购南都房产 3 次耗费的金额分别为 18.58 亿元、17.66 亿元、3.93 亿元，前后共计 40.17 亿元，创下了当时国内房地产企业最大并购案例。①

这次并购完成后，万科获得了南都房产拥有的项目建筑面积约 269 万平方米，其中杭州项目建筑面积 174 万平方米。万科不仅大手笔进入杭州市场，而且全面布

---

① 刘德科，三个画家的隐喻，追溯万科并购南都案，住在杭州网，2014 年 5 月 22 日。http://zzhz.zjol.com.cn/system/2014/05/22/020038899.shtml。

局长三角的战略目标基本实现。

2006年8月7日，在第二步收购完成后的媒体见面会上，万科总裁郁亮春风得意，他说："选择南都房产合作的优势非常明显，现在正售的楼盘可以保证一定的现金流，开发节奏又可以缩短，这意味着万科进入浙江有了一个很高的起点，我给这件事的满意程度打99分。"

为了继续发挥南都房产品牌影响力和人力资源的作用，除了公司名称保留"南都"二字，原南都房产总经理王海光担任新公司董事长，南都房产经营管理人员保持稳定，正在开发的楼盘名称、定位和操作团队均保持不变。同时，万科还承诺，一年内将继续在浙江投资30亿元，持续扩大在杭州的开发规模。

后来，万科南都在杭州发展的实践表明，各方基本落实了相关协议、兑现了承诺，万科也逐步跻身杭州商品房市场前三名。这次成功的并购，经常被作为房地产企业并购的经典案例加以引用。

万科收购南都房产，拉开了全国性房地产企业进入杭州房地产市场的序幕。

2006年是全国性开发商进入杭州大规模拿地的起点。除了万科南都拿到魅力之城项目：世茂在下沙拿地，开发了江滨花园；复地在乔司拿地，开发了复地连城国际；凯德在拱宸桥桥西拿地，开发了凯德视界。

2007年杭州土地市场和商品房市场火爆，全国性开发商大举入杭，朗诗、金隅、保利、中海、金地、远洋、雅戈尔等7家企业首次在杭州拿地，打入了杭州市场。

那个年代，杭派开发商在杭州房地产市场势头正旺，情怀追求、品质保障、品牌口碑已经深入人心。

房天下在2008年初曾经通过网络投票，评选了"2007年最受关注的十大楼盘"，包括万科魅力之城、滨江万家花城、金潮铂金时代、耀江文鼎苑、坤和亲亲家园幸福里、广厦天都城、昆仑红苹果、名城左岸花园、绿城翡翠城、野风海天城。

可见，当时本土开发商占据了杭州楼市的主导地位。

同时，与全国其他核心城市相比，杭州的地价、房价水平已经高高在上，外地大型开发商有些"看不懂"。因此，外来开发商基本以试水心态，选择从外围区域介入，下沙、三墩、桥西等板块，成为多数外来开发商入杭的首选之地。

例如，从北京和上海起步、在香港上市的世茂，选择以下沙的江滨花园作为进入杭州的切入点。实力强大的央企下属上市公司保利，以下沙江边的刚需楼盘保利东湾为开端入驻杭州。来自北京的金隅，也是凭借下沙大盘观澜时代，开启了其杭州发展的序幕。

不过，经过几年的渗透和落地生根，外来开发商在杭州房地产市场的份额和影响就显示出来了。

从 2005 年到 2010 年，先后有 19 家知名开发商进驻杭州，取得土地的商品住宅可建总面积累计达 884 万平方米，占同期杭州商品住宅总开发面积的 37.23%。特别是在 2007 年及 2010 年，外来开发商拿地规模占比超过本土开发商，达到了 50% 以上。

2009 年 12 月 3 日，龙湖以 35.7 亿元一举拿下下沙金沙湖板块的 4 块土地，进入杭州。4 块土地面积共计 266 亩，可以连成一片，作为一个整体来开发，规划建筑面积约 58 万平方米。

因为宋卫平经常对龙湖表示赞赏，龙湖进入杭州引起媒体和业内的高度关注，后来龙湖开发的滟澜山项目也的确树立了下沙区域的新标杆。

到了 2010 年，年度销售额前 10 名的住宅项目，有半数是由外来开发商操盘的项目。在这十大销售项目中，外来开发商项目销售套数占到 57%，销售面积占 58%，外来开发商在杭发展的强劲势头可见一斑。[①]

随后，在房地产调控政策持续作用下，杭州房地产市场进入了长达五年的调整时期。前期在杭州高价拿地的项目许多都遇到了销售困难，对杭州本土开发商造成了巨大压力，绿城房产、金都房产等企业甚至陷入了财务危机。

杭州房地产市场调整和本土开发商资金周转困难的情况，为全国性开发商加快布局杭州提供了良机。

2013 年的杭州土地市场，外来开发商成了毫无争议的主角，不但拿走了此次出让的约八成的住宅用地，而且有近 20 家是首次亮相杭州的外来大鳄，如万达、景瑞、首开、旭辉、雅居乐、招商、恒大、港中旅、农工商、阳光城、天成、融信、宜家、淮矿、巨化等。

丁建刚分析说，以一线城市的价格和杭州城市未来预期为参照系，这些开发商感到杭州地价还是比较便宜的。

例如，融信作为一家典型的闽系房企，在 2013 年 9 月 29 日土地拍卖会上第一次亮相，就豪掷 34.6 亿元包揽蓝孔雀地块最后两宗宅地，强势进驻杭州。2014 年

---

① 沈磊，中原地产红皮书 2011（沪杭卷），中原地产官网，2013 年 6 月 8 日。http://www.centaline.com.cn/upload/2013-6/20130608103028900.pdf.

1 月 22 日，融信参与杭政储出〔2013〕118 号杭师院地块竞拍，与九龙仓绿城联合体、融创联合体等多个开发商激烈角逐 29 轮，在溢价达到 35% 的上限后，又经过 33 轮保障房配建竞争，最终以 33.84 亿元总价、楼面价每平方米 25785 元，外加配建 16000 平方米保障房，再下一城。

随后，杭州楼市很快出现了"马年第一降"。2014 年 3 月 27 日，《房产我来说》主持人裴维维做了一期对话节目："杭州楼市怎么办？"融信杭州公司总经理王辉在节目中表示，与浙商相比，闽商的特点是眼光比较准、做事比较狠、速度比较快，我们十分看好杭州房地产市场的未来。

从 2014 年下半年开始，杭州取消了限购政策。从 2015 年开始的一系列"去库存"刺激政策，逐步让杭州楼市走出了低迷状态，进一步激发了全国各地大型开发商进军杭州的热情。

2016 年，杭州市区拿地金额前 10 名全部为外来开发商（见表 27.1）。除了先前进入的全国性大型企业，和昌、中南、东原、禹洲、鲁能、中骏、中梁、绿都、金辉、建发、中铁、安徽置地、厦门国贸等 13 家房地产公司，新进杭州市场。

表 27.1　2017 年杭州房企销售金额前 10 强 [1]

| 排名 | 房企 | 销售总金额 / 亿元 |
|---|---|---|
| 1 | 万科 | 281 |
| 2 | 绿城 | 248 |
| 3 | 滨江 | 226 |
| 3 | 融创 | 226 |
| 5 | 龙湖 | 150 |
| 6 | 阳光城 | 94 |
| 7 | 融信 | 93 |
| 8 | 旭辉 | 92 |
| 9 | 新城 | 82 |
| 10 | 保利 | 79 |

G20 峰会以后，杭州被认为是"新一线城市"。杭州房地产市场，成为全国各

---

[1]　腾讯房产·杭州站，2017 杭州商品房成交超 17 万套 传统楼市格局被打破，腾讯网，2018 年 1 月 3 日。https://hz.house.qq.com/a/20180103/019502.htm。

路开发商群雄逐鹿的必争之地。

2017 年，在杭州成功拿到土地的房地产公司有近 70 家，其中外来开发商占比约 65%。包括金科、联发、中建、中冶、路劲、中国电建、三湘印象、温州时代、大名城等在内的约 15 家是新面孔。

从这一年的商品房销售榜单来看，除了绿城房产和滨江房产坚守在前 3 位，TOP 名单中没有其他本土开发商的身影。其中，融创以超过 220 亿元的销售额，快速占据第四位，发展势头迅猛。

融创在杭州市场的快速发展，得益于从 2012 年开始的融绿合作，以及 2014 年融创收购绿城房产事件。在这个过程中，融创吸收了一批绿城房产的人员和项目，在杭州市场站稳了脚跟。以此为基础建立和崛起的融创东南区域公司，负责浙江、安徽和福建 3 个省的项目，2018 年合同销售金额超过 700 亿元。

全程参与融创进入杭州过程的陈恒六，在联想集团时期就是孙宏斌的"大哥"，他长期担任融创副总裁，主要负责人力资源等方面的工作。

从 2013 年开始，陈恒六先后担任融创杭州公司和融创东南区域公司董事长，在杭州房地产业内被尊称为"六爷"。除了辅佐总经理王鹏拓展业务，他还积极参与相关企业之间的交流互动，致力于推动不同类型开发商取长补短，促进了杭州房地产业"本土"与"外来"融合发展。[1]

## 27.3 外来落地撞出火花

在外来房地产企业进入和汇聚杭州的过程中，不管什么类型的开发商，都有一个"本土化"的落地过程，过程中碰撞出许多火花，对杭州城市发展和房地产业产生了深远影响。

在港资开发商中，除了九龙仓通过与绿城房产的深度合作，致力于商品住宅市场，其他开发商都以自己最擅长的大型商业项目为主攻方向，对杭州非住宅项目开发水平的提高，做出了积极贡献。

钱江新城的万象城，把杭州商业地产带入了城市综合体时代。

早在 1986 年，顺应现代化大都市高度集聚和多元集合的新趋势，在巴黎的拉德芳斯新城里，诞生了一种集酒店、办公楼、生态公园、购物、会所、高档住宅于一体的物业组合方式，后来被称为"城市综合体"。它是伴随着城市的功能综合化、

---

[1] 陈行利，融创陈恒六：放平心态，敬畏市场，苦练内功，住在杭州网，2019 年 8 月 5 日。http://zzhz.zjol.com.cn/ztg/201908/t20190805_10733120.shtml。

规模大型化发展起来的，强调综合性，以及空间与流线组织复合化，是一种全新的复合地产发展模式。

内地的第一个城市综合体购物中心，是由华润与新鸿基合作开发建设和运营管理的深圳华润中心万象城，其于2004年12月开业，占据当年深圳城市商业的制高点。

2005年8月，华润携手新鸿基在钱江新城拿下150亩土地，让内地第二个万象城扎根在了杭州。

2006年12月，钱江新城万象城项目正式动工，规划建设一个80万平方米的现代化大型城市综合体项目，包括大型购物中心（万象城）、甲级写字楼、超五星级酒店（柏悦）、高尚住宅（悦府）服务式公寓等城市精粹功能。

2007年12月，万象城用一场时尚秀告诉杭州，它来了。入驻万象城的重量级品牌在时尚秀上首次发布。

2010年5月，钱江新城万象城正式对外营业。一大批代表行业最高水准的品牌入驻万象城，其中绝大部分是第一次进入杭州，甚至第一次进入内地。一个个响当当的名字，一个个熟悉而陌生的品牌，仿佛在告诉大家，万象城除了更丰富的商品选择，更高档次的购物环境，它更大的意义可能在于更广泛的国际接触和更深入的品牌体验。

万象城可以说是一个让杭州接触世界、让世界认识杭州的平台，万象城的开业成为杭州向"国际化都市"迈进的重要节点。

万象城倡导"一站式"消费和"体验式"购物，为消费者带来全新的消费概念和生活体验，引领了杭州现代城市商业发展的潮流。

后来，随着银泰城、龙湖天街、万达广场等陆续在杭州开业，不同类型的商业综合体逐步成为线下商业的主导模式。

位于黄龙商圈的欧美中心，虽然是由本土开发商建工房产打造的，但其"名副其实"，是一个国际化的商务综合体，引领了杭州写字楼项目的发展方向。

21世纪初，在中国加入WTO和加快全球化背景下，主要开发办公楼的建工房产看准了黄龙商务区发展的机会，大胆谋划，以"领先杭州10年""只为世界500强"的理念，用国际化的标杆和语境进行项目定位和规划设计，精心打造了欧美中心，缔造了杭州第一代商务综合体的范本。

曾经担任建工房产营销总监的蔡阳回忆说，高远的国际化标杆和高端的定位，在当时有点异想天开的味道。究竟怎么做，从董事长汪初祥到几个高管和部门经理，都没有具体概念。

好在当时已经有了国际化的环境，好的环境为公司提供了各种国际化、专业性服务的资源。大家虚心学习和请教，公司不惜投入数倍的财力、时间和人力进行前期研究，重金聘请了易道国际、王董国际、HBA 等享誉全球的设计团队参与规划设计，在材料、设备、设施方面精心挑选当时最先进的高端品牌产品，在营运管理方面全部选聘国际一流专业公司。

可以说，打造欧美中心的历程，不仅是建工房产构建商务综合体开发和运营核心能力的过程，而且是国际一流商务综合体服务商和供应链落地杭州的过程。

2008 年开业后，欧美中心吸引了大批国际机构、世界 500 强企业、中国 500 强企业和新锐互联网公司入驻，重新定义了黄龙商圈，引领了杭州楼宇经济的繁荣。

在欧美中心成功实践的基础上，2014 年建工房产在未来科技城核心区拿地，用"服务未来世界 500 强"的战略定位，打造了欧美金融城，开启了杭州国际商务综合体发展的新篇章。

与境外企业在杭州主打大型商业项目，引领杭州非住宅房地产新风尚不同，以万科为首的境内开发商，进入杭州后主要开发住宅项目，面对来自杭派开发商的强大阻力，都交出了自己的学费，进而与杭州这个城市一起成长和进步。

万科进入杭州最早，动作和规模最大，落地碰撞出的火花也最多。

从 2005 年收购南都房产开始，万科的入杭战略和策略都很成功，但与南都房产的融合、被杭州市场接纳，万科也花了大约五年的时间。

从南都房产管理人员和专业人员流失，到因精装修交付质量问题而起的"逸天门"，再到引发业主高强度抗议的"降价门"，万科最初在杭州有点水土不服的感觉（见图 27.1）。

宋卫平甚至公开表示："那么粗糙的产品，要是我们的项目经理造出来的，他应该去跳楼自杀 $n$ 次。""要是绿城房产有业主像他们那样拉横幅示威，我们今后还怎么做人？"

在杭州等城市遇到的问题，显然推动了万科高层重新审视企业家和标杆企业与客户、行业、政府和社会的关系。[1] 杭州万科南都也开始在产品理念和项目定位等方面进行全面反思，加强了与同行和市场的交流互动，更加注重商品房项目的综合品质。

---

[1] 刘炎迅 等，关于恐惧、内省和责任的自白：王石审判王石，中国新闻周刊，2014 年第 14 期，第 20—23 页。

图 27.1　2008 年 9 月上旬住在杭州网"独家追踪：万科 4 楼盘降价"页面截图

2008 年 12 月，万科上海区域公司常务副总经理周俊庭调任杭州，担任万科南都总经理。经过对杭派开发商"品质住宅"理念的消化吸收，万科南都以良渚文化村为载体，探索全面提升住宅小区生活品质的途径。

到了 2012 年，良渚文化村结出了果实：江南制造的匠心传承、杭风建筑的本土化实践、社区商业升级的 2.0 版本、矿坑公园的开放、社区图书馆的建立、邻里公约的全面推广。万科提出了好房子的标准：好房子、好服务、好邻居。

万科南都的实践经验，得到了万科的肯定，随后作为万科"三好"品牌，在全国推广。

2013 年 6 月 3 日，宋卫平将绿城房产月度经营会议地点放在了良渚文化村。开会前，宋卫平带着上百名高管和中层干部，乘着电瓶车参观了良渚文化村的别墅、教堂、菜场、美食街、养老公寓和医院。他说："我们这次就是大大方方来学习的，万科有好过我们的地方，值得学习，没什么丢脸。"

从公开批评到大方学习，宋卫平的直言不讳，充分说明万科在落地杭州过程中，碰撞出许多难得的火花，激发了企业进步，推动了行业发展。

随着时间的推移，越来越多的"外来"与"本土"开发商的项目合作、多种模式和风格的碰撞和互动，也在杭州房地产市场显示出了类似的积极效应。

## 28　杭派开发商开拓进取

在杭州本土生长起来的房地产企业，勤开拓，善学习，谋发展，尽显浙商风采。

在世纪之交的杭州现象演绎过程中，注重文化、追求品质的杭派开发商崛起了。

进入新世纪后，杭州的一批开发商，积极向外地拓展，足迹遍布全国，成为浙商群体的一支重要力量。

不过，与其他浙商到处建设"温州商城""义乌商城"不同，杭派开发商还是发挥特长和优势，以住宅开发为主，将自己对人居品质的理解和追求传播出去，使之在许多城市落地生根，对这些地方的城市建设和人居进步，做出了自己的贡献。

随着公司规模扩大，一批房地产开发企业主动走向资本市场。绿城房产、众安房产在香港交易所挂牌上市，广宇（广宇集团，股票代码 02133）、滨江房产（滨江集团，股票代码 02244）在深圳证券交易所 IPO 成功。还有一些开发商通过借壳上市、资产重组等方式，进入资本市场。

无论是结合当地情况开发项目，还是进入资本市场成为"公众公司"，杭派开发商以追求品质的理念和品牌效应，不断扩大了影响力和影响范围。

在"走出去"的过程中，杭派开发商也以开放的姿态，十分注重向同行学习，不断提高自身的能力和水平。双向的交流互动，推动了中国房地产业进步。

### 28.1　拓展外延市场，开发优质项目

2000 年 7 月，在建设部批准绿城房产具备房地产开发一级资质的同时，绿城房产进军上海，启动了上海项目开发。随后，又先后进入了北京、合肥、长沙、郑州、乌鲁木齐等大城市。而在省内，绿城房产最初在杭州外的舟山、海宁和上虞开

发项目。绿城房产进一步把成熟的产品推向全国。

2004年1月，在公司新春年会上，宋卫平说，放眼全国，我们并非处于房地产开发的前沿阵地，我们最多只是在产品品质中占一席之地。我们企业自身的经营管理状态，我们的项目开发综合能力，让我们离一个真正优秀的公司还有不小距离。

2004年10月，绿城房产上海项目一期整体交付使用。年底的时候，宋卫平在绿城房产年会上说，我们有了充分的信心，做行业的一流。经过10年发展，绿城房产具备了到外地去拓展的能力。我们通常是派出两三个人，去做优秀的产品，去做当地一流的产品。我们在上海、安徽，还有河南、北京，都能做到一流。

可见，上海和其他外地项目的开发成功，大大提升了绿城房产的自信心。宋卫平说，"绿城房产的核心竞争力，就是精致完美的产品和服务。这些产品和服务能证明我们的存在，证明我们的价值"。

后来，房地产市场发展的实践证明，宋卫平领导绿城房产精心打造的许多经典项目，树立了行业的标杆，创造了美丽的城市。

例如，桂花城多层公寓，九溪玫瑰园和桃花源别墅，绿园、春江花月和西溪诚园高层公寓，御园法式住宅（北京），江南里和桃李春风中式住宅，都成为众多开发商参观学习的对象，绿城房产的项目在大江南北许多城市落地生根。

比绿城房产早一年，大家房产在1999年也去了上海。当时，上海房地产市场还处于培育阶段，城市建设任务艰巨，大家房产发挥在城市建设方面的优势，参与大宁绿地公园建设，并拿到230亩土地开发商品房。2004年，公园和住宅全部建成，工程质量受到好评。

2002年，在杭州成功开发蒋村商住区的维也纳春天花园和城北的名城左岸花园的基础上，名城房产确定了"立足杭州，放眼全国"的发展战略，也把拿地的目光转向杭州以外的市场。

名城房产董事长张民一回忆说，为了找到合适的土地，他带领一帮人先后去了省内的宁波、嘉兴、金华等地，省外去了南昌以及江苏的无锡、苏州和南京。在考察评估的基础上，通过公开拍卖，在2002年6月，名城房产以1.1亿元取得苏州新加坡工业园区一块45亩的住宅用地，后来开发了映象花苑项目。

2002年10月，名城房产在南京参与土地拍卖，以4.03亿元拿下秦淮河边一块230亩的土地，后来开发了20万平方米的南京御水湾项目。这个项目的品质在当时的南京是一流的，但第一期市场销售并不是太好。直到2007年，第一期交付后，南京的购房者才对其刮目相看。加之市场整体热度提高，第二期不仅价格上涨，而且被抢购一空。

从杭州出发，向外地拓展，战略最清晰、持续时间最长的，是中大房产。

从 2000 年开始，杭州的房地产市场发展迅速，地价和房价上涨很快。中大房产在中大吴庄实现销售再去拿地时，发现地价已经翻倍了。作为国有企业，又是上市公司，中大房产对风险控制比较严格，决策也比较谨慎，就没有再在杭州拿到土地。

长期担任中大房产董事长的陈继达回忆说，当时去其他城市考察，发现一个有趣的现象，长三角和中西部一些中心城市在人口、经济、基础设施等方面，条件不比杭州差，有些指标比杭州还要好，但是地价和房价却比杭州低很多。

例如，当时杭州市区人口为 180 万，无锡为 130 万，GDP 也差不多，但是城市建设水平和房地产市场差距十分明显。所以，陈继达分析，中大房产在无锡这样的城市搞异地开发会很踏实，对项目风险的把握性会更好。而且，当地的房地产项目开发水平不高，把杭州的经验拿过去，可以做出当地最好的产品。

于是，2001 年中大房产明确提出了"长江战略"。在杭州以外，沿着长江经济带，筛选一些经济发展较有潜力的城市，把在杭州开发房地产项目的经验复制出去。

随后，中大房产先后去了上海、南京、无锡、南昌、武汉、成都，在长江沿线一路拓展过去，规模不断扩大，一步步发展成为一家中等规模的专业房地产开发商，在这些城市开发了不少很好的项目，收益回报不错，也塑造起了中大房产的品牌形象。

由于中大房产是浙江省属企业，又是上市公司，每到一个城市，当地政府都十分欢迎，并给予政策支持。

2002 年初，陈继达代表中大房产到南昌了解城市发展和房地产市场，江西省委书记孟建柱专门安排时间，与南昌市有关领导一起，接见了考察团一行，表达了欢迎和期待之意。

随后，公司参与公开竞争，取得了江西省第一个公开拍卖出让的地块。这次公开出让土地，在江西省规范土地市场方面具有里程碑意义。当时江西省委十分重视，严格按照法规流程，还组织了江西省及各地市的纪委书记，集体到场观摩指导，希望加大推广实施力度。

中大房产后来在这块土地上开发了中大青山湖花园，该项目于 2004 年获得第四届全国人居经典综合大奖，是当时南昌最好的住宅小区。

就这样，中大房产坚持实施长江战略，在经济相对繁荣、房地产开发相对滞后的长江经济带大城市布局项目，落地生根。

上海中大九里德、无锡中大颐和湾、南昌中大青山湖花园、武汉中大长江紫都和成都中大文儒德，这些精心打造的项目，都是当地经得起时间检验的精品住宅，中大房产在杭州房地产市场形成的良好开发理念和成熟经验，也得到了发扬光大。

除了走出杭州甚至浙江，把杭派开发商的优质产品和服务发扬光大，延伸产品和服务领域，也是杭派开发商拓展外延市场的一个重要方向。

曾经担任浙江证大房地产开发公司总经理、操盘杭州湖畔花园项目的"儒商"王大庆，在1999年创立了浙江云天房地产开发有限公司（以下简称为云天集团），在杭州开发了阳光地带、财富中心等项目后，2003年开始探索民营养老项目，打造"金色年华"养老服务品牌。

2005年，金色年华杭州金家岭退休生活社区开工兴建。2008年，金色年华一期项目落成，开园迎客。

经过十多年的艰苦探索，云天集团的养老服务产业已经初具规模，被列为浙江省养老服务机构设施建设的重点示范项目。

王大庆在2019年10月26日举行的金色年华养老服务品牌发布会上表示，金色年华的养老服务，已经进入2.0时代。云天集团将致力于实现"养老生活的中国梦"，力争把金色年华打造成为全国最好的养老服务品牌。

## 28.2 进军资本市场，完善融资渠道

房地产业是一个资金密集型产业，随着企业规模扩大，房地产企业似乎总是处于资金饥渴状态。

因此，进入资本市场，成为上市公司，开辟多元化的融资渠道，就成为房地产公司的重要目标。

然而，从1993年开始，政府对房地产公司过度融资一直保持警惕，房地产公司进入资本市场的窗口很小，并且窗口经常处于关闭状态。

进入21世纪后，南都房产和金都房产曾经筹划过IPO上市事宜，后来都未能如愿。莱茵达、新湖、宋都、嘉凯城等公司，经过定向增发、资产重组等方式，先后借壳上市，但借壳上市也是很不容易成功的一种选择。

真正通过IPO，公开发行股票，走向资本市场的，是绿城房产、众安房产（众

安集团，港股代码 00672）、广宇、滨江房产这几家房地产企业。绿城房产和众安房产，选择在香港主板上市。广宇和滨江房产，则选择在深圳中小板上市。

在走向资本市场方面，绿城房产也走在杭派开发商中的最前面。

从 2004 年开始，绿城房产就启动相关工作，谋划在香港上市。先是成立了绿城中国控股有限公司，然后引进了摩根大通等国际财团的战略投资。2005 年提交上市申请后，正好遇上房地产调控和市场调整，香港市场对内地房地产公司整体缺乏信心，致使招股困难。

2006 年房地产市场好转后，绿城房产降低了发行价格，以每股 8.22 港元公开发行股票，获得了超 10 倍的资金认购，募集资金超过 26 亿港元。

2006 年 7 月 13 日，绿城房产成功挂牌上市，成为浙江省第一家在香港主板上市的房地产企业。

全程负责上市工作的寿柏年回忆说，整个上市筹备过程相当复杂和艰难。绿城房产内部组建了以吴爱萍、柴宏达、舒钢、景泽雅等人为主的筹备小组，但大家都是兼职的。最主要的困难在于，大家对香港上市规则和要做的准备工作一窍不通。

好在香港资本市场有许多的中介服务机构，它们提供的全程辅导和咨询服务起了很大作用。回顾整个过程，除了增加公司资本金这个直接好处，上市对绿城房产经营管理体系的梳理和提高亦十分明显，有助于完善公司治理，促进公司发展壮大。

现在看来，在香港上市，绝对是绿城房产发展历史上举足轻重的战略性举措。不仅在当时，助力绿城房产走向全国开发商前列；而且在后来，为公司克服财务危机，渡过难关，提供了巨大的腾挪空间。

作为一家上市公司，直观上人们普遍理解上市拓宽了融资渠道，有利于增强公司的资本实力。其实更重要的是，上市对公司治理、经营管理都有了严格和规范的要求，有利于防范重大的投资和经营风险，实际上是一种维护公司各方面利益、实现长期发展的重要机制。

2016 年 7 月 12 日，绿城物业在香港交易所挂牌交易。2020 年 7 月 10 日，绿城管理控股有限公司在香港成功上市（绿城管理控股，港股代码 09979）。

这样，宋卫平一手缔造的巨大集团，旗下三大业务板块，即房地产开发业务、物业服务业务和房产代建业务，分别以"绿城中国""绿城服务""绿城管理控股"三家上市公司，一起呈现在香港交易所。

宋卫平曾经多次表示，他心甘情愿做房地产业的一个理想主义者。事实证明，绿城房产的理想主义追求，内化为企业文化和精神，呈现出有生命力的业务模式，得到了行业认可，得到了资本市场认可，为公司注入了活的灵魂。

绿城房产在香港上市后不久，1997 年在萧山创立的众安房产也于 2007 年 11 月 13 日在香港交易所成功上市，成为杭州第二家在香港上市的房地产公司。

杭州房地产企业在内地股票市场 IPO，是由广宇在 2007 年率先完成的。

2000 年，广宇完成了国企改制成为民营企业后，就有了上市的想法。公司董事长王鹤鸣回忆说，房地产公司要发展，就要把资产规模做大。因为参与土地市场竞争需要有强大的资金实力，银行贷款也是和公司的资产规模挂钩的。

当时，杭州土地出让全部采取"招拍挂"方式，竞争激烈，地价不断上涨。广宇在开发河滨公寓和吴山鸣翠苑后，后续项目就不多了。

为了增加公司土地储备，王鹤鸣带几个人走出去，到宁夏、安徽、广东去找项目。考察后，广宇分别在黄山和肇庆两个地级城市，拿了两个大项目。

黄山项目的地是 2002 年拿的，广宇拿这 1000 亩地花了 1 亿元，后来开发了当地最好的楼盘，叫作"黄山广宇江南新城"，其建筑面积为 80 多万平方米。广宇还向政府承诺，投资 3000 万元，在老城和新城之间，修建一座横跨新安江的大桥，保证了项目配套，市政府也很高兴。

肇庆项目的地是 2004 年拿的，土地款 5 亿元。广宇先付了 1 亿元，为公司增加土地储备 30 多万平方米，后来开发了肇庆星湖名郡项目。

上述两个外地项目，加上杭州的西城年华项目，广宇的土地储备达到了当时对上市公司开发规模的基本要求。

2006 年，我国资本市场完成股权分置改革后，重新启动了 IPO，广宇由于准备充分，很快就申报了上市材料。2007 年过会后，广宇 4 月 27 日在深圳证券交易所挂牌上市，成为浙江省第一家在 A 股 IPO 上市的房地产企业，也是 A 股第一家民营房地产上市公司。

上市以后，广宇的资本实力大幅提升，公司形象和信誉也得到不少加分，广宇由此在杭州拿了不少土地，先后开发了西城美墅、上东城、武林外滩、锦润公寓、锦绣桃源等项目。

滨江房产是杭州第二家在内地股票市场 IPO 的房地产企业。

2008 年 5 月 29 日，经过两年时间的筹备，滨江房产在深圳成功上市，成为该年度 A 股市场唯一 IPO 上市的房地产企业。

这次进军资本市场，对滨江房产而言，也是一个历史性的转折点。

戚金兴回忆说，在筹备上市的过程中，为了保证申报材料的有效性，公司需要控制投资拿地。这个约束，在很大程度上避免了滨江房产在2007年地价高涨的过程中的拿地行为。这虽然当时令他很不自在，但事后看看帮滨江房产躲过了许多风险。

到了2008年下半年，美国金融海啸席卷全球，中国股票市场和房地产市场同样受到波及，热火朝天的杭州的土地市场一下子进入了冬天。

而就在这个时候，滨江房产上市成功，以每股20.31元，公开发行6000万股，募集资金净额有11.69亿元。加上一年时间没有拿地，公司资金比较充裕，这给滨江房产抄底土地市场，提供了千载难逢的机会。

2008年9月16日，"杭州重机厂"地块挂牌出让，滨江房产在底价基础上加价20万元，以24.59亿元的总价拿到了284亩土地，楼面价只有每平方米5000元。

当时，在现场办理土地出让手续的滨江房产总经理朱慧明高兴地说，"每平方米5000元的楼面价，跟中头彩一样幸运"。

更加幸运的是，随后各级政府应对金融海啸的救市政策集中释放，2009年杭州楼市呈现"V形反转"，地价和房价翻番。

这块土地上的滨江万家星城项目，在2009年和2010年逐步推出，开盘均价在每平方米20000元到20600元之间，销售十分顺利，滨江房产获利十分丰厚。

经过直观简单的整体测算，对于这个项目，滨江房产会有50亿元左右的盈利。借着成功上市的东风，踏准市场波动和政策变化的节点，滨江房产的经济实力上了一个大台阶。

## 28.3 研究行业标杆，推动行业进步

杭派开发商在追求品质的过程中，一贯重视海内外优秀企业和项目的考察学习。在向外拓展的过程中，学习的视野也在不断扩大。

2006年绿城房产上市后不久，创始人宋卫平就提出，"现在绿城房产不过是个杭州冠军，接下来要争取省冠军，将来还要参加全国比赛和国际比赛，必须了解竞争对手"。

为此，2007年绿城房产拿出40万元课题经费，与浙江大学房地产研究中心合作开展了"房地产上市公司案例比较研究"。课题组以万科、金地、绿城、中国海外、合生创展、富力、雅居乐、华润、碧桂园、世茂、新鸿基、恒基兆业等12家房地产企业为研究对象，采用访谈、实地调研、专家研讨、资料查阅等方式，对每

家企业的发展动态和核心竞争力进行了案例研究。然后，从企业文化、发展战略、人力资源、土地储备、营销管理、顾客关系、品牌建设、治理模式、组织结构、业务流程、财务运作等角度，对12家企业进行横向比较和专题研究，形成了系统的研究报告。

绿城房产对该课题研究十分重视。绿城房产方面，课题组由执行总经理陈顺华挂帅，有副总经理杨万全、裘剑平、吴爱萍参加，还有侯志伟、方依宏、李小乐、李军、袁剑锋、黄维恩、殷红、刘慧、许别、胡军、刘玉明、陈疆等部门经理，一共16位管理人员。绿城房产课题组成员与浙江大学课题组成员协作攻关，分为12个研究小组，持续一年时间，开展了深入系统的研究工作。

课题完成后，课题组2008年初在绿城房产董事会层面进行了汇报和讨论。宋卫平对研究过程和研究成果都表示满意，要求在公司内部展开进一步研讨和应用，各部门对标和评估，提出自己的改进方案。

他还对担任绿城房产独立非执行董事的唐世定、贾生华说："浙江省的开发商，都面临新的市场环境、政策环境和企业战略选择，我们要去外地开发，外来开发商也进入杭州，接下来企业怎么发展？这个成果应该对大家都有帮助，建议将课题成果在省房地产业协会范围内发布和共享。"

唐世定对宋卫平的建议十分重视，随即安排省房地产业协会组织会议，通知要求会员单位尽量由企业家亲自参加会议。

2008年3月11日下午，浙江省房地产发展模式论坛在杭州世贸君澜大饭店举行，浙江省房地产业协会、杭州市房地产业协会会员单位高层管理人员和业内人士齐聚一堂，500余人到场参加。会议由浙江省房地产业协会副会长、杭房地产董事长樊文兴主持，唐世定和贾生华分别做报告，介绍课题研究成果，引起了浙江房地产企业的普遍共鸣（见图28.1）。[1]

论坛结束后，时任住在杭州网总策划丁晓红又对唐世定进行了视频专访，交流探讨企业如何应对新的行业发展形势。

唐世定说，今天来的人超过了我们的预想，资料都发光了，不够了。而且来的人基本是企业高管，很多公司的董事长带了高管团队来的。会场上大家听得很认真，三个小时都没有离开。我觉得今天的会议还是开得成功的，我相信这次会议对企业决策会有帮助，能使我们浙江房地产企业做得更强、更优，为浙江房地产业持

---

[1] 住在杭州网直播台，浙江省房地产发展模式论坛，住在杭州网，2008年3月11日。http://zzhz.zjol.com.cn/05zzhz/2008zt/form_2008/index.shtml。

图 28.1　2008 年 3 月浙江省
房地产发展模式论坛

续、健康发展贡献一分力。

从 2008 年下半年开始，在国际金融危机冲击下，房地产市场形势急转直下，一轮完整的房地产周期循环基本形成。如何应对市场周期波动，如何制定适合企业具体情况的发展战略，如何完善经营模式提高企业抗风险能力，这三个问题被直接摆在了房地产企业面前。

此时，刚好滨江房产完成了 IPO，戚金兴董事长和唐世定会长商议，在绿城房产课题研究基础上，滨江房产提供 50 万元课题经费，继续与浙江大学房地产研究中心合作，深化房地产上市公司案例研究，为浙江省房地产企业应对周期波动提供参考和帮助。

课题组由唐世定、戚金兴、贾生华共同担任组长，省房地产业协会负责协调工作；滨江房产课题组由副总经理朱立东带队，成员包括陈国灵、沈洁、褚瑶等部门经理；浙江大学课题组由贾生华教授总体负责，成员包括邬爱其、窦军生和一批博士研究生和硕士研究生。

根据形势变化，课题组适当调整课题研究对象，将研究对象总数增加到 16 家公司。境内主要增加了部分优秀的区域性开发商，包括滨江房产、栖霞建设、万通地产、华发股份。另外，境外企业增加了嘉里建设和嘉德置地。

戚金兴对课题研究十分重视，多次接受访谈、听取汇报和参与讨论。他强调，滨江房产这些年能够穿越周期，主要在于坚持了"市场导向、客户至上、品质为先、服务取胜"的经营理念，"在供不应求时抓品质，在供求平衡时抓品牌，在供过于求时抓服务"。

因为能够"清醒地看市场，清醒地看自己，清醒地看兄弟单位"，滨江房产注重品质品牌，持续稳健经营，不断发展壮大，成为杭派开发商的后起之秀。

经过 10 个月时间的系统研究，课题任务圆满结束。

2009 年 10 月 23 日下午，作为浙江省第十六届房博会的一个重要内容，浙江省房地产业协会在杭州凯悦酒店举行了浙江省房地产高峰论坛。中国房地产业协会刘志峰会长到会，就金融危机背景下，如何促进房地产业健康发展做了演讲。贾生华教授代表课题组，发布了课题研究初步成果，对周期波动中房地产企业的战略管理和经营策略提出了建议。[①]

以绿城房产和滨江房产上市为契机，浙江省房地产业协会和浙江大学房地产研究中心共同参与，合作开展了全国主流房地产企业案例研究，进行比较分析，探讨应用建议，代表了那个时期杭派开发商开拓进取、兼收并蓄的良好状态，对浙江省房地产业健康发展产生了引导和促进作用。

两项课题研究的成果，经过整合汇总，被编入"浙江大学房地产研究中心学术文库"第二辑，2010 年由经济科学出版社公开出版发行 [②]，并被浙江省房地产业协会分送给会员单位参考。

浙江房地产业的探索和研究，在国内外学界、业界和政界产生了广泛影响。

2011 年 4 月 1 日至 4 月 3 日，世界华人不动产学会（Global Chinese Real Estate Congress）第三届学术年会在杭州黄龙饭店举行，会议由浙江大学房地产研究中心具体承办，贾生华教授担任年会主席，来自世界各地高校、房地产业界和政府部门的专家、学者和专业人士 1000 余人参加了会议，对国内外房地产领域最新学术进展和实践动态进行了研讨和交流（见图 28.2）。

图 28.2　世界华人不动产学会
2011 年年会

① 　住在杭州网直播台，浙江省房地产高峰论坛，住在杭州网，2009 年 10 月 23 日。http://zzhz.zjol.com.cn/05zzhz/200903zt/bbsbj/index.shtml。

② 　贾生华，樊洪，窦军生，周期波动中房地产企业的发展模式比较与案例研究，经济科学出版社，2010 年 1 月。

2016 年 7 月 1 日至 7 月 3 日，世界华人不动产学会第八届学术年会再次来到杭州，虞晓芬教授担任年会主席，浙江工业大学经贸管理学院和房地产研究所具体承办。这届年会主题是"新经济、新型城镇化与房地产业可持续发展"，来自海内外的 800 多位各界人士参加了会议。

2019 年 3 月 13 日，住房和城乡建设部与浙江工业大学签订协议，共建浙江工业大学中国住房和房地产研究院，目标定位为国家级专业智库，为国家住房和房地产市场平稳健康发展提供理论保障、智力支持和技术支撑。

## 29　金融海啸波及杭州楼市

金融海啸冲击巨大，救市政策力度大。2008—2009 年杭州楼市上演"V 形反转"。

2008 年 9 月，雷曼兄弟等一批大型金融机构相继破产，美国爆发了一场史无前例的金融海啸，全球金融市场陷入巨大危机和动荡之中。

美国金融海啸发生之前，有一个长达 8 年时间的酝酿和发酵的过程。进入 21 世纪后，美国推出了一系列住房信贷支持政策，持续引导住房抵押贷款首付比例和利率下降，鼓励居民购房。随着住房抵押贷款规模持续扩大，还推出了各种金融创新工具，形成巨量规模的金融衍生产品，大幅提高了金融机构的杠杆水平。

到了 2006 年，美联储开始加息，收缩流动性，房价从上涨转为下降。由于首付比例过低，住房抵押贷款违约率随即快速提高，从而引发了"次贷危机"，这成为 2008 年金融海啸的导火索。

巧合的是，中国城镇住房制度改革也是在 21 世纪初完成的，随后培育商品房市场持续健康发展成为主基调，房地产金融快速发展，房价持续上涨，政府从 2005 年开始出台调控政策，稳定房价，抑制过热。

历史地观察，美国次贷危机与中国房地产市场过热，在时间、内容和金融环境等方面，有许多重叠的地方。

当时的杭州楼市，在全国处于"领头羊"地位，受到金融海啸的冲击也在情理之中。后来的发展演化情况表明，这次冲击甚至成为杭州房地产市场发展的一个分水岭，在很大程度上改变了原来的发展路径。

### 29.1　市场过热酿风险

在国家培育和发展房地产市场的大背景下，2000 年代的杭州房地产市场一马当先，杭州现象全国瞩目，"黄金十年"名副其实。

房地产在这个发展最好的年代，也逐步表现出"过热"症状，在地价和房价持续大幅上涨的背后，是各类资金向房地产集聚，房地产投资快速增长。

表 29.1 所列数据显示，2007 年杭州市区房地产投资额比 2001 年增加了 1.4 倍，房地产开发投资占全社会固定资产投资额的比例，也从 23% 提高到了 33%。

表 29.1　2000—2010 年杭州市区房地产开发投资额及其占比变化

| 项目 | 2001 年 | 2002 年 | 2003 年 | 2004 年 | 2005 年 | 2006 年 | 2007 年 |
|---|---|---|---|---|---|---|---|
| 固定资产投资 / 亿元 | 538 | 639 | 797 | 965 | 1079 | 1117 | 1315 |
| 房地产开发投资 / 亿元 | 126 | 172 | 218 | 309 | 349 | 365 | 430 |
| 占比 /% | 23 | 27 | 27 | 32 | 32 | 33 | 33 |

资料来源：根据《2011 年杭州统计年鉴》数据整理。统计范围包括萧山、余杭。

从家庭支出的角度来看，一方面衣食用行等方面的社会消费品零售额增速下降，另一方面商品住宅销售额不断增加。从整体来看，购房支出越来越成为家庭最大支出项目。表 29.2 所列两个统计指标及其比例关系的变化说明了这个趋势。特别是在 2007 年，商品房销售极为火爆，商品住宅销售额大幅增加。

表 29.2　2001—2007 年杭州市区社会消费品零售额与商品住宅销售额变化

| 项目 | 2001 年 | 2002 年 | 2003 年 | 2004 年 | 2005 年 | 2006 年 | 2007 年 |
|---|---|---|---|---|---|---|---|
| 消费品零售额 / 亿元 | 499 | 570 | 640 | 739 | 844 | 963 | 1125 |
| 商品住宅销售额 / 亿元 | 93 | 142 | 195 | 232 | 296 | 354 | 690 |
| 比例关系 /% | 19 | 25 | 30 | 31 | 35 | 37 | 61 |

资料来源：根据杭州统计年鉴相关数据整理。统计范围包括萧山、余杭。
指标说明：2001—2004 年房地产销售额数据为商品房销售额，从开工、竣工面积比例推算，商品住宅约占商品房的 80%；"比例关系"是指商品住宅销售额占消费品零售额的百分比，这两个指标没有包含关系。

值得注意的是，2000 年以后，杭州房地产投资增幅和占比提高，购房支出成为家庭最主要的支出项目，是在政府连续不断地进行政策调控，抑制房地产投资过热的背景下发生的。

2003 年，《中国人民银行关于进一步加强房地产信贷业务管理的通知》出台，严控房地产开发贷款、土地储备贷款、个人住房贷款等。首次推出了提高二套房首付比例、贷款利率上浮等房地产金融调控措施。

2005 年，国务院出台"国八条"，要求采取有效措施，稳定住房价格。要求各地政府负起责任，保证中低价位、中小户型的供应，加快建设廉租住房。

2006 年，国务院九部委联合出台调控房地产市场的六条政策，称"国六条"。"国六条"首次提出"70/90 政策"，调控住房供应结构，加大中小套型比例，在土地资源有限情况下增加供应套数，借此抑制房价上涨，让更多的人能够买到房子。

到了 2007 年，《中国人民银行 中国银行业监督管理委员会关于加强商业地产信贷管理的通知》（银发〔2007〕359 号）出台，要求二套房首付不低于四成，利率为基准利率的 1.1 倍，严格控制开发贷。

从宏观经济政策来看，为了应对流动性过剩和宏观经济过热，2006 年提出要抑制"三过"，即"投资增长过快、信贷投放过多、外贸顺差过多"。2007 年宏观经济政策更是全面转向紧缩。

其中，2007 年货币政策发挥到了极致。中国人民银行连续 6 次加息，一年期存款利率从 2.52% 提高到 4.15%，一年期贷款利率从 6.12% 提高到 7.47%。同时，还连续 10 次，把商业银行存款准备金率从 9% 提高到了 14.5%。

然而，在过热的市场氛围里，企业、家庭和金融机构等市场主体，根本不理会宏观调控政策持续收紧所传递的信号，市场预期超强，风险偏好极其高涨。

在股票市场上，股指大幅上扬，上证指数从 2005 年底的 1100 点左右，到 2007 年 10 月 16 日，创下 6124 点是历史纪录。面对巨大的财富效应，股民激动万分，在网络上流行起一首"股民之歌"，歌名叫作《死了都不卖》。

以万科股票为例，复权股价从 2006 年初的 1.2 元左右，上涨到 2007 年 11 月初最高的 17.17 元。当时的房地产股票估值，主要看开发商的土地储备。在房价上涨预期下，有土地储备就会有源源不断的利润。

杭州房地产市场在 2007 年汹涌澎湃，在狂热的市场氛围推动下，购房者踊跃下单，开发商疯狂拿地，商品房市场和土地市场相互刺激，一起走向高潮。

根据《2008 年杭州统计年鉴》数据，2007 年杭州市区房地产投资额增长了17.7%，商品房销售面积增长了 54.7%，商品房销售金额增长了 89.3%。商品房销售均价达到 8273 元 / 米²，比上年增长 22.3%。

从二手房市场来看，2007 年杭州主城区共成交二手房 25208 套，比 2006 年增加了 60.3%。二手房成交价格在 1 月份是 8678 元 / 米²，12 月份攀升到 12112 元 / 米²，年内上涨了 39.6%，创造了杭城二手房年成交价格的新纪录。

## 29.2　金融海啸冲击大

在连续不断的金融紧缩政策作用下，股票市场在 2007 年 10 月初到达 6124 点后，便开始回调了，并在 2008 年 10 月初最低到达 1665 点。

杭州房地产市场也在 2007 年最后两个月有所降温，成交量明显下降。

2008 年上半年，宏观调控政策延续收紧态势，中国人民银行在 1 月 25 日、3 月 18 日、4 月 25 日、5 月 20 日、6 月 7 日，先后 5 次提高存款准备金率，使商业银行存款准备金率从 2007 年底的 14.5% 提高到 17.5%。

杭州楼市在 2008 年上半年虽然保持了上一年的余温，但逐步降温的态势十分明显。

在土地出让市场上，外来开发商集体观望，本土开发商重新占据主导地位。全年出让土地面积约 2410 亩，同比减少了 61%。成交金额 221 亿元，同比下降了 57%。

宋卫平以"蒋村情结"连续拿下浙江大学紫金港校区南门外四块土地，但三次拿地的楼面价依次递减，在一定程度上说明市场热度走低。

5 月 6 日，杭州迎来 2008 年春节后的首次土地出让，经过一个多小时的激烈争夺，备受关注的蒋村 1 号、2 号地块被绿城房产以 21 亿元的总价拿下，分别溢价 89% 和 106%，合计楼面价约 10666 元 / 米 $^2$。

参加现场土地出让会的宋卫平在绿城房产拿到土地后，十分高兴，带头鼓掌祝贺。他在接受住在杭州网总策划丁晓红采访时表示："我们对城西非常有感情，很多城西的人都愿意住我们的房子，有很多客户都希望绿城房产能把这块地买下来。城西的房产品需要一个非常好的升级换代，绿城房产愿意做一个大的营造，做一个非常好的精品出来。"

随后，5 月 14 日，绿城房产以 10.58 亿元再度拿下蒋村 7 号地块，楼面价为 8260 元 / 米 $^2$。7 月 29 日，蒋村 10 号地块出让，绿城房产以总价 9.606 亿元获得，楼面价为 7750 元 / 米 $^2$。

拿到相邻的这 4 块共 321 亩土地后，宋卫平兑现承诺，全面升级产品，开发了 45 万平方米的西溪诚园项目。作为绿城房产二代高层的代表作，该项目在很大程度上引领了高层住宅小区和产品的升级换代。

当然，拿地后杭州房地产市场就在金融海啸的冲击下，进入了"过冬"状态，绿城房产也经历了公司的第一轮财务危机。

2008 年 9 月 2 日，万科降价促销活动的短信传来：为庆祝"万客会"成立 10 周年及中秋节，万科旗下 4 个楼盘白鹭郡东、白鹭郡南、魅力之城、逸品阁，将于明天开始优惠活动，最高优惠幅度达 7.5 折。

消息一出，杭州房地产市场一片哗然，引发了"万科降价门"事件，住在杭州网全程跟踪报道，《晓红高端访谈》请房地产老总发表看法，《永生独立调查》分析事件背后的原因，《丁建刚特约评论》探讨市场各方行为的逻辑和发展趋势。

其实，早在 2008 年 2 月 2 日，在中央电视台《新闻调查》节目中，王石就谈到了他的"拐点论"，他认为"楼市区域性的'拐点'确实已经出现了"。随后，万科在主要城市先后进行降价促销活动。

但是，杭州房价十多年来总体是上涨走势。多年来，开发商几乎没有出现过公开的大幅度降价销售行为，市场形成了"房价只涨不跌"的惯性认知。因此，万科降价之举，大大刺激了杭州楼市的神经，虽然有的购房人群认为这才是房价的理性回归，但有的开发商指其搅局，有的老业主还闹起了退房，发生了打砸售楼部等过激情况。①

更重要的是，万科降价促销后，杭州楼市也真正露出了寒意，商品房成交量大幅萎缩，成交均价从 9 月份的 18000 元 / 米² 左右的高点，逐月走低，到 12 月份只有 13000 元 / 米² 左右。

2008 年 10 月 25 日，滨江金色蓝庭项目举行了产品说明会，宣布项目开盘均价为 15160 元 / 米²，大幅低于此前释放出来的 18000 元 / 米² 的均价信息。

11 月 6 日，金色蓝庭首期开盘。11 月 12 日，杭州透明售房网显示，金色蓝庭一期共成交 71 套房源，预订房源有 154 套，还余 160 套房源可售，其中 152 套住宅可售。这个销售速度，与一年半以前万家花城被抢购一空，形成了鲜明对照。

在前两年激进拿地和 2008 年销售迟缓的双重影响下，2008 年下半年大部分开发商出现资金链紧张和财务困难。

以绿城房产为例，从 2006 年到 2008 年，土地储备从 800 多万平方米猛增至 2520 万平方米，2008 年底绿城房产资产负债率超过 140%，偿债能力十分脆弱。

2008 年绿城房产全年销售额 150 多亿元，仅完成年度目标的 3/4。在金融海啸威胁面前，各大银行和金融机构从资金提供者转变为资金回笼者。评级机构也被吓得纷纷给它降级。

---

① 住在杭州网特别追踪，万科降价冲击波：降价现场全记录，各界反响强烈，住在杭州网，2008 年 9 月 2 日。http://zzhz.zjol.com.cn/05zzhz/200802zt/pwanke/index.shtml。

当时，一笔 4 亿美元的海外高息票据借款，成了绿城房产财务运作辗转腾挪的"紧箍"，绿城房产差点走到破产清算的地步。绿城房产的股价也从 2007 年 7 月 24 日最高点每股 19.72 港元以上，一路下跌到 2008 年 10 月 31 日最低价只有每股 1.77 港元。

2009 年 4 月，绿城房产通过项目抵押和信托融资筹资，选择"主动违约"，宣布以现金购买任何未清偿的 2013 年到期的 9% 优先票据的要约。

在金融海啸背景下，当时的金融市场债券价格也大幅下跌，绿城房产宣布回购计划的前一天，该债券的买盘价格和卖盘价格，分别仅为面值的 68% 和 72%。为保障赎回成功，绿城房产将回购价格设为债券面值的八二折，这不仅大幅高于该债券的交易价格，也高于此前 6 个月亚洲债券回购的最高价格。因此，绿城房产的赎回要约被投资者认可，绿城房产总算逃过一劫。

## 29.3　救市政策力度大

面对来势凶猛的金融海啸，中国各级政府采取了积极应对策略，经济政策迅速从抑制过热转向防止过冷。

2008 年 10 月 14 日，《杭州市人民政府关于促进杭州市房地产市场健康稳定发展的若干意见》（杭政函〔2008〕211 号）公开发布，杭州房地产救市政策正式出台。

这次救市政策包括 24 条内容，主要包括鼓励购房需求、扶持房地产企业、创造宽松房地产金融环境、征地拆迁货币化安置和政府采购中低价位商品房用于保障性住房等方面。

在鼓励购房需求方面，出台的政策内容最多，力度很大。

一是扩大购房入户政策的实施范围，从当时的杭州经济开发区、杭州高新开发区（滨江）、钱江新城区域扩大到当时的上城、下城、西湖、江干、拱墅等区域。实际上就是全面实施购房入户，鼓励外地人在杭州购房。

二是实行商品房交易税收补贴和收费减免。从政策发布之日起，至 2009 年 12 月 31 日，对个人在杭州购买普通商品房的，实行契税、印花税补贴，在取得房屋所有权证后，按所缴纳的契税、印花税地方体制分成部分给予全额补贴。买卖个人普通住房的，买卖双方（均为个人）缴纳的税收收入，根据地方体制分成部分给予全额补贴。全额暂停征收房产登记费、房产交易手续费、权属调查费三项行政事业性收费。

三是放宽二套房认定标准，对一户家庭中年满18周岁子女购买第二套住房，可比照首套住房贷款政策执行。

在扶持房地产企业方面，缓缴土地出让金和相关税费，放松有关政策监管，缓解开发商的资金压力。

例如，对房地产开发企业项目完工前的预售收入，按国家税收政策规定的预计利润率下限标准预征企业所得税，实行按季预缴、按年清算；房地产项目领取商品房预售证，未销售的房屋停止销售后可办理在建工程抵押权登记手续，在建工程竣工并经房屋所有权初始登记后，可将在建工程抵押权转为房屋抵押权登记；对部分已公开出让的房地产经营性用地，经批准后可视情形调整出让价款的支付时间；对部分已公开出让的经营性用地，受让人支付绝大部分地价款后，可办理交地手续，先行开展各项前期准备工作并动工建设；对按期动工确有困难的房地产企业，由受让人提出书面申请，经批准后可适当放宽建设项目开、竣工期限；对新出让的经营性房地产用地，特别是价款超5亿元的地块，可适当放宽地价款支付期限和比例；领取商品房预售证时预收的房屋物业维修基金，可延至办理房屋初始登记时收取，人防易地建设费可推迟至办理商品房预售证时收取；对涉及房地产的行政事业性收费将按市政府规定要求暂停征收。

在放松房地产金融政策方面，除了鼓励商业银行和金融机构支持房地产业发展，市政府可以决策的，主要是住房公积金贷款政策。

例如，将住房公积金贷款最高额度由50万元提高到60万元；住房公积金贷款最长期限由男60岁、女55岁调整为男65岁、女60岁。同时，降低住房公积金贷款首付比例，职工购买商品房首付款比例由30%降低至20%；职工首套贷款购买的商品房，人均住房建筑面积未达到全市人均住房建筑面积标准的，可按相应额度申请第二套住房公积金贷款。另外，允许杭州区、县（市）异地办理住房公积金贷款手续。鼓励职工提取本人、配偶及直系亲属住房公积金购买自住住房。

当时，杭州市出台的24条救市政策在全国产生很大反响。考虑到中央可能会出台相关政策，来应对金融海啸冲击，杭州市的这份文件在最后特别写明："如上级有新政策出台，按新政策执行。"

随后，杭州市委书记王国平在2008年10月22日的一次报告会上，分析了杭州在国际金融危机中的六大挑战和六大机遇，提出了应对危机的12项对策。在这次报告中，王国平明确指出："救楼市不是救房地产企业，而是救经济、救银行、救百姓。"

2008 年 11 月 5 日，国务院总理温家宝主持召开国务院常务会议，提出了抵御国际经济危机、加快国家建设、提高国民收入、促进经济平稳快速增长的 10 项措施。据初步匡算，实施这十大措施，到 2010 年底约需投资 4 万亿元，后来该计划经常被称为"4 万亿"经济刺激计划。

这个消息在 11 月 9 日星期日晚间对外公布后，外界认为其将对中国经济和世界经济产生积极影响。受此利好影响，2008 年 11 月 10 日亚洲股市大幅上扬，上海上证指数大涨 7.3%，香港恒生指数上涨 3.5%，东京日经指数上涨 5.8%。

随后，按照国务院应对金融危机"出手要快、出拳要重、措施要准、工作要实"的工作部署，各部门迅速行动，加大了经济刺激政策力度。

12 月 17 日，国务院总理温家宝主持召开国务院常务会议，研究部署促进房地产市场健康发展的政策措施。12 月 21 日，《国务院办公厅关于促进房地产市场健康发展的若干意见》（国办发〔2008〕131 号）出台，即"国十三条"，国务院层面明确"全面救市"。内容包括：加大保障性住房开发建设力度；在信贷、税收等方面全面鼓励和刺激商品房市场需求；支持房地产开发企业积极应对市场变化；强化地方人民政府稳定房地产市场的职责。

## 29.4 楼市反转超预期

2008 年的美国金融海啸，对世界经济和中国经济的冲击十分猛烈，各国都不断强化救市政策，特别是中国果断出手，宏观经济刺激政策威力巨大。

在推出"4 万亿"经济刺激计划的同时，2008 年下半年货币政策也持续放松。9 月 16 日、10 月 8 日、10 月 29 日、11 月 27 日、12 月 22 日，中国人民银行连续 5 次降息，一年期贷款基准利率从 7.47% 下降到 5.31%，存款利率从 4.14% 下降到 2.25%。

同时，中国人民银行还在 9 月 25 日、10 月 15 日、12 月 5 日、12 月 25 日连续 4 次降低商业银行存款准备金率，大型银行从 17.5% 到 15.5%，小型银行从 17.5% 到 13.5%。

宽松的货币政策释放出巨大的流动性。2009 年第一季度我国新增各项贷款规模 4.58 万亿元，接近 2008 年全年 4.91 万亿元新增贷款规模。2009 年全年新增规模达到 9.59 万亿元，同比增加 4.69 万亿元。2009 年 12 月末，我国 M2 余额为 60.62 万亿元，同比增长 27.68%。

全面刺激政策在挽救经济的同时，产生了一个"副作用"，就是在"4 万亿"经济刺激计划和货币宽松政策释放巨量流动性的作用下，房地产市场迅速出现了"V形反转"走势，重现过热问题。反转之快，力度之强，超出了所有人的预期（见表29.3）。

表29.3　2007—2010年商品住宅销售面积和销售均价变化情况

| 区域 | 项目 | 2007年 | 2008年 | 2009年 | 2010年 |
|------|------|--------|--------|--------|--------|
| 全国 | 销售面积/万平方米 | 70136 | 59280 | 86185 | 93377 |
| | 销售均价/（元·米$^{-2}$） | 3645 | 3576 | 4459 | 4725 |
| 浙江省 | 销售面积/万平方米 | 3925 | 2481 | 4760 | 3834 |
| | 销售均价/（元·米$^{-2}$） | 5623 | 6143 | 7891 | 9330 |
| 杭州市 | 销售面积/万平方米 | 855 | 541 | 1089 | 593 |
| | 销售均价/（元·米$^{-2}$） | 8070 | 9094 | 11515 | 16543 |

资料来源：根据相关统计年鉴数据整理。

从表29.3统计数据可以看出，2008年商品住宅销售面积明显下降，2009年又大幅增长。如果从月度数据观察，在两年之中，房地产市场形成了一个典型的V形走势。

成交均价走势也呈现出类似的特征，虽然年度数据平滑了月度变化，但2009年全国均价同比上涨24.69%，浙江省均价上涨28.46%，杭州市均价上涨26.62%，涨幅还是十分可观的。

2010年1月10日，住在杭州网首席评论员丁建刚以"风云2009：2009年杭州楼市分析报告"为题，发布了年度分析报告。[1]

报告整理的数据显示，2009年杭州主城区成交商品房66319套，2007年是39476套，2008年只有23202套，2009年成交规模超过前两年之和。2009年3月份杭州主城区商品房成交均价最低，为每平方米10780元。12月份成交均价最高，达到每平方米19753元。12月比3月上涨83.24%。

2009年杭州主城区二手房成交47300套，是2008年14375套的3.29倍。2009年杭州主城区出让住宅用地建筑面积688万平方米，是2008年238万平方米的2.89倍。平均楼面价每平方米9326元，比2008年的每平方米5984元上涨55.85%。

---

[1]　丁建刚，风云2009：2009年杭州楼市分析报告，住在杭州网，2010年1月10日。http://zzhz.zjol.com.cn/system/2010/01/08/016220075.shtml。

如果从具体项目来看，杭州许多商品住宅项目的销售价格，从 2009 年初到年底，都轻松实现了翻番。当果断出手的购房者在年底兴高采烈的时候，年初坚决打折卖房的开发商只能追悔莫及。

当然，整体而言，2009 年房地产市场大幅度、超预期回暖，还是让开发商如鱼得水，很快恢复了活力。

11 月 11 日下午，绿城房产在杭州玫瑰园度假酒店举行了 2009 年秋季股东、媒体、金融机构恳谈会。宋卫平表示，未来绿城房产将向房地产投资商、运营商和服务商的角色转换（见图 29.1）。

绿城房产公布的数据显示，截至 11 月 10 日，绿城房产 2009 年度的合同销售额已经突破 400 亿元，合同加协议销售额达到 425 亿元，仅次于万科，居行业第二；公司土地储备规划总建筑面积达 3000 万平方米，超过万科在三季报中公布的数字。

按照绿城房产的发展计划，在未来的 3 ~ 5 年时间内，其销售额将达到 800 亿~ 1000 亿元，成为行业排名第一的企业。

宋卫平在回答记者提问时表示，最大的困难还在于我们自己。拿地的钱还是不

图 29.1　绿城房产 2009 年秋季股东、媒体、金融机构恳谈会现场

够。如果能再有 200 亿元，后年我们就能超越万科。

在 2009 年绿城房产年度总结会议上，绿城房产确定的发展目标是："通过3～5 年的努力，打造中国最具完整价值的房地产企业，致力于发展成为理念领先、文化先进、制度严谨、产品优质、服务到位、客户满意的一流公司。"

从当时的发展态势分析，如果房地产政策不出现大的调整，市场形势不出现大的恶化，绿城房产完全有能力实现自己的目标。对此，资本市场也抱有信心。绿城房产的股票价格大幅回升，2009 年 12 月 11 日最高达到每股 15 港元。

但是，在很多情况下，问题恰恰出在"如果"这个假设前提上。

# 30 市场调整开发企业承压

2011—2015 年，为什么被称为杭州楼市"失去的五年"？

为了应对金融海啸出击，2008—2009 年的强力救市，引发了杭州房地产市场大幅回升，房地产市场重新回到了过热状态。

2010 年，杭州房地产市场顺势来到了一个阶段性的高点，房价绝对值领先全国各大城市，成为许多媒体报道和分析的焦点。

根据搜房网发布的"2010 年上海二手房市场报告"，2010 年上海二手房成交超过 15 万套，比 2009 年下降 49.3%。前 11 个月成交均价每平方米 16400 元，同比上涨 27.6%。

根据住在杭州网发布的"2010 年杭州二手楼市年终盘点"，2010 年杭州主城区二手房成交 25337 套，比 2009 年下降 49.7%。成交均价为每平方米 20207 元，较 2009 年的 15003 元上涨 34.7%，比 2008 年的 11573 元上涨 74.6%。

需要注意的是，上述数据的统计范围不同。上海是全市数据，杭州是主城区数据，连萧山、余杭也没有包括在里面，直接比较缺乏说服力。

查阅上海市和杭州市的统计年鉴，分别计算 2010 年全市范围商品住宅销售均价，再进行比较，上海市是每平方米 14214 元，杭州市是每平方米 14248 元。

可见，当时杭州房价领先全国的说法基本符合实际。从城市地位、经济规模、收入水平、城市基础设施和公共服务等各方面比较分析，杭州房地产市场过热、房价透支，可以说是一个基本事实。

## 30.1 调控政策持续加码

采取"4 万亿"经济刺激计划和货币宽松政策，目的是应对金融海啸对国民经济的冲击。随着宏观经济回稳，明显过热的房地产市场，重新招来严厉的房地产调控政策。

2009 年下半年，当房地产市场大幅反弹，舆论重新回到楼市过热的基调，政府就开始调整房地产救市政策，逐步取消部分刺激政策。

2009 年 4 月和 6 月，中国银行业监督管理委员会先后发出通知，要求二套房贷款首付不得低于四成，利率按照基准利率 1.1 倍执行，收紧了个人购房信贷政策。

到了 12 月，温家宝总理指出，要加强调控，抑制房价过快上涨问题。多部委发出通知，个人转让住房营业税免征期限从两年恢复到 5 年，开发商拿地首付款不得低于 50%。

2010 年 1 月 10 日，《国务院办公厅关于促进房地产市场平稳健康发展的通知》（国办发〔2010〕4 号）指出，金融机构在继续支持居民首次贷款购买普通自住房的同时，要严格二套住房购房贷款管理，合理引导住房消费，抑制投资投机性购房需求。对已利用贷款购买住房，又申请购买第二套（含）以上住房的家庭（包括借款人、配偶及未成年子女），贷款首付款比例不得低于 40%，贷款利率严格按照风险定价。

同日，杭州市修改完善 2008 年 10 月出台的 24 条救市政策，公布了《杭州市关于加强保障性住房建设支持自住型和改善型住房消费促进房地产健康稳定发展的若干意见》（杭政函〔2010〕3 号），在有关税费减免政策执行期限结束后，代之以"首次购买 140 平方米以下的普通住房，给予房款总额 1.3% 的购房补贴"，并继续执行购房入户政策、住房公积金贷款政策、拆迁房货币化安置等支持性政策措施。

1 月初的政策短期抑制了市场过热，全国房地产市场整体上出现了一些积极变化。但春节后，部分城市房价、地价很快又出现过快上涨势头，投机性购房再度活跃，引起中央高度重视。

2010 年 4 月 17 日，《国务院关于坚决遏制部分城市房价过快上涨的通知》出台，后来媒体称之为"国十条"。"国十条"的主基调是"坚决抑制不合理住房需求"，主要措施是"实行更为严格的差别化住房信贷政策"，对购买首套自住房且套型建筑面积在 90 平方米以上的家庭（包括借款人、配偶及未成年子女，下同），贷款首付款比例不得低于 30%。对贷款购买第二套住房的家庭，贷款首付款比例不得低于 50%，贷款利率不得低于基准利率的 1.1 倍。对贷款购买第三套及以上住房的，贷款首付款比例和贷款利率应大幅度提高，具体由商业银行根据风险管理原则自主确定。

该通知明确，"地方人民政府可根据实际情况，采取临时性措施，在一定时期内限定购房套数"。这是国务院第一次提出，城市政府可以实施限购政策，目的是限制投资投机性购房行为。

随后，各部委和各地区相继出台了紧缩性房地产政策。杭州市根据上级政府相关文件精神，在2010年10月11日出台《杭州市人民政府关于进一步加强我市房地产市场调控加快保障性住房建设的实施意见》（杭政函〔2010〕232号），全面转向抑制购房需求。

这次出台的政策，除了取消所有购房优惠和鼓励政策、落实差别化信贷政策，还推出了对购买第三套及以上住房的家庭停止发放住房公积金贷款和商业贷款，本市及外省市居民家庭只能在本市新购买1套商品住房（含二手存量住房）等限制性措施，当时被称为"史上最严调控政策"。

2011年1月26日，国务院常务会议研究部署进一步做好房地产市场调控工作，并出台了《国务院办公厅关于进一步做好房地产市场调控工作有关问题的通知》（国办发〔2011〕1号）。

该文件要求：城市政府要制定房价控制目标并承担主体责任；二套房首付款比例不低于60%；对个人购买住房不足5年转手交易的，统一按其销售收入全额征税。

影响最大的，是第六条"合理引导住房需求"。该条首次明确要求，在房价上涨过快的城市，必须实施更严格的限购政策："原则上对已拥有1套住房的当地户籍居民家庭、能够提供当地一定年限纳税证明或社会保险缴纳证明的非当地户籍居民家庭，限购1套住房（含新建商品住房和二手住房）；对已拥有2套及以上住房的当地户籍居民家庭、拥有1套及以上住房的非当地户籍居民家庭、无法提供一定年限当地纳税证明或社会保险缴纳证明的非当地户籍居民家庭，要暂停在本行政区域内向其售房。"

根据这个政策要求，到2011年末，全国共有46个城市出台了限购政策。

2011年2月28日，《杭州市人民政府关于进一步做好房地产市场调控工作的实施意见》（杭政函〔2011〕22号），明确"自本意见发布之日起"，完全按照国务院要求，严格实施限购政策。

限购政策的实施，以行政手段大幅压缩了购房需求，加上持续紧缩的房地产金融政策，杭州房地产市场的成交规模和成交价格逐步进入下行通道。

到了2013年初，在"国五条"雷霆出台背景下，盛传杭州即将成为房产税征收试点城市，虽然该政策后来没有落地，但对市场购房需求还是产生了抑制作用。

## 30.2 楼市进入调整周期

从金融海啸后的大力救市，到房地产金融收紧和限购政策出台，政策周期加剧了市场周期的波动幅度。从 2010 年开始，杭州房地产市场从高位下行，持续调整了五年时间，这五年甚至被媒体称为"失去的五年"。

根据国家统计局公布的 70 个大中城市住宅价格变动情况，表 30.1 选取了长三角主要城市进行整理。可以看出，以 2010 年为基期，从 2013 年 6 月到 2015 年 6 月，上海、南京、合肥都保持上涨态势，浙江省的杭州、宁波、温州都呈下降态势，其中温州降幅最大。

到 2015 年 6 月，杭州商品住宅价格指数比 2010 年下降 7%，二手住宅价格指数下降 6.8%。

表 30.1　长三角主要城市住房价格指数（2010 年为基期 =100）

| 城市 | 新建商品住宅价格指数 | | | 二手住宅价格指数 | | |
|---|---|---|---|---|---|---|
| | 2013 年 6 月 | 2014 年 6 月 | 2015 年 6 月 | 2013 年 6 月 | 2014 年 6 月 | 2015 年 6 月 |
| 上海 | 115.6 | 125.1 | 125.4 | 111.2 | 116.7 | 119.6 |
| 南京 | 111.2 | 118.5 | 115.0 | 102.1 | 106.7 | 105.5 |
| 合肥 | 108.2 | 115.0 | 111.2 | 102.2 | 108.2 | 105.7 |
| 杭州 | 97.9 | 98.5 | 93.0 | 96.7 | 95.2 | 93.2 |
| 宁波 | 96.8 | 98.2 | 95.0 | 94.5 | 95.2 | 90.2 |
| 温州 | 82.7 | 78.1 | 76.0 | 86.3 | 78.0 | 74.6 |

资料来源：根据国家统计局公布数据资料整理。

除了价格低迷，市场调整还表现为成交量萎缩不振。根据浙报传媒地产研究院相关年度报告，杭州市区商品住宅成交套数在 2009 年达到创纪录的 90453 套。2010 年差不多减少一半，为 45345 套。2011 年再度萎缩，只有 27721 套。随后几年逐步回升，到 2015 年为 101900 套，终于超过 2009 年，创出了新高。

在相同的宏观经济环境和相似的房地产调控政策环境中，杭州和浙江省几个城市的房地产市场持续低迷，除了因为房价长期上涨存在透支问题，在很大程度上还与 2010—2011 年爆发的温州民间金融危机有关。

以温州为代表的浙江省各地区，市场经济发达，民间资本雄厚，老百姓投资意识很强，形成了著名的"温州购房团"现象。

从 1990 年代后期开始，以温州购房团为代表的浙江省其他地区购房者，就成为杭州楼市购房需求的一个重要来源。

例如，2008 年 10 月 17 日开幕的浙江省第十五届房博会，正值杭州市出台 24 条救市政策，全面实施"购房入户"政策之际。《温州都市报》组织了一支 80 多人的购房团，《义乌商报》组织了一支 100 多人的购房团，成为当时低迷市场中的一个亮点。

根据当时媒体记者对购房团成员的访谈，他们这次来杭州购房，最主要的原因有两个，一是"小孩可以在杭州读书"，二是"以后可以在杭州养老"。可见，当时的购房入户政策，对增加购房需求产生了立竿见影的效果。[①]

长期观察温州购房团活动的温州市中小企业发展促进会会长周德文分析说，温州的民间资本规模巨大，必须有合适的流向。房地产领域的投资门槛不高，即便当下升值潜力不大，至少也是一条保值渠道。很多温州人始终看好楼市，认为值得在上海、杭州买房。上海城市规模大，杭州城市适合居住，面对这样的房子，接盘的人肯定存在。

站在 15 年后的今天，再来审视温州人的这些观点和想法，不得不佩服他们的投资眼光。

不过，在金融海啸对我国的影响退潮后，为应对新的经济过热和通货膨胀，2010 年国家很快转变为采取紧缩性宏观调控政策，货币政策持续收紧，杭州房地产市场进入了阶段性调整阶段。

中国人民银行从 2010 年 1 月到 2011 年 6 月，连续 12 次提高商业银行存款准备金率，大型金融机构从 15.5% 一直提高到 21.5%，中小型金融机构从 13.5% 提高到 18%，都达到历史最高水平，也是世界最高水平。

在利率方面，从 2010 年 10 月开始到 2011 年 7 月，中国人民银行先后 5 次加息，很快就把一年期贷款基准利率从 5.31% 提高到了 6.35%。

在货币宽松时期，快速膨胀的温州民间金融体系，很快暴露出流动性困难和金融风险。

从 2011 年 4 月开始，由于资金链断裂，加上担保链牵连，许多企业陷入困境，出现了企业老板逃跑潮，关停倒闭企业从个别向群体蔓延，温州民间出现金融危机。

---

① 徐叔竞，杭州购房入户政策放开，温州、义乌购房团再现，住在杭州网，2008 年 10 月 30 日。http://zzhz. zjol.com.cn/05zzhz/system/2008/10/30/010082157.shtml。

根据中国人民银行温州市中心支行 2011 年 7 月发布的温州民间借贷市场调查报告，当时温州有 89% 的家庭和个人，以及接近 60% 的企业，参与了民间借贷活动，受到一定牵连和影响。

这次危机以温州为中心，涉及浙江省许多地区，银行、信托等金融机构也损失严重，对区域经济发展和房地产市场产生深刻影响。

首当其冲的是温州。因社会面资金普遍短缺和随后的经济萧条，房地产市场出现持续性大幅下降。

例如，绿城房产开发的鹿城广场锦玉园住宅项目是当年温州第一豪宅，其超大户型面积在 300～600 平方米，净层高 3.4 米，全部采用高端品牌进行精装修。2008 年 8 月以均价 43800 元 / 米² 开盘销售，创造了 3 天销售 23 亿元的全国纪录。2009 年 4 月以均价 33500 元 / 米² 开盘，更是被抢购一空。2011 年第一期住宅交付前，二手房价格已经被炒作到了每平方米 8 万～9 万元。

随后，在房地产调控和金融收缩过程中，鹿城广场锦玉园的二手房价格一路下降，到 2013 年上半年，即使二手房挂牌价在每平方米 4.5 万～5 万元，鹿城广场锦玉园也很难出售，成为温州楼市萧条的一个典型案例。

杭州的房地产市场，长期以来就有温州和浙江省其他地区购房者的深度参与，也积累了明显的过热问题。受到温州民间金融危机影响，购房需求快速萎缩，房地产市场进入了调整周期。

## 30.3 开发企业经受考验

从整体来看，2010—2015 年杭州楼市的调整并不算特别剧烈，甚至表现出很强的韧性。

然而，对于在杭州的开发公司而言，这个周期相当难熬，甚至生死攸关。项目的资金循环可能出现困难，公司资金链甚至频频出现断裂风险。

2010 年，杭州主城区的地价和房价还保持了上涨态势，但新房成交套数减少了 45.8%，二手房成交套数减少了 50%，住宅用地出让面积减少了 52.9%。加上金融收紧和房地产调控政策不断加码，市场拐点已经出现。

到了 2011 年，杭州主城区房地产市场调整加剧，主城区全年商品房成交23346 套，比上年下降 35.1%。二手房成交 11613 套，比上年下降 54.7%。土地市场更加低迷，商品房库存节节攀升。

面对销售困难和资金压力，越来越多的开发商加入了降价促销的行列，价格战从市区外围一直打到主城区，最低可见到六折的"跳楼价"。[①]

2014年2月18日，德信北海公园带头进行"马年第一降"，宣布以15800元／米$^2$的均价清盘，每平方米直降3000元，包括最后开盘的项目"楼王"亦难逃降价命运。

2015年3月3日，星耀城带头开启"羊年第一降"，宣布以19800元／米$^2$的清盘价销售70多套尾房。此前该楼盘均价约为26000元／米$^2$，开发商相当于以七六折价格促销。

对于有些项目来说，降价促销也很难撬动市场，出售项目便成为开发商的无奈之举。

最为典型的，是金都高尔夫艺墅项目。作为金都房产花了两年多时间，在2007年之江板块"地王"上精心打造的大户型国际高端豪宅产品，金都高尔夫艺墅在2010年4月16日首次开盘，户型面积在200～500平方米，均价为32000元／米$^2$。

然而，"地王"之上，精心打造的大户型国际高端豪宅产品却生不逢时，开盘第二天就遇到了抑制不合理购房需求的"国十条"出台。在市场整体向下调整的形势下，位于主城区外围的金都高尔夫艺墅，作为大户型、高总价豪宅入市，销售陷入了持续低迷状态。

2011年4月，在当时杭州楼市降价潮的裹挟之下，金都高尔夫艺墅再次推出5号楼面积为200平方米的房源，价格降至每平方米24000～26000元。

2011年6月，金都高尔夫艺墅东区小户型首推，毛坯房源起价18900元／米$^2$，精装修房源均价24000元／米$^2$。

2012年12月，金都高尔夫艺墅再次推出新房源，其中小户型房源毛坯均价17000元／米$^2$，精装修均价21000元／米$^2$。

2013年6月初，金都高尔夫艺墅在售一期200～400平方米大户型房源均价25000元／米$^2$，二期88～148平方米小户型毛坯均价17000元／米$^2$，精装修均价20000元／米$^2$。

虽然价格一路降低，但销售仍然步履艰难。当时透明售房网显示，金都高尔夫艺墅可售房源298套，其中首期推出的西区1号、2号楼153套大户型房源还剩82套在售，去化率不到一半。

---

① 李永生，2011杭州楼市：缩量飙升与杀跌，口水杭州，2012年1月1日。https://zzhzbbs.zjol.com.cn/thread-10537537-1-1.html。

2013 年 6 月 2 日，融创与绿城房产合资公司以 12 亿元收购金都房产持有的浙江金盈 50% 的股权，从而间接拥有金都高尔夫艺墅项目 50% 的股权，另外 50% 仍然归九龙仓所有。被收购后，项目名称改为"绿城之江一号"，调整产品定位和价格后，到 2015 年才销售完毕。

股权转让后，金都房产退出了高尔夫艺墅项目。作为杭派开发商的重要代表，因为这个"地王"项目投资和经营失败，金都房产元气大伤，随后几年遗憾地消失在残酷的市场洗牌过程中。

区域"地王"，高端定位，持续 8 年才被开发完毕，却拖垮了一家优秀的公司，其中的教训值得铭记。

在杭派开发商中，以稳健经营著称的滨江房产，在这一轮调整周期中，同样经受了严峻考验。不同的是，在经历锤炼后，滨江房产经营管理能力大幅提升。

2008 年 5 月 29 日，滨江房产以发行价格 20.31 元在深圳证券交易所成功上市，随后在 2008 年 9 月以底价成交，取得杭州重机厂地块，奠定了后续发展的基础。

2009 年市场大幅回暖，在一片火爆的市场形势下，滨江房产紧跟老大哥绿城房产，加大了拿地力度。当时，绿城房产提出了千亿目标，滨江房产与绿城房产对标，按照自身规模是绿城房产规模的 1/3 这一标准，把目标设定在销售额 300 亿元。想实现 300 亿元销售额，就需要花 100 亿元拿地。为此滨江房产在 2009 年花了 67 亿元拿地，2010 年花了 100 多亿元拿地，而且当时市场热度很高，滨江房产拿的都是高价地。

回忆起这段历史，戚金兴本人也感慨万千。没想到从 2011 年到 2015 年，杭州房地产市场持续调整。市场形势不好，给滨江房产造成了很大压力。在股票市场上，滨江房产股价从 2009 年 7 月 6 日最高价格 7.97 元，一直下跌到 2014 年 6 月 20 日最低价格 2.36 元。

其实，滨江房产的经营策略还是比较灵活的。到了 2014 年，前面的高地价项目基本被消化完毕，企业财务状况也不错。但看到绿城房产还在财务困境中苦苦挣扎，大家都劝戚金兴注意风险，滨江房产便制定了"两保持两下降"的经营战略，即"保持销售量，保持现金量，下降负债，下降贷款"。

这也是后来一系列"稳定策略"的由来。戚金兴从中悟出一个道理，就是"人疯我不疯"，很多陷阱都是以甜蜜的形象出现的，看起来很美，实则暗藏危机。他在公司经营战略中提出了"子弹论"——无论在多艰难的环境中，都不要轻易打出最后一颗子弹，因为你不知道接下来的情况是不是更糟。

根据"子弹论"，滨江房产做了3个战术性动作。一是减少拿地，2015年只拿了两个项目，这两个项目还都是合作的，滨江房产权益只占1/3。另外，增加了5个代建项目，保持开发建设的工作量。二是走出去，到省外、海外布局项目，落地的城市是上海和西雅图。三是多元化，花了将近20亿元，在非房地产的新能源、医药、互联网等领域进行投资。

随后，杭州房地产市场在"去库存"政策刺激下，从2016年开始进入了新的繁荣周期。滨江房产2014年、2015年这两年采取相对保守的稳健经营战略，的确丧失了一些难得的拿地机会，把滨江房产的"青春期"发育推迟了一些。但是，在企业能力修炼方面，通过一些项目的实践，及时总结经验教训，并吸收学习不同类型企业的经验，特别是学习外来房企快速周转的做法后，滨江房产的经营管理能力显著提升，为后续发展积累了强大动力。

## 30.4　绿城房产股权生变

在2010—2015年这一轮市场调整过程中，故事最多、受影响最大的，还是绿城房产。财务危机挥之不去，股权结构不断变化，绿城房产从一家典型的民营企业，最后演变成为混合所有制企业，创始人宋卫平的股份不断被稀释。

2006年在香港上市融资后，绿城房产加大了土地购置力度，并持续加大融资杠杆，2007年销售额超过150亿元，2009年超过500亿元。金融海啸后的房地产救市政策和"4万亿"经济刺激计划，激活了房地产市场，绿城房产在各方面状态都很好，宋卫平雄心勃勃，对自己的产品充满信心，感到唯一制约的因素就是"钱太少"。

然而，2010—2011年，在持续不断的金融紧缩和房地产调控形势下，绿城房产销售额从2010年的532亿元，下降到2011年的353亿元，公司资金压力越来越大。2010年底，绿城房产的净资产负债率达到132%。2011年底，进一步提高到148%以上。

2011年11月1日深夜，一则"绿城房产已破产"的消息在微博上疯传。宋卫平连夜写了"从绿城'被破产'说起"，回应传闻，意在感谢大家的关心和支持，也向大家报告，"绿城目前一切尚好"。

宋卫平写道：我们有足够的信心，与行业一起，度过寒冬。无论如何，我们决不放弃绿城房产所秉持的理念，走正道，尽人力，听天命。无论明天风景如何，我们依然以绿城房产3万名员工为后盾，鼓足干劲，做最有耐心、最努力、最持续的坚持，找出一条活路，穿越寒冬。[①]

随后，绿城房产立即行动，从2011年最后两个月到2012年4月连续转让6个项目的股权，回笼现金约60亿元，解决了年底前后的资金周转问题。

2012年，绿城房产果断做出了三个大动作，来增加现金流入，缓解财务压力。

一是改革营销体系，推出全员营销和经纪人计划，加快产品销售和资金回笼。

2012年初，针对自身房产品定位高端特点，在"不降价"原则约束下，绿城房产大刀阔斧改革营销体系，公司全员营销，面向社会公开招聘经纪人，组建两家经纪公司，包括专职经纪人和比较自由的加盟经纪人，强化市场营销。

宋卫平在2012年3月举行的绿城联合经纪公司成立大会暨签约仪式上说，我们把房地产经纪人视为房产品价值得以实现的"助产士"。我们已经努力了将近20年，产品的人文含量和艺术含量，一直是我们最重要的诉求。营造、实现和保障这些产品功能和价值需要巨大投入和成本，这些好房子所具有的价值、功能和精神象征需要专业的解读、辅导和推广，因此我们决定招聘最优秀的经纪人，形成最合适绿城房产的推广渠道和销售体系。

全员营销和经纪人计划，在2012年产生了积极效果，10月份绿地房产就提前实现了全年400亿元的销售目标。2012年全年销售金额约546亿元，同比增长54.7%。在年终表彰大会上，奖金500万元的"销冠"，成为公司内外大家关注的热点。

二是向九龙仓配售股票和债券，引进将近51亿港元资金。

2012年6月8日，绿城房产在香港交易所公告宣布，与九龙仓订立股票认购协议，九龙仓拟以每股5.2港元的价格，分两次认购绿城房产合计配发的4.9亿股股份及25.5亿元港元可换股债券，总计金额为50.98亿港元。

根据认购协议，认购股票完成后，九龙仓获得绿城房产24.6%的股权，成为第二大股东（宋卫平占股25.4%）。如果可转换债券全部换股，则九龙仓持股比例将提高到35.1%，成为绿城房产第一大股东。但是，宋卫平及寿柏年两人持股比例还有37.5%，作为一致行动人，二人持股比例仍然高于九龙仓。

2014年1月21日，绿城房产宣布发行5亿美元的"次级永久资本证券"，所得净额主要用于赎回2012年6月九龙仓购买的"永久次级可换股可赎回证券"。绿城

---

① 宋卫平，从绿城"被破产"说起，住在杭州网，2011年11月2日。http://zzhz.zjol.com.cn/05zzhz/system/2011/11/02/017963465.shtml。

房产与九龙仓约定的可赎回期限是 3 年，这次提前赎回，解除了绿城房产第一大股东易主的风险。

三是合作成立融绿平台公司，绿城房产转让 9 个项目的股权给融绿平台公司，收回 33.72 亿元资金。

2012 年 6 月 22 日，绿城房产与融创在上海绿城玫瑰园度假酒店联合召开战略合作新闻发布会，二者合作成立了各持股 50% 的融绿平台公司。融绿平台公司成立后，收购了绿城房产所持有的 8 个房地产项目的全部股权，包括：上海黄浦湾、玉兰花园、苏州御园、玫瑰园、无锡玉兰花园、香樟园，常州玉兰广场，天津响螺湾。另外，收购了绿城房产持有的上海玫瑰园项目 50% 的股权。

按照本次合作和收购计划，融创向绿城房产支付收购价款总额约为 33.72 亿元，融绿平台公司由融创负责运营管理。由此，融创大规模进入长三角房地产市场，并借助绿城房产的品牌和营造能力，大幅提升了自己的行业地位。

在发布会上，宋卫平和孙宏斌都不吝赞美之词，彼此表达欣赏和信任之意。

宋卫平直言，绿城房产在 2011 年打了败仗。目前手上的高价项目还是太多，看不到政策前景。与融创合作，是为了更稳健地发展。他欣赏融创团队的锐气，合作项目由融创主控是好事。

通过三大动作，绿城房产当时总算化险为夷了。在 2012 年销售大幅提升基础上，2013 年绿城房产全年完成销售额 651 亿元，净资产负债率大幅降低到 67%，交出了一份不错的成绩单。

2013 年绿城房产和融创合作愉快，两位老板相互支持，融绿平台公司项目进展顺利。这一年，融绿平台公司通过拿地、收购等方式，项目数量迅速从成立之初的 9 个增加到 19 个，仅在上海就获取了货值超 800 亿元的 6 个项目，其中融绿平台公司花费 80 亿元收购的上海卢湾区盛世滨江（原名丰盛皇朝），创下当时金额最高的收购纪录。

2014 年，融绿平台公司在上海市场的销售额高达 174.8 亿元，位居上海商品住宅市场销售额第一位。

但是，2014 年的房地产市场整体形势却进一步收缩下行，绿城房产的资金困难和财务风险仍然挥之不去。

为了防止绿城房产再次陷入经营风险，宋卫平决定深化与孙宏斌的合作关系，产生了"把绿城房产托付给孙宏斌"的想法。

2014 年 5 月 22 日，经过双方紧锣密鼓的筹划，融创和绿城房产同时公告宣布，融创斥资 63 亿港元收购绿城房产 24.313% 的股份。收购完成后，融创与九龙仓并列绿城房产第一大股东，孙宏斌和宋卫平共同担任绿城房产联席董事长。从 2015 年 3 月 1 日起，宋卫平担任名誉董事长。作为绿城房产创始人，宋卫平持股减少到 10.473%，寿柏年持股减少到 8.086%。

5 月 23 日下午，双方在杭州黄龙饭店召开了新闻发布会，会上宣布孙宏斌是宋卫平选定的绿城房产接班人，并得到九龙仓同意和积极支持（见图 30.1）。

在回答记者提问时，宋卫平和孙宏斌反复强调，绿城房产的企业核心价值观和经营理念将得到坚守和发扬光大，对客户、员工和社会的责任不会有任何变化。宋卫平特别强调，万一有矛盾，我退避三舍，"但是事关客户、事关团队、事关社会价值，我也会抗争"[1]。

当时，宋卫平通过股权转让，把绿城房产交给孙宏斌，在业界和杭州引起了巨大反响。一种理性的分析结论是，精于产品营造的绿城房产，携手长于市场营销的

图 30.1　2014 年 5 月 23 日凤凰房产网页截图 [2]

---

[1]　浙江在线新闻中心、住在杭州网联合报道组，融创 50.6 亿收购绿城 24% 股份，住在杭州网，2014 年 5 月 23 日。http://zzhz.zjol.com.cn/2013_zt2/lc/index.shtml。

[2]　凤凰房产，凤凰直击：5 月 23 日绿城发布会，凤凰网，2014 年 5 月 23 日。https://hz.house.ifeng.com/column/theme/ronglv/index.shtml#tupian。

融创，加上融资能力很强的九龙仓，如果融合得好，"新绿城"将会势不可挡，成为中国房地产业领头羊。当然，这也是宋卫平、孙宏斌和九龙仓期待的结果。

然而，问题又出在"如果"这个假设上，事情的实际进展要复杂和困难得多，结果并没有那么美好。

股权转让协议签订后，孙宏斌随即以雷霆行动全面接管绿城房产。

2014年7月1日，融创按照协议支付了购买股权的款项。随后召开的年中董事会任命融创原副总裁兼首席财务官黄书平担任绿城房产执行董事兼执行总经理，接管财务工作；任命融绿平台公司原总经理田强，担任绿城房产总经理，接管项目投资、开发和运营管理；任命融创原副总裁陈恒六，担任绿城房产副总经理，接管人力资源管理；任命融绿平台公司原执行总经理郑甫，担任绿城房产副总经理，接管营销管理。

7月7日，新班子组织成立了7个工作小组，重新对绿城房产的集团、平台、区域三级管理架构进行梳理，调整项目经营管理团队，并很快完成了对全国100多个项目的全面接管。

在新的管理架构和机制下，项目公司经营管理权限扩大，销售导向目标更加清晰，融创的"狼性"管理风格凸显，许多项目出现了降价销售和品质打折问题，客户投诉增加，合作伙伴怨声载道，这些信息逐步汇总到宋卫平这里，使他越来越体会到，融创接管后的绿城房产，很快就偏离了自己预设的发展方向。

从8月份开始，融绿摩擦与不和的消息不断被释放出来，经过媒体的演绎，故事不断，剧情复杂，成为行业和社会热点话题。

2014年11月19日，在事态演变进入白热化的时候，宋卫平通过媒体，发表了《我的检讨与反省》一文，坦承自己卖错了，融创和孙宏斌的基因不适合绿城房产，自己唯一的选择是回归绿城房产。虽然失信于股权转让，但要守住对更多的人、更重要的道理的信用。

在这份公开信里，宋卫平通过阐述"绿城房产是什么，绿城房产属于谁，绿城房产的过去、现在和将来"这3个问题，表达了自己20年来通过绿城房产这家公司及其产品，所表达的初心和追求的理想。[①]

经过一个月的激烈争斗和多方协商，12月19日，绿城房产与融创发布公告，正式宣布融创终止收购绿城房产股份，融创退出，宋卫平回归绿城房产。

---

① 宋卫平口述，界面新闻记者张育群整理，宋卫平：我的检讨与反省，住在杭州网，2014年11月19日。http://zzhz.zjol.com.cn/system/2014/11/19/020366997.shtml。

熟悉宋卫平和绿城房产的人应该可以相信，这个理想主义者对初心的坚守和两家公司各自强大的文化基因存在"排异反应"，是融绿之间从"热恋"到"分手"，跌宕起伏、快速变化的内在原因。2014年房地产政策和市场环境的逆转，以及其他一些因素，只是变化的外因和催化剂。

事态发展的过程和结局表明，这不是一场机关算尽的公司控制权的利害争夺，而是一场有情有义的"理想主义"与"市场主义"的实践碰撞。

2014年12月23日，中交集团与绿城房产战略合作协议签字仪式在杭州玫瑰园度假酒店举行，双方宣布中交集团与绿城房产大股东宋卫平先生及其他关联股东签署股份购买协议，以总价约60.15亿港元收购其持有的绿城房产24.288%的股份，与九龙仓并列，成为绿城房产第一大股东。

双方商定，交易后中交集团将向绿城房产派遣部分董事和高级管理人员，参与绿城房产的经营管理。中交集团与绿城房产将以优势互补为最终目标，共同致力于海内外房地产业务的发展，努力为中交集团及绿城房产创造战略价值。

至此，绿城房产成为多方持股、共同治理的混合所有制企业，绿城房产的股权变化告一段落。

这一段股权变化，是杭州房地产市场调整和行业演变过程中，一家鲜活的、优秀的开发商面对生死存亡所做的拼死抗争，也是那个时代留给后人的、有许多可以思考和借鉴的企业管理经典案例。

由此演绎出来的精彩故事和是非曲直，不过是历史长河中的几朵浪花，但企业家如何带领企业持续健康成长，却是说不尽、道不完的永恒话题。

# 31 "去库存"政策起死回生

2014—2015 年，市场低迷期遇上政策鼓励期，最佳购房时机转瞬即逝。

对于老百姓而言，房子是安身立命的基础，是成家立业的载体，是代际传承的财富。对农村家庭而言，有钱就要盖更好的房子。对城市家庭来说，有钱就要买更好的房子。

在国家发展和社会进步的宏观视野里，房地产作为物理空间，供家庭居住、企业经营、城市运行和提供公共服务；房地产作为财产权利关系，承载着经济交换、财富管理、社会治理和稳定政治秩序的功能；房地产作为产业结构系统，关联着房屋建设、材料设备、专业服务和金融体系。

可见，房地产不同于一般的消费品，也不是单纯的投资品，而是兼具消费属性和投资属性的"耐久品"。房地产业是一个庞大的基础性支柱产业，这是由房地产的独特的、不可替代的客观属性决定的。

由此，政府的房地产政策必然具有综合性目标，要支撑经济增长，要推动城市发展，要改善人居水平，要防范金融风险。一句话，就是要保持房地产"平稳健康发展"。

根据这样一个综合性的基本目标，在房地产市场波动前行的进程中，房地产调控政策整体表现出"逆风行事，反向调节"的特点。在市场过热阶段，政府往往出台"抑制性政策"，给市场降温。在市场过冷阶段，则反其道而行之，出台"刺激性政策"，给市场加热。

市场周期与政策周期叠加，影响企业和家庭的房地产投资和消费行为，令房地产市场波澜壮阔。

从 2010 年开始，在经历了五年时间的持续调整后，杭州房地产市场逐步进入了周期的底部。随着"去库存"歼灭战打响，新一轮市场繁荣周期如约而至，量增价涨，泡沫再起。

## 31.1 2014年取消限购政策

从2010年开始，中央政府主导，出台了限贷、限购等一系列抑制性房地产调控政策，并要求地方政府承担主体责任，持续不断地对过热的房地产市场进行降温。

2013年两会前，"国五条"雷霆出击。其中第一条，就是建立完善稳定房价工作责任制，要求各直辖市、计划单列市和拉萨以外的省会城市，按照保持房价基本稳定的原则，制定并公布年度新建商品住房价格控制目标。国务院建立健全稳定房价工作的考核问责制度。

同时，第二条要求坚决抑制投机投资性购房，严格执行商品住房限购措施，严格实施差别化住房信贷政策。特别重要的是，明确提出要充分发挥税收政策的调节作用。税务、住房和城乡建设部门要密切配合，对出售自有住房按规定应征收的个人所得税，通过税收征管、房屋登记等历史信息能核实房屋原值的，应依法严格按转让所得的20%计征。总结房产税试点城市经验，加快推进扩大试点工作，引导住房合理消费。

按照住房转让所得的20%计征个人所得税，对市场的影响巨大。扩大房产税试点地市范围则被理解为，杭州必然被包括在内。

为了赶在政策实施前完成交易和过户，2013年3月份杭州二手房市场出现"天量"交易，办证大厅加班加点，办证队伍排出长龙。据统计，这个月杭州市区二手房市场成交量达到8618套，比上个月增加了6倍多，比2012年3月增加了3倍多，创出了杭州单月二手房成交量最高纪录。

尽管"国五条"关于房产税调控的相关政策最终并没有真正实施，但房地产市场在2013年还是逐步冷却下来了。

对于持续调整多年的杭州来说，商品房库存不断积累，已经产生了新的问题。根据克而瑞杭州机构统计，到2013年底，杭州市区可售商品房房源多达113190套。而在2009年底，只有2万多套。2010年底，也才4万多套。2011年底和2012年底，则均为8万套左右。

按照2012年和2013年年均成交8.55万套推算，去化周期为15.88个月。如果考虑到已出让土地上正在开发的潜在库存，商品房的市场消化压力巨大。

到了 2014 年，全国的房地产市场形势整体转冷。商品房销售在年初就出现了负增长，全年商品房销售面积下降 7.6%，商品房销售金额下降 6.3%。房地产开发投资同比增速，从 2013 年的 19.8% 逐月回落，到年底只有 10.5%。

在此背景下，中央政府的房地产调控政策有所松动。5 月 12 日，中国人民银行和中国银行业监督管理委员会召开住房金融服务座谈会，要求各商业银行保证正常房地产融资需求，积极引导房地产信贷市场健康发展，商业银行要对个人住房按揭贷款合理定价，提高贷款发放和审批效率，不许停止发放个人购房贷款。

与此同时，许多城市开始放松甚至取消商品住宅限购政策。

2014 年 7 月 28 日，杭州市出台政策，放松限购：从 7 月 29 日零时起，购买本市萧山区、余杭区住房（含商品住房、二手住房）无须提供住房情况查询记录；购买主城区 140 平方米及以上住房（含商品住房、二手住房）无须提供住房情况查询记录。"

放松限购政策对市场需求的释放产生了立竿见影的效果，8 月份杭州商品房销售规模达到 9453 套，创年内新高，且为以往 5 年来同期最高水平。

但是，商品房库存增加的速度可能更快。到 8 月末，杭州市区新建商品房 135563 套，其中主城区 60671 套，余杭区 50872 套，萧山区 24020 套。

2014 年 8 月 28 日，在放松限购一个月后，杭州市住房保障和房产管理局宣布："为充分发挥市场在楼市调控中的主导作用，经研究，报杭州市政府同意，从 8 月 29 日零时起，购买杭州主城区 140 平方米以下住房（含商品住房、二手住房），不再提供住房情况查询记录。"

由此，杭州市全面解除了住房限购政策。

2014 年 9 月 29 日，《中国人民银行 中国银行业监督管理委员会关于进一步做好住房金融服务工作的通知》出台，规定：个人还清首套房贷款后，再买第二套可认定为首套购房，享受相应的首付比例和利率优惠。个人购房贷款"认贷不认房"，意味着房地产信贷政策全面放松，被媒体称为"930 新政"。

2014 年 11 月 21 日，中国人民银行宣布，自 22 日起下调金融机构人民币贷款和存款基准利率，开启了新一轮货币宽松政策。

到 2014 年底，全国实施限购政策的 47 个城市，除了北京、上海、深圳、广州和三亚，其他 42 个城市都解除了限购措施。

然而，房地产调控政策放松的效果，在 2014 年还没有完全显现出来。

根据杭州市统计局公布的《2014 年杭州市房地产市场监测报告》，杭州商品房销售量及其价格呈现双降局面。杭州市新建商品房销售面积 1121 万平方米，同比下降 1.6%。市区二手住房成交 31981 套，同比下降 26.1%。

按照国家统计局公布的数据，2014 年 12 月杭州新建商品住宅价格指数同比下降 10.3%，二手房价格指数下降 5.1%。

从商品房库存量来看，虽然取消限购政策后，杭州市商品房销售量明显回升，但库存规模在第四季度依然保持在 15 万套左右的高位，开发商经营压力很大。

当然，对于购房者而言，市场低迷阶段，房地产政策从抑制转向促进，提供了难得的买房好时机。

例如，2015 年初在杭州购买新房的家庭，一年后基本收获了房价翻一番的惊喜。

从后来二手房价格来看，当时购房的家庭，做了十分聪明的决策（见表 31.1）。

表 31.1 2014—2020 年西湖区、滨江区二手房均价走势

（单位：元 / 米²）

| 区域 | 2014 年 12 月 | 2015 年 12 月 | 2016 年 12 月 | 2017 年 12 月 | 2018 年 12 月 | 2019 年 12 月 | 2020 年 12 月 |
|------|------|------|------|------|------|------|------|
| 西湖区 | 22471 | 22389 | 29146 | 38013 | 40991 | 38801 | 39225 |
| 滨江区 | 16176 | 16584 | 26591 | 34694 | 36062 | 36903 | 39555 |

资料来源：根据安居客网站杭州历史房价资料整理。

对于老百姓而言，在杭州购房置业往往是全家最大的一笔消费和投资。能够选择在房地产市场周期性低位买房，无疑是一生中巨大的成功，会给家庭带来长久的福利和快乐。

房地产市场周期转换是一个比较长的过程，并且有一定的规律性。就杭州的经验来看，"逆风行事，反向调节"的房地产调控政策，往往是市场周期转换的"先行信号"。房地产政策导向从"抑制"转向"促进"之时，就是老百姓购房的良好时机。

## 31.2 2015 年鼓励购房需求

针对全国房地产库存高企、商品房销售乏力、房地产投资增幅下降的形势，2015 年中央政府进一步调整房地产政策，基调从"抑制"转向"支持"。

2015 年两会期间，政府工作报告提出，要"稳定住房消费，坚持分类指导，因地施策，落实地方政府主体责任，支持居民自住和改善性住房需求，促进房地产市场平稳健康发展"。

全国两会结束后，各部委和各地区密集出台了一系列支持和促进房地产市场

的政策。其中，影响最大的，是房地产信贷放松和交易税收优惠，这被媒体称为"330新政"。

2015年3月30日，《中国人民银行 住房城乡建设部 中国银行业监督管理委员会关于个人住房贷款政策有关问题的通知》发布，对拥有一套住房且相应购房贷款未结清的居民家庭购买第二套房，将最低首付款比例调整为不低于40%。使用住房公积金贷款购买首套普通自住房，最低首付20%。拥有一套住房并已结清贷款的家庭，再次申请住房公积金购房，最低首付30%。而此前，我国对二套房贷款执行"首付款比例不低于60%，贷款利率不低于基准利率的1.1倍"的规定。

同日，财政部和国家税务总局联合发布消息称，个人将购买不足2年的住房对外销售的，全额征收营业税。个人将购买2年以上（含2年）的非普通住房对外销售的，按照其销售收入减去购买房屋的价款后的差额征收营业税。个人将购买2年以上（含2年）的普通住房对外销售的，免征营业税。此前，免征营业税期限是5年。

国家部委出台信贷放松和税收优惠政策，释放出鼓励购房需求的明确信号，大城市商品房市场率先回暖。

在杭州市区，2015年3月新建商品房签约6463套，4月份增加到11472套，环比增长了78%。

2015年9月30日，《中国人民银行 中国银行业监督管理委员会关于进一步完善差别化住房信贷政策有关问题的通知》发布，明确在不实施限购的城市，首套房最低首付比例从30%下调为25%，进一步放松个人购房贷款政策。同时《住房城乡建设部 财政部 中国人民银行关于切实提高住房公积金使用效率的通知》发布，要求提高公积金贷款额度，全面推行异地贷款业务等。

"330新政"和"930新政"的出台，对全国各地的商品房销售形成了刺激效应，购房需求逐步释放，销售规模快速增加。

从表31.2所列统计数据来看，全国、浙江省和杭州市三个层面的数据，都显示2015年商品住宅销售规模扭转了2014年的下降局面，房价也明显回升。

全国商品住宅销售面积同比增长6.94%，销售均价上涨9.10%。浙江省商品住宅销售面积增长30.19%，销售均价上涨1.59%。杭州市商品住宅销售面积增长35.86%，销售均价上涨5.03%。

杭州市区商品房销售套数在4月份超过1万套后，随后的9个月，一直保持在1万套以上，12月份更是达到了创纪录的15882套，全年超过了12.7万套，创出历史新高。

市场交易被彻底激活，但价格没有出现大幅上涨，市场处于比较健康的状态。

表 31.2　2010—2016 年商品住宅销售面积和销售均价

| 区域 | 项目 | 2010 年 | 2011 年 | 2012 年 | 2013 年 | 2014 年 | 2015 年 | 2016 年 |
|------|------|---------|---------|---------|---------|---------|---------|---------|
| 全国 | 面积 / 亿平方米 | 9.34 | 9.65 | 9.85 | 11.57 | 10.52 | 11.25 | 13.75 |
| | 均价 / (元·米$^{-2}$) | 4725 | 4993 | 5430 | 5850 | 5933 | 6473 | 7203 |
| 浙江省 | 面积 / 万平方米 | 3834 | 2757 | 3316 | 4098 | 3942 | 5132 | 7234 |
| | 均价 / (元·米$^{-2}$) | 9330 | 9801 | 10682 | 11015 | 10586 | 10754 | 11447 |
| 杭州市 | 面积 / 万平方米 | 798 | 598 | 920 | 969 | 951 | 1292 | 1887 |
| | 均价 / (元·米$^{-2}$) | 14248 | 12742 | 13293 | 14675 | 14038 | 14744 | 16216 |

资料来源：根据各年份中国统计年鉴和浙江统计年鉴数据整理和计算。

然而，2015 年第四季度，中央政府进一步提出了房地产市场"去库存"的重点任务。

11 月 10 日，中央财经领导小组第十一次会议，系统研究了经济结构性改革和城市工作。这次会议提出，推进改革和发展要解决四大关键问题，包括产能过剩、企业成本过高、房地产库存量大和金融风险较大。对于房地产，提出的重点任务是"要化解房地产库存，促进房地产业持续发展"。

12 月 18 日至 12 月 21 日，中央经济工作会议研究经济形势，部署 2016 年经济工作，提出了"去产能、去库存、去杠杆、降成本、补短板"五大重点任务。在房地产市场，要取消过时的限制性措施。

在商品房销售市场已经活跃，销售面积大幅增长，销售价格开始回升的背景下，中央把"去库存"作为 2016 年经济工作的重点任务，背后是"新常态"下国民经济运行的整体需要。

2013 年 12 月中央经济工作会议提出"新常态"概念，以此来概括中国经济发展从高速增长转向中高速增长的新阶段特征，从而更加注重供给侧结构性改革。但是，适当的增长速度还是很重要的，是化解矛盾和推进改革的基础。

从统计数据观察，2014 年中国 GDP 增长 7.3%，2015 年增长 6.9%，这是 1991年以来的最低速度了，必须防止经济继续下滑。

房地产业因为其基础性支柱产业的地位，对经济增长的贡献和影响很大。但是，房地产开发投资增速从 2013 年的 19.8% 下降到 2014 年的 10.5%，2015 年进一步下降到只有 1.0%。

房地产开发投资增速下滑，与商品房库存增加，开发商信心不足有很大关系。全国商品房待售面积在 2013 年末是 4.93 亿平方米，2014 年末是 6.22 亿平方米，2015 年末达到 7.19 亿平方米。

可见，从宏观经济整体发展需要出发，进一步加快商品房销售，降低商品房库存，恢复房地产投资，稳定国民经济大局，已经刻不容缓。

2015 年 12 月 24 日，《经济日报》刊登了《打好去库存这场"歼灭战"》一文，文中指出，化解房地产库存，有利于促进房地产市场健康发展，有利于推动以人为中心的城镇化进程，有利于稳增长和调结构，有利于决胜全面建成小康社会。

## 31.3 2016 年重启限购限贷

根据中央经济工作会议精神，2016 年初，各部委积极出台宽松政策，集中火力打"去库存"歼灭战。

根据中国人民银行公布的数据，2016 年 1 月 M2 余额为 141.63 万亿元，同比增长 14.0%，增速比去年同期高 3.2 个百分点；1 月份人民币贷款增加 2.51 万亿元，同比增加 1.04 万亿元，增量创出历史新高；社会融资规模增量为 3.42 万亿元，比 2015 年同期多 1.37 万亿元。

2016 年 2 月 2 日，在春节放假前夕，《中国人民银行 中国银行业监督管理委员会关于调整个人住房贷款政策有关问题的通知》出台。该文件规定：在不实施限购措施的城市，居民家庭首次购买普通住房的，原则上最低首付款比例为 25%，各地可向下浮动 5 个百分点；对拥有 1 套住房且相应购房贷款未结清的居民家庭，为改善居住条件再次申请以商业性个人住房贷款购买普通住房的，最低首付款比例调整为不低于 30%。该文件还规定，对于实施限购措施的城市，个人住房贷款政策按原规定执行。

这就意味着，除了一线城市，其他城市的个人购房贷款首付比例，可以再下调 10 个百分点，达到了历史最低水平。

中国人民银行降息、降准继续推进，低首付叠加低利率，房地产信贷政策处于空前宽松状态。

2016 年 2 月 17 日，《财政部 国家税务总局 住房城乡建设部关于调整房地产交易环节契税 营业税优惠政策的通知》（财税〔2016〕23 号）出台。该文件规定：对个人购买家庭唯一住房，面积为 90 平方米及以下的，减按 1% 的税率征收契税；面积为 90 平方米以上的，减按 1.5% 的税率征收契税。对个人购买家庭第二套改善性住房，面积为 90 平方米及以下的，减按 1% 的税率征收契税；面积为 90 平方米以上的，减按 2% 的税率征收契税。

该文件还规定，个人将购买 2 年以上（含 2 年）的住房对外销售的，免征营业税，但该政策实施范围不包括北京、上海、广州和深圳，体现了城市差别对待的思路。

2016 年 2 月 26 日，为认真贯彻中央经济工作会议精神，落实国家和省有关政策要求，推动住房消费，《杭州市人民政府办公厅关于进一步促进房地产市场健康稳定发展的通知》下发，被称为"杭十条"。

除了全面落实国务院和浙江省有关政策，"杭十条"的最大看点是第二条：加大住房保障货币化推进力度。

"杭十条"要求，认真落实《杭州市人民政府办公厅关于大力推进住房保障货币化的指导意见》和《杭州市人民政府办公厅关于印发杭州市征收集体所有土地住宅房屋补偿货币化安置指导意见的通知》，严格控制拆迁安置房建设，对国有土地上的房屋征收，鼓励全部实施货币化安置；对集体所有土地上的住房补偿，原则上实施"1+X"综合安置办法，被补偿人可选择 1 套实物安置房，其余安置面积实行货币化补偿，鼓励被补偿人选择全部货币化补偿安置。被征收人（被补偿人）使用货币补偿款购买住宅，购房成交价不超过货币补偿额的，免征新购住宅契税；超过货币补偿额的，对超过部分按规定征收契税。

同时，"杭十条"要求积极推进棚户区改造项目货币化安置，各实施主体对棚户区改造项目的货币化安置比例原则上不得低于 50%。

"杭十条"还明确提出，市本级全面实施公租房货币补贴制度，暂停新选址建设经济适用住房、公共租赁房，暂停经济适用住房保障申请受理。

对于杭州楼市来说，这条政策含金量十足。大规模的拥有住房保障用房和拆迁安置用房需求的人将会转向消化商品房库存。在一些区域，拆迁户的拆迁补偿货币化安置总额可能达到 1000 万元左右。这些家庭又是刚性购房者，成为杭州商品房市场需求十分重要的推动力量。[①]

2016 年初，中央和地方大力实施房地产"去库存"政策的成效十分显著。根据

---

① 陈梦妤，杭州棚改这三年："拆迁暴富？如今不存在的"，每日经济新闻，2019 年 2 月 12 日。http://www. nbd.com.cn/articles/2019-02-12/1298765.html。

国家统计局公布的数据，1 月至 4 月全国商品房销售面积增加 36.5%，销售金额增加 55.9%。

特别是在深圳、上海等一线城市和厦门、合肥、南京、苏州等其他城市，商品房市场量价齐升，投资投机氛围浓厚，吸引了大量资金。

事实再次表明，房地产既具有天使的面孔，又具有魔鬼的性格。如何趋利避害，是房地产政策的难点所在。

一线城市和部分热点城市商品房市场的快速启动和过热问题，很快引起了中央政府的警惕。2016 年两会期间政府工作报告提出，"因城施策化解房地产库存"。3 月 25 日，上海和深圳率先出台抑制楼市政策，强化了限购、限贷政策力度。

2016 年 4 月 29 日，中央政治局会议指出，要按照加快提高户籍人口城镇化率和深化住房制度改革的要求，注重解决区域性、结构性问题，实行差别化的调控政策。房地产"去库存"的工作基调被定位为"有序消化"，既要整体推进去库存工作，又要防止热点城市地价和房价持续过快上涨。

因为成功举办 G20 峰会，2016 年是杭州这个城市的"高光时刻"。特别是下半年，外地投资性购房需求快速集聚，引发了市场紧张和焦虑。

2016 年 9 月 18 日，杭州市政府召开了房地产专题会议，决定在市区部分区域（富阳区和大江东产业集聚区外的区域）实施住房限购，暂停向拥有 1 套及以上住房的非本市户籍居民家庭出售住房，包括新建商品住宅和二手住宅，政策从 9 月 19 日零时开始执行。

2016 年国庆节期间，南京、厦门、深圳、苏州等 14 个热点城市集中出台政策，加大调控力度，多地重启了限购政策。

尽管热点城市纷纷出台抑制性房地产调控政策，但市场热度似乎还在升高。

2016 年 11 月 9 日，《杭州市住房保障和房产管理局关于进一步严格实施住房限购的通知》，加码限购措施。自 11 月 10 日起，对不能提供自购房之日起前 2 年内在本市连续缴纳 1 年以上个人所得税或社会保险证明的非本市户籍居民家庭，暂停出售新建商品住房和二手住房，且非本市户籍居民家庭不得通过补缴个人所得税或社会保险购买住房。

虽然房地产政策拐点出现，但杭州作为全国房地产热点城市，2016 年土地市场、新建商品房市场和二手房市场全面爆发，在取得"去库存"歼灭战胜利的同时，快速进入了过热状态。

根据浙报传媒地产研究院发布的《2016杭州楼市研究分析报告》[1]：2016年杭州市区（不含富阳区）新建商品房成交19.31万套，同比增长了55.7%；年末商品房可售房源10.41万套，同比下降了41.7%。

2016年杭州市主城区二手房共成交超过7万套，创出历史新高，同比增长了56.3%。12月二手房成交均价为22385元/米$^2$，比2015年12月上涨了17.1%。

2016年杭州市区（不含富阳区）土地出让成交金额近1600亿元，平均楼面价达到12765元/米$^2$，比2015年上涨了72.3%。全年出让的126宗土地，平均溢价率为54.7%，远高于2015年19.3%的平均溢价率。

显然，与其他热点城市的房地产市场一样，杭州房地产市场已经量价齐升，投资过热，泡沫再起。

---

① 丁建刚 等，2016杭州楼市研究分析报告，浙报传媒地产研究院，2017年1月5日。

## 32　新城里，房地产的苦与乐

　　从新城的规划建设，到新城的配套成熟，你的角色是"先烈""前浪"还是"后浪"？

　　2001年萧山、余杭撤市设区后，杭州市很快编制了《杭州市城市总体规划（2001—2020年）》，开始沿江开发和跨江发展，从西湖时代走向钱塘江时代。

　　按照这一轮城市总体规划，扩大后的杭州市区将形成"一主三副六组团"的空间格局，城市东扩，旅游西进，沿江开发，跨江发展。

　　经过20年的开发建设，21世纪初的杭州城市总体规划格局已经变成了现实。西湖、京杭大运河、良渚文化遗址列入世界遗产名录。钱江新城形成了CBD功能，钱塘江两岸成了现代化的杭州城市封面。

　　在杭州变大的过程中，钱江新城、下沙新城、钱江世纪城、未来科技城等一批新城不断发展壮大，从阡陌到城区，从蓝图变实景，成为城市发展最亮丽的风景。

　　每一座新城的崛起，都有自己可歌可泣的故事。一般而言，经过规划设计、开发建设、基础配套、产业发展、人口集聚、公共服务、功能完善、地位提升等发展阶段，即使按照"中国速度"，一座新城也需要15年左右的时间才能进入成熟时期。

　　在新城发展的时间年轮里，政府起到了不可替代的作用，房地产亦功不可没。

　　对于身在其中的企业、家庭、机构、单位而言，开疆拓土的先行者，可能成为"前辈"，也可能成为"前浪"。十多年的开发过程，要走过几个市场周期，要经历许多政策变化。大手笔的房地产投资者，也许拿到"原始股"赚大钱，也许充当"接盘侠"做"韭菜"。

　　只有在适当的时间和地点拿地、买房、置业、投资的人，才可能搭上新城成长发育的顺风车，分享区位升级带来的增值红利。

在这个过程中，需要胆识，需要理性，也需要机缘巧合的运气。

## 32.1　下沙新城

下沙这片土地，曾经是钱塘江奔流入海经过的一片滩涂。在 1950 年代和 1970 年代，下沙人民在这里进行了两次大规模围垦，围垦造地增加了近 10 万亩农田，为国家生产粮食和蔬菜。

1980 年代后期，杭州市研究修订城市规划，在当时狭小的市区以外寻找发展空间，就提出了设立下沙轻化工业区的设想。

1990 年下沙设立了杭州钱江外商台商投资区江北下沙启动区块，开始建设水、电、路等基础设施，并对外招商引资。1992 年 5 月 23 日，区块内首期 6 个项目奠基开工。

1993 年 4 月 4 日，《国务院关于设立杭州经济技术开发区的批复》下发，下沙成为浙江省最早成立的国家级开发区之一。1996 年 5 月 9 日，下沙和九堡划归杭州市江干区，纳入了市区范围。优越的地理位置和优良的营商环境，很快吸引了大批跨国公司投资设厂，下沙成为杭州现代化的国际先进制造业集聚区。

2001 年萧山、余杭撤市设区后，下沙和江南、临平一起，被规划为杭州的 3 个副城，正式进入了城市功能规划建设阶段。同年 10 月，下沙高教园区一期 6 所大学顺利开学，为下沙注入了新的活力。到 2005 年底，14 所高校完成主体搬迁，入驻下沙。

从 2002 年到 2003 年，下沙出让了约 2000 亩住宅用地，将其交由杭州本土开发商开发，但商品房市场需求不旺，这主要是因为商业配套不足，人气不旺。

2004 年 11 月，下沙明确了"国际先进制造业基地、新世纪大学城、花园式生态型城市副中心"的城市规划战略定位，建设目标是到 2020 年，人口规模达到 60 万～70 万人，建成区面积达到 60 平方公里。随后，各种专项规划不断修订完善，房地产开发投资逐步成为下沙功能发育的主导力量。

然而，从"建区"到"造城"，是一个十分艰巨的任务。一座新城的开发建设，比一个开发区要复杂很多，需要的时间也更长。商品房市场的发育，与城市功能相辅相成，也有一个逐步成熟的过程。

例如，连接下沙与主城区的杭州地铁 1 号线，一期工程从 2007 年 3 月正式开工，到 2012 年 11 月开通运营，用了五年半时间。又过了三年，二期工程下沙延伸段在 2015 年 11 月投入运营。

被称为下沙"城市之眼"的金沙湖，从 2008 年开始规划设计，2010 年正式开挖建设，直到 2017 年才全部完工注水，前后用了差不多 10 年时间。

2005 年下半年，在连续调控政策的作用下，杭州楼市表现低迷，多数项目理性定价，低价入市。例如，钱江新城开盘销售的滨江金色海岸精装修豪宅，开盘均价为 20600 元 / 米$^2$。浙江大学紫金港旁边的耀江文鼎苑，开盘均价为 7900 元 / 米$^2$。滨江区的顺发倾城之恋，开盘均价为 5770 元 / 米$^2$。

当时，下沙的商品房也供过于求，竞争项目打起了价格战。2005 年 5 月，下沙楼盘天元 2005（天元公寓）以 4600 元 / 米$^2$ 的价格开盘，每平方米比周边楼盘低了 1000 元。7 月，华元梦琴湾以 3800 元 / 米$^2$ 的起价、4600 元 / 米$^2$ 的均价开盘。10 月房博会期间，野风海天城以 3618 元 / 米$^2$ 的起价，4300 元 / 米$^2$ 的均价开盘，400 多套住宅在 4 天房博会期间被销售一空（见表 32.1）。

不过，随后几年下沙的房价，随着杭州房价整体水平水涨船高，在 2010 年达到了周期性高点。

表 32.1　野风海天城商品住宅销售均价变化情况

（单位：元 / 米$^2$）

| 时间 | 2005 年 10 月 | 2006 年 9 月 | 2007 年 9 月 | 2008 年 3 月 | 2009 年 2 月 | 2009 年 9 月 | 2010 年 1 月 |
|------|------|------|------|------|------|------|------|
| 价格 | 4300 | 4960 | 7800 | 8200 | 5900 | 8500 | 11000 |

资料来源：根据住在杭州网相关历史资料整理。

从 2006 年开始，为了培育城市功能，完善商业配套，杭州经济技术开发区管委会积极在房地产方面招商引资，在中国香港和新加坡举行了推介活动，提升了下沙的知名度。

因为没有主城区情结，地价也相对便宜，世贸、金隅、朗诗、保利、宝龙、龙湖、德信等全国知名房地产企业，在进入杭州的第一个项目上，纷纷选择了下沙。

2007 年，随着杭州房地产市场热度不断提高，下沙的土地市场开始活跃。2 月 6 日，世茂以 1319 元 / 米$^2$ 的楼面价，取得沿江地块 415 亩，建筑面积近 62 万平方米，后来开发了世贸江滨花园。

一周后的 2 月 13 日，朗诗以 1683 元 / 米$^2$ 的楼面价，竞得下沙沿江地块，后来开发了朗诗国际街区。

5 月 31 日，北京金隅以 12.4 亿元竞得杭政储出〔2007〕18 号地块，土地面积为 352 亩，楼面价约 2450 元 / 米$^2$，后来开发了金隅观澜时代。

7月25日，央企保利进入杭州市场，以22.8亿元竞得下沙沿江地块，土地面积为435亩，楼面价为3326元/米²，后来开发了保利东湾。

这一年，四大外来开发商在下沙低价拿地，踩准了市场的节奏。

2008年1月，借着杭州房地产市场火爆的氛围，朗诗国际街区率先开盘，均价为10600元/米²，把下沙房价推进了1万元大关。

2008年9月，在全球金融海啸爆发的不利形势下，保利东湾第一期以6800元/米²的起价开盘。2009年3月，新推房源以5230元/米²起价，加上促销优惠，吸引了100多人漏夜排队购房。

随后，在房地产救市政策作用下，杭州房地产市场快速反转，保利东湾的销售价格也大幅上涨，7月均价达到8500元/米²，9月推出的"楼王"房源均价13000元/米²，10月均价升至16000元/米²。户型面积在200～300平方米的联排产品，均价28000万元/米²，也被抢购一空。

2009年和2010年初在下沙买房的购房者，有相当高比例是来自温州、台州等地的投资客。与开发商的命运相同，随后几年，他们承受了房价持续下降和市场低迷的痛苦。

在房地产政策收紧后，2010年下半年下沙的商品房价格就进入了下降通道，房地产市场持续低迷了6年时间。①

以保利东湾为例，2015年的时候，二手房价格只有9000元/米²左右，而且大户型很难出手。2016年"去库存"歼灭战后，杭州楼市启动了新一轮上涨周期，保利东湾的二手房价才回升到10000元/米²左右，2017年超过20000元/米²，2020年达到27000元/米²左右。

2010年前后，杭州的房地产市场处于高位，下沙打出了"宜业、宜学、宜居"的口号，加上地铁1号线规划落地、开工建设，几大开发商集中开发，诸多利好叠加在一起，吸引投资客大批进入，把下沙房价推高，在很大程度上透支了未来一段时间的区位价值。

10年之后，下沙来到了新的起点。

2019年4月，下沙经济技术开发区与大江东产业集聚区合并，杭州市设立"钱塘新区"，强化了下沙作为城市副中心的功能定位。2021年，杭州市区划调整，钱塘新区被设立为"钱塘区"，下沙的产业结构调整和城市功能升级，翻开了新的

---

① 黄㻗，六年未涨，下沙房价距离历史高点还有多远？，住浙网，2016年5月17日。http://www.managershare.com/post/257516。

一页。

## 32.2　钱江世纪城

钱江世纪城所在的地方，曾经是萧山的宁围乡和盈丰乡。钱塘江边的大片土地，也是当地农民从滩涂围垦出来的，孕育了"奔竞不息、勇立潮头"的萧山精神。

在改革开放的历史大潮中，以鲁冠球、徐冠巨为代表的乡镇企业家，在这片土地上创造了乡镇企业大发展的经济奇迹。1992年整合乡镇，宁围乡与盈丰乡合并，成立了宁围镇。2005年的时候，宁围镇实现工业总产值1500亿元，税收20亿元，成为浙江经济第一镇。

2003年9月，撤市建区后的萧山区落实杭州市"沿江开发、跨江发展"的城市规划战略，成立了钱江世纪城开发建设领导小组及办公室。同年10月，领导小组改为常设机构，更名为钱江世纪城管委会。钱江世纪城开发建设由此拉开序幕，萧山区开启了与杭州主城区融合发展的新时代。

钱江世纪城规划面积22.27平方公里，与对岸主城区的钱江新城隔江相望，共同构筑钱塘江时代的杭州城市新中心。

2005年12月，钱江世纪城开发建设有限责任公司成立，随后启动了大规模整村拆迁工作，并展开道路、给排水、电力、电信等基础设施开发建设。

2006年12月，长期担任钱江新城管委会副主任、分管钱江新城核心区规划建设工作的朱云夫，调任萧山区副区长，分管城建口的工作，直到2011年12月。

朱云夫回忆说，奥体博览城的选址和建设，在规划和建设层面为统筹钱江新城和钱江世纪城提供了契机。钱江两岸城市主轴线贯通，建筑形态遥相呼应，区域功能隔江互补，以及打通与主城区的交通等城市基础设施，是培育钱江世纪城城市功能的重点任务。为此，萧山区反复研究和论证，调整和优化钱江世纪城的总体规划，实现了江南、江北两个新城的轴线对接，并通过庆春路隧道、博奥隧道和地铁线路，迅速承接了已经建成的钱江新城的溢出效应。

同时，规划在修改完善过程中，还调整和加强了钱江世纪城与南边萧山经济技术开发区及西边滨江区的联系，把钱江世纪城规划纳入江南新城整体框架体系，实现了基础设施的互联互通，为钱江世纪城的持续发展奠定了扎实的基础。

大规模的城市开发建设，与土地市场和商品房市场同步推进。

宁围镇土生土长的民营企业万向集团，在1997年就成立了浙江万向房地产开发有限公司，在萧山从事房地产开发。2003年钱江世纪城启动后，万向集团旗下的房地产公司顺发一马当先，在紧邻钱江世纪城规划范围的位置，率先拿地 255 亩，开发了总建筑面积约 39 万平方米的顺发佳境天城。

2005 年 6 月，顺发佳境天城开盘均价 5900 元 / 米²。2005 年 9 月，销售均价 6500 元 / 米²。2006 年销售均价在 6200 ～ 6900 元 / 米²。2007 年国庆节期间，销售均价 8500 元 / 米²。2007 年 11 月最后一批房源推出，均价为 9300 元 / 米²。

可以看出，顺发佳境天城的销售价格低开高走，赶上了杭州房价上涨周期。

2007 年 2 月，顺发进一步向北拓展，在钱江世纪城拿地，经过 15 轮的书面竞价，以 3.05 亿元的总价，楼面价 2874 元 / 米²，竞得位于钱江世纪城的萧储〔2006〕24 号地块，土地面积约 88 亩，顺发在此开发了顺发和美家项目。

到了 2009 年，单体建筑面积 85 万平方米的杭州国际博览中心开工建设，钱江世纪城五纵四横一环的主干道框架初露端倪，50 多幢高端商务楼相继开工建设，新城开发建设进入了快速成长阶段。

当时，金融海啸后在房地产救市政策作用下，全国和杭州房地产市场呈现"V 形反转"，房价快速上涨，钱江世纪城的商品房价格也乘势而上，出现了大幅上涨。

2009 年 6 月，顺发和美家以均价 12000 元 / 米² 首开。到了 11 月，顺发和美家前后加推至第四次时，均价已经上升至 20000 元 / 米²，半年时间里房价"四级跳"，上涨了 66.7%，体现了当年楼市的惊人爆发力。

到了 2010 年 9 月，借着庆春隧道即将开通的利好，顺发和美家的销售价格最高攀升到 28000 元 / 米²，把购房者带到了区域板块的阶段性高点。

与购房者一样，这个时期高价拿地的开发商，也吃尽了随后五年房地产市场调整的苦头。

2009 年 11 月，顺发夺得钱江世纪城内的萧储〔2009〕45 号地块，楼面价为 8700 元 / 米²，开发了顺发江南丽锦。

2011 年 1 月，首次进入杭州的绍兴著名开发商金昌集团，出资 17.2 亿元，以 100% 溢价率、14543 元 / 米² 的楼面价，拿下钱江世纪城一宗宅地，创造了当时的萧山"地王"，开发了春和钱塘项目。

2013 年 4 月，春和钱塘以 21500 元 / 米² 的均价首开，这一价格与滨江核心区域相差无几。2013 年 5 月顺发江南丽锦以 19000 元 / 米² 的均价首开，金昌房产初次感受到竞争压力。

2014 年 7 月，市场预计均价为 2 万元左右每平方米的滨江房产金色江南项目，以 12560 元 / 米² 的起价、16160 元 / 米² 的均价开盘，现场售楼部出现了楼市久违的漏夜排队现象。

在市场形势不好的情况下，相对于一年前楼面价 9501 元 / 米² 的拿地成本而言，金色江南显然属于低价入市，但不会亏本。然而，对于周边在售的春和钱塘来说，这个价格是残酷和致命的。

为了应对竞争，在金色江南开盘当日，春和钱塘推出了 50 套特价房，每平方米最低在 14500 元 / 米²，跌破了楼面价，场面惨烈。

直到 2015 年 6 月，春和钱塘开始交付时，销售率还没有超过一半，价格在每平方米 18000 元左右。

可以说，春和钱塘这个项目生不逢时。高价拿地，低价销售，竞争激烈，去化困难，开发商苦不堪言（见表 32.2）。

然而，这个时期在钱江世纪城买房的购房者，却是另外一番景象。房价不断上涨的喜悦，延续 6 年时间。

表 32.2　2017—2022 年春和钱塘二手房价格走势

（单位：元 / 米²）

| 时间 | 2017 年 6 月 | 2018 年 6 月 | 2019 年 6 月 | 2020 年 6 月 | 2021 年 6 月 | 2022 年 6 月 |
|------|------|------|------|------|------|------|
| 挂牌均价 | 37100 | 48600 | 47700 | 47000 | 63700 | 65000 |

资料来源：根据安居客网站数据整理。

李女士，是萧山本地人，因为在杭州主城区工作，很想住在钱江世纪城。2014 年 7 月，金色江南开盘，她以 15000 元 / 米² 价格购买了一套 125 平方米的四房两卫的住宅。2016 年 G20 峰会后，钱江世纪城的房价快速上涨，金色江南交付后，到年底小区二手房价格就升到了 30000 元 / 米²。

房价在一年半时间就实现翻番，远远超出了李女士的预期。更让她开心的是，随后几年小区房价继续走高，在 2017 年底达到 45000 元 / 米²，2021 年下半年爬上了 75000 元 / 米²。房产如此快速增值，也只有搭上板块成长的顺风车才有可能，是天赐良机。

其实，从 2014 年开始，钱江世纪城的城市功能也进入了成熟阶段。2014 年 11 月 28 日，地铁 2 号线东南段正式开通运营，钱江世纪城与钱江新城和主城区的联系更加紧密了。宽阔的市心北路两侧，高楼林立，商业配套日臻成熟。

加上杭州市在 2014 年取消了限购政策，随后两年的"去库存"政策，彻底激活了杭州楼市，投资、投机需求卷土重来。

城市功能发育成熟、房地产政策宽松刺激、杭州楼市热度提高、G20峰会和亚运会重大事件来临，四重因素在钱江世纪城重叠出现，区位价值时空共振，这里成了杭州楼市最耀眼的明星板块。

2005年12月28日，钱江世纪城出让奥体博览城FG16-14宅地（即27号地块），占地面积6.19万平方米。经过近两个小时竞价，该地块被融创以总价26.1亿元竞得，折合楼面价16000元/米$^2$，溢价率近60%。

这个楼面价，创出了钱江世纪城区域的新高。但这只是奥体板块走红的开始。

2016年5月初，阳光城、景瑞分别在钱江世纪城拿地，楼面价双双超过19000元/米$^2$。

5月27日信达出面，经过28轮竞价，以总价123.18亿元，溢价率96%，楼面价每平方米21576元，拿到杭政储出〔2016〕9号地块，创造了杭州总价"地王"。

该地块占地236.7亩，为地铁奥体站上盖项目，总建筑面积约57万平方米，其中住宅面积32万平方米，商办房25万平方米。地价高，建筑类型多，结构复杂，开发难度不低。拿到土地后，融创等联合操盘，开发了杭州壹号院项目。

到了2018年初，奥体板块商品住宅批准预售价格在35000元/米$^2$左右，二手房价格则达到了每平方米5万元左右。新房价格低于二手房价格，受到购房者疯狂追逐。3月份开始实施摇号购房政策后，以精装修均价34700元/米$^2$开盘的融信保利创世纪项目，吸引了2万多人登记争抢616套房源。

2021年8月，杭州壹号院最后82套、户型面积为330平方米的房源，以限价48100元/米$^2$公开摇号销售。此时，杭州壹号院前期交付房源的二手房挂牌价，已经超过了每平方米10万元。巨大的价格"倒挂"红利，引来大批摇号购房者，成了这个"宇宙中心"新的焦点话题。

在2014年杭州市城市总体规划修订，确定钱江世纪城为杭州两大"城市主中心"组成部分的时候；在2016年G20峰会，世界的目光聚焦于钱江世纪城国际博览中心的时候；在2021年8月杭州壹号院最后一批房源摇号销售，购房者幸运中签的时候……这块土地的高光时刻频频闪现。

除了赞叹这座新城的快速崛起，以及其创造的巨大房地产价值，人们还应该向杭州城市跨江发展的规划者、实施者和奉献者致敬，也应该对宁围镇的老百姓和钱江世纪城的开拓者，心怀永久的感激。

## 32.3  未来科技城

在杭州各大新城里面，未来科技城启动时间最迟，崛起速度最快，经济规模最大，产业影响最广，是互联网新经济集聚发展带动城市功能提升的一个典型案例。

根据 21 世纪初完成的杭州第五轮城市总体规划，杭州城市发展战略是"沿江开发，跨江发展"。在"一主三副六组团"城市空间格局中，位于"城西之西"的五常街道、仓前镇、闲林镇、余杭镇等地，属于六大组团中的"余杭组团"。

考虑到毗邻城西文教区和浙江大学紫金港校区，2008 年初余杭区在余杭组团范围内，划定了 98.8 平方公里范围，启动了余杭创新基地建设，由此拉开了大城西开发建设的序幕。

余杭创新基地成立不久，就从出现土地资源瓶颈的滨江区，招商引进了恒生科技园和阿里巴巴淘宝城项目，高起点启动了余杭组团的产业发展。

恰好这个时候，国家推出了"海外高层次人才引进计划"，简称"千人计划"。该计划提出，围绕国家发展战略目标，用 5 年到 10 年时间，引进和支持一批能够突破关键技术、发展高新产业、带动新兴学科的战略科学家和领军人才回国（来华）创新创业。

2010 年 1 月，中央人才工作协调小组和中共中央办公厅转发《关于加快建设海外高层次人才创新创业基地的意见》，提出要把人才基地作为吸引、凝聚和用好海外高层次人才的重要载体，引进世界一流科技人才或团队，建立科学研究、科技开发和高新技术产业发展的创新机制。

在此背景下，在余杭创新基地的基础上，2010 年 7 月浙江海外高层次人才创新园成立，简称海创园。海创园规划面积 10 平方公里，一期启动 1 平方公里，位于杭州市余杭区五常街道文一西路北侧。

海创园的功能定位是："全新机制运行的人才改革发展试验区，集聚海内外高层次人才的创业创新高地。"根据"人才基地"这个定位，海创园制定和实施了许多人才引进和扶持政策。"人才引进"的这个基因，后来延伸开来，成为余杭乃至杭州集聚人才的重要机制。

国家"千人计划"由中共中央组织部牵头，在全国范围分层次实施。2011 年初，浙江省在海创园基础上，向国家申报设立杭州未来科技城。2011 年 4 月，中共中央组织部和国务院国有资产监督管理委员会将杭州未来科技城、北京未来科技城、天津滨海科技城、武汉东湖科技城，列为央企集中建设的国家级海外高层次人才创新创业基地。

2011 年 12 月 31 日，浙江杭州未来科技城（海创园）党工委、管委会正式挂牌。中国移动杭州研发中心、中国电子科技集团第五十二研究所等 7 家央企相继落户，体现了对国家级基地的支持。

未来科技城规划面积 113 平方公里，北至杭长高速公路，东至杭州绕城高速公路，南至杭徽高速公路（02 省道），西至南湖。在此基础上，划定了 35 平方公里重点建设区，具体范围为北至宣杭铁路，东至杭州绕城高速公路，南至和睦水乡，西至东西大道（含永乐区块）。

在启动阶段，未来科技城主要在绕城高速以西，沿文一西路两侧开发。按照当时的行政区划，用地范围主要属于五常街道和仓前镇。

仓前镇这个地方，有上百年的羊肉经营历史。从 2006 年开始，仓前镇每年冬天都会在葛巷村举办羊锅节，成为杭州吃货们的一个好去处。

10 年后，葛巷村的土地上，建起了浙一医院余杭院区，还设有地铁葛巷站和绿汀路站，成了未来科技城开发的热土。此前挂着一个巨大羊头造型的"中国民俗美食第一村：仓前羊锅村"入口牌楼的图片，还能在网络云端看到。"羊锅村"新的场地是运溪路与留石高架路互通西北侧的马家村。

可以说，用了 10 年时间，未来科技城所在地就从典型的农业经济时代，跳过工业经济时代，进入了数字经济时代。

10 年时间，这片土地上每年的生产总值从 203 亿元上升到 8379 亿元，税收从 12 亿元上升到 546 亿元，年均增幅分别高达 45% 和 47%。

10 年时间，这里的人口总量由 6 万人增加到 42 万人。拥有本科以上学历的人占总就业人数的 85%，平均年龄只有 32 岁。先后有 3 万余家企业在此落户，未来科技城形成了数字经济、智能制造、科技金融、生物经济四大产业集群。上市企业"无中生有"，达到 17 家，动态梯度培育上市企业超过 200 家。

这样史无前例的"时空转换"，房地产不可或缺，必须参与其中。

在 2011 年未来科技城启动以后，浙江和杭州的房地产市场正处于调整阶段，未来科技城的地价和房价起点比较低，虽有起伏波动，但机会大于风险。

2012 年 11 月 2 日，是未来科技城首次出让住宅用地的日子。来自广州的富力以 7.6 亿元底价竞得余政储出〔2012〕51 号地块，成交楼面价为 3976 元 / 米 $^2$，后来富力在此开发了西溪悦居项目。

在随后的两年时间里，富力在未来科技城连拿 5 宗土地，成为板块内拿地最多的开发商。

在天目山路教工路口成功开发欧美中心项目的建工房产，因其开阔的国际化视野和精益求精的踏实作风，被未来科技城（海创园）管委会引进。建工房产按照招商引资的优惠政策，在 2013 年 2 月以 1075 元 / 米 $^2$ 的楼面价，拿到了余政储出〔2012〕85 号商住用地。双方约定后续供地计划，建工房产在未来科技城核心区开发约 100 万平方米的欧美金融城项目，打造一个"超前杭州 20 年"的国际化商务综合体。

欧美金融城项目 2013 年 10 月奠基，2014 年 2 月开工，后来逐步成了未来科技城 CBD 的标志性建筑群。

2014 年 8 月 16 日，欧美金融城商品住宅组团西溪丽晶开盘，连续推出 530 多套房源，成为 8 月份杭州楼市成交套数和成交面积的双料冠军。

当时杭州刚刚取消限购措施，商品房市场还处于低迷状态，西溪丽晶的热销，引起了媒体的兴趣。

为此，时任住在杭州网总策划的丁晓红，专访了建工房产副总裁陈黎驹。陈黎驹坦言，我们有土地成本优势，西溪丽晶采取了低价入市的策略，毛坯首开折后均价仅为 11000 元 / 米 $^2$。在未来科技城板块内，2013 年 9 月至 10 月开盘的升华悦西溪、大华西溪风情澄品、西溪悦居 3 个项目，首开均价在 17000 ～ 18000 元 / 米 $^2$。

可以说，西溪丽晶的开盘价格，重塑了未来科技城的价格体系。2014 年 8 月 25 日，与阿里巴巴西溪园区一路之隔的西溪悦居以 13800 元 / 米 $^2$ 的起价开盘，比一年前价格明显下降。

其实，这个时候的未来科技城已经开始起飞了。这个时候买房、买地，都是最好的时机。

2014 年，杭州市修订城市总体规划，城市空间功能布局进一步调整，原来规划的"一主"被修改为西湖—武林广场和钱塘江两岸两个"城市主中心"。在原来规划的"三副"基础上，将 3 个副城调整为 6 个城市副中心，包括江南副中心、临平副中心、下沙副中心、大江东副中心、未来科技城副中心和城北副中心。

从 2016 年开始，未来科技城的产业集聚、人口增加、配套改善与杭州房地产市场繁荣周期完美结合，形成叠加效应，未来科技城因房地产市场热度极高，而与钱江世纪城并称杭州楼市的"宇宙中心"。

在这个市场低迷的阶段买房的人，很快就分享到了区位板块价值提升的喜悦。到 2021 年 10 月，西溪丽晶的二手房挂牌均价达到 6.5 万元 / 米 $^2$，西溪悦居的二手房挂牌均价也超过了 6 万元 / 米 $^2$（见表 32.3）。

表 32.3　2017—2022 年西溪丽晶二手房价格走势

（单位：元 / 米 $^2$）

| 时间 | 2017 年 10 月 | 2018 年 10 月 | 2019 年 10 月 | 2020 年 10 月 | 2021 年 10 月 | 2022 年 10 月 |
|------|------|------|------|------|------|------|
| 挂牌均价 | 30200 | 38600 | 40800 | 50500 | 65300 | 52000 |

资料来源：根据安居客网站数据整理。

以阿里巴巴为旗舰的互联网相关产业集群，无疑是未来科技城快速崛起的主导力量。

2022 年 9 月 22 日，杭州火车西站枢纽开通运行，杭州地铁机场快线（19 号线）同步开通运营，未来科技城的交通、商业、教育等配套设施日臻完善，"城市副中心"当之无愧。今后，高层次人才集聚、创新创业生态、数字经济产业集群，这些优势的保持和延续，将在很大程度上决定了未来科技城的未来。

第七篇
别样精彩世界名城

借着互联网时代到来和全球化加速推进的历史机遇，杭州城市发展换挡升级，具有世界影响力的"中国电子商务之都"迅速崛起。

承办 G20 峰会，筹办亚运会，重大国际峰会和赛事，把杭州推到了全世界的聚光灯下，大大加快了杭州城市国际化步伐。

在杭州人的记忆里，地铁改变了老百姓的出行方式，"三改一拆"让城市的每个角落都焕然一新。

从 2016 年开始，杭州房地产市场再次进入繁荣周期，房地产调控紧锣密鼓，学区房价格高涨，类住宅市场借势火爆。

## 33　世界名城精彩崛起

2016 年前后，杭州为什么成了国际瞩目的明星城市？


杭州作为历史文化名城和风景旅游城市，早已名扬海内外。在 2010 年代，西湖、京杭大运河、良渚文化遗址先后入选世界遗产名录，丰富多样的文化遗产与精致多样的自然景观交相辉映，杭州的城市底色越来越丰富和精彩。

随着改革开放不断深入和社会经济高速发展，如何把杭州建设成一个国内外具有重要影响力的现代化大都市，逐步成为城市进步的客观需要，被列入各级政府的议事日程。

习近平总书记在浙江工作期间，明确提出了"四个杭州"的定位："杭州不应当仅仅是浙江的杭州、中国的杭州，也应当是亚洲的杭州、世界的杭州。"习近平总书记还为杭州设定了"四个世界一流"的发展目标："世界一流的标准，世界一流的业绩，世界一流的胸襟和气魄，世界一流的现代化国际大都市。"

2016 年 9 月 3 日，国家主席习近平在 G20 工商峰会开幕式上，说杭州是"历史文化重镇和商贸中心""创新活力之城""生态文明之都"，赋予了杭州三张城市金名片。

通过成功举办 2016 年 G20 峰会，以及积极筹办第十九届杭州亚运会，杭州的城市国际化战略目标越来越明确，这就是成为"韵味独特、别样精彩的世界名城"。

这个战略引领了杭州城市新一轮快速发展的主旋律，城市综合能级不断提升，城市现代化水平迈上新台阶。

### 33.1　实施城市国际化战略

到 2007 年的时候，杭州"生活品质之城"建设已经取得了显著成效，在国内的"花园城市""卫生城市""文明城市"等各种评价中，都表现良好，老百姓的幸福指数也在国内城市名列前茅。

2008 年 7 月，杭州市委、市政府进一步提出，要以世界眼光、战略思维，找准杭州城市的"全国坐标""世界坐标"，共建共享中国特色、时代特点、杭州特征、覆盖城乡、全民共享、与世界名城相媲美的"生活品质之城"。

然而，在对标世界的时候，杭州市发现，在英国的经济学人智库（Economist Intelligence Unit，EIU）发布的 2008 年全球最宜居城市（World's Most Livable Cities）榜单上，有北京、大连、青岛、上海、广州、深圳、天津、苏州等 8 个城市上榜，并没有杭州。

这个榜单对杭州市的触动很大。经杭州市政府政策研究室建议，时任杭州市市长蔡奇批示，特别设立一个"市长课题"，由杭州市建设委员会联合浙江大学房地产研究中心组成课题组，研究全球宜居城市评选标准和指标体系，对入选的国内外典型宜居城市进行案例分析，然后与杭州进行深入比较，找出差距和问题，提出对策建议。

经济学人智库全球宜居城市指标体系共分为五大类，包括安全指数、医疗服务、文化与环境、教育、基础设施。每一大类又被细分为若干小类，小类的指标有近 40 项。指标体系主要从居民的生活实际体验入手，基本不包括经济与财政等方面的指标，环境方面也只突出了气候条件指标。

对杭州与国内上榜的 8 个城市进行全面比较发现，差距主要表现在国际经济联系、国际交通联系和国际影响力这几个方面。因此，课题组建议，杭州要成为国际宜居城市，总的努力方向就是"大力提升国际化程度"。

在多方面调查研究基础上，2009 年 12 月杭州市委十届七次会议进一步明确提出，要转变城市发展方式，重点实施城市国际化战略，以国际化提升城市化、工业化、信息化、市场化，实现城市发展新突破。

2012 年，杭州提出将城市国际化作为推动发展的两大主抓手之一。2014 年杭州市成立城市国际化推进工作委员会，负责研究和制订具体的城市国际化方案。

2015 年 5 月，《杭州市加快推进城市国际化行动纲要（2015—2017 年）》（市委办发〔2015〕41 号）正式公布。从国际化战略的顶层设计，到路径明确，再到指标量化，行动纲要确定在接下来的 3 年里，杭州将重点推进包括国际会展在内的 25 个重大建设项目，以更高的国际视野、更加开放的姿态，主动融入全球化，让国际化融入这座城市的方方面面。

经过几年的持续努力，杭州的国际影响力不断提高，在举办大型国际会议和国际赛事方面终于取得了突破。

2015 年 9 月 16 日，亚洲奥林匹克理事会在土库曼斯坦阿什哈巴德举行第三十四届代表大会，会议宣布杭州成为第十九届亚运会举办城市。

2015 年 11 月 16 日，国家主席习近平在 G20 土耳其安塔利亚峰会上宣布，2016 年的 G20 峰会将在中国杭州举办。

面对举办两大国际盛会的历史性机遇，杭州市乘势而上，立即行动。在距离 G20 峰会开幕还有 10 天的时候，2016 年 8 月 24 日《中共杭州市委关于全面提升杭州城市国际化水平的若干意见》发布，提出了各个阶段的总体发展目标。

第一阶段，到 2020 年，城市创新创业能力和产业国际竞争力明显增强，城市功能和人居环境更加完善，公共服务水平和社会文明程度显著提高，国际往来和人文交流更加深入，成为具有较高全球知名度的国际城市。

第二阶段，到 2030 年，城市国际化向纵深推进，城市核心竞争力走在全国城市第一方队前列，初步成为特色彰显、具有较大影响力的世界名城。

第三阶段，到 20 世纪中叶，杭州城市的国际性特征进一步完备，经济、文化、社会和生态等领域的自身特色和个性特质充分彰显，成为具有独特东方魅力和全球重大影响力的世界名城。

可见，全面提升杭州城市国际化程度，实际上就是对标国际一流水平，全面实现城市现代化，内容涉及城市发展的各个方面。

例如，该文件提出的推进城市国际化的具体任务是：着力打造具有全球影响力的"互联网＋"创新创业中心；着力打造国际会议目的地城市；着力打造国际重要的旅游休闲中心；着力打造东方文化国际交流重要城市；加快形成一流生态宜居环境；加快形成亚太地区重要国际门户枢纽；加快形成现代城市治理体系；加快形成区域协同发展新格局。

2016 年 9 月 4 日至 9 月 5 日，G20 峰会在位于钱江世纪城的杭州国际博览中心举行。金秋逢盛会，最忆是杭州，会议前后一段时间，世界的目光聚焦杭州，大幅提高了杭州这座历史文化名城的国际影响力。

借着 G20 峰会和亚运会的东风，杭州市人大在 2018 年 4 月审议通过了《杭州市城市国际化促进条例》，从地方性法规层面，进一步强化了城市国际化的战略目标和战略举措，全面系统地推进城市国际化工作。

从战略引领到落地实施，在 2010 年代及其前后一段时间，杭州通过对交通、体育、会展、医疗、教育、环境、创业等方方面面的实质性提升，以城市国际化带动城市现代化，以国际高标准倒逼基础设施和人居环境加快发展，取得了实实在在的进展和成效。

## 33.2 "电商之都"独领风骚

1999 年，可以说是中国电商的元年。这一年，马云在杭州创办了阿里巴巴，引领了中国电子商务的时代潮流。

2018 年 12 月 18 日上午 10 点，庆祝改革开放 40 周年大会在人民大会堂举行。中共中央总书记、国家主席、中央军委主席习近平出席大会并发表重要讲话。会上，中共中央政治局常委王沪宁宣读了《中共中央 国务院关于表彰改革开放杰出贡献人员的决定》，授予于敏等 100 名同志"改革先锋"称号，颁授改革先锋奖章。马云作为"数字经济的创新者"，位列其中。

随着电子商务在互联网时代的快速崛起，马云、阿里巴巴和杭州的关联越来越紧密，马云、阿里巴巴在很大程度上推动了杭州城市发展，提高了杭州城市国际影响力。2019 年 9 月 7 日，马云被杭州市委、市政府授予"功勋杭州人"荣誉称号。

2000 年 9 月，阿里巴巴成立一周年之际，在杭州举办了首届"西湖论剑"，汇聚互联网界的商业和意见领袖，讨论业界重要议题。

随着阿里巴巴、淘宝、支付宝等相继问世，以阿里巴巴为龙头的电子商务行业在杭州蓬勃发展，在国内外的影响越来越大。2005 年 9 月 10 日，美国前总统克林顿应邀来到杭州，参加"西湖论剑"并发表演讲。

顺应互联网时代商业模式发展变化的需要，2005 年 1 月，《国务院办公厅关于加快电子商务发展的若干意见》发布。2007 年 6 月，国家发展和改革委员会、国务院信息化工作办公室联合发布我国首部电子商务发展规划——《电子商务发展"十一五"规划》。2007 年，商务部先后发布了《商务部关于网上交易的指导意见（暂行）》和《商务部关于促进电子商务规范发展的意见》。国家层面的大力支持，构筑了电子商务发展的政策生态。

2008 年 5 月 29 日，当时的中国电子商务协会正式批复了杭州市政府有关申请，决定授予杭州市"中国电子商务之都"称号。

杭州也出台了《杭州市打造"中国电子商务之都"三年行动计划》，对电子商务相关产业链进行政策扶持，争取到 2010 年使杭州成为全国电子商务专业网站集聚中心、全国网商集聚中心，成为国际知名、国内领先的"中国电子商务之都"。

电子商务的发展，实际上依托的是浙江省发达的制造业和外贸产业链条，是对各类专业市场的升级，不仅带动了快递、包装、仓储、创意广告等一系列相关产业的繁荣，同时还在培育创新创业环境、吸引全球人才和金融资源等方面发挥了集聚效应。

从 2009 年开始，淘宝开始推出"双十一"网上购物大促销活动，受到网民欢迎，效果十分显著。2015 年 10 月 13 日，2015 年天猫双十一全球狂欢节正式启动，阿里巴巴创造了一个网购时代的全民节日（见图 33.1）。

这天晚上，纽约证券交易所特别为天猫双十一举行了一次远程敲钟仪式。在 22 点 30 分，纽约证券交易所总裁 Tom Farley 与马云、张勇以及 8 名普通敲钟人，共同敲响了纽约证券交易所的开市钟。

2015 年 3 月，国务院批复浙江省和商务部，同意设立中国（杭州）跨境电子商务综合试验区，要求杭州"着力在跨境电子商务各环节的技术标准、业务流程、监管模式和信息化建设等方面先行先试，通过制度创新、管理创新、服务创新和协同发展，破解跨境电子商务发展中的深层次矛盾和体制性难题，打造跨境电子商务完整的产业链和生态链，逐步形成一套适应和引领全球跨境电子商务发展的管理制度和规则，为推动我国跨境电子商务发展提供可复制、可推广的经验"。

图 33.1　2015 年天猫双十一全球狂欢节全球直播画面

作为全国首个跨境电子商务综合试验区，它的设立既是对杭州电子商务产业发展历史的肯定，也带来了新的机遇，进一步扩大了杭州作为"中国电子商务之都"的影响力。

2016年G20峰会期间，与会领导人通过了《二十国集团数字经济发展与合作倡议》，这是全球首个由多国领导人共同签署的数字经济政策文件，杭州对数字经济全球治理做出了自己的贡献。

随着"中国电子商务之都"和跨境电子商务综合试验区的深入建设，杭州围绕互联网的新业态、新产业、新经济不断升级迭代，形成了创新创业、活力四射的城市特色，对人才和资本的吸引力日益增强。

从2016年开始，杭州上市公司数就稳居全国第四位。在2020年底，中国上市公司总市值排名前四位的城市是北京、深圳、上海、杭州。如果只统计科技类公司市值，排名前四位的城市则是深圳、北京、杭州、上海。

到2021年，杭州的专业人才、互联网人才、海外人才净流入率连续多年保持全国第一，连续11年入选"外籍人才眼中最具吸引力的中国城市"，国家高新技术企业总数突破1万家，民营企业500强数量连续19年蝉联全国首位，杭州已经成为全球人才蓄水池和全球创客集聚地。

近年来，杭州在云计算、大数据、电子商务、数字内容、软件与信息服务、人工智能等领域精耕细作、持续发力，数字经济核心产业连续多年保持中高速增长。数字安防产业市场占有率居全球第一，云计算基础设施及服务市场份额亚太第一，电商平台交易量和第三方支付能力全国第一，"数字经济第一城"势头强劲，异彩纷呈。

## 33.3  城市发展迈上新台阶

在改革开放初期，杭州作为一个省会城市，城市建设各方面都比较落后。以2020年的标准来看，当时的市区面积、人口规模、经济总量等许多指标，都只达到了一个小城市的标准。

在1980年的时候，杭州全市地区生产总值只有41亿元。杭州市区面积只有430平方公里，市区总人口113万人，其中非农业人口88万人。

经过40年的发展，杭州城市日新月异，在全国各城市的排名逐步提升。特别是进入2010年代后，杭州大力推进城市国际化，大力发展电子商务和数字经济，带动了城市规模扩大和城市功能提升，在城市综合能级方面进入了全国前列。

从经济规模来看，2020年杭州市地区生产总值1.6万亿元，排在全国城市第八位。一般公共预算收入2093亿元，排在全国城市第六位。金融机构存款余额5.4万亿元，排在全国城市第四位（见表33.1）。

表33.1　1990—2020年上海、南京、杭州经济总量指标发展变化

| 区域 | 项目 | 1990年 | 2000年 | 2010年 | 2020年 | 2020年/2000年 |
|---|---|---|---|---|---|---|
| 上海 | 地区生产总值 | 782亿元 | 4812亿元 | 17915亿元 | 38701亿元 | 8.04 |
| | 一般公共预算收入 | 167亿元 | 498亿元 | 2874亿元 | 7046亿元 | 14.15 |
| | 金融机构存款余额 | 852亿元 | 9350亿元 | 52190亿元 | 155865亿元 | 16.67 |
| | 消费品零售总额 | 334亿元 | 1955亿元 | 6901亿元 | 15933亿元 | 8.15 |
| 南京 | 地区生产总值 | 177亿元 | 1074亿元 | 5198亿元 | 14818亿元 | 13.80 |
| | 一般公共预算收入 | — | 92亿元 | 519亿元 | 1638亿元 | 17.80 |
| | 金融机构存款余额 | — | 1963亿元 | 12887亿元 | 40056亿元 | 20.41 |
| | 消费品零售总额 | 73亿元 | 538亿元 | 2526亿元 | 7203亿元 | 13.39 |
| 杭州 | 地区生产总值 | 190亿元 | 1396亿元 | 6050亿元 | 16106亿元 | 11.54 |
| | 一般公共预算收入 | — | 69亿元 | 671亿元 | 2093亿元 | 30.33 |
| | 金融机构存款余额 | 134亿元 | 2088亿元 | 17084亿元 | 54246亿元 | 25.98 |
| | 消费品零售总额 | 98亿元 | 515亿元 | 2155亿元 | 6055亿元 | 11.76 |

资料来源：根据各城市2021年统计年鉴，统计范围为全市。

根据表33.1整理的数据，比较近20年来上海、南京和杭州几个长三角城市的主要经济总量指标发展速度，杭州市一般公共预算收入和金融机构存款余额的增速明显较高，体现出优异的城市经济结构和经济活力。

在经济总量扩大的同时，老百姓的收入水平也快速提高，向最发达城市标准迈进。在2020年，杭州市人均可支配收入达到6.19万元，在全国城市中排在第六位。杭州市非私营单位年平均工资12.83万元，也排在全国城市第六位。

从市区行政区划面积来看，经过2001年萧山、余杭撤市设区，杭州市区面积从683平方公里扩大到3068平方公里，差不多扩大了3.5倍，杭州实现了从西湖时代到钱塘江时代的大跨越。

2015年和2017年，富阳和临安先后撤市设区，杭州市区面积扩大到了8003平方公里，杭州跃升为长三角市区陆域面积最大的城市。

2021年4月9日，为了适应城市扩大和均衡发展的需要，经省政府报国务院

批复，杭州市对部分行政区划进行优化调整，调整后设立 10 个市辖区，更有利于城市规划和城市战略的实施，增强了城市可持续发展能力。

从人口规模来看，在 2000 年以前，市区户籍人口增长缓慢。从 2000 年开始，增长速度明显加快，2010 年比 2000 年增加了 256 万人，增长 1.43 倍。2020 年比 2010 年增加了 240 万人，增长了 55.17%。

需要注意的是，因为户籍人口增加很大程度上与萧山、余杭、富阳、临安先后撤市设区有关。

如果按照表 33.2 最后一行数据，观察按照行政区划调整后的人口普查数据，2010 年杭州市区常住人口比 2000 年增加了 228 万人，增长了 40.35%。2020 年比 2010 年增加了 278 万人，增长了 35.06%。

表 33.2　1980—2020 年杭州市区人口规模发展变化

| 项目 | 1982 年 | 1990 年 | 2000 年 | 2010 年 | 2020 年 |
|---|---|---|---|---|---|
| 市区户籍人口 / 万人 | 118 | 134 | 179 | 435 | 675 |
| 市区户籍户数 / 万户 | 31 | 42 | 55 | 128 | 207 |
| 市区常住人口 / 万人 | 406 | 454 | 565 | 793 | 1071 |

资料来源：根据《2021 年杭州统计年鉴》数据整理。

统计范围：户籍人口数据为公安户籍人口数据，统计范围为当年市区行政区划。历年人口普查市区常住人口统计范围，已按现行行政辖区调整一致。

在一些城市人口净流出的形势下，2010—2020 年杭州市区常住人口年均净增加 27.8 万人，政府积极吸引人才落户的各类政策成效十分显著。

比较 2020 年市区常住人口与户籍人口数据，可以看出杭州市区有将近 400 万人口，属于非户籍常住人口，在全部 1071 万人中，占到 37% 左右。这个庞大的非户籍人群，对杭州城市发展也发挥着十分重要的作用，政府也有相应的住房补贴、积分落户、子女入学等公共服务政策加以覆盖，体现了开放、包容、共建、共享的城市精神。

杭州拥有全国一流的营商环境，民营经济活跃，对各类人才有吸引力。同时，杭州对那些还不够"人才标准"的普通劳动者，也体现出包容性和友好度，大大提升了杭州这座现代化大都市的文明水准，为城市可持续发展注入了不竭动力。

## 34  地铁上的大杭州

大都市里的地铁和住宅，在杭州形成了同频共振效应。

在中国特色的政府主导、大规模、快速城市化的过程中，持续性、大规模城市基础设施建设投资，是形成、改善、提升城市功能的关键举措。这些投资活动在很大程度上决定城市运行成本和生活品质，进而形成城市竞争力，吸引产业、资金、人口不断集聚，为城市注入动力和活力。

对于一座大城市而言，地铁可以说是一个重要的符号，标志着它的规模和现代化程度，决定了它的基础设施水平和生活便利化程度。

2012 年 1 月 24 日，杭州地铁 1 号线一期工程正式开通运营，杭州从此进入了地铁时代。从无到有，10 年时间里，杭州地铁线路增加到 12 条，通车里程增加到450 公里，在全国城市中排在第五位，发展速度令人刮目相看，极大地改善了市民的通勤和出行体验。

2022 年 7 月 1 日，杭州地铁线网总客流创下了 356.16 万人次的新纪录，规模相当于市区常住人口的 1/3 左右。

地铁和其他城市基础设施建设，都需要大规模资金投入，这是制约城市发展规模和速度的主要因素。在杭州，基础设施建设投资与土地和房地产开发相互促进，在很大程度上造就了这个时期的城市发展奇迹。

### 34.1  地铁建设加速度

杭州人的地铁梦，从 1980 年代就开始了。1984 年时，杭州市有关部门着手研究杭州市轨道交通规划，设想建设环西湖轻轨系统，完善西湖周边交通设施。

1995 年 5 月，杭州市有关部门完成了《杭州市轨道交通一期工程预可行研究报告》，提出杭州市轨道交通一期工程的线路是"十"字线中的东西线东段与南北线南段的组合。该报告首次提出部分线路（约6公里）走地下，提出了真正意义上的"地铁"概念。

随后，又经过十多年的努力和筹备，《杭州地铁一期建设规划（2005—2010年）》于2005年6月获国务院批准，规划线路有1号线（53.5公里）和2号线（30.5公里），线路长度为84公里。

杭州地铁一期工程以贯通"一主（主城区）三副（临平、下沙、江南城）"为目标，地铁1号线建成后将形成北连临平，东连下沙，南连萧山，穿越主城区市中心和多个交通枢纽的交通大动脉，改变杭州城区公共交通格局。

2006年4月19日，国家发展和改革委员会批复杭州地铁1号线工程可行性研究报告。根据获批的规划方案，1号线全长53.47公里，工期5年，预计总投资210亿元。据此测算，当时每公里地铁投资预算额将近4亿元。

2007年3月28日，杭州地铁1号线一期工程正式开工。在开工仪式上，杭州市副市长杨戌标介绍说，地铁建设资金来源分两块，政府投入的资本金占55%，其余的45%，杭州正积极研究借鉴香港等城市地铁上盖物业综合开发的成功经验，通过出让周边地块的土地收益，以及积极招商引资提升物业价值等手段，来筹措地铁开发建设和运营资金。

经过5年多时间的施工建设，2012年11月24日，杭州地铁1号线一期终于开通运营，杭州人的地铁梦在30年后终于变成了现实。

2013年6月20日，《杭州市城市轨道交通近期建设规划（2013—2019年）》获国家发展和改革委员会正式批复。杭州地铁二期工程共包括4个项目，分别为2号线二期、4号线一期、5号线一期和6号线一期，以上4个项目线路总长度为106.6公里，总投资约698.91亿元，计划在2019年底前全部建成。按照规划数据测算，杭州地铁二期工程投资预算为每公里6.56亿元，与一期工程相比，上涨了64%。

此外，杭临、杭富城际线作为浙江省城际轨道交通项目，亦被纳入地铁网络，由杭州市地铁集团代建，其中杭临线34.98公里，杭富线23.5公里。

《杭州地铁三期建设规划（2017—2022年）》于2016年12月获国家发展和改革委员会批复。杭州地铁三期工程共包括10个项目，总长度196.1公里，计划总投资1426.36亿元。2018年11月，上述方案的调整方案获国家发展和改革委员会批复，延长了3号线一期工程和5号线二期工程，新增了机场快线，总共增加里程68.3公里，增加投资560.1亿元。

按照调整后的杭州地铁三期工程共新增地铁里程264.4公里，总投资预算为

1986.46亿元，每公里平均投资预算约7.51亿元，比二期工程增加了14%。

从2012年到2022年，杭州地铁在城市区划调整扩大和筹备第十九届亚运会的背景下，进入了大建设、大提速的发展时期，成为城市功能完善提升的一条主线。

地铁作为大流量城市公共交通系统的组成部分，对房地产使用功能和资产价值有很大影响。长期以来，这种影响的规律性，既是学术研究的重要话题，也是政府平衡地铁投资相关成本收益的依据，对企业和家庭房地产购置和投资也有重要应用价值。

2010年6月，浙江大学房地产研究中心博士研究生杨鸿就完成了自己的博士学位论文，题目是"城市轨道交通对住房价格影响的理论与实证研究：以杭州地铁为例"。

这篇论文在理论分析和文献回顾的基础上，分别从"邻近效应"和"预期效应"两个方面，研究了地铁项目从规划获批、开工建设的不同阶段，对站点周边不同距离住房价格的影响，揭示了地铁对房价影响的时间和空间分布规律。

杭州地铁开通运营后，又有不少论文研究了地铁对房价和地价的影响。多数研究发现，地铁对房地产价格的影响，主要发生在规划和建设阶段，一旦地铁开通，后续的进一步影响就不大了。

从房地产开发和商品房市场交易情况观察，也可以发现"地铁房"是影响卖地、卖房、租房等交易决策的一个重要因素。

例如，2008年9月，杭州楼市受到金融海啸冲击，万科降价活动彻底让商品房销售陷入低迷。但是，欣盛房产开发的东方郡，以"地铁盘"概念逆市开盘，仍然取得了不错的销售业绩。

当时担任欣盛房产副总经理的李晓桃回忆说，公司前期对地铁盘进行了深入研究，通过市场调研得出的数据表明，地铁盘属于抗跌性很强的物业。当时项目周边地铁1号线正在施工阶段，购房者对项目预期良好。加上公司前期开发的东方润园顺利交付，口碑很好，也促进了东方郡的销售表现。

城市规划资深专家汤海孺分析说，地铁是一种无障碍的交通方式，能快速按时地保证居民出行，使城市的时空距离产生很大变化。有了地铁后，人们在同样的时间内，出行距离却大为拉长了，城市由此形成放射状的发展模式，把发展空间进一步拉大。

从规划角度看，有了地铁，就可以在地铁站点附近，进行高密度的开发，安排城市用地，提高土地利用率，进而提升地铁站附近的土地价值。如果没有地铁——

因为高强度开发会带来巨大的交通流量，而机动车出行会造成交通拥堵，高密度土地利用就很难实现。

与传统公交系统相比，地铁让很多区域在半个小时之内就可以到达，大大缩短了通勤成本和心理距离，老百姓的购房半径也可以放大，有利于真正实现萧山、下沙、临平与主城区"同城化"，在日常生活层面加快形成"大杭州"。

到了 2022 年，杭州已经有 12 条地铁线路投入运营，覆盖全部 10 个城区。杭州地铁就像一条条健壮有力的"地下动脉"，把四面八方的人流联系起来，成了这个大都市日常生活不可或缺的组成部分。

## 34.2 TOD 模式与 XOD 模式

在中国特色的政府主导、大规模、快速城市化过程中，政府主导的主要表现，除了城市规划、体制改革和政策引导，就是城市政府作为实施主体，进行高强度的城市基础设施投资建设，全力推动城市功能快速完善和不断提升。

在这个过程中，成功的关键是建设资金的来源和投资拉动的效率。从 1990 年代开始在美国发展的 TOD（transit-oriented development）开发模式，对于人口集聚度很高的中国大城市来说，具有极强的学习和参照价值。

杭州地铁 1 号线开发建设过程中，引进香港地铁参与其中，就是希望学习和应用香港地铁在 TOD 方面的成熟经验和做法。

2015 年 10 月，杭州市地铁集团联手绿城房产，以 44 亿元总价，拿下七堡车辆段地块，打造了杨柳郡项目。该项目总占地面积 3.9 平方公里，总建筑面积 80 万平方米，为地铁 1 号线七堡站上盖综合体项目，集居住、商业、休闲、教育于一体，由绿城物业提供全天候园区生活服务，是绿城房产在杭州打造的首个以"年轻、复合、活力"为主题的地铁上盖项目，全面带动了周边城市功能提升。

2018 年 7 月，余杭区未来科技城挂牌出让的 3 宗土地，分别地处地铁五常车辆段综合体西区、中区、东区，均被杭州市地铁集团以底价拿下，总价 138 亿元。该项目占地面积合计 671 亩，建筑面积合计 78.2 万平方米。拿地后，杭州市地铁集团联合万科开发了未来天空之城项目，该项目一时成为未来科技城的明星楼盘。

在总结经验的基础上，杭州逐步把几乎所有地铁站点的规划建设，全部纳入 TOD 模式之中，由杭州市地铁集团拿地，通过与绿城、万科、龙湖、华润、新鸿基、越秀等大型开发商合作，进行综合开发，实现轨道交通与城市功能的协同发展，产生了实实在在的效果，政府、企业和普通老百姓都是受益者。

如果说"TOD模式"是学习和应用境外经验的成果，"XOD模式"则是杭州在城市建设方面的创新成果。

中共浙江省委原常委、杭州市委原书记王国平，在卸任领导职务后，长期担任杭州城市学研究理事会理事长，系统总结杭州城市建设成就和经验，研究城市发展的相关理论和实践问题，提出了XOD模式，揭示城市建设、城市功能、城市土地价值之间的关系。

王国平指出，在城市发展进程中，"钱从哪里来和去、地从哪里来和去、人从哪里来和去、手续怎么办"这四大难题是不容回避的。其中，"钱从哪里来"问题又是四大难题中的重中之重、难中之难。

要解决城市建设的"钱从哪里来"难题，核心环节在于深入研究土地。做好城市土地工作，要树立五个理念：一要坚持"政府做地，企业做房"理念；二要坚持"集约用地、节约用地"理念；三要坚持"取之于民，用之于民"理念；四要坚持"大项目带动土地开发"的理念；五要坚持"无形资产经营"与"有形资产经营"并重的理念。在举措上关键要做到"四改联动"，即农地征用制度、土地储备制度、土地"招拍挂"制度和土地出让金使用制度的改革联动，做到节约用地、集约用地、优地优用，实现经济效益、社会效益、生态效益三大效益的叠加和统一。

城市基础设施是城市正常运行和健康发展的物质基础。根据杭州的实践，王国平将城市基础设施分成三大类：一是包括市政工程、交通设施、公共事业等在内的经济类基础设施；二是包括文化教育、体育运动、医疗保健等在内的社会类基础设施；三是包括城市湿地公园、森林公园、绿化带等在内的生态类基础设施。

王国平认为，XOD模式是以城市经济、社会、生态三大类基础设施为导向的城市空间开发模式，是TOD模式的拓展和深化。在XOD模式中，X可以是地铁，也可以是湿地公园、体育中心、西湖和京杭大运河、G20峰会、亚运会等。只要能够带动城市建设，提升城市功能，所有重大项目都可以充当XOD模式中的X角色，得到充分利用。

在XOD模式的框架下，对城市基础设施和城市土地进行一体化开发和利用，形成土地融资和城市基础设施投资之间自我强化的正反馈关系。一方面，通过城市基础设施的投入，提高企业的生产环境和居民的生活质量，从而带动土地的增值。另一方面，在这个过程中通过土地的增值收益，反哺城市建设和全面发展。这样，就形成了解决城市建设"钱从哪里来和去"的有效机制，实现城市可持续发展。[①]

从杭州城市发展实践来看，1980年代的中东河综合治理工程，1990年代的庆春路综合改造，2000年代的西湖综合保护工程和运河综合保护工程，2010年代的G20峰会、亚运会、地铁上盖综合体，都成为带动城市发展的重要驱动力量，产生了显著的引领和激活效应。

## 34.3 土地收益贡献大

在城市扩张过程中，XOD模式是城市基础设施与房地产相互支撑、相互促进的一种机制，是城市政府主导城市发展的重要抓手。土地收益的获取和运用，是这种机制运行的核心环节。

在中国土地制度下，城市政府获取土地收益有多种途径，除了代表国家出让国有土地使用权，直接取得土地出让金，招商引资、人才引进、增加就业、配建公共设施、收取房地产相关税收等，都属于隐形的土地收益。

不过，近些年社会关注的焦点，还是集中在城市政府土地出让金收入方面。一个十分流行的观点是，地方政府严重依赖土地出让收入，形成"土地财政"，从而导致推高地价和房价的强烈冲动，是高房价的重要推手之一。

客观地讲，在住房需求旺盛的城市，经营性用地"招拍挂"出让，的确推动了地价和房价互动攀升，甚至带来了房地产泡沫、中低收入家庭和城市新人口住房困难等一系列问题。

但是，改革开放以来我国土地制度改革和城市化快速推进的实践表明，土地"招拍挂"也好，经营城市也好，XOD模式也好，土地出让收益对城市发展的正向推动作用还是十分显著的。

根据财政部公布的数据，2009年全国土地出让入库收入约为1.42万亿元，土地出让收入支出总额为1.23万亿元。从支出结构来看，征地和拆迁补偿支出占40%，土地开发支出占11%，城市建设支出占27%，地震灾后恢复重建、破产或改制国有企业职工安置等支出占10%，其他用途支出约占12%。[②]

可见，2009年全国土地出让收入支出的50%以上，是征地和拆迁安置、土地整理等土地开发成本，这个比例后来还在不断提高。扣除土地开发成本后，超过

---

① 王国平：XOD+PPP+EPC未来城市开发新模式，城市怎么办，2020年12月21日。http://www.urbanchina.org/content/content_7877625.html。

② 财政部，2009年全国土地出让收入同比增长43.2%，中央政府门户网站，2010年4月14日。http://www.gov.cn/jrzg/2010-04/14/content_1580605.htm。

50%的土地出让净收益被用于城市建设支出。

在2009年，杭州土地出让金创出历史新高，到达1200多亿元，排在全国各城市第一位。土地出让金使用范围也有所创新，取之于民，用之于民，主要用于以下八个方面：一是用于全市经济适用住房、廉租住房、拆迁安置房等保障性住房的建设；二是用于实现公交、出租车、免费单车、水上巴士、地铁"五位一体"大公交体系建设；三是用于打造洁化、绿化、序化、亮化的国内最清洁城市；四是用于背街小巷改造、庭院改善、危旧房改善、物业管理四大改善工程；五是用于快速路网、主次干道等重大基础设施建设；六是用于社会保障制度建设；七是用于滨江下沙等新建医院、大学城、奥体博览城等重大社会项目建设；八是用于农民、农村、农业等"三农"开支。[①]

从表34.1整理的2000年至2020年杭州市区一般公共预算收入和支出数据可以看出，大部分年份市政府预算收入和预算支出相比，略有盈余。但是，与规模巨大的城市基础设施投资相比，财政盈余显得微不足道。实践中，城市基础设施投资主要通过土地出让金收入和其他途径来筹集，包括各类政府负债和政府平台负债，这在全国各城市应该是普遍现象。

因此，城市政府土地出让金收入的多少，不仅决定了基础设施投资能力，而且决定着债务负担情况，是影响城市发展水平和发展质量的重要因素。

表34.1 杭州市区一般公共预算收支和基础设施投资额

（单位：亿元）

| 项目 | 2000年 | 2005年 | 2010年 | 2015年 | 2020年 |
|------|--------|--------|--------|--------|--------|
| 一般公共预算收入 | 60 | 217 | 589 | 1136 | 2002 |
| 一般公共预算支出 | 45 | 196 | 499 | 1024 | 1877 |
| 基础设施投资 | — | 307 | 544 | 1096 | 2033 |

资料来源：根据《2021年杭州统计年鉴》数据整理。2020年基础设施投资额，是根据公布的2017年投资额与随后几年的增长率推算的。

在城市土地出让过程中，不同用途土地之间存在很大差异。在土地出让面积方面，工业用地最多；在土地出让金额方面，住宅用地最多。

以2018年杭州市土地出让成交数据为例，在全部土地出让面积1539.93万平方米中，住宅用地占39.60%，商办用地占15.22%，其他用地占2.59%，工业用地

---

① 王国平，新编城市怎么办，人民出版社，2017年1月。

占 42.60%。但从出让金额来看，住宅用地占 82.48%，商办用地占 15.37%，其他用地占 0.29%，工业用地只占 1.87%。

从杭州市 2018 年出让土地成交楼面价来看，住宅用地是 15419 元 / 米²，商办用地是 7604 元 / 米²，其他用地是 1778 元 / 米²，工业用地是 371 元 / 米²。

出让面积最多的工业用地，出让价格很低，甚至不能覆盖土地成本。背后的主要原因，是城市政府为了招商引资和培育产业，采取优惠政策供应工业用地，目的在于增强城市产业基础，实现产城融合发展。

可见，城市政府在不同用途的土地之间，也存在一种"转移支付"，就是用住宅用地出让收益去补贴工业用地开发和配套的成本。反过来，城市产业兴旺，就业稳定，居民收入增加，又会增加商品房需求，支撑地价和房价上涨，形成正反馈机制。从原理上说，这也属于 XOD 模式的一个延伸方向。

表 34.2 整理了杭州市不同用途土地出让金额及其变化情况。可以看出，2003—2020 年，住宅用地出让金额从 122.43 亿元增加到 2337.76 亿元，增加了 18 倍以上。2016—2020 年，住宅用地出让金额累计达到 10151.53 亿元，占此期间全部土地出让金额的比重为 84.67%。其中，还没有包括配建公租房等实物形态的内容。

从城市建设资金来源的角度看，开发商在经营性用地出让市场勇敢拿地，购房者在商品房市场踊跃下单，都是在为杭州城市建设做出自己的贡献。

表 34.2　2003—2020 年杭州市土地出让金额

（单位：亿元）

| 年份 | 住宅用地 | 商办用地 | 其他用地 | 工业用地 | 合计 |
|------|---------|---------|---------|---------|------|
| 2003 年 | 122.43 | 3.31 | 3.07 | — | 128.81 |
| 2004 年 | 98.89 | 38.89 | 23.19 | — | 160.97 |
| 2005 年 | 101.32 | 43.67 | 20.99 | — | 165.98 |
| 2006 年 | 143.01 | 62.49 | 3.22 | — | 208.72 |
| 2007 年 | 490.56 | 129.00 | — | 7.12 | 626.68 |
| 2008 年 | 234.12 | 66.78 | 1.09 | 14.83 | 316.82 |
| 2009 年 | 1012.71 | 169.66 | 11.01 | 35.99 | 1229.37 |
| 2010 年 | 685.91 | 204.77 | 0.20 | 36.05 | 926.93 |
| 2011 年 | 441.82 | 272.81 | 5.64 | 48.11 | 768.38 |

| 年份 | 住宅用地 | 商办用地 | 其他用地 | 工业用地 | 合计 |
|---|---|---|---|---|---|
| 2012 年 | 456.99 | 191.69 | 2.53 | 37.37 | 688.58 |
| 2013 年 | 1096.59 | 342.24 | 4.01 | 35.95 | 1478.79 |
| 2014 年 | 610.53 | 308.55 | 1.79 | 44.62 | 965.49 |
| 2015 年 | 598.62 | 92.01 | 0.58 | 25.71 | 716.92 |
| 2016 年 | 1436.64 | 195.67 | 15.53 | 23.87 | 1671.71 |
| 2017 年 | 1972.37 | 271.71 | 7.52 | 30.63 | 2282.23 |
| 2018 年 | 2062.86 | 384.32 | 7.23 | 46.67 | 2501.08 |
| 2019 年 | 2341.90 | 425.23 | 14.71 | 83.23 | 2865.07 |
| 2020 年 | 2337.76 | 254.36 | 3.88 | 74.02 | 2670.02 |

资料来源：根据中国指数研究院数据库资料整理。

2022 年 5 月 10 日，杭州市发展和改革委员会公布了《杭州市重大建设项目"十四五"规划项目表（实施类）》。杭州地铁四期拟上报规模为 200 公里，总投资额为 1600 亿元，每公里投资预算为 8 亿元。在"十四五"期间，地铁三期计划投资额为 627 亿元，地铁四期计划投资额为 600 亿元，合计 1227 亿元。

TOD 模式，无疑仍将是未来杭州地铁建设重要的资金来源和保障机制。

当人们乘坐地铁，舒适地穿梭在大杭州东西南北的时候，真的应该感激那些背负几十年按揭贷款的购房者。

## 35 "三改一拆"持久战

城市有机更新，是实现城市功能迭代和可持续发展的必然选择。

在城市化进程中，城市更新、规划管理和土地利用方式优化升级，是一个永恒的话题，也是一项艰巨的任务。

2013 年 2 月，《浙江省人民政府关于在全省开展"三改一拆"三年行动的通知》（浙政法〔2013〕12 号）发布，决定自 2013 年至 2015 年，在全省深入开展旧住宅区、旧厂区、城中村改造和拆除违法建筑（简称"三改一拆"）行动。要求通过三年努力，旧住宅区、旧厂区和城中村改造全面推进，违法建筑拆除大见成效，违法建筑行为得到全面遏制。

2013 年 4 月，《杭州市人民政府办公厅关于印发杭州市"三改一拆"三年行动计划（2013—2015）的通知》（杭政办函〔2013〕40 号）发布，要求：2013—2015 年改造旧住宅区 38503 户，面积 260 万平方米；改造旧厂区用地面积 263 万平方米，建筑面积 247 万平方米；主城区城中村改造 5981 户，面积 154 万平方米；萧山区、余杭区和五县（市）城中村改造 12770 户；拆除 1999 年以来建造、经立案查处的违法建筑，全面禁止新的违法用地和违法建筑。

随后，借着筹备 2016 年 G20 峰会和 2022 年第十九届亚运会的契机，杭州的"三改一拆"在规模、广度和深度方面，都远远超额完成了计划任务，并且不断深化，持续推进，成效显著。

根据杭州市"三改一拆"行动领导小组办公室公布的数据，截至 2020 年 7 月，杭州全市累计拆除违法建筑 1.58 亿平方米，累计完成"三改" 1.82 亿平方米。

可见，"三改一拆"是一场持久攻坚战。

实践表明，"三改一拆"已经成为杭州推进新型城市化建设、改善城乡面貌、优化人居环境、建设"美丽杭州"的重要探索；成为杭州加强城乡规划建设、促进节约集约用地、加快转变发展方式的重要实践；成为杭州加强和创新社会管理、构建和谐社会的重要手段。

杭州的"三改一拆"，对城市功能、产业发展和人居环境产生了广泛和深刻的影响。

## 35.1　老旧小区改造提升人居品质

在 2013 年启动"三改一拆"三年行动时，杭州确定的"旧住宅区"改造范围，是 1997 年前建造的老旧小区。这些老旧小区使用国有土地，符合有关规划和建设法规，但是无物业管理和房屋维修基金，存在功能不全、环境脏乱差等严重影响居民生活品质的问题，迫切需要治理和改造。

多数老旧小区年久失修，房屋破旧，违法搭建严重，道路不畅，停车困难，缺乏绿化和景观，没有体育和文化活动场所，治安和消防安全隐患突出，居民生活品质差。

在改造老旧小区的过程中，杭州各级政府发挥了主导作用，全面动员，大力推动，并将旧住宅区改造与"无违建创建""五水共治""交通治堵""美丽杭州"等重点工作相结合，统筹解决群众反映突出的房屋维修、乱搭乱建、基础设施、公共服务、居住环境等方面的问题，着力改善居住品质，全面提升城市功能。

治理和改造这些老旧小区，显然是一项民心工程，总体上得到市民的积极响应、配合和支持，成效十分显著。

通过对老旧小区内普遍存在的问题进行全面升级改造，如全面系统整治楼道、屋面、道路、绿化、路灯、地下管网、管道燃气、围墙、停车位、电信线路上改下等，基本实现了老旧小区功能完善、环境改造、群众满意。

拱墅区的和睦新村是 1980 年代建设的老旧小区，共有 54 幢住宅楼，改造以前破烂不堪，住户怨声载道。

2018 年，和睦新村选择了 10 栋建筑及周边范围作为一期试点，对道路破损严重、绿化杂乱、地下污水管网堵塞、房屋立面陈旧、部分强电及全域弱电未实行埋地措施、公建配套设施不足等问题进行全面提升改造，并与居家养老配套工程、污水零直排工程等紧密结合，同步推进。

在对老旧小区基础设施进行"硬核"提升方面，建筑外立面整饬一新，污水管网、垃圾分类、绿化环境等基础设施全部到位。

在社区人文情怀和居住氛围方面，动员居民积极参与，充分收集住户意见和建议，发动大家献计献策，一起美化提升共同的家园。

和睦街道党工委书记饶文玖回忆说，为了做好和睦新村改造，街道专门建立了"和睦议事港"居民议事机制，动员居民参与决策，保障改造方案符合大家的需要。经过对3250户居民进行入户调查，街道发现，和睦新村60岁以上的老人占36%，对适老化改造需求很迫切，这方面内容就成为改造方案的重点。

和睦新村通过拆除违法建筑和改造老旧车棚，打造了"阳光老人家·颐乐和睦"居家养老综合服务街区，引进餐饮机构打造"阳光餐厅"，对老年人供应优惠套餐。餐厅里面还设置了一个"时光记忆老物件展"，展出从各家各户征集来的收音机、旧相册、热水瓶等，构成了一道关于传统生活记忆的风景线。

2019年6月12日至6月13日，中共中央政治局常委、国务院总理李克强在杭州考察期间，来到拱墅区和睦新村，了解老人照护、幼儿入托情况，考察居家养老综合服务街区。休闲的老人们告诉总理，这里实施老旧小区改造，生活环境好了，他们还希望为老楼房加装电梯。

李克强充分肯定了杭州老旧小区改造的实践经验。他说，建设宜居城市首先要建设宜居小区。改造老旧小区、发展社区服务是民生工程，也可成为培育国内市场、拓展内需的重要抓手，既能拉动有效投资，又能促进消费，带动大量就业，要做好这篇大文章。

2019年8月，杭州市政府发布了《杭州市老旧小区综合改造提升工作实施方案》《杭州市老旧小区综合改造提升四年行动计划（2019—2022年）》《杭州市老旧小区综合改造提升技术导则（试行）》，进一步加大了老旧小区改造工作力度。

按照新的工作方案和技术导则，杭州市政府提出，通过综合改造，积极推动老旧小区功能完善、空间挖潜和服务提升，努力打造"六有"（有完善设施、有整洁环境、有配套服务、有长效管理、有特色文化、有和谐关系）宜居小区，使市民群众的获得感、幸福感、安全感明显增强。

2020年7月，《国务院办公厅关于全面推进城镇老旧小区改造工作的指导意见》（国发办〔2020〕23号）发布，要求按照高质量发展要求，大力改造提升城镇老旧小区，改善居民居住条件，推动构建"纵向到底、横向到边、共建共治共享"的社区治理体系，让人民群众生活更方便、更舒心、更美好。

随后，浙江省和杭州市先后出台了《浙江省人民政府办公厅关于全面推进城镇老旧小区改造工作的实施意见》和《杭州市人民政府办公厅关于全面推进城镇老旧小区改造工作的实施意见》，按照多方参与、多方筹资、合理分担原则，基本形成了老旧小区改造的持续推进机制。

## 35.2　旧厂区改造，开辟新天地

杭州的传统工业厂房和厂区，主要集中在京杭大运河两岸和城北区域。从1990年代开始，通过国有企业改制、工业企业搬迁和"退二进三""腾笼换鸟"等方式，主城区大一些的工业用地，陆续得到重新规划利用。

例如：西湖边的都锦生地块，几经易手，形成了锦绣天地国际商务中心；在京杭大运河沿线的浙麻地块上，建成了名城左岸花园；在杭一棉地块上，建成了远洋大河宸章；在杭汽发地块上，建成了武林壹号；在东南面粉厂地块上，建成了广宇武林外滩。

有一些工业厂房，位于京杭大运河杭州段历史文化保护范围，被纳入了运河综合保护工程。例如，京杭大运河边的杭州土特产仓库，被修缮改造成为中国刀剪剑博物馆和中国伞博物馆。杭州长征化工厂被改建成为西岸艺术园区。杭一棉的部分厂房被改造为中国扇博物馆。杭州大河造船厂的厂房则被保留和综合利用，被开发成运河天地创意园区。

还有一些工业厂房，是特定年代杭州工业发展的代表性项目，建筑也有特点，被作为工业遗产保护开发对象，经过再开发和再利用，传统与现代碰撞，成了网红创意产业园。

最早出现的，应该是位于杭印路（后来改名为通益路）49号的LOFT49。2003年的时候，杜雨波等人在杭州蓝孔雀化纤公司涤纶分厂的旧厂房里面，搞起了浙江省第一个文创园，号称"梦开始的地方"。当时，它是与"北京798""上海M50"齐名的老厂房改造文创基地。[①]

位于运河畔、丽水路上的丝联166创意产业园，是杭州许多文艺青年的打卡胜地，其前身是杭州丝绸印染联合厂。

杭州丝绸印染联合厂原名"地方国营杭州丝绸印染联合厂"，曾经是杭州乃至全国丝绸行业的老大。这里有浙江省第一家锯齿形厂房，在1957年由苏联专家设计、德国人建造，是杭州工业发展特殊历史时期的标志之一。

2007年，杭州丝绸印染联合厂的锯齿形厂房被杭州市政府列入杭州工业遗产保护单位。经过设计师的艺术改造之后，老厂房摇身一变，成了时尚前卫的创意

---

① 王青，浙江第一个文创基地：LOFT49要跟我们说"再见"了，住在杭州网，2019年10月30日。http://zzhz.zjol.com.cn/hz/csxw/201910/t20191030_11278188.shtml。

园。通过引进新的业态和经营模式，老厂房焕发出新的生机。

园区内有一个展厅，里面保留着许多20世纪的纺织机械。这些"老古董"见证了这座工厂曾经的辉煌，诉说着中国纺织工业走过的艰辛历程。展厅的另一边，则陈列着一张张泛黄的旧照，记录了杭州丝绸印染联合厂从诞生到辉煌的每个重要时刻。

位于西湖区留和路139号的东信和创园就在西溪湿地旁，这里被称为"红砖房里的绿野仙踪"。这里有散布路旁的高大乔木，有涂满标语的红砖墙，还有坐落在园区大小巷弄里的特色店铺。

改造前的东信和创园，原是普天东方通信集团有限公司的老厂区——邮电522厂厂房。这里曾经风光一时，经历多年变迁后，老厂区褪去了昔日鼎盛，曾经的印记也逐渐淡去，只剩下60余栋老房子和1000余棵高大的乔木。

2008年，老厂区开始改造，众多设计师和文艺青年纷至沓来，他们用充满创意和想象的设计，对斑驳的墙面和宽阔的空间进行了合理的利用和改造，既保留了工业遗产痕迹，也透露出创意气息。

改造后，这里聚集了各类艺术设计工作室、家具艺术空间和创意十足的店铺，老厂区逐渐蜕变成了文艺范儿十足的艺术创意区——这是老厂区最浪漫的打开方式。

大树点缀在建筑之间，茂密绿荫掩映着沧桑的旧厂房。在这样的慢时光里，工业气息和文艺范儿混搭出独特的风格，使其成为许多摄影爱好者的"心头好"。①

莫干山路817号，曾经是老底子的杭州热电厂。那根高耸入云的大烟囱，曾经是杭州城北的地标建筑物，在老杭州人心目中有着鲜明的历史感。随着莫干山路沿线工业厂房搬迁改造和城市功能升级，热电厂的大烟囱于2009年6月29日结束了它的排烟使命。

热电厂综合体规划为这块土地重新注入了活力，重新定义了区位价值。150米高的"大烟囱"，作为杭州工业遗产被保留下来，这块土地由此建成了占地10亩的烟囱广场和运河文化艺术中心，兼具历史气息和现代气息，传承历史文脉，开拓城市未来。

---

① 杭州市投资促进局，老工厂"变形记"：杭州城市记忆的延续，杭州市投资促进局微信公众号，2021年3月5日。https://mp.weixin.qq.com/s?__biz=MzI4Mjc3OTg2Ng==&mid=2247504875&idx=1&sn=f2aeb435cb3a6e0640b2b5a3433a8a4b&chksm=eb965a5edce1d3485d85fc5225d98b3f6b4d49997979bf8cc8099607fef26dec275a111f38d0&scene=27。

在烟囱广场旁边，2016—2017 年滨江锦绣之城商品住宅热销。2018 年 8 月，50 万平方米体量的杭州大悦城开业。热电厂地块的改造和开发，彻底改变了周边城市功能，带动了板块区位价值提升。

同样是在城北，2019 年 6 月 28 日，杭城又一个文化娱乐地标——新天地活力 Park 开业。在杭州重型机械厂的旧址上，由四幢老厂房改造而成的新天地活力 Park，引领杭城娱乐方式迭代升级，被评为"下城区夜间经济十大示范建设项目"。

这 4 幢老厂房，承载了杭州城北工业区 50 多年的历史，是工业遗存文化传承的载体。开发商和设计师对于现存老厂房的建筑、空间、结构以及设备，做了最大限度的保护和修缮。裸露的烟囱、水泥柱、钢筋栅栏与时尚的霓虹灯交错呼应，代入感极强。

在业态功能方面，新天地活力 Park 以"娱乐文化 + 休闲餐饮"为主轴，辅以艺术体验与生活配套，形成一种文化艺术娱乐与商业融合的商业模式，打造工业风文化艺术公园，引入大型酒吧、文创艺术基地、网红餐饮等业态，囊括娱乐演艺、餐饮、艺术中心、购物、精品酒店等，给年轻群体提供了高品质夜生活新去处。

当然，杭州最大的工业厂区改造和开发项目，应该是位于半山脚下的杭钢半山基地。

2015 年，浙江省做出了关停杭钢半山基地的决定。2015 年 12 月 22 日，转炉厂炼钢车间冶炼完了最后一炉钢水，燃烧了近 60 年的杭钢半山基地全面关停。

对于半山地区和杭钢而言，这是一个时代的结束，也是一个时代的开始。

杭钢半山基地的关停，彻底改变了半山地区的土地利用格局，为城市功能升级发展打开了一扇新的大门。

根据大运河杭钢工业旧址综保项目（简称杭钢旧址公园）规划，杭钢旧址公园将以杭钢工业遗存为核心，延续旧工业建筑的空间尺度和景观特征，打造成集文化、商业、旅游、竞技于一身的乐活新城，总占地面积约 44 万平方米，总建筑面积约 23 万平方米，总投资约 20 亿元。

两个 80 多米的高炉将被改造为集当代艺术、生活美学、青年创意、艺术展演、品牌发布、文化演艺等于一体的时尚潮流发布中心。第三个 90 多米的高炉将被打造成融合城市客厅、运河与工业文化展示、智慧园区系统、会议空间等复合功能的公共服务中心。

杭钢旧址公园是杭州大运河国家文化公园的组成部分，已被纳入其标志性工程，这片土地的传奇和辉煌将继续谱写。

## 35.3 城中村改造引来"金凤凰"

从 1998 年开始，杭州就开始了第一批"撤村建居"和"城中村改造"试点工作。主城区有 34 个村率先完成了撤村建居工作，1.5 万人实现了"农转非"。通过撤村建居，杭州初步理顺了这些城郊接合区域的管理体制，有效盘活了城市土地资源，拓展了城市发展空间，促进了集体经济的健康发展，加快了城市化进程。

在总结第一批撤村建居改革试点工作和滨江区建设农村多层公寓做法的基础上，2001 年 12 月，《中共杭州市委 杭州市人民政府关于扩大撤村（乡镇）建居（街）改革试点推行农转居多层公寓建设的意见》（市委〔2001〕29 号）出台，推出了第二批 53 个撤村建居试点村，并在撤村建居地区推行农转居多层公寓建设。

2003 年 4 月，针对主城区一些实施撤村建居的地区已经没有更多土地资源可用，无法安排建设多层农居点的问题，杭州市扩大撤村建居改革试点推行农转居多层公寓建设领导小组办公室出台了《关于开展城中村改造试点工作的实施意见》，并专门成立了杭州市城中村改造办公室，以此作为常设机构统筹协调相关职能部门和各区建设单位，推动主城区的城中村改造工作。

2004 年 4 月，《中共杭州市委办公厅、杭州市人民政府办公厅关于继续深入开展撤村建居与城中村改造的实施意见》（市委办〔2004〕5 号）出台，公布了第三批 43 个撤村建居试点村名单，结合农转居多层公寓建设，全面推行城中村改造。

经过十多年的艰苦努力，杭州城中村改造打造出了"杭州模式"，形成了兼顾政府、集体、村民以及外来务工人员等多方利益主体的政策体系和实践经验，实现了城市发展的多赢局面。①

例如，杭州在西湖西进过程中探索出来的"景中村整治模式"，不仅没有局限于整体拆建，还探索了发展模式，保留了人文自然景观，带动了景区经济繁荣。发展茶文化经济的梅家坞和发展休闲餐饮经济的龙井村，都成了西湖景区里人们流连忘返的好去处。

2013 年"三改一拆"启动后，杭州城中村改造进一步向纵深推进。2016 年，杭州提出了"主城区城中村改造五年攻坚行动"，计划从 2016 年起，用 5 年时间基本完成主城区的全部城中村改造任务，将主城区城中村打造成为配套完善、生活便利、环境优美、管理有序的新型城市社区。

到这个阶段，剩下的都是"硬骨头"了，杭州必须结合城市功能发展和产业升

---

① 朱世权，城中村改造的"杭州模式"，今日浙江，2009 年第 22 期，第 17-18 页。

级的新特点，进行开发性改造，盘活土地资源，创造更大的经济效益和更多的社会效益。

玉皇山南区块，地处南宋皇城边，既有"朝闻鸟鸣啼声，归看西湖夕景"的雅誉，也曾是以"脏乱差"著称的城中村和城郊接合部。上城区经过反复调研论证，将其规划打造为以文化创意产业、现代金融服务业为主体的现代服务业集聚区，改造方案统筹安排"三改一拆"，实现整体功能提升。

通过这个改造项目，旧厂房被改造成艺术设计展示中心，旧仓库变成了花园式办公场所，上城区对历史地段进行保护性修缮，对现有居民建筑进行综合整治，对农居实施历史保护更新，全面拆除违法建筑，增设绿化和景观面积，改善市政道路等配套设施，全面改善了玉皇山南区块的发展环境。

2015年5月17日，玉皇山南基金小镇揭牌创建。该小镇以金融产业为主，到2016年底，入驻企业就超过了1000家，管理资产规模超5900亿元，实现税收超10亿元。2018年5月，玉皇山南基金小镇入选"最美特色小镇50强"。

另一个典型案例，是位于杭州曙光路上的白沙泉并购金融街区。白沙泉并购金融街区在2017年10月10日正式开街。西湖区著名的城中村——白沙泉，由此完成了华丽转身，成了浙江省首个以并购为主题的金融街区。

在老杭州人的印象中，白沙泉曾经是杭城名气很大的城中村。它毗邻寸土寸金的黄龙商圈，旁边就是西湖和浙江大学玉泉校区。作为典型的城中村，因为没有新的土地可以开发利用，长期得不到彻底改造。整个村子业态十分传统，各家都有出租房，最多的时候住了近5000名租客，还有51家小餐馆和数不清的夜宵摊。

2014年的一场火灾，成为这里彻底告别"低小散"经济模式的契机。当时白沙泉一家服装店突发大火，13辆赶来灭火的消防车，全被堵在村口进不去。人们眼睁睁看着两间"连体"的民房，被烧得面目全非。

2015年8月，西湖区开始对白沙泉全面实施危房改造、外立面整治、公建配套提升。房子全部被改造成青、白、黑三色配搭的漂亮中式小楼，村里环绕着鹅卵石游步小路，郁郁葱葱的绿化景观点缀其中。

在硬件改造和升级的同时，杭州委托专业机构进行产业升级定位研究，确定了白沙泉并购金融街区的规划方案，致力于打造一个全产业链要素集聚的并购交易市场。

为了引来"金凤凰"，西湖区政府出台《关于打造白沙泉并购金融街区的政策意见》，从房租补贴、税收减免、人才引进奖励等方面提供支持。

由行业协会、投资公司和地产公司共同组建的白沙泉投资发展有限公司负责街区运营管理。该公司一方面负责招商引资，打造国内最具影响力的并购资本、并购需求、并购项目、并购服务和并购人才五大中心，致力于构建并购金融全要素生态圈，打造全球并购价值链的浙江高地，为企业并购重组及转型升级提供优质服务。

另一方面，该公司还充当房东居民的"租房参谋"。过去，房租一月一结，租客一走房子还得空置一段时间。如今，租客由该公司帮忙找，一幢房子的年租金涨了好几倍，而且一租就是10年，业主省心省力、收益稳定。

到2020年底，街区正式注册企业达到602家，注册资金超过200亿元，基金管理规模超过1900亿元，累计实现税收3.12亿元，成为杭州一个特色鲜明的专业性金融企业集聚区。

## 35.4 拆除违法建筑，扮靓城市界面

"拆违"，也是城市发展过程中的一场持久战。1980年代的环西湖绿地动迁工程，1990年代的"五路一场"旧城改造工程和"大拆违"，2000年代的西湖综合保护工程、西溪湿地综合保护工程、运河综合保护工程，都涉及许多拆除违法建筑的"硬骨头"。

2013年启动的"三改一拆"行动，重点对全市1999年以来违反土地管理法律法规和城乡规划，未批先建、超标违建、乱搭乱建的违法建筑，历年立案查处的违法建筑，涉及旧住宅区、旧厂房和城中村改造的违法建筑等，进行重点清理整治。

随后，借着筹备G20峰会和第十九届亚运会的契机，杭州拆违行动力度不断加大，对改善城市形象、打造"美丽杭州"发挥了十分重要的作用。

位于松木场的弥陀寺，是清末民初杭州四大寺院之一，建于弥陀山脚下。由于历史原因，原有建筑和环境遭到严重破坏，区块内房屋陈旧，基础设施薄弱，违法搭建现象严重，抗灾能力差，安全隐患多。

2013年8月，西湖区在全省"三改一拆"推进过程中借势借力，经过8个月的拆迁，8个月的建设，成功将该地块拆迁改造成融合文化遗产保护、历史文脉延续、市民修身养性的弥陀寺公园，彻底改变了周边环境面貌。

归属原下城区的白鹿鞋城地块，地处杭州最热闹的武林核心区域，长期作为鞋类批发市场，存在脏乱差问题和安全隐患。2015年10月，白鹿鞋城地块被列入"美丽杭州"环境整治项目，经过30余轮协商谈判，该地块顺利完成签约和腾空工作，并于2016年4月20日完成整体拆除。

经过治理，原白鹿鞋城地块变成了一个 5000 平方米左右的城市中心"绿肺"，成为环北新村公交首末站，有效改善了武林广场区块和周边环境，方便了公共交通。

萧山区在"三改一拆"行动中，集中拆除九堡大桥南接线两侧 24 万平方米违建，对其全部实现绿化美化。机场高速的坎红互通周边，原先被各类违法建筑覆盖，在出口处，不是非法停车场，就是废品收购点，脏乱差问题比较突出。拆违后，萧山区对坎红互通周边进行绿化建设，路过的人们心情变得十分愉悦。

滨江区积极扮靓位于辖区范围内的入城口，努力让中外来宾在第一时间感受杭州大气开放的胸怀。例如，对西兴互通立交周边进行环境整治，种植乔木 1 万余棵、灌木草坪 30 万余平方米。钱江四桥区域，搬迁农户 500 多户，拆除房屋 16.2 万平方米，土地基本全部被用于绿化建设。之江大桥区域，完成 350 户农户和 26 家企业腾房拆除，拆违 10.7 万平方米，使绿化面积达到 96 万平方米，环境面貌焕然一新。

2015 年 9 月 18 日，《浙江省人民政府办公厅关于扎实推进全省"两路两侧""四边三化"专项整治工作的通知》（浙政办发〔2015〕99 号）发布，明确建立浙江全省"两路两侧""四边三化"专项整治工作系列制度，实行网格化巡查，建立健全立查立改、追责问责的长效管理制度。

"两路两侧"即公路两侧和铁路两侧。"四边三化"是指在公路边、铁路边、河边、山边等区域，开展洁化、绿化、美化行动。

作为深化"三改一拆"工作重要内容，"两路两侧"和"四边三化"对推进"美丽杭州"建设也发挥了十分重要的作用。

例如，富阳区对 307 省道进行全面治理，按照"美不断线、景不断链"的思路，注重打造道路沿线节点亮点。特别是对杭新景高速入城口、中埠大桥、村镇路口、景点入口等重要节点进行精心设计和打造，推出了"荷塘月色""高速剪影""绿掩同兴塔""巧用铜磨石"等绿化亮点，并将其串点成线、串珠成链。

一个个精致的风景点，一条条亮丽的景观线，让杭州的城市封面日新月异，美不胜收。

## 36　学区房神话流传

在住房市场，学区房不败的神话长期存在。经过连续几年大幅上涨，杭州的学区房价格在 2020 年达到历史新高。

学区房，是杭州房地产市场的一种神奇的存在。买一套老破小的学区房，让孩子接受优质教育，等孩子读完书，房价也涨了许多，再将房子卖出，"人财两得"。

中国人自古以来就十分注重孩子教育，愿意为家庭教育花钱。"孟母三迁"的故事广为流传，成为购置学区房的强大文化支撑案例。

经过 20 多年几代家长前仆后继的接力跑，一些拥有优质教育资源的学区房，价格比周边同类住宅高出一大截，成为众人仰望的对象。

学区房的价值表现说明，住宅的价值决定因素，并不是房子的物理空间本身，而是与房子所在位置相关联的多种使用功能。

因此，房地产投资置业教科书级的原理和秘籍，就是"位置、位置、位置"。位置决定房子的使用功能和经济价值，这可以解释不同城市、不同板块、不同小区的房价差异，也能够解释同一个板块房价随时间变化的动因和机制。

学区房现象，凸显了"位置"中教育资源的重要作用。基础教育，特别是幼儿园和小学阶段，儿童自理能力有限，需要家长进行日常看护，"就近入学"是普遍采取的招生和入学制度安排。

在优质教育资源稀缺和分布不均的情况下，"就近入学"就把具有公共服务性质的基础教育服务与家庭住所联系在一起，难以有效切割。教育资源的价值被投射到住宅之上，形成入学资格和权利，大幅增加了住宅的价值，形成了广泛存在的学区房现象。

显然，提高基础教育资源的均质性和充足性，可以降低住宅价值中的"学区含金量"，这方面的有效途径和机制还需要得到长期探索。

## 36.1　老破小生出金娃娃

"老破小"是人们对市中心老小区的称呼。

这些小区建设年代一般在 20 世纪，大多是多层住宅，在当年也为许多家庭实现住房"从无到有"做出了历史性贡献。

随着商品房市场的不断更新换代，1990 年代以前建设的住宅小区，就住宅产品本身而言，已经显得越来越落伍了。户型小，设备差，没有电梯，没有绿化，没有停车位，道路窄狭，出入不便，物业管理标准低，居住体验不佳。

但是，老破小的房子如果处在优质小学的覆盖范围，就属于学区房，在住房市场价格坚挺，流转十分顺畅。

胡女士在 2001 年考上了浙江大学的博士研究生。从 2004 年开始，她就和爱人租住在浙江大学玉泉校区旁边的求是村。

求是村作为浙江大学的家属区，1950 年代盖起了一批三层楼房，1970 年代建造了几幢筒子楼，其他大部分是 1980 年代建设的多层住宅。求是小学，作为浙江大学附属小学，教育质量一向很好。浙大附中（十五中），在杭州也是最好的中学之一。

与浙江大学深度绑定，求是村的学区房属性不容置疑。

2005 年毕业后，胡女士和先生一起留校任教。不久，浙江大学在紫金港校区的港湾家园给他们安排了人才房。但是，考虑到两个人的实验室都在玉泉校区，他们还是选择继续租住求是村的房子。

2006 年 5 月，房东通知胡女士，说自己在国外定居了，准备夏天回国，把求是村的房子卖掉。

胡女士和先生商量，儿子过几年就要上小学了，住在求是村的话，儿子在求是小学读书，不需要接送，十分方便。搬到港湾家园的话，小学在西城年华那边，必须接送，到时候就有困难了。于是，夫妻俩决定把租住的房子买下来，也省去了装修和搬家麻烦。

他们到中介公司和网上查看求是村的房价行情，发现挂牌价在每平方米13000 ~ 15000 元。他们租的房子约 58 平方米，是 1987 年建成的，估计总价在 80万元以内。

等到 7 月份房东回国时，正好国家出台了房地产调控政策，市场比较低迷，房东也很爽快，双方就以 72 万元总价成交了。

胡女士回忆说，当时自己还是有压力的。好在两家父母支持，加上自己的积蓄，胡女士首付了 32 万元，贷款 40 万元，很快就办好房屋所有权证，把户口迁了进来。

幸运的是，胡女士的儿子很会读书，不负众望，在求是小学表现优秀，2016 年小学毕业后，考进了杭州外国语学校，住校读书。

这个时候浙江大学紫金港校区已经很成熟了，胡女士所在学院也在 2014 年搬到了浙江大学紫金港校区，胡女士就在 2016 年夏天搬到港湾家园的房子住了。

有一天，陪着几个同事到附近的河滨之城售楼部看房子，当时杭州楼市已经有些热度了，胡女士也被大家的购房热情所感染。回家和先生商量，夫妻俩决定把求是村的房子卖掉，也去买一套河滨之城的新房。

上网一看行情，求是村的二手房挂牌均价已经到了 60000 元 / 米² 左右。她按照总价 350 万元挂牌，房子很快就被人以 345 万元的价格买走了。

这大大超出了胡女士的预期。儿子读了求是小学，房子还涨了 273 万元，这简直是会生金蛋的老母鸡啊！讲起这套房子带来的巨大收益，胡女士至今也激动不已。

2016 年 8 月下旬，赶在新一轮涨价前，胡女士以总价 450 万元，买进了河滨之城一套 139 平方米的住宅，每平方米约 32400 元。无意之中，她又幸运地买到了另一只会生金蛋的老母鸡。

2019 年 8 月，杭州竞舟第二小学建成投入使用，河滨之城属其学区范围，二手房价格也大幅走高。在 2021 年 6 月，河滨之城的二手房挂牌均价甚至冲上了每平方米 9 万元。

在杭州的老破小学区房所属校区中，学军小学求智校区是最有名的。

学军小学建校于 1908 年，当时称"杭州府官立初等小学堂"，后改名为杭州市立清波小学。1931 年省立杭州师范学校建立后，市立清波小学划归杭州师范学校，作为附属小学（以下简称杭师附小）。1949 年 5 月杭州解放，杭师附小改为杭师小学部，1956 年夏随杭州师范学校迁至文二街 6 号。

1970 年，杭州师范学校改为杭州市第十三中学，杭师附小改名为学军小学，属拱墅区管理，并从 1972 年起划归西湖区。

因为办学质量高，学军小学 1978 年被定为西湖区重点小学，1987 年被定为杭州师范学校第二附属小学，1993 年被杭州市政府确定为重点涉外参观单位，1996 年被命名为省示范性实验学校，1998 年被授予"教育部现代教育技术实验学校"

称号。

百年办学历史积淀，加上与时俱进的现代教育气息，学军小学培养了大批优秀人才，成为杭州公认的名校 [1]，深受家长们的信赖和追捧。

按照西湖区的学区划分，学军小学求智校区的招生范围包括文二新村、求智弄、西溪河东、下宁巷、崇文公寓、中大文锦苑、求智社区、日晖新村西区、马塍路 24—35 号等。

这些住宅小区，以老破小为主，多数是 1980 年底建成的。其中，最老的日晖新村西区是 1982 年建成的，较新的中大文锦苑是 2001 年建成的，最新的崇文公寓是 2006 年建成的。

表 36.1 整理了 2016—2022 年莫干山路西侧学军板块与东侧湖墅板块的二手房价格走势。

从二手房挂牌均价涨幅来看，学军板块上涨了 134%，湖墅板块只上涨了111%。从挂牌均价绝对值比较，2022 年 8 月学军板块是湖墅板块的 2 倍左右，每平方米高出 4.8 万元。这个溢价，除了两个板块分别属于西湖区和拱墅区的差别，更主要体现了学区的价值。

两个板块内的西溪河东小区和莫干新村，都是 1984 年建成的老小区，但价格水平相差很大，且差距还在拉大。2017 年 8 月，西溪河东小区是莫干新村的 1.99倍。2022 年 8 月，西溪河东小区是莫干新村的 2.54 倍。

表 36.1　2016—2022 年学军板块与湖墅板块二手房挂牌均价

（单位：元/米²）

| 板块 | 2016 年 8 月 | 2017 年 8 月 | 2018 年 8 月 | 2019 年 8 月 | 2020 年 8 月 | 2021 年 8 月 | 2022 年 8 月 |
|---|---|---|---|---|---|---|---|
| 学军板块 | 39300 | 67100 | 78000 | 78600 | 85000 | 99900 | 91900 |
| 西溪河东 | — | 66500 | 74200 | 78900 | 80700 | 106000 | 100000 |
| 湖墅板块 | 20800 | 35140 | 38700 | 38400 | 39100 | 46300 | 43900 |
| 莫干新村 | — | 33400 | 41900 | 40400 | 38300 | 45500 | 39900 |

资料来源：根据安居客网站二手房价历史数据整理。

在杭州，学区房价格根据所属小学的办学质量，长期处于不同程度的溢价状态，成为一种普遍现象。为了小孩读书买入房子的家庭，在享受优质教育资源的同时，还分享了房价上涨的额外好处，逐步建立了老百姓的"学区房信仰"。

---

[1] 梁建伟，建校 110 年，这所小学曾被誉为西湖区小学的"黄埔军校"，钱江晚报，2018 年 12 月 30 日。

"百年树人"是很有道理的。一所名校，往往是几代园丁的心血，加上几代学子的智慧，长期积淀和结晶的结果，成为一种精神、文化和规矩，对优秀人才具有成建制、系统性的塑造、鞭策、提升的功能。

因此，学区房具有位置固定性、稀缺性和难以模仿复制的特点，容易导致供不应求，形成市场炒作。

## 36.2 "孟母神盘"文鼎苑

学军小学除了求智校区，还有紫金港校区和之江校区。学军小学紫金港校区的学区房文鼎苑，被称为"杭城第一孟母盘"。

文鼎苑位于浙江大学紫金港校区旁边，地铁 2 号线和 5 号线的换乘站三坝站就在小区门口，周边配套设施齐全。

但是，文鼎苑之所以出名，主要还是因为其学区房的独特优势，增强了市场吸引力和活跃度。

文鼎苑是由耀江房产开发的"文化大盘"。1993 年初，浙江省人民政府秘书长汪曦光受到改革开放和市场经济大潮的感召，毅然下海从商，创办了耀江房产。后来，耀江房产成为杭派开发商的一个代表，先后在杭州、北京、上海、海南等地区开发了一批房地产项目，涉及住宅、写字楼、酒店、商业综合体等各种物业类型。

在杭州，西湖文化广场的环球中心、延安路与西湖大道交叉口的涌金广场和耀江广厦、莫干山路 100 号的耀江国际大厦等，都是耀江房产的地标性作品。

2001 年浙江大学紫金港校区开工建设，耀江房产以超前眼光，在一路之隔拿下文鼎苑地块。规划总建筑面积 70 万平方米，其中住宅面积 52 万平方米。住宅分两期开发，共 38 幢高层，3240 多套住宅。

不过，2010 年以前，这个地段还不太成熟。耀江房产根据项目区位特点，着力打造"人文大盘"，突出毗邻浙江大学紫金港校区的区位优势。

2008 年 4 月，耀江房产组织了一次以"人文新浙大，魅力新城西"为主题的研讨活动，邀请了浙江大学管理学院副院长、浙江大学房地产研究中心主任贾生华，以及虞晓芬、丁建刚等专家，还有学军小学校长汪培新等，进行现场研讨，分析文鼎苑"人文大盘"的居住价值和美好前景。

在这次研讨会上，贾生华教授指出，浙江大学不仅在大学教育方面具有重要的影响，而且校园本身也是一种宝贵的资源，为周边居民的生活、工作提供了极大的便利。可以说，浙江大学校园，是永不关门的公园，是四季适宜的体育馆，是与时俱进的图书馆，是与世界同步的报告厅，也是经济实惠的大餐厅。

浙江大学杭州校友会秘书长刘巍回忆说，当时自己就买了文鼎苑一期的房子。因为父母都是浙江大学的老师，自己从小生活在浙大求是村，接受的教育来自浙大幼儿园、浙大附小、浙大附中和浙江大学。深厚的浙大情结，使得他毫不犹豫地选择了文鼎苑，认定这里就是"浙大求是二村"。

后来文鼎苑的实际发展情况说明，这次研讨活动没有作秀的成分，大家讲的都是十分中肯和理性的观点。[①]

为了提升小区的文化价值，耀江房产在小区北门对面，引入省级示范小学——学军小学，并负责全额投资和建设。这个校园占地面积约 64 亩，总建筑面积约26000 平方米，配套了 3600 多平方米的体育馆和 250 米塑胶环形跑道，还有 15000多平方米的绿化面积，是当时杭州城区建筑规模最大、配套设施最好的公办小学之一。

2008 年 8 月，杭州市学军小学紫金港校区建成投入使用，并在 9 月 1 日开学。学军小学校长汪培新说，耀江房产在文鼎苑建设了一个现代化新校区，为学军小学的教学事业发展提供了全新空间。未来的学军小学紫金港校区，将继续以"个性化、现代化、国际化"为办学目标，为周边居民提供优质教育服务。

百年名校学军小学紫金港校区的建成和投入使用，让文鼎苑的教育资源价值大幅提升，使文鼎苑逐步成为杭州城西最为抢手、最具价值的优质学区房。

2005 年 9 月，文鼎苑一期以 7900 元 / 米$^2$ 的均价开盘。2006 年文鼎苑一期推出了部分精装修房源，销售均价在 11000 元 / 米$^2$。

2007 年，杭州楼市热度大增，文鼎苑二期在 4 月份开盘，毛坯均价为9300 元 / 米$^2$。到了 12 月份，新推房源均价就上涨到了 17500 元 / 米$^2$。2008年下半年金融海啸爆发后，市场形势不好，12 月文鼎苑销售价格回调到了15000 元 / 米$^2$。

2009 年 4 月，文鼎苑一期交付完毕。2010 年 6 月，文鼎苑二期交付完毕。在二手房市场，早期交付的房源从 2008 年开始陆续进入市场（见表 36.2）。

---

① 施予，专家热议耀江文鼎苑的人文价值，都市快报，2008 年 4 月 25 日。

表 36.2  2009—2022 年文鼎苑二手房价格变化情况

（单位：元／米²）

| 年份 | 2009 年 | 2010 年 | 2011 年 | 2012 年 | 2013 年 | 2014 年 | 2015 年 |
|------|---------|---------|---------|---------|---------|---------|---------|
| 4 月均价 | 15800 | 23500 | 25000 | 22000 | 23000 | 25000 | 26000 |
| 年份 | 2016 年 | 2017 年 | 2018 年 | 2019 年 | 2020 年 | 2021 年 | 2022 年 |
| 4 月均价 | 35000 | 49000 | 66000 | 69000 | 73000 | 100000 | 88000 |

资料来源：2016 年及以前年份根据相关媒体资料整理。2017 年及以后数据，根据安居客网站历史房价数据整理。

从二手房价格走势来看，2015 年以前文鼎苑房价基本平稳，这个时期杭州楼市整体调整，文鼎苑的表现还算坚挺。从 2016 年开始，随着杭州楼市新一轮行情启动，文鼎苑房价才真正以"学区房"的名义，出现了大幅攀升。

2020 年 8 月 22 日，浙江电视台经济生活频道播出了一档节目，报道在"杭城第一孟母盘"文鼎苑里，有个小区业主群，叫作"文鼎孟母鸡血群"，这些家长自发组织了"文鼎苑首届小学生思维挑战杯"比赛，培养孩子的学习兴趣和提高孩子学习成绩。[1]

还有自媒体写了推文，介绍"文鼎孟母鸡血群"如何团结协作，努力提高孩子的升学成绩，进而提高文鼎苑的房价，引来不少网友围观和热评。[2]

有文鼎苑业主留言表示，文鼎苑是一个很有活力的小区，不光有学习群、运动群、购物群，还有小孩用品二手置换群。对于小区的儿童摊位，小孩子都可以报名去当摊主。业委会很支持这些社区活动，再加上很多有想法的爸爸妈妈，不遗余力地提供资源和帮助，社区活动执行力也很强，社区生活搞得有声有色。

从 2021 年开始，在房地产市场调控政策不断加码的过程中，学区政策调整也加入了抑制房价炒作的工具箱。与其他学区房一起，文鼎苑的二手房市场热度也快速回落，价格大幅回调，进入了调整阶段。

## 36.3 "远大新"频打教育牌

幼儿园、小学和初中阶段接受的教育，对儿童和青少年的成长至关重要，这是

---

[1] 浙江经视新闻，杭州一小区二手房卖到七八万一平，被称为"杭城第一孟母盘"，百家号，2020 年 8 月 22 日。https://view.inews.qq.com/a/20200822A07RYX00。

[2] 张舒婷，杭州学区房"孟母群"：为保卫房价，互助「鸡娃」的家长们，真实故事计划，2020 年 12 月 7 日。https://baijiahao.baidu.com/s?id=1685388885933536832&wfr=spider&for=pc。

家长们矢志不渝地追求学区房的根本动力。

但是，在中国政府主导、大规模、快速城市化过程中，学校等公共服务的配套客观上存在滞后性。除了校园建设不能及时到位，新建学校的师资力量配备和教学水平提高，也需要较长的周期。

为了解决这个问题，政府和开发商都付出了自己的努力。

在政策层面，为了弥补政府基础教育投资和公办学校招生容量不足的问题，国家在1990年代逐步明确和出台了鼓励民办教育发展的政策法规，全国民办教育不断发展壮大。

1992年，中共第十四次代表大会报告提出，要"鼓励多渠道、多形式社会集资办学和民间办学，改变国家包办教育的做法"，从此拉开了民办学校大发展的序幕。

1997年，国务院颁布了《社会力量办学条例》，这是国家第一部专门规范民办教育的行政法规，使民办教育的发展进入法治化阶段。

2002年12月28日，第九届全国人民代表大会常务委员会第三十一次会议通过了《中华人民共和国民办教育促进法》，明确规定了民办学校与公办学校具有同等的法律地位。

在国家政策鼓励和支持下，杭州市民办教育从无到有，繁荣发展，对各级各类教育事业做出了历史性贡献。

在城市扩张过程中，新的住宅小区如雨后春笋般生长，为了提高住宅小区配套水平，提高商品房销售竞争力，不少"远大新"的房子，不约而同地打出了"教育牌"。

在项目开发过程中，引进国内外优质品牌教育资源，为项目教育配套加分，这是常用做法。也有的开发商自己投资建设幼儿园、小学和中学，提供教育配套服务，达成了房产品牌与教育品牌相互促进的效果。

一个成功案例是绿城房产打造的绿城育华小学。具有浓厚人文情怀的宋卫平，十分重视文化教育。2003年4月，由绿城房产投资1.9亿元精心建造的绿城育华小学建成投入使用，校园位于文一西路紫金港路口，占地75亩。

由于办学理念先进，教育质量优质，绿城育华小学逐步发展壮大为教育集团，是杭州市五大名校集团之一，深受家长们的信赖和推崇。

在建立品牌基础上，绿城育华小学跟随绿城房产开发的一些住宅项目布局，成为绿城房产住宅项目的一个加分项。

另一个成功案例是金成英特江南春城的开发建设。

1996 年，吴王楼创立了金成房产，主要在蒋村商住区开发项目。2000 年，金成房产在当时的余杭镇和闲林镇，取得了 3000 亩土地的开发权，启动了江南春城项目。

考虑到项目周边还缺乏公共配套，吴王楼提出了"教育房产"的开发思路，并积极研究探索。2005 年金成房产在白云深处小区，开办了第一家幼儿园。随后，金成房产不断扩大布局范围，为江南春城的闲林山水、庭院深深、竹海水韵、西溪海等小区，全部配置了金成英特幼儿园。

2008 年，金成房产投资开办了杭州金成外国语小学和杭州英特外国语学校，初步构建了金成英特 K12 教育体系。这些学校逐步发展为双语教学、接轨国际的特色民办学校，成为江南春城的重要特色。

不过，从全国情况来看，民办教育野蛮生长的许多弊端也逐步暴露出来，如公立办民校、收费高、掐尖招生、择校热、教育产业化、资本深度卷入等，甚至了引发全社会的"基础教育焦虑症"。

在择校、校外培训、学区房等多重压力下，家长们陷入了严重的"内卷"状态，精神负担和经济压力巨大。

从小学阶段的经济负担来看，公办小学实行免费政策，家长只需根据情况承担校服费、保险费、餐费、校车费等少量支出。民办小学则需要家长承担较高学费和其他费用，每学期学费低的几千元，高的几万元，学校之间差别很大。

根据 2018 年杭州市物价局公布的市区民办学校学费和住宿费收费标准：绿城育华小学普通班每学期学费 12500 元，住宿费 3800 元；双语班每学期学费 35000 元，住宿费 5800 元。杭州娃哈哈双语学校每学期学费 42000 元。杭州云谷学校学费最高，每学期为 48000 元。

针对义务教育发展存在的问题，政府从法规和政策层面入手，开展了持续不断的规范和整顿工作。

2016 年 11 月 7 日，第十二届全国人民代表大会常务委员会第二十四次会议通过了《关于修改〈中华人民共和国民办教育促进法〉的决定》，明确对民办学校按照"非营利性"和"营利性"进行分类管理，不得设立实施义务教育的营利性民办学校。

2019 年 6 月，《中共中央 国务院关于深化教育教学改革全面提高义务教育质量的意见》出台，强调"推进义务教育学校免试就近入学全覆盖"，"民办义务教育学校招生纳入审批地统一管理，与公办学校同步招生"，"对报名人数超过招生计划的，实行电脑随机录取"。

根据国家和浙江省相关政策，杭州市在 2020 年实施了"公民同招"，在 2021 年出台了"双减"政策。

随着政府对义务教育阶段教育教学秩序的整顿和规范，教育资源的普惠性和均衡性有所提高，学区房的热度也迅速降低。在杭州，学区房价格从 2021 年夏天开始大幅回落，成为楼市运行的一个热点话题。

不过，老百姓对优质教育资源的追逐和价值认可，是一种基本的社会需要，将会长期存在下去。家长在子女教育方面的努力和投入，还是会以某种方式表现出来。

## 37  类住宅市场变迁

住宅与类住宅，使用功能、财产权利、市场价值，为什么差异巨大？

根据法律法规，我国城市国有土地使用权出让的最高年限，居住用地是 70 年，工业用地是 50 年，教育、科技、文化、卫生、体育用地是 50 年，商业、旅游、娱乐用地是 40 年，综合或者其他用地也是 50 年。

在实践中，每一宗土地的具体用途和使用年限，都是根据土地利用规划，在土地出让合同中明确规定的。

开发商拿到土地后，经过项目规划、建设、安装、交付等环节的行政审批，办理建设用地规划许可证、建设工程规划许可证、建筑工程施工许可证、商品房预售许可证、项目竣工综合验收备案证明等一系列手续，确保土地利用和房屋建筑符合规划条件和相关法律法规要求。

购房者购房后，依法登记确权，取得不动产权证书，上面也会登记土地和房屋的位置、性质、用途、年限、面积等财产权利属性和信息。只有财产权利合法合规，才能得到法律保护。

然而，在具体项目的商品房建造、装修、使用过程中，开发商、业主和用户仍然存在很大的自由度，空间结构、功能形态和实际用途等，可能会根据市场变化不断变化。

在大城市住房需求旺盛的形势下，在非住宅用地上建设和开发的非住宅商品房，经常被发展出居住功能，这样的商品房往往被称为"类住宅"。

从单身公寓到酒店式公寓，再到商业大平层，多数项目都属于这种情况。政府虽然不时出台"限酒令"（限制建设酒店式公寓）加以治理，但因为有市场需要，类住宅总是不断变化形态，开发商和购房者乐此不疲地参与其中。

## 37.1 单身公寓应运而生

位于杭州建国北路与凤起路交叉口的双牛大厦于1999年建成，是杭州第一个打出"单身公寓"旗号的商品房项目。

1997年5月成立的杭州双牛大厦开发有限公司，是这个项目的第一任开发商。当时，项目的建筑规划设计方案是一个写字楼，但杭州的写字楼市场才刚刚起步，供应大于需求，市场销售前景不明。

1998年项目开工后，开发商邀请杭州凤巢企划广告有限公司进行营销策划。策划人员提出了修改户型方案，对大开间的写字楼进行尽可能小的分隔，并为每个小单元都配备一个卫生间和一间卧室，就像宾馆的客房一样。同时，策划在项目裙楼配置自助式洗衣中心、健身中心以及各类休闲娱乐会所，为住户提供全方位商业服务。

在当时的杭州房地产市场，这是一种全新的产品，具有独特性。从市场营销角度来看，可以说双牛大厦的单身公寓是在市场细分基础上，进行了大胆的产品差异化尝试。

项目开盘销售后，双牛大厦在《杭州日报》和《钱江晚报》刊登大幅彩版广告，打出了"实现都市里的精致人生"的口号，引起了购房者的追捧，第一期很快被抢购一空，产品和营销策划是成功的。

买这套房子的客户，主要是外地企业常驻杭州的业务人员、家庭经济条件较好的单身人士、需要独立生活空间的专业人员以及单纯的购房投资者。单身公寓的出现，在传统住宅基础上，向他们提供了可以替代酒店的新选择。

双牛大厦300多套单身公寓，以5000元/米$^2$的价格开盘，到封顶的时候，已经完成了90%的销售，价格也提高到了5800元/米$^2$，比周边的普通商品住宅还要贵。

双牛大厦的热销，带动许多类似项目尝试开发和销售单身公寓。例如，浙江国都房产集团有限公司开发的国都发展大厦，位于朝晖路180号，临近武林商务圈。该项目于2001年建成，作为写字楼项目，由两幢28层高的塔楼和裙楼组成，其中一幢配置了200余套小户型单身公寓。单身公寓的快速销售，有利于开发商回笼资金，也满足了部分购房者的阶段性居住需要。

位于德胜路与上塘高架路交叉口西北角的新青年广场，是浙江新南北置业集团有限公司开发的一个典型的单身公寓项目，致力于在市区繁华地段，打造纯粹小户型群落，定位为集居住、商务、休闲、健身、购物等多元化功能于一身的集合社区，突出都市的、年轻的、时尚的、多元的等特征。

该项目的土地划规用途为综合用地，占地面积为 1.7 万平方米，总建筑面积约 6 万平方米，建设 30～70 平方米的小户型单身公寓，并配置健身中心、休闲吧、娱乐设施、美食广场、商务中心、洗衣房等公共服务设施，2007 年带装修交付。

2005 年初，新青年广场项目首期开盘，随后在 7 月和 10 月分批推出了第二期和第三期房源，销售均价在 8000 元 / 米$^2$ 左右，与周边商品住宅相差无几。

到了 2008 年 3 月，新青年广场有最后 20 套限制销售房源上市，价格涨到了 21000 元 / 米$^2$。

浙江大学紫金港校区东门外面，有一个叫"剑桥公社"的项目。该项目为村集体留用地项目，属于商业综合用地性质，项目规划建设由 6 幢建筑围合而成的综合体，业态包括单身公寓和写字楼、酒店、商业等，总建筑面积约 10 万平方米。

2008 年剑桥公社进入市场销售，打出了"浙大直辖小户型"的广告，吸引了不少投资购房者。单身公寓户型面积 30～80 平方米，带装修，均价在 6500 元 / 米$^2$ 左右。到 2009 年下半年市场火爆期间，均价提高到 9500 元 / 米$^2$ 左右。因为受到村集体留用地项目政策限制，该项目有一半面积不能分割销售，所以采取"20 年租约，到期再续 20 年"的模式变相销售。同时，购房者需要一次性付款，不能使用贷款。

在 2009 年下半年，周边销售的住宅项目中，文鼎苑均价在 18000 元 / 米$^2$ 左右，西城年华均价在 17000 元 / 米$^2$ 左右。剑桥公社单身公寓的价格，相当于商品住宅的一半左右，以低总价吸引了人们的注意力。

显然，在单身公寓流行的 2000 年代，乘着房地产市场蓬勃发展的东风，开发商对项目的开发投资是相当成功的。

然而，在写字楼基础上策划包装出来的单身公寓，在使用过程中还是存在许多问题的。以双牛大厦为例，因为大量住户集聚，超出了作为写字楼规划设计的空间容纳能力，给后续运营管理和居住体验造成很大麻烦。加之开发商实力不足，项目很快陷入了司法纠纷，到 2004 年购房者还没有拿到房屋所有权证，物业管理公司也一度中断了服务。[①]

对于出于投资目的的买入双牛大厦的购房者而言，土地规划用途与建筑规划设计存在的问题，导致后续租金和房价表现不佳。在 20 多年后的 2022 年 6 月，双牛大厦二手房挂牌价格也只有每平方米 2 万元左右，还不到周边同时期开发的住宅小区

---

① 董捷，杭城第一单身公寓昨日陷入管理真空，都市快报，2004 年 10 月 20 日。

挂牌价格的一半。

其他几个案例的发展动态和市场表现，也与双牛大厦类似。住户情况复杂多样，稳定性差，上下班时间电梯拥挤，不能落户和入学，家庭长期居住的实用性不高，这些都是具有普遍性的问题。

在 2022 年 10 月，安居客网站二手房挂牌价格显示，国都发展大厦单身公寓挂牌均价在每平方米 2 万元左右，旁边同时代建成的秋水巷挂牌均价为 4.7 万元/米$^2$，中山北园挂牌均价为 4.6 万元/米$^2$。

新青年广场的市场价格表现也差不多，2022 年 10 月挂牌均价约为每平方米 2 万元。在旁边的住宅小区盛德嘉苑，是新南北集团在 2002 年建成的，挂牌均价为 3.9 万元/米$^2$。再往西边，1998 年建成的假山新村，挂牌均价更是高达 4.6 万元/米$^2$。

剑桥公社周边的住宅价格长期上涨（2022 年曾短暂经历价格回落），文鼎苑挂牌均价在 8.5 万元/米$^2$，西城年华在 7.5 万元/米$^2$，而剑桥公社只有 1.2 万元/米$^2$ 左右，交易也十分稀少。对于采取长租模式的购房者而言，随着租期流逝，其市场价值也在不断下降。

可见，在非住宅用地上开发建设的单身公寓，无论从居住消费体验角度来看，还是从购房者投资和资产增值的角度来看，都明显逊色于同地段的普通住宅。单身公寓只是年轻人解决短期住房问题的阶段性工具，不适合家庭长期居住生活，也不是很好的投资标的。

## 37.2 酒店式公寓升级换代

严格意义上，酒店式公寓是物业的建筑结构形式类似于酒店，负责管理的物业管理公司提供酒店模式的服务，同时居室内配有全套家具及厨房设备，适合家庭居住的住宅单元。

在国外大城市，酒店式公寓主要是出租给高级白领、金领等商务人士居住的产品，多数由投资基金持有，由专业公司运营管理。

2008 年，建工房产在开发欧美中心过程中，引入了有着"世界 500 强企业高管忠实管家"之誉的奥克伍德，建设了杭州首家国际服务式公寓——杭州奥克伍德国际酒店公寓，该酒店式公寓成为欧美中心的重要组成部分。

2015 年，建工房产又在其开发的欧美金融城项目，引进了万豪行政公寓品牌，与其共同打造高端服务式公寓，开创了杭州国际服务式公寓新格局。

欧美中心的奥克伍德国际酒店公寓和欧美金融城的万豪行政公寓，基本复制了高端国际服务式公寓的模式，入住者基本是随跨国公司来杭州工作的商务人士。

与国外相比，中国公司和家庭似乎更喜欢买房居住，不喜欢租房居住。因此，经过投资开发模式的"本土化"，在中国被称为"酒店式公寓"的，主要不是那种由专业公司统一进行出租和管理的服务式公寓，而是出售给个人和家庭居住、一些公共服务配套、相对集中布置的居住物业。

绿城房产开发的深蓝广场，应该是杭州第一个按照海外模式规划设计，在住宅用地上开发的酒店式公寓项目。

该项目坐落于杭州市武林商圈黄金地段，紧邻西湖文化广场，北依朝晖路，南临京杭大运河。项目总建筑面积约 13 万平方米，其中住宅用地公寓楼建筑面积约 6.1 万平方米，商业用地写字楼建筑面积约 3.5 万平方米，公寓户型平均在 160 平方米，大户型和小户型都有配备。

当时的绿城房产正在品牌成熟发展阶段，十分注重产品品质和文化内涵。对于酒店式公寓这样一种新的房产品形态和类型，绿城房产在开发过程中下了很大功夫，建筑设计、大堂设计、景观环境、室内空间、精装修交付和酒店式服务，都达到了当时杭州住宅的最高档次和水平。

2004 年开盘时，深蓝广场的大户型公寓均价是 23000 元 / 米$^2$，小户型公寓均价为 18000 元 / 米$^2$。绿城深蓝广场与滨江金色海岸是当时杭州价格最高的公寓项目，开创了杭州商品住宅精装修交付的先河。

不过，杭州楼市的酒店式公寓，基本是单身公寓升级换代的产物，土地用途多数是非住宅用地，产品基本以销售模式进入市场，多数也没有持续、全面、系统地提供专业运营和酒店式服务。

从政府角度来看，单身公寓和酒店式公寓等类住宅项目，存在许多违规问题。为了治理和整顿非住宅用地项目开发秩序，2003 年底杭州市建设委员会、规划局出台了《关于规范杭州市区房地产市场部分公共建筑设计与管理的若干意见》，其中规定，"公建建筑项目不得出现带有公寓、花园、花苑等含有住宅性质的名称"。这是政府第一次出手监管非住宅用地的类住宅开发问题。

因此，在一段时间里面世的酒店式公寓项目，案名多数为广场、公馆、大厦、公社等。

但是，在商品住宅供不应求，写字楼等非住宅商品房供过于求的市场形势下，开发商在拿到非住宅用地时，还是会不约而同地沿着酒店式公寓的方向进行规划设计和市场营销，杭州的酒店式公寓市场持续繁荣。

2008 年绿城房产在萧山湘湖休博园规划范围内，拿到一块 50 年期限的综合用地，总占地面积约 77 亩，总建筑面积约 10.8 万平方米。绿城房产规划建设了丁香公馆酒店式公寓项目，包括 65～240 平方米的 1 房至 4 房多个户型，共 500 余户。

丁香公馆的业主王先生是萧山人，他回忆说，2009 年 9 月丁香公馆开盘，精装修价格在 14000 元 / 米² 左右，他和几个企业高管朋友一起去现场看了样板房，被绿城房产精装修房子的品质打动了，每人下单买了一套 117 平方米的两室两卫户型，想着大家周末带着家人，一起过来住住，享受周边的环境和配套资源。

到了 2010 年 9 月，丁香公馆推出了大户型精装修样板房，王先生约了前面一起买房的朋友们一起去参观，大家都被样板房的豪华、舒适和氛围震撼到了。当时 225 平方米的户型均价 25000 元 / 米²，其中 3 个朋友又各自下单，买下了第二套，准备交付后把第一套卖掉，全家一起住在大套里。

2011 年 6 月，丁香公馆竣工交付了，王先生和几个朋友配置了一些家具，很快都搬进来住了，大家对自己的居住生活品质十分满意。

遗憾的是，杭州的房地产市场在 2011 年后进入了调整期，王先生一直未能在二手房市场卖掉自己的房子。

10 年后的 2021 年 9 月，杭州楼市整体又上涨到了新的高度，湘湖板块的二手房挂牌均价在 36000 元 / 米² 左右，但丁香公馆二手房价格依旧低迷，挂牌均价只有 22000 元 / 米² 左右。

王先生感慨万分，怎么这么好的房子，价格就是不涨，甚至还跌到 10 年前的新房价格以下了呢？

丁香公馆的案例说明，精装修的豪华酒店式公寓产品，主要是用来满足高端居住消费需要的，不能期待其在出租回报和资产增值方面有亮眼的表现。

其实，除了少数高端项目，市场上出现的大多数酒店式公寓产品，还是走小户型、低总价、交通便利、生活配套齐全的路线，主要满足青年人群和外来人口阶段性居住生活需要。

2011 年省直同人房产在古墩路三坝地铁站附近，开发了同人精华酒店式公寓项目，土地用途是使用权年限为 40 年的商业金融用地，总建筑面积近 10 万平方米，由 3 幢 12～16 层建筑围合而成，以精致小户型、创业 SOHO、企业办公和商业配套等为功能定位，共有 1380 个房源供销售。

2012 年 10 月，同人精华开盘，根据其优越的位置，被市场定义为一个宜居住、宜办公、宜投资的多功能产品，不限购、不限贷，均价 16000 元 / 米²，打折后均价约 14700 元 / 米²。另外，为满足购房者不同用途和定位需要，开发商提供菜单式装修服务。

彼时，杭州房地产市场处于低迷阶段，同人精华 2014 年交付后仍然有部分房源待售。2016 年 9 月，最后一批房源销售价格在 18000 元 / 米² 左右。

同人精华的多功能定位，扩大了产品的市场覆盖面，但交付使用后各种业态混合和交叉带来的不便，也给业主和住户带来不少烦恼。透明售房网显示，2022 年 10 月同人精华二手房挂牌均价约 2.4 万元 / 米²，签约均价在 1.9 万元 / 米² 左右，市场交易也不活跃。

在 2014 年秋天杭州取消商品住宅限购政策后，酒店式公寓的市场销售也陷入了低谷。这个时期，开发商一方面在产品创新方面做工作，尽量提高产品的性价比；另一方面发挥销售代理和中介公司的渠道优势，加大了营销推广的力度。

从 2016 年开始，在"去库存"政策作用下，杭州房地产市场随着一线城市进入新一轮繁荣周期。为了抑制楼市热度，杭州市在 9 月 18 日重启住房限购政策。随后几年，不断加码的住房限购、限贷政策，强化了类住宅项目吸纳市场购房需求的功能，酒店式公寓市场热度随之不断提升。

2018 年 6 月开盘的滨江同协金座，是一个土地使用年限在 40 年的酒店式公寓项目。该项目被设计成层高为 4.79 米的双钥匙 loft 产品，户型面积为 32 ~ 60 平方米，精装修均价为 30000 元 / 米²。由于受到市场追捧，第二期均价就提高到了 35000 元 / 米²。

与同协金座一路之隔的龙湖武林九里住宅项目，2016 年开盘时新房销售价格只有 21000 元 / 米²，2018 年交付后二手房价格也没有超过 30000 元 / 米²。由此比较可见，当时酒店式公寓的市场热度的确很高。

杭州景顺集团开发的景顺铂悦城，位于小和山的浙江工业大学对面，是一个占地 100 亩的村级留用地项目，商业用地使用权 40 年，规划建筑面积 18 万平方米。按照留用地政策，村里将持有的大约一半建筑面积打造为商业综合体，将另外一半设计成为面积 35 平方米、42 平方米和 49 平方米 3 种户型的酒店式公寓，层高 4.79 米，被分割成上下两层 loft 户型，双钥匙精装修交付，共有 2000 套可售。

该项目 2018 年拿地，2020 年初开始销售，总价 120 万元起，每平方米在 3.4 万元左右，比板块内二手房均价每平方米高出 1 万元左右。在市场繁荣时期，loft 双钥匙户型自住 + 出租的双重使用功能，吸引了不少购房者下单。

可以说，loft 户型和双钥匙功能，大幅提升了酒店式公寓的使用价值，使酒店式公寓市场进入了一个新的繁荣阶段。

## 37.3 商业大平层错位发展

非住宅用地本来被规划为商业、办公、科研等不同类型，以满足城市功能结构、商业配套、产业发展等不同需要。如果这些项目大量被开发建设为居住房屋，显然对城市功能协调发展不利。因此，政府对各种类住宅的监管持续不断。

在《关于规范杭州市区房地产市场部分公共建筑设计与管理若干意见》的基础上，2012 年 2 月，《杭州市人民政府办公厅转发市建委市规划局关于进一步规范商业办公等非住宅类项目规划设计与管理实施意见的通知》（杭政办函〔2012〕2 号）出台，在规划条件、土地出让、建筑设计、公建配套、分割出售、出租管理等方面，都提出了明确的监管要求和监管措施，成为第一个系统性的"限酒令"文件。

不过，在商品住宅供不应求、非住宅商品房供过于求的市场环境中，开发商和购房者供需双方都对酒店式公寓十分看好，杭州类住宅项目发展的韧性十足。

从 2017 年开始，随着房地产市场不断升温，杭州酒店式公寓的投资氛围越来越浓，市场火爆局面不亚于商品住宅。

2018 年 4 月，根据杭州市政府召开的专题研究商业用地"招拍挂"工作会议精神，杭州市规划局向国土资源局发出了《关于拟出让商业商务用地规划条件增加类住宅限制要求的函》（杭规函〔2018〕155 号），要求对已核发但规划条件未明确允许建设酒店式公寓等类住宅的，规划条件中增加条款："不得建设公寓式办公、酒店式办公等带居住功能用房，最小产权分割单元不小于 300 平方米。"

在严格抑制房地产投资投机的政策背景下，这次出台的"限酒令"执行比较严格，随后全面停止了酒店式公寓项目的规划、建设、销售审批。

然而，市场供需双方互动发展的结果，并不符合"限酒令"的政策初衷。商办项目并没有回归写字楼用途，而是掀起了一个商业大平层的浪潮。

所谓"商业大平层"，就是用商业、办公、科研等非住宅用地，规划设计、开发建设、装修安装、营销推广具有居住使用功能的超大户型类住宅产品。

商业大平层项目的流行，得益于深圳湾一号的引领作用。从 2013 年开始，经过 5 年的推广和传播，这个土地使用年限在 50 年的商业办公项目，被打造成为深圳第一豪宅，吸引了众多业内人士参观考察。

2019 年以前，杭州也出现过一些商业大平层项目，如嘉里中心、凯迪金座、钱塘公馆等，但市场销售和消化并不顺畅。

2020 年，被专业地产营销机构行致盛定义为"杭州商业大平层元年"。根据行致盛发布的研究报告，2020 年杭州市区户型面积在 300 平方米以上的商业大平层供应套数从 2019 年的 135 套增加到 1593 套，成交套数从 2019 年的 61 套增加到 574 套——这一年的成交套数，超过了以往 10 年的总和。

到了 2021 年，杭州市区 300 平方米以上户型的商业大平层供应量进一步增加到了 1817 套，成交套数多达 1301 套，市场持续高热。套均总价为 1358 万元，套均面积为 340 平方米，成交均价约 40000 元 / 米$^2$。

杭州商业大平层市场在这个时候爆发，是房地产市场在需求、政策、供给、科技、疫情等多重因素作用下，一个奇特的共振现象。

2016 年 G20 峰会后，杭州城市能级显著提升，国内外高端人才、高新技术产业、创新创业投资等要素不断在杭州集聚，对杭州房地产市场形成了强有力的支撑，杭州由此被称为"新一线城市"的领头羊，杭州人民对高端改善住宅的需求日渐旺盛。

然而，也是从 2016 年开始，杭州的房地产调控政策不断加码，限购、限贷、限价、限售等政策层出不穷，高端改善住宅需求很难在商品住宅市场得到满足，新建商品住宅的品质也不尽如人意。

就这样，钱江新城的凯迪金座、钱塘公馆和西湖边的嘉里中心等商业大平层，以其绝佳位置和奢华空间，在开盘滞销多年后，开始受到部分高端改善住宅购房者的青睐。

与此同时，在线上交易和线上会议等日益成熟和普及的背景下，传统的商业综合体、写字楼等物业市场需求低迷，经营困难，空置增加。

2018 年 4 月"限酒令"的出台，倒逼那些拿着商业办公用地的开发商，必须找到酒店式公寓的替代产品。于是，一些开发商经过市场研究和产品创新，顺势推出了全新的商业大平层产品，瞄准高端改善需求，突出奢华、尊贵、健康、多元、精致、完美的全新居住体验。

从 2019 年 6 月开始，住宅用地出让采取"限房价，限地价，竞自持"方式，所以开发商的利润空间很小，失去了提升产品品质的动力，因此降低成本成为经营重点，一些商品住宅项目的质量出现滑坡。加上精装修标准也受到严格控制，商品住宅品质难以满足改善型购房者的需要。

从 2020 年开始的新冠疫情，使得各类非住宅物业雪上加霜，陷入了低谷。宽松的货币金融环境下，商业大平层成为释放房地产投资的主要出口，彻底激活了杭州的豪宅消费市场。

位于钱江世纪城的保亿观云钱塘城，是一个商业办公用地项目，占地约 4.4 万平方米，规划建筑面积约 33 万平方米。项目以"扬帆起航，乘风破浪"的设计理念，建设了 5 栋高度超过 100 米的超高层建筑。

2020 年 6 月，观云钱塘城第一幢商业大平层开盘，户型面积为 310 ～ 320 平方米，带高端精装修，均价约 38000 元 / 米²，营销主题是"五星级酒店上的家"，突出其绝佳地理位置、绝佳视野景观、尊享两岸优质配套、奢华高端、圈层纯粹、安全私密、智能科技配置的特点，让住户可以"奢享顶配人生"。

观云钱塘城开盘后，立即受到市场追捧，特别是一些网红主播下单购买商业大平层的消息不胫而走，彻底点燃了销售热度。随后几幢，开盘均价一路走高，从均价 5 万元 / 米² 到均价 8 万元 / 米²，从 300 平方米户型到 600 平方米户型，购房者根本不差钱，令人叹为观止。

在万众瞩目的江河汇流板块，2020 年 4 月滨江房产经过 27 轮报价，与绿城房产联合拿到一块商住用地，开发了滨江绿城江河鸣翠项目。

该项目规划建设了 15 幢高层建筑，其中包括 4 幢 303 ～ 660 平方米户型的商业大平层。因为绝佳地段和开发商品牌加持，2021 年初开盘后，商品住宅限价摇号销售，精装修均价为 68500 元 / 米²。商业大平层不限价、不限购，精装修均价约为 80000 元 / 米²，最高价达 110000 元 / 米²。

在同一个小区，40 年产权的商业大平层，价格超过 70 年产权的商品住宅，杭州商品房市场的扭曲和变形，从中可见一斑。

如果把商业大平层作为一种居住消费的奢侈品或者艺术品，满足"奢华顶配人生"的需要，那它应该是极其稀缺和珍贵的，其价格也没有天花板。

然而，杭州的商业大平层市场打开空间后，供应量就汹涌而至。到了 2022 年，随着房地产市场整体进入调整周期，商业大平层整体出现供过于求，市场风险已经开始显现。

2021 年国庆节前夕，杭州市住房保障和房产管理局发布购房重大风险提示，特别提醒广大购房者，应在购买商品房时谨防 7 种风险。其中，第六条讲，"凡是开发企业承诺商业办公项目可以改为类住宅用于居住的就是风险"。第七条说，"凡是开发企业承诺商业办公项目可以燃气入户的就是风险"。

可见，走在规划建设监管灰色地带的商业大平层，隐含的各种打"擦边球"的政策风险，也如影随形。

第八篇
"房住不炒"的新时代

2016 年 12 月中央经济工作会议提出，要坚持"房子是用来住的，不是用来炒的"这一定位。"房住不炒"，成为房地产政策调控的指导思想。

中央政府出政策，省级政府负总责，城市政府抓落实，严格管制地价和房价水平，房地产业的政策环境发生深刻变化。

限购、限贷、限价、限售、限商住等"五限"政策被用来抑制房地产市场过热和防范泡沫化风险。

中国经济出现了"灰犀牛"，房地产业必须告别"三高模式"。

模式转换伴随着风险释放，产业链上下游相关机构和企业，都承受着巨大压力，面临着生死考验。

在新的起点上，面向未来的人们，都必须改变原有思路和模式，迎接新发展模式的机遇和挑战。

# 38　摇号买房有来历

在杭州这个快速发展的城市，新建商品住宅长期供不应求，排队买房、摇号售房、摇号买房等现象，经历了不断演化的过程。如何才能想方设法买到房子，给许多家庭留下了一幕幕刻骨铭心的记忆。

在房地产市场化改革以前，我国采取"土地划拨使用"的计划机制，实行住房实物分配，具体采取"先来后到"的排队机制、"论资排辈"的积分机制、"听天由命"的摇号机制等，在实践中往往采用多种工具结合起来的混合机制。

进入 21 世纪后，随着城市土地制度改革和住房制度改革的推进，价格机制的作用日益增强，在国有土地使用权出让市场和商品房市场发挥了主导作用。

房地产作为不动产，是典型的非标准化产品，每个城市、每个板块、每个项目甚至每个单元，其替代性都受到限制，供求关系都具有特殊性。如果某种原因导致某个地块或者商品房项目需求旺盛，供给并不能及时跟进增加，那么供不应求的市场局面就会出现。

对于一般商品而言，对供不应求通常的解决办法是"价高者得"，即通过价格机制配置资源。

但是，对于房地产市场而言，价格往往要受到政府审批和监管，开发商在项目营销过程中也会采取不同的定价策略。同时，排队、积分、摇号等非价格机制也可能成为配置稀缺资源的补充手段。

在杭州房地产市场发展过程中，排队购房、摇号售房、摇号买房等现象的存在和演化，正是政府、企业和其他市场参与者应对房地产特殊供求关系采用的调节工具。

整体而言，拼体力排队买房和靠运气摇号买房的购房者，只要"上车"就是胜利。当然，在市场波动过程中，购房者也可能因为跟风，缺乏理性分析，没有谨慎决策，并不一定能够在最合适的时间、位置和价格，买到适合自己的房子，甚至可能面临被市场阶段性调整"套牢"的可能性。

## 38.1 追逐稀缺：排队购房

1998 年国家宣布停止住房实物分配后，杭州的房地产市场发展迅速，先富起来的浙江老百姓，在改善人居和投资房地产方面积极主动，房地产的杭州现象惹人注目。

最初，预约登记、发放购房号子、排队选房等，一般是开发商为开拓客源、积累客户、分期开盘等采取的营销工具。

从 2001 年开始，许多外地购房者加入了杭州购房者的队伍，房价以肉眼可见的速度显著上涨。买房机会稍纵即逝，为了能够如愿买房，在紧俏楼盘的售楼部，排队买房的现象时有发生。

2001 年初，坤和建设开发的山水人家项目，在规划设计和产品创新方面下了不少功夫，是国家康居示范工程项目，开盘后市场反响热烈，吸引了上千名购房者排队购房，成为当时杭州楼市第一热门话题。

也是在 2001 年，绿城房产在钱江新城开发的春江花月项目，房子还在图纸上，就吸引了众多客户追捧，预约客户超过 1300 组，登记客户 600 多组。2002 年 5 月，春江花月一期正式开盘，均价 5600 元 / 米$^2$，引来大批购房者排队选房，35 天销售额超过 6 亿元，创造了当时杭州楼市的销售奇迹，业界称之为"春江花月现象"。

2005 年 9 月 17 日下午，耀江房产在杭州香格里拉饭店举行文鼎苑产品说明会，项目总经理郦鹏程介绍说，文鼎苑定于 2005 年 9 月 22 日正式开盘，第一批推出 241 套房子，均价为每平方米 7900 元，所有 140 平方米以上房源将给予 1.5% 的折扣。随后几天，文鼎苑售楼部门口排起了等待开盘的队伍，当时业界发出一片质疑声，更有媒体曝其"雇用民工排队"，制造热销气氛。

到了 2007 年，杭州楼市的热度与中国股市一起，到达了一个阶段性高点。随着房价快速上涨，自住购房和投资购房的力量叠加在一起，释放出巨大能量，排队买房成为常态。

从城西的三墩，到城中的黄龙，再到城东的九堡，几乎每个推出新房源的楼盘，都会引发购房人的排队热情。为了应付应接不暇的意向客户，开发商开盘越来越像搞地下工作，不仅不打广告、不做宣传，还要购房者预约、预订，然后"闪电式开盘"。预约客户只有在开盘前两三天，才能知道开盘的具体时间、地点和价格。

2007 年 5 月 13 日，滨江房产的万家花城项目开盘，创造了当时杭州热度最高的一次排队事件。

万家花城占地面积 200 亩，建筑面积近 40 万平方米，是滨江房产在城西申花板块开发的第一个大型住宅小区，西南侧与规划中的城西银泰隔街相望，规划地铁 5 号线萍水街站就在小区门口。但是，当时的申花板块还处于开发初期，加之市场刚刚开始回暖，滨江房产决定以优质产品和实惠价格，实现快速销售和资金回笼。

万家花城一期推出了 700 套房子，但预约登记的客户很快就超过 4000 人，市场反响超出了开发商的预料。购房者也害怕选不到房，从 5 月 9 日起，在位于萍水街的万家花城售楼部，就有人开始排起了队伍。5 月 11 日，不断赶来的购房者带着小板凳和干粮，还有人负责发号子和点名，无论售楼部的工作人员怎么劝说，他们都不肯离去。

5 月 13 日 0 点，售楼部感到压力太大，决定开盘，按照排队次序，每组 3 人进入现场选房，选房和付款时间控制在 15 分钟。当时的银行系统还不够给力，随着购房者持续刷卡，售楼部的农业银行、建设银行、中国银行和交通银行的银联系统相继失灵，选房只好暂停下来。直到早上 6 点，农业银行、建设银行的银行卡系统才恢复了正常功能。许多人熬了个通宵，终于幸运地买到了万家花城的房子。

2007 年万家花城 3 次开盘，销售均价在 5 月 13 日是 7920 元 / 米 $^2$，5 月 28 日是 8200 元 / 米 $^2$，12 月 16 日是 13000 元 / 米 $^2$，前期漏夜排队的购房者，很快就享受到了房价上涨的快乐。这一年，万家花城签约销售 1576 套，成为杭州主城区年度销售面积和套数的绝对冠军。

2008 年 3 月 26 日，万家花城推出了最后一批房源，销售均价 13160 元 / 米 $^2$。此时的房地产调控已经开始显效，购房者现场排队主要是为了选择好的户型。

如果不考虑 2008 年下半年全球金融海啸带来的短期冲击，万家花城的购房者都是幸运的。2009 年救市后，杭州房价整体又上了一个台阶，万家花城的一手房价格就显得十分便宜了。

在 2007 年火爆的房地产市场里，普遍流行的排队买房现象，催生了"职业排队族"。在一些楼盘开盘现场，可以见到附近许多农民工向人们提供代排队服务。按照白天 100 元、通宵 200 元的行情，代为排队一天，农民工可以赚到 300 元，替人排队也成为一个十分赚钱的营生。

除了这种领"工薪"的排队者，还有一些头脑灵活的人做起了"自由炒号人"。在短缺经济时期，这些人往往被称为"黄牛"，通过倒卖票证赚钱。

他们的确是自由职业者，通过各种关系，早早打探热门小区的开盘消息，提前几天在售楼部排起队伍，自发维持秩序，按先来后到分发号子。到开盘销售的时候，他们就向没有号子的购房者兜售自己手中的号子。每张号子的价格随行就市，根据房子的供求关系、号子序号和现场氛围，在几千元到上万元的范围波动。

售楼部排队购房的热闹场面，可以说是中国传统集市文化在商品房市场发展初期的一种投射效果，永远留在了那一代人的记忆里。

## 38.2　维护秩序：摇号售房

针对商品房销售环节存在的违规销售、捂盘惜售、内部操纵、收取定金、投机炒作、倒卖号子等各种不规范问题，从中央到地方，各级政府不断出台一系列政策加以规范和整顿。

2004年杭州市开发了商品房网上合同备案系统，该系统从2005年开始运作，由此增加了对商品房预售和销售行为的监管和规范力度。

杭州房地产市场第一个大规模摇号售房案例，就出现在2005年。[①]

2005年5月，由发展房产与绿城房产合作开发的翡翠城项目推出了第一期426套房源，因为绿城房产的品牌影响力大，该项目很快吸引了8000人次的登记购买意向。

时任翡翠城公司总经理马力回忆说，翡翠城是绿城房产开发的第一个郊区大盘项目，占地1400多亩，总建筑面积约150万平方米，规划建造多层、高层公寓和高标准配套社区，开发完成后将有8500户人家、约3万人入住。为了真诚面对这么多满怀诚意的客户，公司决定采取公开摇号售房的方法，并通过购房意向和信息登记，为后续产品开发和销售积累客户信息资源。

从5月7日至5月11日，翡翠城对前来登记的意向客户进行现场身份确认，使其领取相应的客户编号，随后将客户编号和身份证号码录入电脑。

5月14日，在浙江省公证处全程监督下，由电脑随机摇号，在57937组意向客户中，产生426组中签客户及相应的选房序号。

当时，翡翠城一期销售均价约7240元/米²，与竞争楼盘相比是偏高的。加之受到政策调控和市场热度逐步降低的影响，中签的客户大约有10%随后并没有下单购买。

---

① 周成奎，公证四百套房销向何方，杭州楼盘首次摇号购房，都市快报，2005年5月9日。http://zzhz.zjol.com.cn/05zzhz/system/2005/05/09/004619235.shtml。

随着政策调控力度增强，2006 年杭州房地产市场进入调整阶段，购房者选择观望，开发商积极推广促销，不再进行摇号售房。

到了 2007 年，市场重新火爆，普遍流行的是排队买房。

2008 年 9 月，正值金融海啸爆发期间，杭州房地产市场已经凉意十足。保利在杭州开发的第一个项目、下沙沿江板块的保利东湾首次开盘，300 多套房源采取低价入市策略，起价为 6800 元 / 米$^2$。在 2009 年 3 月推出第二批房源时，正值市场低谷，保利东湾起价只有 5280 元 / 米$^2$。

到了 2009 年，在房价大幅上涨背景下，杭州投资、投机购房需求旺盛，商品房供不应求的问题越来越突出，有购房需求的人数远远超过可售房源套数，一些开发商逐步采取现场登记、摇号选房的销售方式。

2009 年 9 月，保利东湾连续 3 次开盘，销售价格分别是 8500 元 / 米$^2$、11000 元 / 米$^2$ 和 13000 元 / 米$^2$。到了 11 月，保利东湾推出的一线沿江大宅，售价甚至达到 20000 元 / 米$^2$。

大幅上涨的价格引来了更多的购房者，每次开盘都有众多购房者从杭州市甚至浙江省其他地区赶来，在售楼部排队购房。开发商则采取现场取号、摇号选房方式，维持销售秩序。

从 2010 年开始，房地产调控政策重新收紧，但杭州楼市依然保持了销售热度。从 2010 年 1 月到 2010 年 12 月，保利东湾几乎每个月都有房源推出，价格在 13000 ～ 17000 元 / 米$^2$ 波动，经常伴随一些打折优惠活动，吸引了不少购房者下单。在 7 月份的一次优惠活动中，预约购房者存 5 万元，可以根据最终购买户型不同，抵 15 万～ 25 万元房款，这吸引了 700 多人到现场摇号选房。[1]

从 2009 年到 2010 年，杭州商品房市场量价齐升，各楼盘摇号售房的场面此起彼伏，下沙、九堡、闲林等板块价格相对较低，也吸引了大批购房者的注意力。

然而，这个时期摇号买到房子的购房者，在随后 5 年的市场调整阶段，都经历了房价下降的漫长煎熬。以下沙沿江板块为例，2015 年的新房价格在 10000 元 / 米$^2$ 左右，时不时还有清盘打折房源出现。二手房价格甚至降低到了 7000 ～ 8000 元 / 米$^2$，2010 年排队和摇号买房的投资客苦不堪言。

直到 2016 年，在"去库存"政策环境和 G20 峰会的利好作用下，杭州房地产市场再次进入了繁荣周期。在供不应求的市场形势下，部分紧俏项目登记购房人数

---

① 王玛咪，降价效果立竿见影，保利东湾热销近八成，住在杭州网，2010 年 7 月 25 日。http://zzhz.zjol.com.cn/system/2010/07/24/016790313.shtml。

远远超过了房源数，摇号售房现象重出江湖。

2016 年绿城翡翠城西北区的梧桐郡进入开发销售阶段，开发商经过产品升级，计划精装修交付，周边环境和配套也基本成熟，吸引了大批购房者等待开盘，市场普遍预期销售价格在每平方米 2.3 万元左右。

2016 年 11 月 23 日，翡翠城梧桐郡第一期 226 套房源开盘。当时政府控制房价涨幅的压力很大，批准预售价在 1.8 万～ 2.0 万元 / 米²。面对巨大的压力，翡翠城梧桐郡采取摇号销售方式，确定选房顺序，购房者当场完成了选房和签约。

这次买到的购房者都感觉中了大奖，喜悦之情溢于言表。

此后，翡翠城梧桐郡剩余的房源，全部都是通过摇号销售的。

2005 年以"万人摇"开启，2019 年以"万人摇"落幕，绿城翡翠城项目的业主们，见证了杭州商品住宅市场一房难求的难忘情景。

## 38.3 政策红利：摇号买房

从 2016 年下半年开始，与深圳、上海、北京、厦门、南京、合肥等热点城市一样，杭州的房地产市场供求关系越来越紧张，房价上涨压力凸显。

从 2017 年开始，为了完成控制房价上涨的任务，各城市纷纷采取措施，一方面严格控制预售价格，另一方面有意识地调节不同价位商品房的网签时间，确保统计监测的房价水平保持稳定。

由此，许多新建商品住宅的批准预售价格明显低于市场预期价格，甚至与周边二手房价格形成"倒挂"。

然而，限价政策进一步刺激了购房需求，开发商的惜售心态强化了供不应求的市场态势。在"一房难求"的情况下，出现了价外加价、捆绑搭售、炒卖房号、全款优先、关系户购房、中介加价等一系列市场乱象，成为舆论热点话题。

为了整顿和规范商品房销售秩序，2018 年初杭州市一方面由房管、公安、物价等部门联合出击，查处一批开发企业和中介服务机构违法违规典型案例，并进行公开曝光。另一方面由市房地产市场持续健康发展协调小组发出《关于实施商品住房公证摇号公开销售工作的通知》，要求自 2018 年 4 月 4 日起，市区范围内符合条件的新申领预售许可商品住房项目，应采取公证机构主持摇号方式开展销售工作。

由此，杭州成为继南京、上海、武汉、长沙、成都、西安之后，第七个实行购房者公开摇号买房的城市。

从 2018 年 4 月到 2020 年 6 月的两年多时间里，杭州公开摇号销售次数超过

1000 次，摇号房源数量超过 14 万套，参与购房摇号的购房者达到 140 万人次，其中"万人摇"次数为 28 次。[①]

一时间，街头巷尾，摇号买房成为热门话题。其中，参与人数最多的楼盘，是号称"6 万人摇"的远洋西溪公馆项目。

该项目用地是由国恒房产于 2009 年拿到的。10 年后，2019 年远洋地产下属公司通过司法拍卖拿到这块地，完成了后续开发。

2020 年 5 月下旬，西溪公馆拿到预售许可证，每平方米毛坯销售价格在 2.8 万元左右，比周边二手房价格每平方米低 7000 ～ 12000 元。

网上报名登记开始后，因为报名人数太多，销售部门租了一家网吧，临时聘用一批大学生，协助处理登记信息和审核资料。直到 6 月 2 日晚间，西溪公馆终于公布了报名登记结果。

第一张预售证 572 套房源，有 46317 组购房者成功登记，中签率为 1.23%；第二张预售证 387 套房源，有 13323 组购房者成功登记，中签率为 2.90%。两张预售证累计成功登记报名 59640 组，项目平均中签率为 1.61%。

西溪公馆之所以受到热捧，主要是购房者受到"摇到就是赚到"的套利机会吸引。

陈先生就在西溪公馆附近上班。5 月 24 日上午 9 点，西溪公馆的线上购房意向登记通道开启后，他第一时间进行了登记。他说，为了这次的摇号，他准备了自己、母亲以及老丈人的 3 张"房票"，东拼西凑准备了摇号所需的资金共计 160 万元，其中包括从朋友那里借到的 50 万元。

"万一摇中了，就可以赚 100 多万元。"这个诱惑实在太大了，等待摇号期间，陈先生实在没心思上班工作，整天和爱人在售楼部做选房功课，因为每个人的选房时间，只有两分钟。

其实，拿着"房票"的购房者，有不少人是典型的投资客。

有媒体记者在西溪公馆售楼部偶遇了一位投资客，他自称用合法途径借用了超过 50 个人的"房票"来"抽奖"。他分析说，冻资 2000 多万元，一周多的时间，摇中一套收益率为 5%，摇中两套收益率为 10%。合法的投资里，还有比这来钱快的吗？这可比买彩票中奖率高多了。[②]

---

① 丁祖昱评楼市，六万人摇号，为什么是杭州？，乐居财经，2020 年 6 月 5 日。https://www.lejucaijing.com/news-6674464854734323125.html。

② 饶贤君，六万人摇西溪公馆，杭州楼市失控了吗？，经济观察网，2020 年 6 月 3 日。https://new.qq.com/rain/a/20200603A041CG00。

"万人盘频现！这个城市开发商纷纷要求冻结资金！有楼盘冻结 400 亿元，竟还创造 6 万人摇号纪录！啥情况？"中央电视台《经济半小时》节目派出记者，对杭州限购、冻资、摇号等现象进行了实地调查采访，并在 8 月 11 日的《经济半小时》节目里进行了报道。

2021 年 8 月 5 日，杭州市房地产市场平稳健康发展领导小组办公室发布了《关于进一步加强房地产市场调控的通知》，进一步收紧了限购条件，完善新建商品住房销售管理。

该通知规定："新建商品住房项目公证摇号公开销售时，购房意向登记家庭数与公开销售房源数的比例大于或等于 10∶1 的，无房家庭、普通家庭分别按社保缴纳月数从多到少排序，高层次人才家庭先按 B、C、D、E 人才类别从高到低排序、同一类别人才再按社保缴纳月数从多到少排序，以一定比例入围公证摇号。"

这之后，虽然不会再出现"万人摇"的情况，但购房门槛和难度进一步提高了。

当时，杭州最难摇号的商品住宅，也是最诱人的"摇号政策红利盘"，就是位于钱江世纪城的杭州壹号院项目的最后一批房源。

该项目最后一批共 82 套房源在领到预售证后，于 8 月 16 日 9 点开始接受报名登记，两天后在 8 月 18 日 17 点结束报名登记。

杭州壹号院第一次开盘销售，是在 2017 年 12 月，预售价格在 43000～48000 元 / 米²。几年下来，政府严控新建商品住宅预售价格，杭州壹号院最后一批房源的批准预售价格仍然是 48100 元 / 米²（含 5000 元 / 米² 精装修价格），与前几批房源基本保持一致。

2020 年底，杭州壹号院第一期房源如期交付。2021 年春节后，第一批挂牌的二手房均价在每平方米 10 万元以上。巨大的价格"倒挂"，必然吸引摇号大军趋之若鹜。这批房源的户型面积在 332～333 平方米，摇中一套房子，大概相当于收获一个 1650 万元的大礼包。

8 月 27 日凌晨 0 点 27 分，杭州壹号院最后一批房源意向登记入围名单公示，无房家庭和普通家庭均以 15 年社保顶格入围摇号，人才入围人数达到了倾斜房源的 10 倍，这些购房者全部并列入围。

根据公示资料，入围摇号家庭共 2471 户，其中高层次人才家庭 110 户，无房家庭 745 户，普通家庭 1616 户。2471 人摇 82 套房源（其中 A 类人才定向销售 6 套），综合中签率约 3.3%。

这些有幸入围的摇号购房家庭，被媒体称为"社保巨子"。人才无房户入围最低为 E 类社保月数 88 个月（7 年 4 个月）；普通无房户入围最低社保月数 187 个月（15 年 7 个月）；普通有房家庭入围最低社保月数 187 个月（15 年零 7 个月）。这意味着，后两类家庭都是从政策允许计算社保的起点 2006 年 1 月开始，直到报名摇号的前一个月，一个月不落，一直在杭州缴纳社保。

显然，这些"社保巨子"与刚需、改善等住房消费需求关系并不密切，他们中的大多数是经过深入挖掘和精心筹划，冲着巨大的政策红利而来的。

例如，潘女士是一家上市公司的高管，家庭已经有 3 套房子，本来没有继续购房的计划。在一些亲戚朋友的鼓动下，为了参与摇号购房，2020 年先后通过赠与方式，把自己家庭名下的房子全部清零，变成了"无房户"。她报名参与杭州壹号院摇号，竟然摇到 3 号，选购了一套高楼层 333 平方米户型。

在随后的几年时间里，限价措施造成的一手房销售价格与同地段二手房销售价格之间的差距，也就是摇号买房的政策红利空间的大小，成为购房者买房决策的重要依据，被市场人士称为买房的"差价逻辑"。

有关机构、媒体和购房者组织了许多摇号购房群，购房者在群里经常进行交流讨论，专业人士不断发布分析和建议，购房群成为房地产市场重要的"新媒体"形态。[①]

一个新建商品住宅项目的市场需求是否旺盛，是否需要摇号销售，以及摇号买房的中签率，在很大程度上取决于一手房和二手房的差价大小。一些差价大的"红盘"，吸引了大量"高层次人才"和"社保巨子"参与摇号，中签率最低的只有 1.4%。[②]

显然，在严格限价基础上的摇号销售措施，虽然有限贷、限购、限售等政策的配合，但还是阻挡不了五花八门的"寻租"大军，实施效果已经偏离了"房住不炒"的总体目标，政府需要根据市场形势变化，对此加以调整和优化。

---

① 任思思，4 年买房长跑，钱报购房群忠实女粉丝终于摇中超级红盘！，钱江晚报，2022 年 4 月 27 日。
② 吴若凡，杭州楼市两极分化：有的中签率低至 1.4%，有的"流摇"不断，中国房地产报，2023 年 3 月 13 日。

## 39　摇号拿地拼手气

在调整"价高者得"土地出让机制后，从"竞配建"，到"竞自持"，再到"摇号拿地"，开发商在杭州拿地，逐步从拼实力转向拼手气。

在国有土地使用权出让市场，随着土地储备制度的建立和"招拍挂"出让方式日益规范，"价高者得"曾经是基本的游戏规则，对显化国有土地资产价值和增加政府土地收益发挥了重要作用。

到了2012年，在抑制房地产市场过热背景下，改进土地出让方式，控制地价和"地王"的呼声此起彼伏。

当时，有一种流行的观点，认为核心城市房价持续过快上涨，主要是由地价过快上涨引起的。首先，从"供求关系"来看，城市土地供给不足，导致地价不断上涨。其次，从"成本推动"角度，解释地价推动房价不断上涨。再次，从"土地财政"角度，说明城市政府在经济上依赖土地出让收益，有控制土地供应数量和推高土地出让价格的动机。最后，从土地出让的"招拍挂"方式来看，它是城市政府能够扩大土地收益的体制和机制。

除了没有考虑城市化过程中人口和住房需求快速扩张这个重要因素，上述分析还是很有道理的。

按照这个分析框架，抑制房价的切入点，主要应该是增加城市商品房开发用地供给数量。然而，城市土地资源稀缺，并不能随意增加有基础设施配套和适合开发的土地。

因此，舆论和政策建议，便聚焦在对城市政府"招拍挂"土地供应方式的批评上，形成了调整和改变"价高者得"游戏规则的巨大压力。

## 39.1 限地价，竞配建

2004年3月18日，《国土资源部、监察部关于继续开展经营性土地使用权招标拍卖挂牌出让情况执法监察工作的通知》发布，要求从2004年3月18日起，所有经营性的土地一律都要公开竞价出让，8月31日后，不得再以历史遗留问题为由采取协议方式出让经营性土地使用权，这被业界称为"831大限"。从此，协议出让土地退出了历史舞台。

"招拍挂"公开出让土地，对规范土地市场和实现土地资源价值，无疑产生了巨大促进作用。

然而，随着房地产市场繁荣和价格不断上涨，关于采取"招拍挂"方式出让土地推高地价和房价的讨论也逐步增多。

2007年土地市场火爆，主流开发商大幅增加土地储备，核心城市"地王"频现，政府出手打击囤地行为。当时的杭州，处于全国地价、房价最高城市之列，先后推出的优质地块，不断刷新地价纪录。例如，金松洗衣机厂地块楼面价为12245元/米$^2$，杭商院地块楼面价为15712元/米$^2$，杭一棉地块楼面价为15588元/米$^2$，东南面粉厂地块楼面价为19038元/米$^2$。

从2009年到2011年，核心城市房地产市场在金融海啸后持续火爆，地价、房价又上了一个台阶，调整优化土地出让方式、抑制地价水平的呼声此起彼伏。

2011年9月，为了加快保障性住房建设，《杭州市人民政府办公厅关于印发杭州市在商品住宅出让用地中配建保障性住房实施办法（试行）的通知》（杭政办〔2011〕181号）发布，开始要求在部分出让土地中配建10%～20%不等的保障性住房，由取得土地的开发商负责同步建设，并移交政府纳入保障性住房体系。

"配建"政策的初衷，主要是增加保障性住房供应。同时，也希望抑制土地市场的拍地需求。开发商竞得土地后，在项目规划面积中配建一定比例的保障性住房，实际上增加了商品住房的地价成本。

2012年7月19日，《国土资源部、住房城乡建设部关于进一步严格房地产用地管理巩固房地产市场调控成果的紧急通知》（国土资电发〔2012〕87号）出台，其中第三条要求"继续探索完善土地交易方式，严防高价地扰乱市场预期"，要求各城市"对预判成交价创历史总价最高，或单价最高，或溢价率超过50%的房地产用地，包括商服、住宅或商住综合，要及时调整出让方案，采用'限房价、竞地价'或配建保障房、公共设施等办法出让土地"。

由此，土地管理部门正式开始严格控制"地王"现象，付出了艰苦努力。

2012年8月20日，杭州市国土资源局出台了《关于贯彻国土资电发〔2012〕87号文件有关事宜的通知》，明确当土地拍卖溢价率达到49%时，将调整竞价方式，锁定地价，"从零开始"竞投配建保障性住房和安置用房面积。其中，住宅用地达到49%溢价上限后，将进入竞投保障性用房面积程序；商业用地达到49%溢价上限后，将进入竞投安置用房面积程序。

"限地价，竞配建"政策名义上为土地出让最高价格设置了"天花板"，体现了城市政府和土地管理部门控制地价的意图。事实上，是希望通过增加开发商的实际拿地成本，抑制土地市场需求。

然而，在严重过热的市场形势下，开发商拿地态度十分坚决，土地出让新政并没有起到对市场降温的效果，商品房的土地成本不降反升。

2012年10月17日，新政后第一次出让土地，中海地产以55.9亿元，同时配建9.81万平方米保障房的条件，竞得位于三堡钱塘江边的杭政储出〔2012〕40号、41号、42号3宗地块，成为杭州第一个竞投保障房的出让项目。

该项目需配建并无偿交付政府要求的保障房面积，达到了规划总建筑面积的近1/3，如果这部分配建成本加入商品房可售面积，实际楼面价创造了杭州新的"地王"。①

随后几年，杭州房地产市场持续低迷，中海地产在上述地块开发的御道路壹号项目也陷入了亏损销售的困境。

从商品房开发建设成本角度来看，"限地价，竞配建"政策并没有起到降低土地成本的作用，只是改变了土地成本的内容结构。对开发商而言，配建面积的土地成本和建安成本等，都要计入项目"可以销售"的商品房成本里面，仍然会从成本端，成为房地产项目盈亏状况的重要因素。

随后几年，杭州房地产市场陷入调整状态，开发商拿地谨慎，土地出让市场"竞配建"的案例也逐步减少了。有些项目配建面积只有几百平方米，给规划设计和管理带来不少困难。例如，位于半山田园的杭政储出〔2012〕41号地块，被首开房产拿到，配建面积仅为100平方米。

从一些"配建"和"竞配建"项目交付使用后的实际情况看，小区物业管理和日常生活中，商品房业主、保障房住户、开发商、物业管理公司等多方面利益关系协

---

① 高光蕾，中海56亿之谜：五个第一，一点疑惑，住在杭州网，2012年10月17日。https://www.19lou.com/forum-54-thread-12701350521660413-1-1.html。

调存在不少矛盾和困难，有些成了社区建设与治理需要面对的一道难题。

在总结经验基础上，"配建"和"竞配建"出让土地的情况逐步退出了历史舞台。

## 39.2　限地价，竞自持

从 2015 年开始的"去库存"政策重新激活了房地产市场，地价与房价互动攀升的循环再次开启。

为了抑制房地产市场过热和地价、房价大幅上涨，从 2017 年 4 月开始，杭州借鉴北京的做法，推出了"限地价，竞自持"的土地竞拍规则。即为挂牌出让土地设定价格上限，当溢价率达到 50% 时，地块所建商品房屋须在取得不动产登记证后方可销售；当溢价率达到 70% 时锁定限价，转入竞报自持比例程序；当有两个或两个以上的竞买人投报自持面积比例为 100% 时，转入投报配建养老设施的程序。

"限地价，竞自持"政策的出台，除了控制地价和抑制开发商拿地冲动，还被赋予培育"长租公寓市场"，发展"租购并举住房制度"的任务，该政策一直持续到 2021 年 5 月。

然而，这次土地竞拍规则的调整，仍然没有降低杭州土地市场的热度。据好地网统计，2017—2021 年杭州土地出让金总额（不含仓储和工业用地）不断创出新高，分别为 2242 亿元、2447 亿元、2732 亿元、2612 亿元和 3132 亿元，连续多年位于全国主要城市前列。

从 2017 年杭州市区土地出让结果来看，在全部成交的 109 宗涉宅地块中，溢价率达到 70% 上限，进入"限地价，竞自持"环节的地块达到 51 宗，全部自持面积接近 115 万平方米，总体自持比例约 22%，少数地块自持比例甚至达到了 100%。

自持类商品住宅增加，客观上要求开发商转变以快速销售和资金周转为特点的传统投资开发模式，也对其运营管理能力提出了新的要求。

为了做好不断增加的自持类商品住宅的出租和经营管理，许多开发商都成立了专业性公司，打出了自己的长租公寓品牌。

例如，这个时期在杭州拿地最多的滨江房产，推出了"暖屋"长租公寓品牌，按照"五好标准"——好房东、好品质、好服务、好配套、好邻居，打造自持商品房租赁社区。到 2021 年底，暖屋投运及在建公寓社区有 21 个，房屋总面积近 50 万平方米，有出租房源 4360 套，房间 1 万多间，自持住宅的成本货值超过 110

亿元。

2019年，杭州继续优化调整土拍规则，抑制地价上涨，落实中央"稳地价、稳房价、稳预期"的调控要求。

当年4月出让的两块土地，封顶溢价率由之前的50%下调至30%。到了6月29日，杭州发布了9宗涉宅地块的出让公告，均对地块所建商品住宅的"销售均价"、"最高销售单价"和"装修价格标准"进行明确约定，意味着杭州土地出让进入了"限房价，限地价，竞自持"的新阶段。

2021年2月，为了更好落实"稳地价"要求，自然资源部要求22个重点城市实行土地出让"两集中"。一是集中发布出让公告，原则上发布出让公告全年不得超过3次，实际间隔时间和出让地块数量要相对均衡。首次公告时，应公布本年度公告的发布时序安排。二是集中组织出让活动。同批次公告出让的土地以挂牌方式交易的，应当确定共同的挂牌起止日期；以拍卖方式交易的，应当连续集中完成拍卖活动。

"集中供地"政策的主要目的，是增强土地出让市场的信息透明度，稳定市场预期，减少开发商"抢地"的冲动行为，为土地市场降温。

2021年4月7日，杭州第一批供地集中挂牌57宗涉宅用地，总出让面积302万平方米，总建筑面积757万平方米，总起拍价达944亿元，计划于5月7日和5月8日两天内集中出让。

结果，"集中供地"政策下的杭州土地出让市场依然十分火爆。57宗土地平均溢价率为26%，接近30%最高溢价率。优质地块的竞争十分激烈，41宗土地达到最高溢价率，进入"限地价，竞自持"阶段，整体自持比例达到9.2%。

5月7日，祥符东单元GS0806-R21/B1/B2-05地块，由建发房产摘得，自持比例为38%，创近两年新高。总建筑面积中，可售住宅占比仅为11.6%。

5月8日，临安区城东滨湖新区单元G-R21-01地块再次刷新最高自持比例，该地块由临安本土房企地上集团以10.9亿元的总价竞得，楼面价为12708元/米$^2$，溢价率为29.68%，自持比例高达40%，折算楼面价超过20000元/米$^2$。

可见，在市场过热时期，"集中供地"和"限地价，竞自持"出让方式对抑制开发商拿地热情作用有限。

在"三高模式"下高速运转的房地产企业，积极拿地和扩张规模的行为根本停不下来。"活下去"比"有利润"更迫切，更重要。一批开发商前仆后继，微利甚至无利也要拿地，热点城市土地市场一直高热难降。

不过，在"限房价，限地价，竞自持"的出让模式下，开发商不拿地"无米下锅"，拿到地也十分"发愁"，因为项目开发的利润空间越来越狭小，很容易陷入亏损境地。

2021 年 5 月 12 日，在滨江房产举行的 2020 年度业绩网上说明会上，戚金兴表示："公司最近在杭州集中土地出让中共获取了 5 块土地。在滨江房产团队的精干高效管理下，在公司融资能力强、融资成本低、品牌影响大的状况下，我们将努力做到 1% ～ 2% 的净利润水平。"

戚金兴的表态立即引起强烈反响。媒体认为，滨江房产在房地产业以人员精干、经营高效著称，成本控制能力很强。如果滨江房产拿到后只能勉强维持微利经营，那么其他公司的境遇就十分惨淡了。房地产企业拼销售、拼规模，已经到了十分危险的境地。

从亿翰智库的数据分析：2020 年 50 家典型房企的平均毛利率为 24.7%，同比下滑 5.1 个百分点；平均净利率为 11.6%，同比降低 2.3 个百分点。

根据滨江房产年报资料，公司毛利率在 2019 年是 35.1%，2020 年是 27.04%，2021 年是 24.83%，2022 年是 17.48%。销售净利率在 2019 年是 15.92%，2020 年是 12.41%，2021 年是 12.96%，2022 年是 9.41%。整体来看，企业盈利能力出现了显著和持续下降态势。

在这种行业环境下，千方百计压缩成本，就成为许多开发商的基本生存策略。许多购房者越来越体会到，购房时的各种"承诺"，与交房时的各种"减配"，出现严重反差的情况越来越多，不利于商品房的品质保证和稳定提升。

根据风财讯智库发布的《2022 年房地产行业品质舆情报告》，2022 年房地产业先后经历"爆雷"潮、停贷潮、保交楼等一系列重大事件，许多开发商资金链断裂，导致工程项目延期或停工。购房者担心烂尾风险，大幅增加了对项目进度和产品品质的关注和跟踪，开发商交房困难加大，房屋及建材类投诉量居高不下，全国房地产投诉量大幅增长 53.3%。[①]

此外，过高的自持比例，实际上减少了可售商品房面积，可能加剧新房销售市场供不应求的矛盾，从整体和长远来看，也不利于抑制地价和房价上涨目标的实现。

---

[①] 蔡艳平，2022 年房地产行业品质舆情报告，风财讯智库，2023 年 3 月 15 日。https://caifuhao.eastmoney.com/news/20230315112909095327130。

## 39.3　限地价，拼手气

多数城市第一轮集中供地的实际结果，并没有到达"稳地价"的政策目标。"限地价，竞自持"模式亦没有实质性降低商品住宅的土地成本，只是压缩了开发商的利润空间，可能对今后的商品房品质形成巨大压力，引起了社会广泛关注和讨论。

2021年8月初，深圳、天津、青岛等城市中止第二轮集中供地公告，并根据自然资源部要求，调整和完善土地出让政策。

当时，自然资源部及时总结评估第一批集中供地情况，紧急对重点城市土地出让方式进行指导，除了要求严格审查参与住宅用地竞买企业的资质和资金来源，还要求严格控制城市楼面价，单宗住宅用地溢价率不得超过15%。在达到地价或溢价率上限时，不再以竞配建等方式增加实际地价，可以通过一次性合理报价、摇号、竞更高更优建筑品质等方式，确定地块的竞得人。

这次调整优化出让政策的目的，除了严格把控准入门槛，抑制土地出让市场热度，最重要的是严格控制出让底价，降低溢价率上限，能够实质性控制开发商拿地成本，给商品住宅开发留下了一定的经营利润空间。

然而，在土地市场供不应求的核心城市，控制和降低地价水平，会刺激开发商的拿地需求。市场竞争价格与政策限制价格之间，形成的差价空间，就成为"政策红利"。

2021年8月26日，杭州市重新发布了第二批住宅用地集中出让公告，涉及的31宗出让地块不变，共2873亩。根据自然资源部的要求，杭州市进一步严格了竞买准入条件，并调整了出让条件和竞买规则。

首先，对开发商参与本次集中供地进行限购。参与竞买的公司，必须具备一年以上房地产开发资质，同一集团成员企业不得同时报名竞买（或联合竞买）同一地块。除"竞品质"地块，同一集团成员企业最多只能参与五宗地块的竞买。

其次，调整出让过程的竞价规则。地块溢价率上限，由20%调整为15%，"竞品质"试点地块的溢价率上限由10%调整为5%。

最后，当出让地块竞价达到上限后，将在此价格基础上通过线下公开摇号的方式确定竞得人，并由公证处全程录音、录像、公证，确保土地出让的公开、公正、公平。

由于大幅提高参与门槛，加上全国房地产市场出现了"见顶"迹象，开发商需要调整拿地策略，杭州第二批集中供地的热度意外地大幅下降，最终有17宗土地终止出让，流拍撤牌率高达 54.8%。在 14 宗成交地块中，底价成交的地块有 9 宗，没有地块达到溢价率上限。

2021 年 11 月，杭州开始第三批集中供地，进一步修改完善了出让规则，从让利房企、降低门槛等方面提高房企参拍积极性，包括恢复勾地制度，降低溢价上限到 10%，不限参拍资质要求，保证金也从地价的 20% 降低到 10%，竞品质改为定品质，等等。

同时，为限制"大平层""商墅"等类住宅进入市场，使商服用地回归产业属性，本次集中供地明确规定商住混合用地中的商服部分，不得建设公寓式办公、酒店式办公等带居住功能的产品，且最小分割单元从原先的 300 平方米调整为 800 平方米。

2021 年 12 月 21 日，杭州第三次集中供地推出的 35 宗地块，全部成交。其中，24 宗溢价封顶触发摇号（见图 39.1）。

第二天上午，报价达到封顶上限的开发商，如约来到浙江省杭州市国立公证处，参加现场摇号。和老百姓摇号买房不同的是，开发商摇号拿地是线下进行的，通过像福利彩票似的"乒乓球摇号"方式，当场决定谁家买地的钞票花得出去。

上午 9 点半，"乒乓球大战"正式打响，这也是杭州土拍历史上首次采取公证摇号方式决定竞得者，堪比一场高潮迭起的开发商年度"大型抽奖"活动。[1] 开发商拿到合适的土地项目，除了要拼资质条件和资金实力，也需要好运气和好手气。

至此，杭州房地产市场全面进入了"限地价，拼手气"的新阶段。

"限房价"带来的一手房和二手房差价，引起"摇号买房"，商品房去化很快。"限地价"控制了溢价率和楼面价，给开发商留下一定利润空间。杭州房地产市场的"确定性"，吸引了全国的开发商前来杭州碰运气，摇号拿地就像彩票开奖一样，成为舆论关注的热点话题。

2022 年，随着全国房地产市场进入调整阶段，杭州土地市场热度也有所降低，区域板块走势分化。外围板块的新建商品房和土地出让逐步不再需要摇号了，这被媒体称为"流摇"。同时，核心区域的优质地块，仍然存在稳定的政策红利，不断吸引众多开发商参与摇号拿地。

滨江房产和绿城房产作为杭派开发商的代表，也收缩战线，聚焦杭州，聚焦核

---

[1] 陆丹，你摇号买房啥样，开发商摇号拍地也啥样！杭州首个土拍"摇号日"全记录，都市快报，2021 年 12 月 22 日。https://hznews.hangzhou.com.cn/chengshi/content/2021-12/22/content_8126266.htm。

图 39.1　2021 年 12 月 28 日，中央电视台财经频道报道杭州第三轮土拍情况①

心区域，加之"手气不错"，拿地面积和金额遥遥领先。

这一年，杭州共成交 131 宗涉宅地块。滨江房产拿到了 38 宗，排名第一。绿城房产拿到 15 宗，排名第二。

2023 年，全国商品房市场继续调整，但杭州土地市场形势变化不大。

5 月 13 日，杭州推出 9 宗涉宅用地，位置较偏的 3 宗土地直接以底价成交，另外 6 宗土地竞争激烈，进入摇号拿地阶段。其中，竞争最激烈的是位于萧山城区新街北单元的 53 号宅地，吸引到 66 家房企报名，中签率低至 1.5%。

6 月 9 日，杭州推出 5 宗涉宅用地，其中 4 宗位置较好的地块进入摇号拿地环节。位于钱江新城二期四堡七堡单元的 66 号地块，吸引了 70 家房企参与摇号，中签率只有 1.4%，创造了杭州摇号拿地中签率新低。

为了增加获取优质地块的机会，不少开发商做足了功课。有的事先拜佛祈福，有的优选手气好的员工去现场，有的甚至特意借来前期成功摇中好地的"红色战袍小马甲"穿上，目的都是增加摇号中签的概率。

当然，在大概率面前，总有一些开发商久摇不中，不免心灰意冷。

动辄数十亿元的土地，靠摇号出让，看似魔幻，却成为一定时期内土地价格管制做到极致后，杭州土地出让市场一种常态化的游戏规则。

---

① 徐州星空地产网，拿地主力仍以国企央企为主！全国各城市第三轮土拍整体情况好于第二轮，搜狐网，2021 年 12 月 28 日。https://www.sohu.com/a/512452662_571317。

在供不应求和价格管制的情形下，直观存在的政策红利，必然激发开发商的寻租行为。"摇号拿地"作为非常规手段，是一种维护公平的交易方式。

优质地块的归属牵动人心。除了开发商默默祈祷中签，做地单位和潜在购房者也心情忐忑。大家都期待品牌开发商幸运拿地，降低项目后续风险，并开发出高品质的商品房。

# 40 "三高模式"酿风险

在房地产业，高周转、高负债、高杠杆被称为"三高模式"，为什么它能够在相当长的时间里笑傲江湖？

在杭州房地产市场，杭派开发商一直注重项目的个性化规划设计，突出文化品位和内涵，不惜代价匠心营造，花时间打磨产品，提供优质服务。一段时间以后，"注重品质和品牌"，就成了杭州房地产业的共识和特色。

在 2010 年以前，上述杭派风格与杭州购房者挑剔的眼光一起，曾经形成一道无形的壁垒，让外来开发商望而却步，如履薄冰。

然而，在 2011—2015 年的市场调整过程中，本土的也好，外来的也罢，都经历了严冬的历练。

在新的市场环境下，在杭州房地产市场，追求规模和速度、充分利用财务杠杆的"三高模式"，逐步占据了主导地位。

"三高模式"，就是房地产企业高周转、高负债、高杠杆的发展战略和经营模式，它强化了房地产的金融属性，积累了越来越大的金融风险，被称为中国经济的"灰犀牛"。

## 40.1 高周转加快开发

房地产项目高周转开发的理论模型，源于万科对住宅开发商业模式和经营管理特点的思考和探索。

商品住宅的业务模式是以"项目"为单元进行的。2006 年万科年报提出，"从生产方式来看，一次性设计、作坊式生产曾经是这个行业的常规。这种落后的生产方式，带来了难以克服的质量通病和企业资产的慢速周转，但也催生了优秀企业复制成熟产品的努力。而随着品质导向、规模效应和周转要求等一系列生存法则的变迁，未来我们看到的，将主要是标准化设计、工业化生产的住宅产品"。

到了 2010 年，为了在项目利润率既定情况下增加利润总额，万科提出把"快速周转作为基本经营策略"，并归纳出了"5986"快周转模式，即拿地后 5 个月动工，9 个月销售，开盘第一个月售出八成，项目产品必须六成以上是住宅。

然而，在当时的杭州，开发商对于加快项目周转的重要性体会还不深刻。

以绿城房产二代高层标杆项目西溪诚园为例，从 2008 年 5 月拿到土地，到 2009 年 11 月下旬第一期知敬苑开盘，再到 2010 年 5 月下旬第二期明礼苑开盘，从拿地到开盘绿城房产分别用了一年半到两年时间。

再比如，2009 年 7 月滨江房产竞得杭政储出〔2009〕23 号地块和 24 号地块，楼面价约 9800 元／米$^2$。滨江房产在该地块上开发的金色黎明项目，于 2012 年上半年陆续开盘，开盘价格约 19000 元／米$^2$。从拿地到开盘，滨江房产用了近 3 年时间。

然而，在杭州楼市步入低迷阶段的 2011 年到 2015 年，高品质、高价格的市场逻辑不再完全有效，销售不畅和存货增加对杭派开发商的现金流带来巨大压力，龙头企业拿地能力明显下降。

在本土开发商休养生息期间，2013 年有 17 家全国性开发商争先恐后进入杭州拿地。从 2015 年下半年开始，杭州土地市场再次启动，外来开发商成为拿地主力。到了 2016 年，又有 14 家外来开发商第一次在杭州拿地，许多板块的楼面价都创出新高，形成了"面粉比面包贵"的局面。[1]

在新的市场形势下，开发商就项目操盘，纷纷向碧桂园学习，不约而同地转向快速开发的高周转模式。

从 2012 年开始，碧桂园逐步把房地产项目高周转模式做到了极致，业内称之为"456 模式"，即拿地后 4 个月开盘，5 个月资金回笼，6 个月现金流回正。

结合高周转模式，碧桂园建立了从规划设计、建筑施工、装修装饰到物业管理的全产业链一体化经营体系，进行标准化管理，大大提高了项目开发速度。碧桂园实施了"同心共享"项目跟投机制，加上严格考核激励，极大调动了项目管理团队的工作热情和积极性。

高周转加上高杠杆，碧桂园如虎添翼，主要在土地市场竞争不激烈的广大中小城市低价拿地，快速开发，低价销售，不断复制，经营规模突飞猛进。

---

[1] 何肖霞，罗兰，涨不停的纪录之年：2016 杭州土地市场年终盘点，浙报传媒地产研究院，2016 年 12 月 31 日。http://zzhz.zjol.com.cn/system/2016/12/31/021411904.shtml。

2015 年碧桂园销售规模约 1400 亿元，排在全国开发商第七位。随后两年，碧桂园销售规模以接近翻番的速度膨胀，2017 年达到 5500 亿元，登顶"宇宙第一大开发商"，并"霸榜"6 年之久。

从 2017 年开始，一方面政府对商品住宅销售限价越来越严格，另一方面土地市场火热，地价不断创出新高，加快开发速度成为开发商生存下去的唯一选择。

2017 年 11 月，曾经担任碧桂园执行董事和 CFO 的吴建斌，写了一本书，叫作《我在碧桂园的 1000 天：以财务之眼，看杨国强和他的地产王国》，由中信出版社出版。

该书全面介绍了杨国强领导碧桂园做大做强的商业模式，场景式呈现了碧桂园把高周转模式做到极致的系统思维和具体方法，在行业引起巨大反响。一时间，这本书成为开发商学习高周转模式的一部"葵花宝典"。

其实，杭派开发商在产品标准化和快速操盘方面是有基础的。最初，主要是为了在扩大规模过程中保证品质，后来吸收借鉴外来开发商的做法，也提高了快速开发能力。

滨江房产从 2007 年开始建立产品标准化体系，逐步形成了 A、B、C、D 四大产品体系，16 个标准版本。在此基础上，滨江房产统筹管理产品标准化体系，各部门完善执行能力，项目开发速度也大幅提升。

2017 年 6 月 29 日，滨江房产竞得萧山市北东单元地块，8 月 16 日就举行了开工典礼，案名公布为滨江江南名府，操盘速度飞快。

位于钱江世纪城的滨江御虹府，从 2019 年 7 月 29 日拿地，到 8 月 26 日开工奠基，再到 9 月底公示设计方案，最后在 12 月底领出预售证，从拿地到领出预售证，滨江房产仅用了五个月时间，在杭州这算是很快的开发速度了。

高周转模式的应用，加快了滨江房产的规模扩张速度。2019 年滨江房产销售额达到了 1120 亿元，同比增长 32%，成功进入"千亿俱乐部"，拿下了浙江和杭州商品房销售额双榜冠军。

另一家杭派开发商的领军企业绿城房产，在注重品质和品位的同时，不断打磨出自己的"八大产品序列"，也积累了项目快速开发的能力。

2022 年 4 月 25 日，绿城房产在勾庄板块集中拿到 3 块土地，快速开发了"海棠三子"，创造了杭州楼盘开发的新速度。7 月 15 日，月映海棠园拿地 81 天首开；7 月 25 日，春知海棠苑拿地 91 天首开；7 月 29 日，燕语海棠轩拿地 95 天首开。绿城房产的快速开发和销售能力，让人刮目相看。

到了 9 月 14 日，同样是位于勾庄板块好运路地铁站附近、由滨江房产领衔打造的福翠里项目，领出了首张预售证。此时距离该项目 6 月 30 日拿地，仅仅过去了 76 天，再次刷新了杭州商品房项目的开盘速度。

"天下武功，唯快不破。"在地价、房价"双限"的夹缝里，"拼速度"成了房地产企业的基本生存策略。

## 40.2 高负债扩大规模

对房地产企业而言，日常经营活动最大的投入成本，就是土地购置成本。

在土地"招拍挂"公开出让背景下，杭州的土地市场日益规范和开放，吸引了许多"外行"和"外地"的资金流入，城市地价和房价长期处于互动攀升的通道。

对开发商而言，土地市场的激烈竞争和地价不断上涨，意味着拿地成本越来越高，开发商仅用手上的资金往往拿不到新的土地，或者拿到的土地面积缩小了。

因此，要在房地产市场继续生存和发展，就必须敢于负债经营，不断扩大负债规模。

保守的企业逐步退出了这个行业，激进的公司遇到市场调整很容易被洗牌出局，存活下来的都是高周转加上高负债的大鳄。

从相关上市公司 2020 年年度报告来看，恒大、碧桂园和万科分别以总负债 1.95 万亿元、1.76 万元和 1.52 万亿元，位居前 3 位。

在公司财务管理领域，企业资产负债率 70% 是财务风险预警的门槛。过高的资产负债率会降低企业抗风险能力，银行等金融机构就会对其避而远之，形成一种约束企业资产负债率的债务治理机制。

但是，从 2000 年开始，在房地产业，虽然不时会有一些项目烂尾或者企业破产的案例，但人们似乎更喜欢"空手套白狼"的故事。由于土地成本需要在销售前付出，商品房预售也会积累规模巨大的预收款项，高企的资产负债率逐步成为开发商的普遍特征。开发商也好，金融机构也好，都参与其中，欲罢不能。

在中国房地产业，万科一直是作为行业标杆的优等生，财务稳健是它的重要经营战略。2010 年的时候，万科资产负债率为 74.68%，2015 年是 77.70%，2020 年达到了 81.28%。

作为高负债开发商的代表，碧桂园在 2017—2020 年的资产负债率一直处于 87% ～ 89% 的高位。借助"去库存"后的市场繁荣周期，高负债加上高周转，推动了碧桂园的快速膨胀，碧桂园在开发和销售规模上登上了全国第一的位置。

对于在市场波动过程中吃过苦头的杭派开发商来说，2012 年开始大家努力降低资产负债率，谋求稳健经营。但在从 2016 年开始的这一轮地价、房价大幅上涨周期中，规模扩张和保持行业地位成为第一目标，能够坚持稳健财务策略的开发商越来越少了。

从资产负债率指标观察，2014 年的时候绿城房产最低降到了 72.59%，随后逐步回升，2020 年是 79.58%。2016 年的时候滨江房产最低降到了 68.25%，随后也逐步提高，2020 年是 83.69%。

2017 年 7 月 26 日下午，戚金兴在滨江房产成立 25 周年庆暨媒体恳谈会上表示，"今年我们专门对国内销售额排名前 50 位的房企做过一个统计分析，按照公开数据测算，滨江房产的净资产负债率只有 56%。算上表内表外两部分，滨江房产的净资产负债率是最低的。所以，我们应该适当地放大一点杠杆"。

作为开发商负债来源的供给侧，银行等金融机构都把房地产业务作为重点，投放资金的积极性一直很强（见表 40.1）。虽然在抑制性房地产调控政策出台的时候，总是会有限制和约束房地产金融扩张的措施，但这些措施实施效果有限。

表 40.1　2005—2020 年金融机构各项贷款余额变化情况

（单位：万亿元）

| 项目 | 2005 年 | 2010 年 | 2015 年 | 2016 年 | 2017 年 | 2018 年 | 2019 年 | 2020 年 |
|---|---|---|---|---|---|---|---|---|
| 人民币贷款余额 | 19.47 | 47.90 | 93.95 | 106.60 | 120.10 | 136.30 | 153.11 | 172.75 |
| 房地产贷款余额 | 2.77 | 9.35 | 21.01 | 26.68 | 32.20 | 38.70 | 44.41 | 49.58 |
| 房产开发贷款余额 | 0.93 | 3.14 | 5.04 | 5.66 | 7.00 | 10.19 | 11.22 | 11.91 |
| 个人住房贷款余额 | 1.84 | 6.21 | 14.18 | 19.14 | 21.9 | 25.75 | 30.07 | 34.44 |

资料来源：根据中国人民银行公布的相关年度金融机构贷款投向统计数据整理。有关指标的统计口径随时间略有变化，但不影响整体走势和基本结构。

从表 40.1 所列数据可以看出，金融机构房地产贷款余额随着商品房市场发展快速积累和扩大，房地产贷款余额占全部人民币贷款余额的比重不断提高，2005 年是 14.23%，2010 年为 19.52%，2015 年为 22.36%，2020 年达到 28.70%。

在地价、房价持续上涨的背景下，房地产逐步成为金融机构的优质资产，受到金融机构的追捧。特别是个人住房贷款，规模大、增长快、不良率低，成为各大商业银行重点发展的信贷产品，持续保持高速增长。

2016年，在"去库存"政策的宽松背景下，个人住房贷款余额同比增长35%，房地产贷款余额同比增长27%。这一年，房地产贷款新增量占到同期各项贷款新增量的44.8%。

作为房地产金融的供给主体，商业银行等金融机构不仅没有重视开发商的财务风险，反而接受了开发商高负债经营的常态，甚至寄希望于高负债公司以自身巨大规模来提高抗风险能力。

在房地产开发贷款发放过程中，除了符合项目"五证齐全、必须是普通商品住宅"等政策限制性要求，不少银行还实行简单粗暴的"名单制管理"办法，只审批100强企业的贷款申请，有些银行甚至把房贷对象控制在"50强""30强"企业。

由于排名影响到商业贷款可得性，开发商对各类榜单丝毫不敢怠慢，同时也增强了扩张规模的压力和动力。

这样，高负债与大规模，形成了一种正反馈机制，助长了房地产公司的野蛮生长。

根据恒大年度报告，2015年公司与近20家银行订立战略合作协议，取得授信总额达2736亿元。在2016年末，恒大未使用的银行授信额度还有1383亿元。

2017年，众多投行机构普遍看好恒大，其股票价格从4元多大幅飙升到最高27.40元。这一年，恒大把公司总部从广州迁到深圳，融创把公司总部从天津迁到北京。

在2018年国庆长假之前，万科在深圳大梅沙召开了为期两天的秋季例会，会场的屏幕与侧墙上，"活下去"的大幅标语引人注目。当时，万科管理层可能预感到了行业即将面临的风险，而媒体和同行却不以为意。甚至有人认为，万科在行业竞争中有些力不从心，老大地位保不住了。

## 40.3 高杠杆放大风险

在经济活动中，广义的杠杆是指经济主体通过各种手段借入资金，以较小规模的自筹资金撬动更多资金，扩大其经济活动规模。

杠杆的使用是一把双刃剑。如果经济活动效益良好，投资回报率超过资金成本，杠杆具有提高自筹资金回报率的乘数效果。相反，如果投资回报率低于资金成本，自筹资金的亏损比例也将被乘数放大。

2008年美国次贷危机引发全球金融海啸后，世界各国都推出了一系列"去杠杆"政策，希望全面控制政府、企业和家庭的杠杆水平，降低金融风险。

2015 年 12 月中央经济工作会议提出，2016 年经济社会发展主要是抓好"去产能、去库存、去杠杆、降成本、补短板"五大任务。后来，"三去一降一补"作为供给侧结构性改革的核心内容，一直坚持到 2021 年。

然而，就房地产业而言，这个时期主要是以"去库存"为契机，土地市场和商品房市场量价齐升，房地产企业普遍进入了大幅加杠杆的周期。

从统计数据来看，自筹资金占房地产实际到位资金的比例，在 2005 年是 32.71%，2010 年是 36.49%，2015 年是 39.14%，2020 年为 32.80%。2020 年行业整体杠杆水平基本回到了 2005 年的水平（见表 40.2）。

表 40.2　2005—2020 年房地产开发企业资金来源结构变化情况

（单位：万亿元）

| 项目 | 2005 年 | 2010 年 | 2015 年 | 2016 年 | 2017 年 | 2018 年 | 2019 年 | 2020 年 |
|---|---|---|---|---|---|---|---|---|
| 实际到位资金 | 2.14 | 7.29 | 12.52 | 14.42 | 15.61 | 16.64 | 17.86 | 19.33 |
| 国内贷款 | 0.39 | 1.26 | 2.02 | 2.15 | 2.52 | 2.41 | 2.52 | 2.67 |
| 自筹资金 | 0.70 | 2.66 | 4.90 | 4.91 | 5.09 | 5.58 | 5.81 | 6.34 |
| 定金及预收款项 | 0.70 | 1.93 | 3.25 | 4.20 | 4.87 | 5.57 | 6.14 | 6.65 |
| 按揭贷款 | 0.13 | 0.95 | 1.67 | 2.44 | 2.39 | 2.36 | 2.73 | 3.00 |
| 其他资金 | 0.19 | 0.42 | 0.65 | 0.71 | 0.72 | 0.70 | 0.64 | 0.63 |

资料来源：根据国家统计局网站数据整理。在实际到位资金中，除了表格所列主要项目，还有外资和港澳台资金，以及外商和港澳台商直接投资，这部分数额和占比较小，没有被详细列出。

具体到开发商层面来看，企业经营杠杆水平实际上还要高很多。在统计口径和财务会计口径之外，房地产企业还存在许多表外融资方式，隐性和间接性地提高杠杆水平。

从 2015 年开始，高杠杆与高周转、高负债完美结合，相互促进，"三高模式"风生水起，成为行业基本游戏规则。

为了大规模增加资金来源，恒大、碧桂园、佳兆业、融创、世茂、绿地、融信、富力、金科、阳光城等奉行"三高模式"的房地产企业，热衷于增加海外融资，在 2017 年到 2020 年之间大规模发行美元债，埋下了债务违约的种子。

在加杠杆冲动下，不少开发商设立了资金管理或者财富管理部门，并与金融机构合作，采取多种手段向员工和客户筹集资金，增加企业资金来源。

碧桂园的"跟投机制"也被许多公司发扬光大，把公司高管和项目团队人员的资金绑定进来，放大了企业投资的杠杆水平。

在"资产荒"背景下，缺乏良好投资渠道的巨额社会资金，纷纷通过信托计划、资管计划、私募基金等多种途径流向房地产。为了规避监管，这类资金往往采取"明股实债"的方式，进入房地产公司，提高了开发商的实际杠杆水平。

为了增加资金来源，许多开发商都有一批长期稳定的战略合作伙伴，参与合作拿地和项目开发。在项目开发过程中，合作方除了资本金投入，还可能提供"股东借款"，间接增加了开发商的杠杆水平。

随着一些开发商的规模和知名度的提高，其在上下游商业活动中的话语权也越来越大，财大气粗的态势也增强了人们对其商业信用的信任和信心。于是，各种形式的"垫资"应运而生，一些开发商开出了上千亿元的商业承兑汇票。开发商依靠其市场优势地位，长时间、大规模占用上下游合作企业的资金，一时间成为房地产业的"游戏规则"。

在房地产业相关产业链条上，建筑施工企业、设备供应商、装修装饰供应商、园林绿化公司、物业服务公司、营销服务公司等，都深受垫资之苦。特别是在竞争"内卷"严重的相关细分领域，相关企业深陷其中，难以自拔。

张先生是杭州一家园林绿化公司的老板，他对甲方拖欠工程款问题体会很深。他回忆说，从2008年开始，他做过景观绿化工程的住宅项目不下30个。讨厌的是，甲方的付款节奏越来越慢，有些甚至还需要自己先垫资进去，工程进度和品质不能耽误。

项目工程结束后，催款成为十分头疼的事情，要花费不少精力和代价。对于最后的尾款，很多项目要拖到竣工交付三年后才可能结算。结算后，支付的方式一般是"工抵房"，就是用项目销售剩下的一些"边角料"，冲抵工程款。

张先生说，为了公司资金正常周转，"工抵房"一般都会被打折卖掉，自己损失的是真金白银的净利润。

从2016年开始，国内一些物业管理公司开始了扩大规模和争取上市的竞赛，业务拓展竞争越来越激烈。一些大型开发商利用其甲方有利地位，不断向参与业务拓展竞争的物业管理公司传递压力，"先服务，后付款"成为发包业务的基本要求。

王先生是一家物业管理公司的杭州公司经理，他对开发商为了加杠杆，向下游传递压力的行为深恶痛绝，认为这是商业伦理水准不高的表现，恶化了物业管理行业的生存环境。

王先生所在公司为了争取规模位于TOP10的某开发商在杭州一个大型开发项目的物业管理业务，在签订了一份战略合作协议后，就开始进行前期咨询服务，垫付了全部成本。但是，直到两年后，双方项目层面的委托服务合同还没有签订，服务费用开发商一分钱也没支付。

直到项目投入使用的第三年，王先生所在公司才经过艰难的司法途径，以一个位置很差的商铺作为"工抵房"，了结了这项伤心的业务。

## 40.4 "灰犀牛"如影随形

借着"去库存"政策红利启动的房地产市场繁荣周期，依靠"三高模式"，一批房地产企业迅速完成了"千亿销售规模"的目标。"千亿房企"的数量，从2015年的6家，迅速扩大到2021年的43家。

在此期间，中国商品房市场规模年年创新高。从2015年到2021年，全国商品房销售面积从12.85亿平方米，增加到17.94亿平方米；全国商品房销售金额从8.73万亿元，增加到18.19万亿元；销售均价从6793元/米$^2$，提高到10139元/米$^2$。

如果个别企业，在特定条件下，阶段性采取高周转、高负债、高杠杆的经营策略，是没有问题的。

但是，如果"三高模式"成为行业普遍采用的成功法宝，被发挥到极致，甚至房地产系统与金融系统携手，形成规模与负债的正反馈机制，其危害性是显而易见的，甚至会积累形成严重的系统性金融风险。

这就好比其他一些行业曾经出现的价格战，如果行业主流企业常态化持续开展价格战，这个行业就会逆向选择，形成劣币驱逐良币的局面。

其实，对于房地产市场过热带来的宏观经济和金融风险，政府是十分敏感的。早在2003年6月，中国人民银行就发布《中国人民银行关于进一步加强房地产信贷业务管理的通知》，对房地产金融加强监管和调控，抑制房地产金融风险。

在随后20年里，在每一轮房地产调控政策周期里，金融调控都是最重要的关键内容和手段。

从2016年下半年开始，包括限贷的各种限制性房地产政策不断出台，调控力度持续加大，但没有制服惯性强大的房地产泡沫。

根据中国人民银行发布的数据，2016年末，金融机构人民币贷款余额106.6万亿元，全年增加12.65万亿元，同比增长13.5%。同期，房地产贷款余额26.68万亿元，全年增加5.67万亿元，同比增长27%。这一年房地产贷款增量占同期各项贷款增量的 44.8%。

2017 年，房地产贷款余额继续大幅扩张，全年增加 5.52 万亿元，占同期全部新增贷款的 41.48%。

大规模的信贷投放，进一步提高了房地产企业的资产负债率。根据国家统计局统计数据，全国房地产企业的资产负债率，在 2015 年是 77.7%，随后逐年提升，2020 年到达了 80.7%。

2020 年 11 月 30 日，中国人民银行党委书记、中国银行保险监督管理委员会主席郭树清公开指出，房地产是现阶段我国金融风险方面最大的"灰犀牛"。

对于利用高杠杆运作一路狂奔的开发商而言，一旦金融政策刚性收紧，马上就会暴露出致命的企业财务危机。

从 2020 年下半年开始，恒大的财务风险逐渐浮出了水面。根据恒大公布的年报，2020 年底公司总负债高达 1.95 万亿元。一家"大到不能倒"的开发商"爆雷"，相当于给中国经济投下一颗巨型炸弹，迅速释放出巨大风险，破坏力远远超出了人们的想象。

除了各类金融机构作为债权人不能正常收回资金，增加了各自的呆坏账，五花八门的表外融资风险爆发，也把恒大高杠杆的各种财技暴露在光天化日之下。

2022 年初，江苏省如皋市人民法院受理江苏南通六建建设集团有限公司（简称南通六建）破产重组案，成为网络热搜话题。因为南通六建是一家有着 66 年历史的建筑行业领军企业，承建过世界第一高楼——迪拜哈利法塔，却因为恒大等开发商欠款太多，陷入财务困境，走到了破产重组的地步。

其实，到 2021 年底，被恒大等开发商工程欠款和逾期商业承兑汇票拖垮的大型建筑企业，已经有一个长长的名单。与南通六建一起，享有"中国建筑铁军"美誉的南通一建、南通二建、南通三建、苏中建设等南通建筑企业，几乎全军覆没。

除了建筑施工企业，房地产产业链条上的每个环节，全部都承担着房地产"三高模式"积累的风险。

2022 年 4 月，在香港交易所上市的易居企业控股发布公告，宣布海外债务违约。易居企业控股作为中国商品房销售代理和市场服务旗舰企业，承担了恒大约 1/3 的销售代理业务，积累了近 40 亿元的应收账款无法收回，陷入严重亏损和财务危机。

与易居企业控股同病相怜的，还有在深圳证券交易所上市的房地产综合服务提供商世联行。该公司披露，截至 2022 年 4 月末，涉及恒大及关联公司的相关应收账款合计 12.54 亿元，其中约 11.57 亿元已向法院申请立案起诉。

装修装饰行业也是房地产企业高杠杆风险的重灾区。该行业龙头企业金螳螂公开披露，截至 2022 年 9 月底，金螳螂对恒大的应收账款、应收票据及合同资产等合计约 82 亿元，累计计提各类减值损失 58 亿元，剩余应收类敞口净额约 24 亿元。

最令人揪心的是，2021 年 9 月恒大财富公开宣布，大约 400 亿元理财产品停止兑付。恒大内部员工，上至管理层，下至基层员工，参与其中的人不仅拿不到预期的高收益，连收回本金也变得遥遥无期了。

恒大"爆雷"的案例，向人们呈现了将高杠杆用到极致所带来的后果。不管是业务伙伴、供应商、承包商，还是铁哥们和自己人，最后都会被大家一起酿造的巨大风险反噬，没有躲避的可能性。

此外，严苛的进度管理要求，给工程质量和施工安全也带来很大风险。

从 2017 年开始，高周转模式标杆企业碧桂园在全国各地的项目工地安全事故频发，引起社会高度关注。

2018 年 8 月 3 日，碧桂园召开了一场名为"走进碧桂园"的全国媒体见面会。碧桂园总裁莫斌在会上鞠躬道歉，他说："碧桂园深刻认识到自身还有很多需要改进的地方，对近期施工单位发生的多起事故，我们深感悲痛和自责，我们负有不可推卸的责任，我谨代表集团向死者表示哀悼，向死伤工人家属表示慰问。"

在商品房预售制度下，购房者也被迫登上了"三高模式"的战车。如果预售项目出现问题不能按时竣工和交付，或者竣工交付后无法办理产权登记，购房者将要面对"房财两空"的巨大风险。

在杭州，虽然商品房市场销售顺畅，烂尾楼项目不多。但是，如果开发商整体出险，也可能给杭州项目的购房者带来麻烦。

例如，2015 年 7 月 7 日，经过 38 轮的竞价，泰禾集团以总价 8.82 亿元、溢价率 70%，拿下阿里巴巴西溪园区南侧的未来科技城地块，高调进入杭州市场，开发了泰禾杭州院子。

作为闽系开发商的典型代表，泰禾集团也把"三高模式"做到了极致。它在 2019 年就陷入财务危机，已经完成销售的杭州院子，随即成为烂尾楼项目。直到 2021 年底，延期三年后，杭州院子才在"保交楼"政策推动下，开始陆续交付。

随后，硬着头皮收房的购房者叫苦不迭，花几百万元买来的豪宅，许多地方还是半成品，小区开发建设方面还存在一些问题需要进一步处理。

"以势赢者势颓则败，以力胜者力尽则亡。"到了 2022 年，中国房地产业的"三高模式"整体走到了尽头。

从克而瑞、亿翰智库、中国指数研究院等机构的监测数据来看，2022 年中国百强房企销售业绩整体同比下降超四成，超九成房企销售业绩负增长，千亿房企数量由上年的 43 家，锐减至 20 家。

下沉的 20 多家开发商，多数都陷入了"三高模式"的漩涡，不能自拔。

不过，从 2016 年开始的这一轮房地产风险孕育和失控周期里，以绿城房产和滨江房产等企业为代表的杭派开发商，得益于财务稳健战略，以及对"三高模式"有点后知后觉，成为穿越历史性周期风暴的幸存者，成功地站在了行业发展新的起点上。

按照克而瑞公布的 2022 年中国房地产企业操盘榜单，绿城房产操盘销售额为 3003 亿元，排名从 2021 年的第七位提高到了第四位。滨江房产操盘销售额 1400 亿元，排名从 2021 年的第二十二位提高到了第十二位。

## 41 房地产调控放大招

在中国房地产市场化改革发展的进程中，体制改革和政策调控如影随形。什么手段才是"终极调控"，能够抑制房地产泡沫化问题？

从 1990 年代开始，随着改革开放和经济高速发展，在政府主导、大规模、快速城市化进程中，中国房地产市场持续繁荣发展了 30 年，为国家和人民富起来做出了巨大贡献。

房地产作为不动产和耐久品，不同于衣、食、用、行相关产品和服务业提供的各类服务，它既是消费品，也是投资品，在国民经济发展中承担着保障民生、建设城市、发展经济、稳定金融等多重功能。

住宅和家联系在一起，在中国传统文化中也具有特殊意义，既是家庭成员安顿身心的生活场所，也是家庭繁衍和代际传承的重要载体。

这种独一无二的客观属性，决定了房地产问题十分复杂，不仅是一个经济问题，也是资源、环境、文化、社会和政治问题。

从经济角度来看，房地产既有天使的面孔，也有魔鬼的性格。世界各国房地产市场发展的历史表明，既要充分发挥房地产基础性支柱产业的作用，也要防范和化解房地产金融风险，还要发展和完善住房保障体系。

因此，政府的房地产政策操作难度很大，政府需要审时度势，做好平衡和协调。

从 2003 年 8 月 12 日《国务院关于促进房地产市场持续健康发展的通知》发布开始，政府的房地产调控政策持续不断，但总的基调始终没有变化，都是围绕促进房地产市场健康发展这个基本目标进行的。

针对房地产市场"过热"与"过冷"周期性循环中出现的各种不健康病症，调控政策需要"对症下药"，表现出"逆风行事，反向调节"的基本特点。这就是，在市场过热阶段，出台抑制性调控政策；在市场低迷阶段，出台鼓励性调控政策。

2016 年 12 月举行的中央经济工作会议提出，促进房地产市场平稳健康发展，要坚持"房子是用来住的，不是用来炒的"这一定位，综合运用金融、土地、财税、投资、立法等手段，加快研究建立符合国情、适应市场规律的基础性制度和长效机制。

由此开始，"房住不炒"成为新时代中国房地产调控政策的主基调。

## 41.1 "约谈问责"强化政府稳价责任

房地产市场供求关系是以城市为单元运行的，不同城市的房价水平和涨幅差异很大。因此，促进房地产市场平稳健康发展的总体要求，具体到不同城市，就具有不同的含义和内容，需要"因城施策"，甚至"一城一策"。

2013 年 2 月出台的"国五条"明确要求，"认真落实省级人民政府负总责、城市人民政府抓落实的稳定房价工作责任制。各直辖市、计划单列市和省会城市（除拉萨），要按照保持房价基本稳定的原则，制定本地区年度新建商品住房价格控制目标，并于一季度向社会公布"。该文件的发布，确立了对城市政府稳定房价工作的考核问责制度。

在 2016 年房价大幅上涨背景下，根据中央房地产调控部署，杭州在 2016 年 9 月 18 日重启限购政策，限购范围包括主城区和萧山、余杭 8 个区。

2016 年国庆节期间，全国 16 个城市分别出台了新的限购、限贷等房价调控政策。10 月 3 日，人民日报微信公众号以"3 天 9 连击！中国楼市发出怒吼！"为题，刊发综述文章，认为从 2014 年开始松绑的中国楼市政策再次步入了紧缩阶段。

2016 年 11 月，住房和城乡建设部在北京召开了全国部分城市房地产调控工作部署会，要求北京、上海、广州、深圳、杭州等 16 个重点城市的政府，切实承担起稳定房价的调控责任。

从 2017 年开始，按照中央经济工作会议提出的"房住不炒"的基本定位，房地产市场过热的城市，在保障家庭基本居住需要和满足自住性商品房购买需求的同时，坚决抑制投资投机性商品房购买需求。限购、限贷、限价、限售、限商住等"五限"政策，成为热点城市主要的调控工具。

2018 年 5 月，针对热点城市房价继续上涨问题，住房和城乡建设部紧急约谈了 12 个房价涨幅较大的城市，并在 5 月 19 日发出了《住房城乡建设部关于进一步做好房地产市场调控工作有关问题的通知》（建房〔2018〕49 号），要求各地牢固树立"四个意识"，提高政治站位，毫不动摇地坚持"房子是用来住的，不是用来炒的"定位，认真落实稳房价等调控目标任务，确保房地产市场平稳健康发展。

2019 年杭州市区三次出台政策，收紧限购政策，在限购范围内暂停向拥有一套及以上住房的非本市户籍居民出售住房，暂停市区购房入户政策，收紧公积金和商业性住房贷款政策。

2020 年 9 月 4 日，杭州市房地产市场平稳健康发展领导小组办公室发布《关于进一步促进房地产市场平稳健康发展的通知》，明确以父母投靠成年子女方式落户本市的，须满三年方可作为独立购房家庭在本市限购范围内购买新建商品住房和二手住房。

为了限制通过离婚享受无房户购房优先政策的情况发生，该通知调整了无房家庭认定标准，明确离异单身满三年，且在本市限购范围内无自有住房记录满三年，方可被认定为无房家庭。

2021 年 1 月 27 日，杭州市房地产市场平稳健康发展领导小组办公室发布《关于进一步加强房地产市场调控的通知》，进一步加强住房限购，加强住房限售，加强税收调节，完善无房家庭认定标准，完善高层次人才优先购房政策。

为了限制通过把自有住房赠与他人，取得购房资格和参与购房，该通知规定："将本市限购范围内住房赠与他人的，赠与人须满三年方可购买限购范围内住房；受赠人家庭须符合本市住房限购政策（不含遗赠）。"

根据中央有关部委和浙江省政府的决策部署，杭州与其他重点监控城市一样，市政府管控房价的力度不断加大，连续出台并不断完善新建商品住宅的限购、限贷、限价、限售等调控措施，并通过批准预售和准予网签等技术性调节手段，努力稳定新建商品住宅价格。

"网签均价"是国家统计局发布 70 个大中城市房价指数的依据，也是国家有关部门跟踪和监控各城市房价调控效果的主要指标。

从国家统计局每月公布的 70 个大中城市房价指数来看，城市政府稳定房价的努力产生了一定的短期效果。然而，在城市房价影响因素中，市场供求关系发挥着根本性作用，城市政府以行政性、限制性政策手段管制房价是非常吃力的（见表 41.1）。

虽然"打补丁"的后续政策一个接着一个，但有效性仍然难以持续，还产生了许多扭曲市场信号和市场机制的副作用。

例如，在严格限制新建商品住宅销售价格的情况下，很快出现了新房价格与周边二手房价格"倒挂"的问题。套利机会吸引了大批投资投机者，他们以各种方式创造"房票"，参与摇号购房，一些人甚至利用他人购房资格"众筹买房"，蕴含着经济纠纷和法律风险。

表 41.1　2016—2020 年长三角几个城市新建住宅价格指数（2015 年 =100）

| 城市 | 2016 年 12 月 | 2017 年 12 月 | 2018 年 12 月 | 2019 年 12 月 | 2020 年 12 月 |
|------|------|------|------|------|------|
| 杭州 | 134 | 133 | 141 | 148 | 154 |
| 宁波 | 115 | 121 | 128 | 139 | 145 |
| 上海 | 146 | 146 | 146 | 150 | 156 |
| 南京 | 149 | 147 | 147 | 153 | 161 |
| 合肥 | 149 | 149 | 155 | 161 | 167 |

资料来源：根据国家统计局公布的 70 个大中城市住宅销售月度报告整理。

对于各级政府部门来说，问责机制本来很有效。但是如果把目标聚焦在当下的房价表现上，就可能导致行为变形和扭曲，不利于从根本上调节供求关系，实现长期平稳健康发展的目标。

例如，在严格、持续的限房价、限地价政策环境下，先后推行的"摇号买房"和"摇号拿地"都属于非市场化资源配置机制，房地产市场运行被严重扭曲。

事实上，限价导致的价格"倒挂"，恰恰刺激了投资投机性需求，"离婚买房""马甲摇地"等投机行为层出不穷，反噬了"房住不炒"的基本定位和政策目标。

与历次房地产调控政策类似，真正的大招，是严厉收紧房地产金融政策。

## 41.2　"三道红线"管制开发企业融资

从 2015 年开始，"三高模式"成为中国房地产业做大做强的基本法宝，一些开发商对高周转、高负债、高杠杆运营的极致发挥，不仅在行业内部形成了不利于稳健经营和高质量发展的逆向淘汰机制，而且积累的系统性金融风险越来越大。

在"房住不炒"的定位形成后，严格的限贷政策不断加码，借助提高首付比例、提高房贷利率、停止第三套房贷款、认房又认贷等方式，政府试图从房地产金融方面抑制房地产投资过热问题。

但是，房地产金融膨胀的惯性十分强大。从统计数据来看，全国房地产投资完成额在 2016 年增长 6.9%，2017 年增长 7.0%。到了 2018 年，增长速度提高到 9.5%，2019 年进一步提高到了 9.9%。

2019 年 6 月 13 日，中国银行保险监督管理委员会主席郭树清在第十一届陆家嘴论坛上致开幕词时指出，"房地产业过度融资，不仅挤占其他产业信贷资源，也容易助长房地产的投资投机行为，使其泡沫化问题更趋严重"。

2019 年 7 月，中国银行保险监督管理委员会约谈了部分房地产信托业务增速过快、增量过大的信托公司，要求这些单位增强大局意识，严格落实"房住不炒"要求，严格执行房地产市场调控政策和监管要求，控制资金通过信托渠道进入房地产企业。

2020 年 8 月 20 日，住房和城乡建设部和中国人民银行在北京召开碧桂园、恒大、万科、融创、绿地、阳光城、中梁、新城控股、华侨城、中海、保利、华润等 12 家重点房地产企业座谈会，中国银行保险监督管理委员会、中国证券监督管理委员会、国家外汇管理局、中国银行间市场交易商协会以及部分房企负责人参加会议，研究进一步落实房地产长效机制。会议形成了重点房企资金监测和融资管理规则，为房地产企业融资画出了"三道红线"，给开发企业套上了"紧箍"。

所谓"三道红线"，是指对房地产企业融资和财务状况的 3 个监测指标设置 3 条红线。第一道红线，要求剔除预收款项的资产负债率不得大于 70%；第二道红线，要求净资产负债率不得大于 100%；第三道红线，要求现金短债比不得小于 1 倍。

根据监管要求，"三道红线"试点房企每月 15 日前须提交三张监测表格，分别为"试点房地产企业主要经营、财务指标统计监测表""试点房地产企业融资情况统计监测表""试点房地产企业表外相关负债监测表"。

在"三道红线"的监测基础上，对房地产企业融资行为进行"四档管理"。将"踩线"三道的房企列为"红档"，有息负债规模不得增加；将"踩线"两道的房企列为"橙档"，有息负债规模年增速不得超过 5%；将"踩线"一道的房企列为"黄档"，有息负债规模年增速不得超过 10%；将零"踩线"房企列为"绿档"，有息负债规模年增速不得超过 15%。

与以往行业层面的融资收紧政策不同，"三线四档"由中央部委协调和联动，对银行贷款、境内外债券融资、信托融资等主要融资渠道进行全方位严格管控，具体监管到主要的房地产企业，落实到银行和金融机构，其规则具体和透明，操作性很强，具有强大的政策威力。[1]

按照"三道红线"的划分标准，参考 2020 年上市房地产企业中期财务报表数据，在"50 强房企"中，有 10 家为"红档"，10 家为"橙档"，24 家为"黄档"，6 家为"绿档"。可见，差不多 90% 的大型开发商，都踩线了。

---

① 陈博，陈月芹，三道红线终结房地产"三高"模式，经济观察报，2020 年 8 月 31 日。

按照监管要求，"踩线"企业要在两年过渡期里，逐步达到"绿档"标准，大幅降低负债率和杠杆率。那些高负债、高杠杆扩张的开发商，必须调整经营策略，收缩负债，降低杠杆。

更为重要的是，"三道红线"政策实施后，"绿档"开发商也有了融资增加速度的天花板，进一步扩大融资规模的余地受到严格限制。

从实施效果来看，"三道红线"对房地产贷款规模的约束产生了立竿见影的效果。

根据中国人民银行公布的数据，2020 年全国房地产贷款增速 8 年来第一次低于全部贷款整体增速。新增房地产贷款占全部新增贷款的比重，从 2016 年的 44.8% 下降到了 28%。

2021 年末，全国主要金融机构（含外资）房地产贷款余额 52.2 万亿元，同比增长 7.9%，增速较上年末下降了 3.7 个百分点。

从流向房地产企业的"房地产开发贷款余额"指标来看，2020 年末是 11.91 万亿元，同比增长 6.1%，增速比上年末低 4 个百分点。2021 年末是 12.01 万亿元，同比增长 0.9%，增速比上年末又降低 5.2 个百分点。2022 年末是 12.69 万亿元，同比增长 3.7%。

"三道红线"政策对高周转、高负债、高杠杆的企业而言，意味着资金循环的收缩，很可能导致债务违约和经营困难。

但是对于经营稳健的开发企业来说，则会被更多金融机构优先作为优质客户，带来新的发展机遇，这在杭派开发商绿城房产和滨江房产身上体现得十分明显。

在 2020 年底，绿城房产净资产负债率和现金短债比分别为 66% 和 2.0 倍，处于"绿档"；但剔除预收款项的资产负债率为 71%，仍"踩中"一道红线，位于"橙档"。公司根据监管要求，制定了 2023 年 3 个指标全部进入"绿档"的目标。

在 2021 年业绩发布会上，绿城房产管理层介绍，按照上报监管部门的口径，截至 2021 年 12 月 31 日，绿城房产现金短债比为 1.7 倍，净资产负债率为 53.5%，剔除预收款项后的资产负债率为 70.3%，2022 年有希望提前完成全部指标进入"绿档"的目标任务。

作为"准绿档"房企，绿城房产的融资需求没有受到太多负面影响，公司经营状况持续向好。

滨江房产的表现更好，三大指标一直全部保持"绿档"，加之主要项目集中在浙江，特别是杭州，在政策和市场收缩背景下，滨江房产实现了"逆势扩张"。

年报资料显示，2021 年滨江房产销售金额 1691 亿元，同比 2020 年增长 24%，在克而瑞 2021 年销售排行榜位列第二十二位，比 2020 年的第二十七位提升了 5 位。2022 年滨江房产销售额为 1539 亿元，同比略有下降，但在克而瑞行业销售排名中，较 2021 年提升 10 位，来到了第十二位。

得益于优异的财务表现，近年来滨江房产受到银行等金融机构的"优待"，综合融资成本不断下降，从 2017 年的 6%，到 2020 年的 5.2%，再到 2021 年的 4.9%，2022 年只有 4.6%，融资能力和融资成本在民营房地产企业中遥遥领先。

在资本市场，虽然房地产公司股价整体陷入低迷，但投资者对滨江房产给予积极评价。其股价在 2019 年初是 3.28 元，2020 年初是 4.29 元，2021 年初是 4.04 元，2022 年初是 4.42 元，2022 年 9 月创下了 12.66 元的历史最高价格。

可见，"三道红线"管控房地产企业融资需求，对于坚持稳健经营和长期主义的开发商来说，意味着更好的融资环境和发展机遇。

## 41.3 "集中度管理"约束银行信贷供给

在房地产市场长期繁荣的背景下，房地产开发贷款和个人住房贷款逐步成为商业银行的优质资产。虽然受到房地产调控政策约束，但各家银行都不舍得限制这块业务的发展，这成为房地产信贷扩张的供给侧推动力量。

从房地产金融监管进程来看，中国人民银行在《2017 年第三季度中国货币政策执行报告》中指出："房地产等资产市场天然容易加杠杆，具有'买涨不买跌'的特征，容易出现顺周期波动和超调，这就使利率等价格调节机制难以有效发挥作用，需要宏观审慎政策对杠杆水平进行逆周期的调节。"

2019 年 7 月 29 日，中国人民银行召开银行业金融机构信贷结构调整优化座谈会，会议强调"房住不炒"，要求认真落实房地产市场平稳健康发展的长效机制，保持房地产金融政策连续性、稳定性，在保持个人住房贷款合理适度增长的同时，加强对存在高杠杆经营的大型房企的融资行为的监管。会议要求，各类银行要充分认识信贷结构调整的必要性和迫切性，从宏观审慎角度审视经营思想、经营策略，重塑和培养经营能力，转变传统信贷路径依赖，合理控制房地产贷款投放，加强对经济社会发展重点领域和薄弱环节的信贷支持。

2020 年 8 月，中国银行保险监督管理委员会主席郭树清在《求是》杂志刊发署名文章《坚定不移打好防范化解金融风险攻坚战》。文章指出，房地产泡沫是威胁金融安全的最大"灰犀牛"。

2020 年 9 月，为了进一步收紧房地产信贷投放，在"三道红线"限制房地产企业信贷需求的基础上，金融监管机构对大型商业银行进行"窗口指导"，要求压降、控制个人住房贷款等房地产贷款规模，约束房地产信贷供给行为。

2020 年 12 月 28 日，《中国人民银行 中国银行保险监督管理委员会关于建立银行业金融机构房地产贷款集中度管理制度的通知》（银发〔2020〕322 号）发布，自 2021 年 1 月 1 日起实行。

该通知明确，根据银行业金融机构资产规模及机构类型，分档设置房地产贷款余额占比和个人住房贷款余额占比两个上限。

具体来看，中资银行业金融机构分为五档：第一档是工商银行等 7 家"大型银行"，房地产贷款占比上限为 40%，个人住房贷款占比上限为 32.5%；第二档是招商银行等 17 家"中型银行"，两个占比上限分别为 27.5% 和 20%；第三档是"中资小型银行和非县域农合机构"，两个占比上限分别为 22.5% 和 17.5%；第四档是"县域农合机构"，两个占比上限分别为 17.5% 和 12.5%；第五档是"村镇银行"，两个占比上限分别是 12.5% 和 7.5%。

对超过上限的机构设置 2～4 年的达标过渡期，并建立区域差别化调节机制。以 2020 年 12 月末数值为依据：超出 2 个百分点以内的，过渡期为 2 年（到 2022 年末）；超出 2 个百分点及以上的，过渡期为 4 年（到 2024 年末）。房地产贷款占比、个人住房贷款占比的业务调整过渡期分别设置。

从政策的细致程度可以看出，这个"集中度管理"制度是经过精心准备的，调控房地产信贷规模的针对性和操作性很强。

按照相关上市公司 2020 年半年度报告的数据，在 52 家上市银行中，房地产贷款占比超过上限的有 17 家，个人住房贷款占比超过上限的有 12 家，两个占比指标均超过上限的上市银行有 11 家。

在大型银行中，建设银行、邮储银行、兴业银行的个人住房贷款占比高于上限要求，需要降低比例。

在加强房地产信贷宏观审慎监管的同时，中国人民银行和中国银行保险监督管理委员会等部门针对银行信贷资金违规流入房地产业问题，也出台了一系列政策，加强监管和约束。

2021 年 3 月 26 日，《中国银保监会办公厅 住房和城乡建设部办公厅 中国人民银行办公厅关于防止经营用途贷款违规流入房地产领域的通知》（银保监办发〔2021〕39 号）发布。随后，各地银保监局、住房和城乡建设部门、中国人民银行分支机构联合开展了经营用途贷款违规流入房地产领域问题专项排查，加大对违规问题督促整改和处罚力度。

据统计，2021年上半年中国银行保险监督管理委员会严惩违法违规行为，共处罚金融机构1420家次，累计罚没11.55亿元，处罚责任人2149人次。

在"集中度管理"等政策作用下，从2021年开始，各家银行逐步收紧了房地产信贷业务。加上不断有房地产企业"爆雷"，房地产市场销售形势日益严峻，银行也加强了房地产贷款风险控制，信贷资金过多流向房地产领域的情况逐步得到扭转。

根据中国人民银行公布的金融机构贷款投向统计报告，金融机构房地产贷款余额增速不断下降，2019年是14.8%，2020年是11.7%，2021年是7.9%，2022年只有1.5%。

分类型来看，房地产开发贷款余额增速从2019年的10.1%，下降到2020年的6.1%，2021年是0.9%，2022年是3.7%。个人住房贷款余额增速2019年是16.7%，2020年是14.6%，2021年进一步降低到11.3%，2022年只增长了1.2%。

受到"集中度管理"制度影响，在2021年，购房者和开发商明显感受到，个人住房贷款利率不断上涨，额度越来越紧张，审批和放款周期拉长，开发商回款周期延长。[①]

到了2022年，虽然房地产金融政策有所调整和优化，银行发放个人住房贷款的额度增加，放款速度加快，但购房者信心受到打击，预期下降，贷款需求变弱，提前还款增加，个人购房贷款的供求关系发生了根本变化。

多种房地产金融收缩政策的持续加码，对房地产市场过热和泡沫化问题起到了釜底抽薪的作用。

然而，在解决房地产业高负债问题的同时，一些高周转、高负债、高杠杆运作的房地产企业，从2020年开始陆续出现了资金链断裂和债务违约问题，风险逐步暴露，并且这些问题还在不断向上下游和社会面蔓延。

"灰犀牛"已经开始发疯，进一步采取综合措施化解房地产风险，成为各级政府、房地产业、金融机构十分迫切的艰巨任务。

---

① 陆丹，杭州有银行首套房贷冲上6.25%？下半年"贷款难、放贷慢"很可能是常态，都市快报，2021年7月30日。

## 42　新发展模式探新路

在"房住不炒"的基本定位下，告别"三高模式"，顺应新时代、新征程中国社会经济发展新阶段、新要求，房地产业必须探索新发展模式。

严厉的房地产金融收紧举措，击中了房地产企业"三高模式"的要害。从2021年下半年开始，房地产市场热度迅速下降，土地出让、房地产投资、商品房开工、商品房销售等指标逐步进入收缩状态。

在2021年，虽然抑制房地产市场过热和泡沫化风险的目标终于取得了阶段性成效，但房地产业风险也进入集中释放阶段，各级政府和房地产业各类参与主体都面临很大压力，一方面要"稳预期、保民生"，另一方面必须探索房地产新发展模式。

杭州作为"新一线城市"，房地产市场虽然也进入了调整周期，但市场和行业的韧性较强。

绿城房产和滨江房产，作为杭派开发商的代表，穿越这一轮行业周期，经受了洗礼和考验，以良好的状态，来到了探索房地产新发展模式的新起点上。

### 42.1　行业风险暴露

按照"房住不炒"的定位和要求，各级政府协同、多部门联手，经过连续五年的全方位、多维度政策干预和综合施策，2021年我国房地产市场整体上进入了调整阶段。

然而，在市场降温之时，也是"灰犀牛"现身和房地产风险暴露之日。

2021年，华夏幸福、恒大、富力、阳光城、蓝光、佳兆业等15家大型房企因资金链断裂，纷纷陷入财务危机和经营困境。开发商承兑汇票违约、债券违约、贷款违约等逐步形成蔓延之势，房地产金融风险开始大规模、群体性地暴露出来。

进入 2022 年后，高负债经营的融创、绿地、俊发、景瑞、中梁、祥生、禹洲、荣盛、建业、龙光、大发、金科等 40 多家大型开发商陆续"爆雷"，出现债务违约，陷入经营困难。

作为上市公司的房地产企业，其股票价格持续大幅下跌，体现了惨烈的风险释放过程。特别是在香港上市的"内房股"，股价走势最为惊心动魄。股价大幅下跌，给股东和相关金融机构造成了巨大经济损失。

在香港上市的恒大，2019 年销售规模为 6262 亿元，全国排名第三。2020 年 7 月 6 日，恒大股价上涨到 26.77 港元，接近历史最高价格。随后，恒大股价逐步下跌，在 2020 年 12 月 31 日收盘于 14.65 港元，到 2021 年 12 月 31 日收盘于 1.59 港元。

在香港上市的融创，2019 年销售规模为 5556 亿元，排在全国第四位。2020 年 1 月 8 日，融创股票价格来到了 43.22 港元的历史最高位置。随着房地产形势转变，融创股价在 2021 年初跌到了 25 港元左右，2022 年初跌到了 10 港元左右，2022 年 3 月 31 日停牌时，股价收在 4.58 港元。2023 年 4 月 13 日复牌后，当天股价收跌 55%，报收 2.04 港元。

在内地上市的房地产公司，企业"爆雷"后股价也是一路下跌。到 2023 年 6 月，已经有四家 A 股上市房企退市，还有多家面临退市考验，股民苦不堪言。

2023 年 8 月 5 日，ST 阳光城发布公告称，公司于 2023 年 8 月 4 日收到深圳证券交易所下发的《关于阳光城集团股份有限公司股票终止上市的决定》，原因是公司股票连续 20 个交易日的每日收盘价均低于 1 元，符合深圳证券交易所《股票上市规则（2023 年修订）》第 9.2.1 条第一款第（四）项规定的股票终止上市情形。

在 A 股上市的其他房地产公司，面临退市考验的基本原因与阳光城一样，都是股价连续 20 天收盘价格低于 1 元。

随着房地产市场预期转弱，房地产融资、销售、投资、开工等指标在 2022 年全面转为负增长状态，房地产产业链相关企业和社会各方面都承受了巨大的风险释放的压力（见表 42.1）。

表 42.1 2020—2022 年房地产业主要指标变化情况

| 范围 | 统计指标 | 2020 年 | 2021 年 | 2022 年 | 两年变化比值 |
|---|---|---|---|---|---|
| 全国 | 房地产投资 | 14.14 万亿元 | 14.76 万亿元 | 13.29 万亿元 | 0.94 |
| | 新开工房屋面积 | 22.44 亿平方米 | 19.89 亿平方米 | 12.06 亿平方米 | 0.54 |
| | 商品房销售面积 | 17.61 亿平方米 | 17.94 亿平方米 | 13.58 亿平方米 | 0.77 |
| | 房地产企业到位资金 | 19.31 万亿元 | 20.11 万亿元 | 14.90 万亿元 | 0.77 |
| 浙江省 | 房地产开发投资 | 1.14 万亿元 | 1.24 万亿元 | 1.29 万亿元 | 1.13 |
| | 商品房销售面积 | 10250 万平方米 | 9991 万平方米 | 6815 万平方米 | 0.66 |
| 杭州市 | 房地产新开工面积 | 3543 万平方米 | 2447 万平方米 | 2048 万平方米 | 0.58 |
| | 商品房销售面积 | 1699 万平方米 | 2236 万平方米 | 1394 万平方米 | 0.82 |

资料来源：根据国家统计局、浙江省统计局、杭州市统计局网站公布的相关年份资料整理。

表 42.1 分别从全国、浙江省和杭州市三个层面，整理了部分房地产统计指标，大部分指标在 2021 年达到历史最高纪录后，在 2022 年出现了明显回落。特别是销售面积和新开工面积下降幅度很大，反映出行业预期严重恶化。

房地产业是国民经济的基础性支柱产业，对经济增长、城市建设、金融稳定和民生安定都具有十分重要和广泛的影响。

从经济增长角度来看，2020 年房地产业增加值占 GDP 的 7.3%，房地产相关产业链增加值占 GDP 的 9.9%。2020 年房地产开发投资占固定资产投资的 27.3%，加上产业链拉动的投资，可以占到全社会固定资产投资的一半左右。

2022 年房地产业整体收缩，成为我国投资低迷和消费疲软的重要影响因素。

在城市建设方面，土地出让收入是地方政府可以用于城市建设的主要资金来源。全国土地出让收入 2020 年为 8.41 万亿元，同比增长 15.9%。2021 年到达 8.71 万亿元，同比增长 3.5%，创出历史最高纪录。2022 年，土地出让收入较上年下降 23.3%。2023 年上半年，土地出让收入进一步减少，同比下降 20.9%。

随着土地市场遇冷，部分地区和城市的经济循环受到打击，甚至出现了地方债务不能按期还本付息的情况。

在房地产企业资金链断裂后，许多已经完成预售的开发项目，因后续资金投入断流，很快陷入了停工状态，商品房交付延期，甚至遥遥无期，引发购房者恐慌。

2022年夏天，购房者开始大规模维权。多地停工和烂尾楼盘的业主集体行动，联名发布"强制停贷告知书"，要求楼盘复工并按期交付，否则将集体停止偿还贷款。当时，按揭贷款断供事件持续发酵，先后涉及25个省、自治区、直辖市的82个城市，引起了社会广泛关注。

显然，房地产业存在的经济风险，已经向金融风险和社会风险蔓延，需要政府高度重视，采取综合措施，及时化解系统性风险。

## 42.2　政策转向求稳

针对房地产风险暴露问题，2021年7月30日中央政治局会议提出，"要坚持房子是用来住的、不是用来炒的定位，稳地价、稳房价、稳预期，促进房地产市场平稳健康发展"。

2021年12月中央经济工作会议进一步明确：要坚持"房子是用来住的，不是用来炒的"定位，加强预期引导，探索新的发展模式，坚持租购并举，加快发展长租房市场，推进保障性住房建设，支持商品房市场更好满足购房者的合理住房需求，因城施策促进房地产业良性循环和健康发展。

"加强预期引导""支持合理住房需求""促进房地产业良性循环"等新的提法，表明中央感知到了房地产形势的新变化，希望在政策层面做出调整，应对房地产风险问题。

进入2022年后，房地产调控政策整体上从"抑制"导向转向"鼓励"导向，防范化解房地产市场风险，又一次成为房地产平稳健康发展的主要任务。

2022年3月16日，国务院金融稳定发展委员会召开专题会议，提出货币政策要主动应对，新增贷款要保持适度增长。对于房地产企业，要及时研究和提出有力、有效的防范、化解风险应对方案，提出向新发展模式转型的配套措施。

同日，中国人民银行、中国银行保险监督管理委员会、中国证券监督管理委员会、国家外汇管理局都各自表态，要防范化解房地产市场风险，积极推动房地产业转变发展方式，促进房地产业良性循环和健康发展。

此外，财政部也明确表示，根据对一些城市的调查摸底和初步研究，综合考虑各方面的情况，今年内不具备扩大房地产税改革试点城市的条件。事实上，为了稳定市场，全国人大常委会于 2021 年 10 月授权国务院在部分地区开展房地产税改革试点工作的安排推迟了。

2022 年 7 月，在不少地方出现烂尾楼项目购房者停贷断供事件后，中央政治局会议提出，要稳定房地产市场，因城施策用足用好政策工具箱，支持刚性和改善性住房需求，压实地方政府责任，保交楼、稳民生。

可见，地方政府的主要责任，要从稳定房地产价格，转向保交楼和稳民生。根据中国指数研究院统计，2022 年全国超 330 个省、市（县）发布楼市调控政策超 1000 次，涉及优化限购限贷限售政策、调整公积金、调整限价、购房补贴、完善预售资金监管等多个方面。

住房和城乡建设部、中国人民银行、中国银行保险监督管理委员会等中央部门也出台具体措施，发放专项借款，落实中央政治局会议要求。

2022 年 11 月 23 日，《中国人民银行 中国银行保险监督管理委员会关于做好当前金融支持房地产市场平稳健康发展工作的通知》出台，推出了 16 条金融举措，促进房地产市场平稳健康发展。

该通知提出，要稳定房地产开发贷款投放，支持个人住房贷款合理需求，稳定建筑企业信贷投放，支持开发贷款、信托贷款等存量融资合理展期，保持债券融资基本稳定，保持信托等资管产品融资稳定。

原本用于支持民营企业解决融资难问题的"三支箭"政策组合，即债券融资、信贷融资和股权融资，被用于帮助优质民营房地产企业纾困，满足开发企业合理融资需求。

长期处于紧缩和关闭状态的房地产融资渠道，全部重新打开。

然而，房地产这头"灰犀牛"一旦出事，就是十分棘手的大事。

根据国家统计局公布的数据，2022 年全国房地产相关指标全面大幅下降。其中，房地产开发投资完成 13.29 万亿元，同比下降 10.0%。房地产开发企业到位资金 14.90 万亿元，同比下降 25.9%。商品房销售面积 13.68 亿平方米，同比下降 24.3%。房屋新开工面积 12.06 亿平方米，同比下降 39.4%。

杭州作为"新一线城市"，在 2021 年房地产市场各项指标创出新高后，2022 年虽然表现出韧性，但也明显降温。

根据《钱江晚报》联合相关研究机构的分析[①]，2022 年杭州市区新建商品房成交

---

① 孙晨 等，新房量跌 43%，二手房跌 33%！2022 杭州楼市成绩单全解析，钱江晚报，2023 年 1 月 2 日。

109821 套，为近 6 年来最低，同比下降了 43%。当然，在热门板块价格"倒挂"显著的情况下，购买"红盘"还是需要摇号的。不过，全年市区整体中签率为 38%，比 2018 年开始摇号买房时的不到 15%，提高了很多。

2022 年杭州二手房（不含临安）成交 54134 套，这也是 6 年来的新低。相比 2017 年的 118492 套，2022 年成交量甚至不足 2017 年的五成。相比 2021 年的 80802 套，2022 年同比下跌了约 33%。

2022 年杭州市区土地出让金额约 2136 亿元，较 2021 年的 3030 亿元，同比下降了 29.5%。因为许多高负债房企退出了杭州土地市场，滨江房产、绿城房产、大家房产等杭派开发商，重新成为土地市场拿地主力。

面对十分严峻的房地产形势及其引发的金融风险、经济风险和社会风险，2022 年 12 月中旬召开的中央经济工作会议，把解决房地产问题作为"有效防范化解重大经济金融风险"的主要内容，要求确保房地产市场平稳发展，扎实做好保交楼、保民生、保稳定各项工作，满足行业合理融资需求，推动行业重组并购，有效防范化解优质头部房企风险，改善资产负债状况。

在中央层面，从 2021 年 7 月的"稳地价、稳房价、稳预期"，到 2022 年 12 月的"保交楼、保民生、保稳定"，体现了房地产政策目标的进一步转变，应对房地产风险成为阶段性的中心工作。

随后，时任国务院副总理刘鹤在不同场合多次强调，房地产业是中国国民经济的支柱产业。房地产领域风险如果处置不当，很容易引发系统性风险，必须及时干预。

在 2023 年到来之际，房地产调控政策"逆风行事，反向调节"的特点再次得到印证，政策拐点已经形成。

然而，在房地产市场收缩和预期下降的形势下，市场拐点并没有很快出现。房地产企业的经营环境依然十分严峻，特别是一些以"三高模式"为特点的民营房地产企业，仍然没有解除资金链断裂的警报。

## 42.3　发展模式调整

房地产业是国民经济基础性支柱产业，我们并不能像一些人主张的那样，简单粗暴地"去房地产化"。

通过持续不断的政策调控，在抑制房地产"三高模式"及其带来的系统性风险基础上，我们还必须探索房地产业的新发展模式。

其实，在房地产市场全面过热和政府加强调控背景下，除了中央政府调控房地产市场力度不断加大，地方政府和房地产企业也都加大了转型升级的步伐。

在地方政府层面，浙江省在 2019 年初启动了"未来社区建设试点工作"，以推动人的全面发展和社会的全面进步为出发点，聚焦人本化、生态化、数字化三维价值坐标，以和睦共治、绿色集约、智慧共享为内涵特征，系统营造未来邻里、教育、健康、创业、交通、低碳、建筑、服务和治理九大场景，深度融合数字经济、城市大脑、创新创业三大特色优势，推进城市高质量发展。未来社区建设包括了城市新区开发和城市旧城更新改造，可以被看作新时代房地产新发展模式的系统性实践探索。

杭州市首批省级未来社区建设试点包括上城始版桥社区项目、江干采荷荷花塘社区项目、拱墅瓜山社区项目、西湖之江社区项目、萧山瓜沥七彩社区项目、萧山亚运社区项目、杭州钱塘新区云帆社区项目等 7 个项目，占到全省 24 个试点项目的近 30%。

在企业层面，许多公司也一直在积极探索转型升级的模式和道路。

从 2014 年开始，杭州七彩集团董事长徐小卫用五年时间，在萧山瓜沥精心打造了一个七彩小镇。七彩社区项目借鉴新加坡模式，从投资、建设、运营、管理、互动、分享等各环节，系统探索城市社区治理的可持续发展机制，成为浙江省未来社区建设的重要探索者。

2021 年 2 月 7 日，浙江省委书记袁家军到七彩社区项目做专题调研，并在现场召开了未来社区试点建设工作座谈会，强调要把未来社区建成以人为核心的现代化基本单元和人民幸福美好家园。4 月底，中共中央政治局常委、全国政协主席汪洋在浙江调研期间，也现场考察了七彩社区项目。

绿城房产作为杭派开发商的代表，是最早开始探索房地产企业转型升级的企业之一，并取得了显著的成效。

从物业管理，到园区生活服务体系；从重资产的项目开发，到轻资产的代建服务；从销售性商品住宅开发，到经营性特色小镇建设……宋卫平把自己的理想主义追求不断发扬光大，并取得了很好成效。

绿城房产、绿城物业、绿城管理控股三家公司先后在香港上市，分别代表了中国房地产开发、服务、管理三个领域的一流品牌公司，一直被奉为行业标杆。

从 2016 年开始，宋卫平逐步把主要精力放在了蓝城集团。他在蓝城集团网站的董事长致辞中写道："蓝城集团的理想是什么？精品住宅营造商是我们的传统标签，但现在我要在美丽建筑后面加一句话，就是美好生活。蓝城集团要由'美丽建筑'的开发商，变成'美好生活'的组织者、推动者、引领者，这将成为我们最核心的优势。蓝城集团作为'美好生活综合服务商'，要以一颗真诚之心，在利他的商业模式下，不断改善生活、提高生活、引领生活、创造生活。"

在2023年春天，蓝城集团旗下的蓝城嘉仁平台，迎来了络绎不绝的参观考察客人。他们在上海打造的"花开海上"芳香小镇生态园、在苏州打造的"曲水善湾"最美乡村知然村、在嘉兴打造的"春风江南"科技农业生产生活示范区，都成了网红打卡地。

蓝城集团副总裁、蓝城嘉仁平台总裁吴津深有感触地说，经过多年来的艰苦探索和持续创新，目前的蓝城小镇项目，已经不再是简单的房地产开发投资项目，而是系统性的空间开发利用工程，包括创意规划和设计、治理生态环境、营造空间美学、应用科技成果、经营创新业态、服务生产生活等一系列连续性工作，需要坚持长期主义。

从房地产开发商，到美好生活综合服务商，蓝城集团的实践探索和华丽转身，也许就是房地产企业进入新发展模式的一个成功案例。

滨江房产作为杭派开发商的后起之秀，在最新一轮房地产周期中逆势而上，成为中国民营房地产企业中的一颗明星。

2021年9月，滨江房产与淳安县联手打造的"新型帮共体"项目正式启动，预计投资5亿元，分3期，对王阜乡胡家坪村进行公益改造。戚金兴的目标，是积极参与乡村振兴和共同富裕事业，探索新时代房地产公司的新模式、新空间。[1]

滨江房产聚焦核心城市，坚持高品质、品牌化发展战略，不断提高运营效率和市场竞争力，同时积极参与新时代国家高质量发展的各项战略任务，承担更多社会责任，也是房地产企业进入新发展模式的重要内容。

杭州本土老牌房企广宇顺利完成代际传承，在严格控制房地产投资规模和风险的同时，探索养老服务业等大健康产业，成功开辟了"第二主业"。接替父亲担任董事长的王轶磊表示，公司将坚守房地产主业，并开拓大健康领域。未来继续坚持稳健经营，争取实现持久、健康和高质量发展。[2]

---

① 徐杰，田箫，滨江集团戚金兴：我为什么选择海拔890多米的胡家坪村？，财联社，2023年8月11日。https://finance.sina.com.cn/jjxw/2023-08-12/doc-imzfwfis2319134.shtml。
② 吴洵非，广宇王轶磊：走稳健的步伐，做"健康"的房产，浙江日报，2019年1月30日。https://baijiahao.baidu.com/s?id=1624093500279057189。

关于房地产新发展模式，人们有许多不同的理解和解释，具体到企业层面，必然体现为个性化的经营战略和业务模式，以便形成良好的产业生态系统，适应多层次、多样化、动态化的市场需求。

千万不能像"三高模式"那样，把行业"内卷"到同一个通道，把整个行业引入风险不断积累的漩涡，不能自拔。

2022 年 12 月中央经济工作会议指出：要"消除多年来'高负债、高杠杆、高周转'发展模式弊端，推动房地产业向新发展模式平稳过渡"。

根据中央部署，2023 年 1 月 10 日中国人民银行、中国银行保险监督管理委员会联合召开了主要银行信贷工作座谈会。会议明确，要全面贯彻落实中央经济工作会议精神，坚持"房子是用来住的，不是用来炒的"定位，推动房地产业向新发展模式平稳过渡。

会议提出，要有效防范化解优质头部房企风险，实施改善优质房企资产负债表计划，聚焦专注主业、合规经营、资质良好、具有一定系统重要性的优质房企，开展"资产激活""负债接续""权益补充""预期提升"四项行动，综合施策改善优质房企经营性和融资性现金流，引导优质房企资产负债表回归安全区间。

对于一个年投资额曾经接近 15 万亿元、年销售额超过 18 万亿元的巨大产业来说，转换发展模式，是一个艰难和痛苦的过程，需要房地产业全链条和生态系统各参与主体协调行动，共同努力。

2023 年 3 月 3 日，中国人民银行副行长潘功胜在两会期间回答记者提问时指出：为了促进房地产平稳发展，中国人民银行推出了 3500 亿元保交楼专项借款，设立了 2000 亿元保交楼贷款支持计划和 1000 亿元租赁住房贷款支持计划，努力化解项目交付风险。

虽然房地产调控政策已经转向，但房地产市场复苏还有待时日。一些房地产企业仍然处于经营困难状态，可能继续释放严重的经济风险、金融风险和社会风险。

不过，在政府开始全面努力化解房地产风险的背景下，也许头部出险企业的逐步出清，就是中国房地产进入新发展阶段的标志性事件。

拉长时间尺度，中国房地产正处于大变革的转折期，新发展模式虽然任重道远，但毕竟前景广阔。

2023 年 9 月上旬，浙江省房地产业协会组织了一个转型发展赴日研学团。浙江省房地产业协会副会长王海光、王轶磊联系了日本知名企业大和、松下、YKK 等对接，副会长兼秘书长金鹰、副秘书长陶春带队，转型发展赴日研学团考察学习了日本公司在可持续发展、城市更新、可持续社区、智慧家居、养老服务、新型建材等方面的典型项目，还与相关企业的经营管理人员进行了深入交流（见图42.1）。

转型发展赴日研学团在日本考察期间，万科董事会名誉主席王石特意抽出时间，参加了考察大和开发建设的商业综合体和住宅小区活动。在交流环节，王石提到，万科2006年进入杭州以来，承接南都房产的资源和品牌，发展十分顺利，成果斐然。他认为，杭派开发商注重品质、诚实守信、善于学习，在探索房地产新发展模式方面大有可为，前景广阔。

的确，站在新的历史起点，杭州这座生机勃勃的大都市，产业蓬勃发展，人口不断流入，加上杭派开发商的长期坚守，房地产的明天一定会更好。

图 42.1　浙江省房地产业协会转型发展赴日研学团在东京考察住宅小区

# 后　记

在浙江省和杭州市房地产业界众多朋友的鼓励、支持和帮助下，经过浙江大学房地产研究中心一批老师、研究生和校友五年的不懈努力，《杭州房地产四十年》这本书终于得以付梓。

欣慰之余，仍然意犹未尽，并且诚惶诚恐，唯恐不能恰如其分、客观理性、引人入胜、全面系统地呈现改革开放以来杭州房地产波澜壮阔的伟大历程。

好在本书并非一本严肃的历史书，也不是一本高深的学术著作，更不是一本演义性畅销读物。

在研究和写作过程中，经过群策群力、集思广益、博采众长，不断调整定位和目标，完善框架和结构，修改内容和表述，历时五年才得以鼓起勇气，拿出书稿，将其交给了浙江大学出版社。

事情还得从 2019 年春天说起。那年的 4 月上旬，贾生华与唐世定、张良华、陈恒六、夏赛丽等房地产业资深人士一起喝茶，议论杭州房地产发展形势，感到有必要做些整体研究和总结工作，以便人们全面、系统认识和把握杭州房地产的历史、现状和未来。由此，众人委托贾生华准备一个工作方案。

经过一年时间的酝酿，贾生华先后与唐世定、金鹰、朱立东、夏赛丽、韩芳等交流探讨，到 2020 年 4 月，基本确定了课题方案，题目叫作"杭州房地产 30 年发展记事"，目标是以一些真实的人和事为切入点，记录和呈现在杭州房地产 30 年来市场培育、企业发展和行业繁荣过程中，政府、银行、企业、家庭、机构等市场参与各方，进行的思考、探索、实践、成果和影响。

2020 年 4 月 29 日，贾生华与戚金兴在滨江房产讨论了课题研究计划，戚总认为课题很有必要，写作意义重大，表示大力支持，并同意提供课题研究和成果出版经费。他建议多做访谈，充分听取唐世定、王国平、宋卫平等关键人物的意见，努力使课题研究体现历史真实、推动行业发展、服务企业进步。

2020年5月6日，贾生华来到杭州玫瑰园度假酒店，与宋卫平讨论课题研究计划。宋总认为，回顾和总结历史很重要，因为这是国家、城市和老百姓生活不断进步和改善的一个时期，房地产发挥了重要作用。房地产政策、市场和行业的发展成果和经验教训，是未来发展的起点和基础。客观、理性、系统地对杭州房地产进行回顾、总结和反思，对参与其中的所有人都很有意义。他建议不要过于学术化，要用一些普通人趣事，观察和透视房地产发展和杭州城市进步，写作要通俗易懂，雅俗共赏。

根据完善后的课题研究方案，浙江大学房地产研究中心组织相关老师、研究生和校友30余人，分工协作，从房地产相关的政策、项目、产品、人物等维度，分别按照专题收集资料，进行整理和分析，希望建立系统分析框架，并进行杭州房地产发展历史的"全景扫描"。

这个过程，相当于一个"撒网"的过程。初步成果按照大类，分为体制演化、政策调控、市场运行、行业发展、企业经营、典型项目等六个部分。

2020年11月23日，浙江大学房地产研究中心召开了"杭州房地产30年发展研究"课题研讨会，唐世定、朱立东、张钢婴、章晖、章惠芳、李坤军、刘德科、叶建英、金秋爽、褚瑶等应邀参加，与浙江大学房地产研究中心课题组成员开展了深入交流探讨。基于充分信任和高度负责的态度，与会人员畅所欲言，在课题研究和成果形式等方面，提出了许多建设性的宝贵意见和建议。

这次会议研讨，基本否定了按照学术性思路、系统性框架和结构化模式开展课题工作和进行成果呈现的做法，并在几个方面形成共识：从改革开放初期开始研究，以杭州城市空间扩大为舞台，主要按照演进阶段，多维度呈现房地产发展过程，突出体现具有杭州特点的主题、事件、人物、企业、项目、产品等内容，成果要权威性与可读性兼顾。

在消化吸收研讨会成果基础上，课题组调整课题计划和工作方案，以改革开放以来杭州房地产发展历程为对象，从主题研究、人物访谈、企业发展、家庭住房四个方向，开展第二轮课题研究和资料收集整理。

2020年12月9日，贾生华带着几位课题组成员来到位于杭州棋院的杭州城市学研究理事会拜访王国平。王理事长对杭州城市发展依然十分关注，认为需要加强房地产理论研究，特别是要应用马克思级差地租理论，把城市土地开发增值、房地产市场、城市功能提升之间的互动关系理清楚，论证房地产在城市发展中的重要地位和作用，服务国家政策，回应各种质疑。这项工作很重要，很迫切，对于促进房地产业持续健康发展也很关键。

2021年的大部分时间，课题组都在开展主题研究、人物访谈、企业发展、家庭住房等四个方面的研究工作，写出了一些样稿，分话题类、访谈类、记述类进行编排。话题类主要针对一些有杭州特色的房地产历史事件，如人居展、房博会、杭州现象、土地储备等，呈现杭州房地产发展的一些线索。访谈类主要通过对一些房地产资深人士的深度访谈，记录被访者的经历、体验、观察和思考。记述类邀请不同类型的杭州人，讲述个人和家庭在杭州租房、分房、买房、住房的经历，希望提供一些参与杭州房地产的微观样本。

2021年12月8日，浙江大学房地产研究中心组织召开了"杭州房地产30年记忆"样稿审读会议，唐世定、朱立东、章晖、朱早、章惠芳、陈巍、丁晓红、罗兰、褚瑶等应邀参加。在审阅样稿的基础上，大家从书稿的整体定位出发，进行开放性思考，提出了许多独到的思考和建议。大家认为，需要有一条主线来串联目前的素材，目前分类整理和写作书稿，不容易整体呈现波澜壮阔的杭州房地产历史画卷。

经过这次审阅和研讨活动，课题组放弃了分类写作和呈现的计划，重新思考、梳理和调整了全书的框架结构，形成了"杭州房地产40年记忆"写作提纲。基本思路是以"时间为轴"，以"话题为框"，整合相关素材，基本按照杭州城市发展和房地产演进的阶段，分40章进行写作。

2022年初，课题组向一些杭州房地产资深人士发出专家意见征询函，征求专家对写作提纲的意见和建议，并特别征询"你印象中的杭州房地产40年重要话题"，希望通过开放式的头脑风暴方法，集思广益，完善课题研究内容和书稿提纲。汤海孺、丁建刚、丁晓红、黄连友、章惠芳、景泽雅、王金声、褚瑶等积极响应，系统性反馈了自己的观点和看法。

为了增加素材和线索，浙江大学房地产研究中心在读研究生和毕业校友60余人，分头收集资料和素材。有20多位同学以自己的家庭为例，对祖辈、父辈和同辈家庭成员进行深度访谈交流，收集整理了家庭在杭州的住房故事，为书稿提供了丰富的一手资料。

在不断收集和整理资料的基础上，在课题组开展深入研究的过程中，为保持书稿主线和表达风格前后统一，书稿具体内容写作由贾生华统一执笔。

到 2023 年春节假期，"杭州房地产 40 年记忆"初稿基本完成，初稿分为 40 章，约 32 万字。初稿打印装订后，被分别送给朱云夫、朱立东、金鹰、汤海孺、章晖、陈飞跃、韩芳、朱早、丁建刚、裘剑平、章惠芳、李坤军、胡灵波、任恩伟、郑飞等审阅，进一步听取大家的修改意见和建议。

2023 年 3 月 10 日，"杭州房地产 40 年记忆"书稿审阅专家研讨会召开。审阅和参会的专家，都是杭州房地产业资深人士，书稿中的许多内容，甚至直接与他们的亲身经历有关。因此，专家审阅得十分认真和仔细，提出的意见和建议也很具体、到位。

吸收研讨会上专家们的意见和建议，课题组进一步梳理、调整和优化了书稿结构。书稿内容经过整合、补充后，分为 8 篇 42 章。整体定位是：认真回顾和忠实记录杭州房地产 40 年历程的些许片段。

经过大半年时间的努力，对书稿具体内容进行了全面修改、补充和完善，2023 年 10 月基本完成了书稿全部内容。

浙江大学出版社对书稿十分重视，出版社褚超孚社长、副总经理张琛、编辑顾翔等审阅书稿，并提出了编辑出版的具体建议。经过讨论，书名被修改为"杭州房地产四十年"，从而更加突出客观、理性、独立的视角和态度。

回顾和总结没有尽头，即使遗憾不少，也总要告一段落。

发展和进步没有终点，虽然风雨兼程，但未来更加美好。

谨以此书献给改革开放以来杭州房地产波澜壮阔的发展历史，献给有幸参与这段历史的人们。书中提到的，以及更多没有提到的，那些并不平凡的人和事，将会永远留在杭州这座城市的记忆里。

浙江大学房地产研究中心

2023 年 11 月 1 日